# 今も見られる「大日本帝国の鉄道」の面影

①かつて特急「あじあ」の最後尾を飾った展望1等車テンイ8形（撮影：姚稷）

# [特急 あじあ]

②ハルビン市尚志で展示されているテンイ８形(325ページ参照。撮影：姚稷)。長らく黒河地区に留置されていたが、近年になって保存措置が執られた

④車体に残っていた満鉄のマークと「昭和九年製作」の銘板(撮影：服部朗宏)

⑤菊丸紋の「あじあ」２等車用座席カバー(モケット)。車両の等級ごとに異なる色・柄のモケットが用いられた(住江織物㈱主催「鉄道車両内装の歴史展」より。許可を得て撮影)

③展望車の内部(2002年。撮影：服部朗宏)。327ページの絵はがきと比較すると、寄木造りの内壁や窓上の室内灯などが同じであることがわかる。

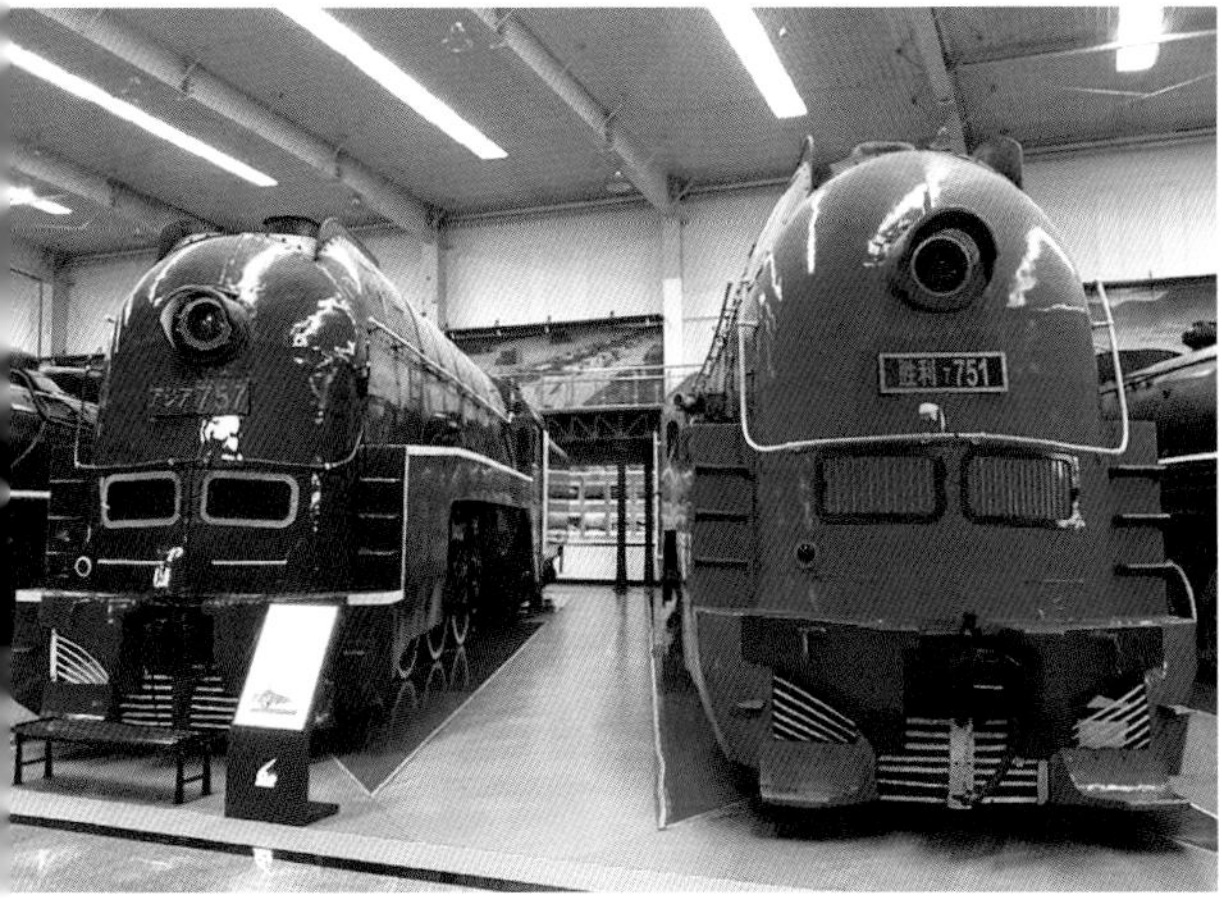

⑥瀋陽鉄路陳列館に保存されている「あじあ」牽引用
蒸気機関車パシナ形（322ページ参照、撮影：倉科光芳）

⑦昭和11年製造のパシナ981号機（昭和15年頃撮影）

⑩あじあ号絵はがきセットのカバー
（昭和10年代）

⑧出発を待つあじあ号
（当時の絵はがきより）

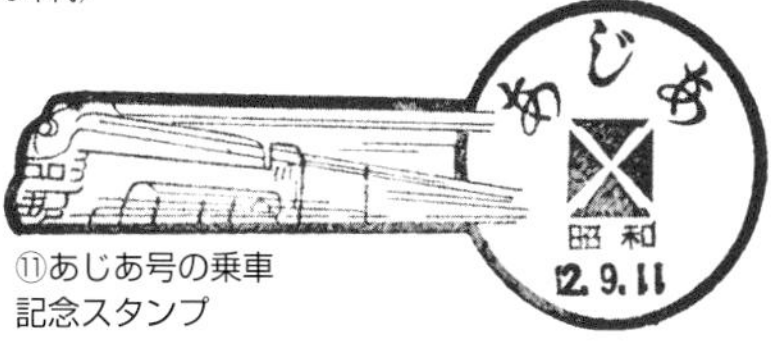


⑪あじあ号の乗車
記念スタンプ

⑨満鉄作成のあじあ号紹介
パンフレット（昭和11年発行）

# [急行 大陸]

⑫瀋陽鉄路陳列館に保存されている急行「大陸」(159ページ参照)の展望1等寝台車テンイネ2形(撮影:服部朗宏)

⑬奉天近郊を走る急行「大陸」(昭和15年頃撮影)

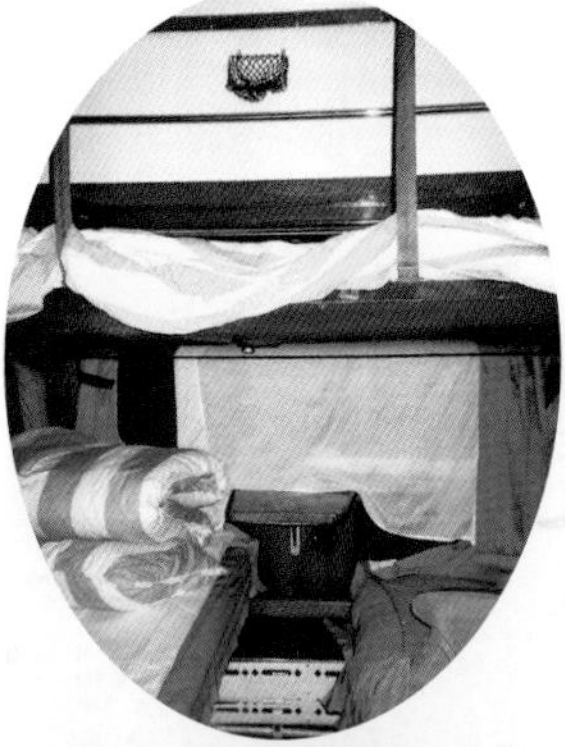

⑮テンイネ2形の1等寝台。下段ベッド(左下)は座席を利用して線路と直角に、上段ベッド(正面)は壁から引き出して線路と平行にセットされる(2002年撮影)

⑭テンイネ2形の展望サロン。後方に走り去る景色が流れる(2002年撮影)

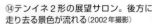

# [急行 ひかり・のぞみ]

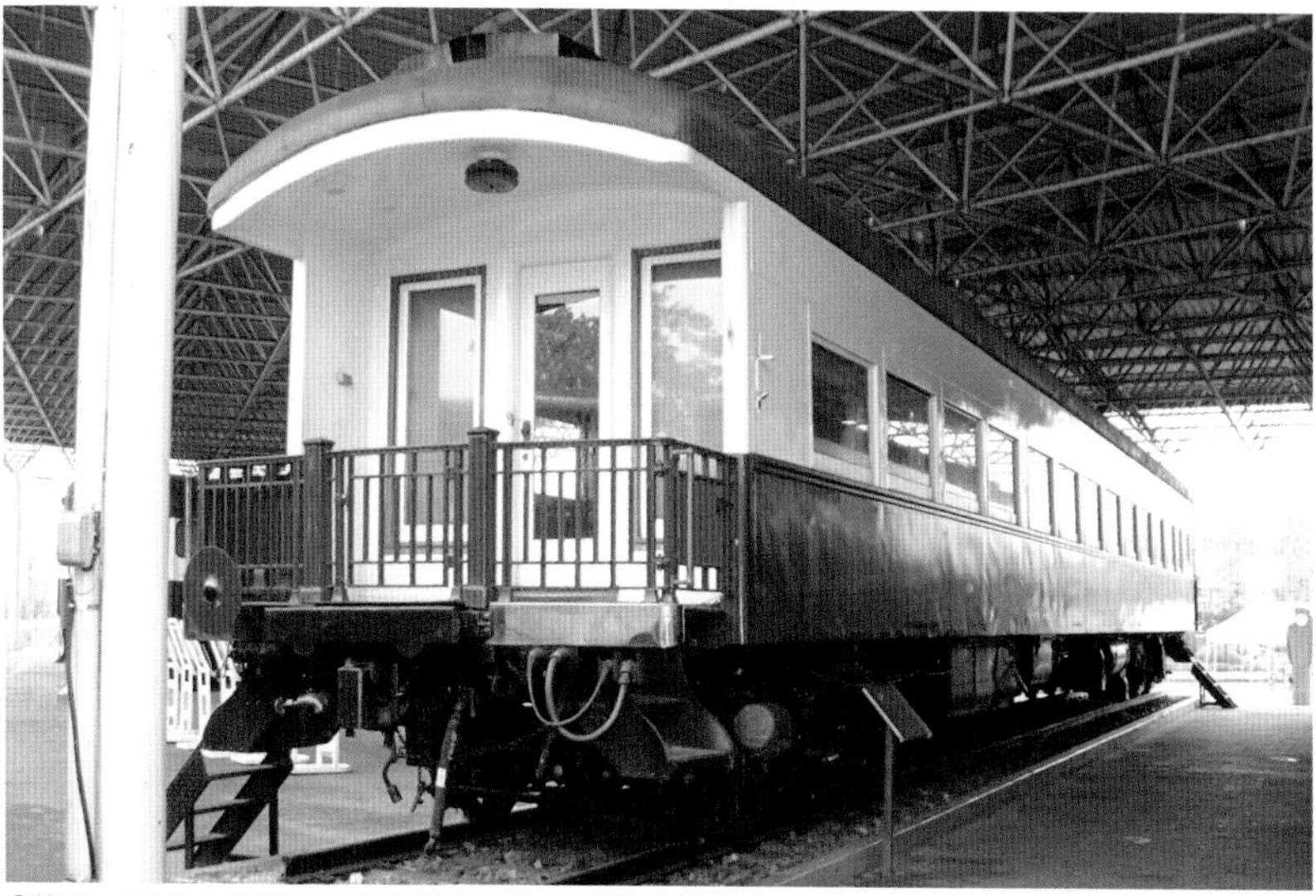

⑯韓国・ソウルの鉄道博物館に保存されている急行「ひかり」(148ページ参照)用の展望1等寝台車テンイネ3形。戦後は韓国の大統領専用客車となった(北朝鮮でも同形車が金日成の専用客車として使用された)

⑱奉天駅に停車する急行「のぞみ」
(150ページ参照、昭和15年頃撮影)

⑰奉天郊外を走る急行「ひかり」(昭和15年頃撮影)

⑲北朝鮮・平壌の鉄道省革命事蹟館に保存されている金剛山電気鉄道の旅客電車（106ページ参照）。昭和６年に日本車輌で製造された１両と思われる

㉑「鉄原—昌道」の行先札（平壌・鉄道省革命事蹟館）。昌道は終戦当時の金剛山電気鉄道の終着駅。両駅とも北緯38度線よりわずかに北側に位置しているため、第２次世界大戦の終結から朝鮮戦争前の５年間だけ北朝鮮領内で運行していた

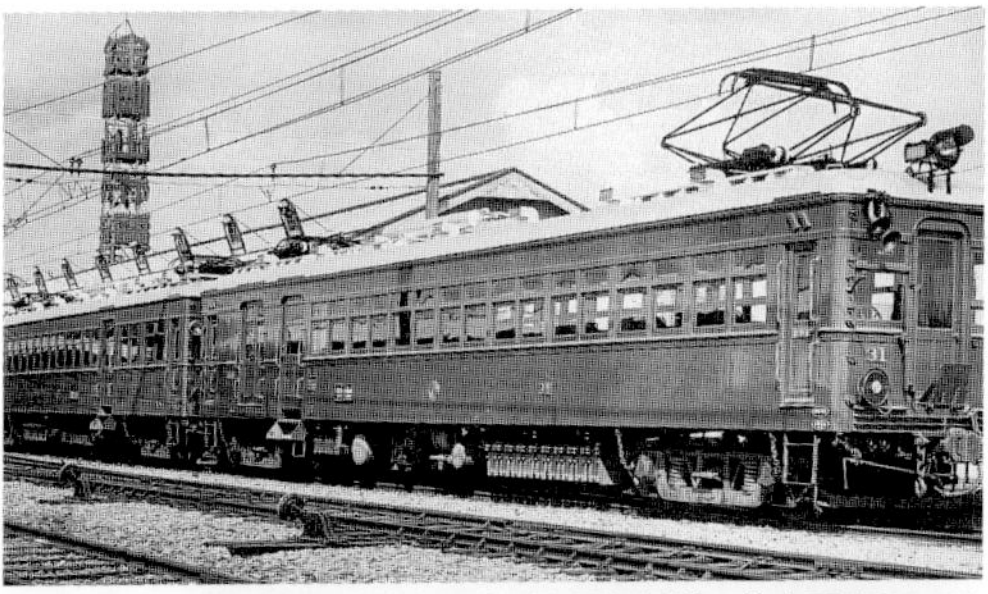

⑳鉄原駅に停車する金剛山電気鉄道の旅客電車（『金剛山電気鉄道株式会社廿年史』より。資料提供：小久保則和）

㉒「パシニ」のカタカナ形式名プレート（㉓）付きで保存されている朝鮮総督府鉄道局（鮮鉄）の蒸気機関車パシニ形（北朝鮮・元山）。「パシニ」とは「パシフィック型」の「第２（ニ）形式」を意味する日本式命名

㉔昭和11年建築の韓国・慶州駅舎（182ページ参照）

㉗韓国・ソウル歴史博物館に保存されている日本車輛製の路面電車（撮影：服部朗宏）。第2次世界大戦中に当時の運行会社である京城電気で増備された1両と思われる

㉘日本統治時代の展望客車（ソウル・鉄道博物館）。特急「あかつき」の専用客車と言われてきたが、別の車両と思われる（158ページ参照）

㉕韓国・ソウル郊外の鉄道博物館に保存されている鮮鉄の蒸気機関車ミカサ形（上）。「ミカサ」とは「ミカド形」の「第3（サン）形式」という意味だが、戦後の韓国国鉄はその形式名を「ミカ3」（㉖）と置き換えてハングル表記した

㉙平壌駅に隣接している日本統治時代の扇形機関庫。今も現役で使用されている

㉚平壌駅前に現存する「防空水槽」と刻印された日本統治時代のマンホール。中央のマークは日本統治時代の平壌府の紋章（145ページ参照）

㉛北朝鮮の港町・元山で保存されている日本統治時代の元山駅舎。駅舎内部（㉜）には終戦当時の列車時刻表と切符売場が再現されている

㉝日本統治時代の元山駅舎（当時の絵はがきより）

㉞中国・丹東側から見た鴨緑江大橋（昭和18年完成）。対岸は北朝鮮・新義州

㊱鴨緑江大橋の北朝鮮・新義州側入口。
掲げられている朝鮮文字は「朝中親善橋」

㉟鴨緑江大橋の中国・丹東側入口

㊲明治44年完成の初代・鴨緑江橋梁（190ページ参照）。朝鮮戦争中に国連軍の爆撃で中間部分が破壊され、中国側の残存部分が観光名所となっている。橋脚が並ぶ向こうは北朝鮮・新義州

㊳ロシア風の旅順駅舎（207ページ参照）。旅客列車は2014年に廃止されてしまったが、中国国鉄の切符売場は営業している

㊵関東州時代の雰囲気を残す市電の車内

㊴大連駅前の路面電車（209ページ参照）。関東州時代の老車両が活躍中

㊶大連市内にある旧満鉄本社。現在は中国国鉄瀋陽鉄路局大連分局として使用されている

㊸豪華な天井が目を引く満鉄旧跡陳列館の展示室。当時は満鉄の役員会議室だったという

㊷旧満鉄本社内に現存する満鉄総裁室。机の種類や配置などは当時の写真を参考に再現したとのこと

㊹ライトアップされた夜の大連駅舎（昭和12年竣工）

㊺観光列車として旧山線を走る蒸気機関車(撮影：片倉佳史)。
昭和11年に日本車輌で製造された

㊻昭和18年製造の木造3等客車。軽便鉄道の台東線で使用された(花蓮)

㊼台湾軌道株式会社で使用された車両の座席用モケット(「鉄道車両内装の歴史展」(住江織物㈱主催)より。許可を得て撮影)

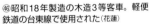

㊽山間部を旋回する阿里山鉄道の独立山スパイラル線(90ページ参照)

㊾嘉義で保存されている阿里山鉄道のシェイ式蒸気機関車(75ページ参照)

㉛下淡水渓鉄橋の架橋工事に携わった飯田豊二技師の記念碑。台湾総督府が建立した日本人技師顕彰の石碑が戦後の台湾でも守られてきた(撮影：成冨達郎)

㊷昭和15年に完成した高雄駅の初代駅舎。帝冠様式(88ページ参照)と呼ばれる独特のスタイル(撮影：成冨達郎)

㊿史蹟として保存されている旧・下淡水渓鉄橋(92ページ参照、撮影：成冨達郎)

㊸(上)・㊹(下)樺太有数の鉄道名所だった宝台ループ線(現「チェルトフ・モスト(魔の橋)」。382・383ページ参照)。ロシア式広軌に改良された旅客列車が2021年からループ橋の手前まで運行されるようになり、観光客のアクセスが容易になった(㊸・㊹とも撮影：Kosuke Tsukagoshi)

⑮宝台ループ線の橋上からさらにトンネルを抜けた先の山間部に残る旧豊真線の橋梁。
現在は「ヴェジミン・モスト(魔女の橋)」と呼ばれている(撮影：Kosuke Tsukagoshi)

⑰旧・大泊桟橋を海上から眺める。
単線の線路はかつては桟橋の先端にある大泊港駅へ続いていた

⑯コルサコフ(大泊)港全景。画面中央の海上を左右にまっすぐ横切る桟橋が日本統治時代の大泊桟橋(371ページ参照)

⑱昭和11年に完成した稚内港北防波堤ドーム(北海道・稚内市)。戦前はここに稚内桟橋駅が開設され、樺太・大泊への稚泊連絡船と列車が接続していた(370ページ参照)

⑲サイパンで保存されている南洋興発のドイツ製蒸気機関車（408ページ参照）

㉑サイパン島ラウラウ地区付近の道路に残る「Railroad Drive」の名称（408ページ参照）

㉒観光客を乗せてガラスマオの滝へ向かうパラオのモノレール（412ページ参照）

⑳パラオ・ガラスマオ地区のジャングルに眠る南洋拓殖の産業鉄道跡（412ページ参照）

小牟田哲彦

改訂新版

# 大日本帝国の海外鉄道

育鵬社

本書は2015年11月、東京堂出版より刊行された『大日本帝国の海外鉄道』を増補改訂したものである。

# 改訂新版の刊行にあたって

日本は第二次世界大戦に敗れるまで、日本列島以外に「外地」と呼ばれる多くの海外領土を有していた。

外地は戦時下の一時的な占領地域ではないので、明治から昭和初期までの平和な時代には、観光や商用などさまざまな目的の旅行者が訪れた。当時の〝国内〟旅行ガイドブックには、北海道から九州に至るまでのいわゆる「内地」と並んで、外地への観光旅行案内が詳細に記述されている。市販の時刻表の巻頭には、東京から朝鮮、満洲、その先の中国やシベリア鉄道を介したヨーロッパへの国際列車の連絡時刻表が掲載され、内地の後に樺太、朝鮮、満洲、台湾など外地の鉄道時刻表も並んでいた。航空旅客輸送や長距離自動車交通が発達していなかった当時、長距離旅行と言えば列車に乗ることを意味した。そうした外地の鉄道旅行の実態を文献から読み解き、現代の海外旅行ガイドブック風にまとめてみたのが、平成27年（2015）に東京堂出版より刊行した本書の旧版である。

時刻表や旅行ガイドブックはある時点での情報に焦点を当てるものであり、明治時代から昭和初期までの全期間を同時に対象とすることが性質上難しい。そのため、本文の時期は原則として21世紀の現代に立って過去の事実を振り返るスタイルを採っているが、内容はあくまでも、当時の日本人が外地の鉄道旅行を思い立ったときに気軽に利用できる、いわば『地球の歩き方』のような情報重視系の仮想ガイドブックを志向した。

したがって、本文では一般の観光旅行客に直接関係がある旅客サービスに的を絞っている。旅客が直接乗車することがなく、それゆえ一般的には関心も薄いと思われる機関車の構造や貨物・軍事輸送に関する情報、路線の政治的意義などは、行楽目的の観光旅行者にはほとんど関係ないので基本的に無視し、客車内部の構造解説や乗り心地、旅行手続きや便利な割引切符など、鉄道旅行に必要かつ有益な情報紹介にひたすら徹するよう努めた。当時の外地の地名には、各章の初出時に可能な限り当時の日本語読みのルビを振った。さらに、当時の日本人旅行者の一般的な視点や考え方、雰囲気が正確に理解しやすいように、今日ではあまり用いられない単語や不適切とされる文言であっても、文献の引用や解説の限りにおいて、あえて注釈をつけず極力そのまま使用した。

かような編集方針が斬新で物珍しかったのだろうか、刊行当時の旧版は幸いにして読者の好評をいただき、増刷を重ねた。令和2年（2020）に台湾で繁体中国語に翻訳された『大日本帝國時期的海外鐵道』（台湾商務印書館）が刊行されると、日本語の原書よりも増刷回数が上回った。

だが皮肉なことに、台湾で翻訳版が出た頃にはすでに東京堂出版に旧版の在庫がほとんどなく、入手困難な時期が3年近く続いていた。このたび、同社との出版契約の期間満了に伴い、あたかも旅行ガイドブックが最新情報を更新するかのように改訂新版として復活することになったのは、12年前に扶桑社から上梓した拙著『去りゆく星空の夜行列車』の編集に携わっていただいた田中亨氏のお力添えの賜物である。扶桑社の編集者である田中氏が育鵬社に出向したことで、改訂新版の企画は田中氏とともに育鵬社で実を結ぶに至った。

旧版で一部の路線図作成やカバーデザインなどをお願いしていたデザイナーの板谷成雄氏は、改訂新版の本書では装幀を含むデザイン全般をご担当いただいた。累計150万部を超える大ベストセラーとなった『日本鉄道旅行地図帳』（新潮社、平成20～21年）の「満洲・樺太」「朝鮮・台湾」の両編で路線図作成を含むデザイン統括を務めた板谷氏のお力がなければ、この改訂新版は世に出なかった。

改訂新版の大きな特色は、旧版の刊行から6年の間に私が新たに入手した当時の写真や絵はがき、パンフレット、使用済み乗車券や駅の記念スタンプなどの稀少資料の紹介を、旧版よりも大幅に増やした点にある。これは、旧版をお読みいただいた読者のうち、第二次世界大戦前の幼少期にこれらの外地で実際に暮らした経験を持つ方から、当時の貴重な体験談を聞いたり資料を譲り受ける機会が格段に増えた結果でもある。そうしたご交誼《こうぎ》を得た後に、天寿を全うされた方も少なくない。旧版の刊行は、大日本帝国の海外鉄道を実体験された世代と、戦後生まれの私が直接交流する最後のチャンスを生み出してくれたのだ。この改訂新版に掲載した資料には、そうした人生の先輩方の手元で長年にわたって眠っていたものも含まれている。

なお、掲載した資料は原則として私自身が入手・撮影したものを基本としているが、旧版同様、多数の方々から資料提供のご協力を得ている。各資料の説明文には、それらの方々のお名前を明記している。本書のコンセプトをご理解いただいたご協力者の皆様に、この場を借りて御礼申し上げる。

また、旧版では本文中の一部に現代の写真も混在させていたが、本書では本文中の写真はすべて戦前の資料からの転載のみとし、「大日本帝国時代の仮想鉄道旅行ガイドブック」という原則をより徹底している。その代わり、2ページだけだった巻頭のカラーページを16ページに拡大して、現代の当地の写真はここに集約した。本文中に掲載している同じ場所や車両の写真と比較すれば、80年の時の流れを飛び越えることができるだろう。

もともと旅行ガイドブックとは、歳月を経て版が改まるたびに情報が少しずつ更新され、写真や地図が充実していく発展途上型の読み物とも言える。今回、初めて本書を手に取ってくださった方も、旧版をお読みいただいた方も、大幅に増やした新掲載の写真や資料、そしてところどころ更新した本文を通して、時空を超えた東アジアの空想鉄道旅行による新しい景色を楽しんでいただければ幸いである。

令和3年12月

著者

［改訂新版］

# 大日本帝国の海外鉄道

――目次

## 第3章 関東州の鉄道旅行



## 第4章 満洲の鉄道旅行

## 第5章 樺太の鉄道旅行

## 第6章 南洋群島の鉄道旅行



※本書収録の戦前の写真の一部に、著作権者が不明のため連絡が取れないものがありました。お心当たりの方は、お手数ですが小社編集部までお知らせください。

## ［概説］外地に関する基礎知識

### 本書で扱う大日本帝国の海外領土

大日本帝国時代の海外領土、すなわち「外地」の鉄道を知るために、そもそも外地とは何なのか、ということについて確認しておきたい。敗戦から70年以上の月日が流れており、外地の実態を体験的に知る世代は減り、知識として学校等で詳しく教えられる機会は少なくなった。

もっとも、外地という地域概念は、戦前も法的には定義されていなかった。一般的には、日本列島以外の海外において日本が統治権を行使し、「日本国内」として扱われる地域概念として用いられた。形式的には別の独立国であった満洲国や、欧米列強と並んで中国各地に設けられた日本租界（日本の治外法権が認められた日本人居留地）なども含めて理解される場合もあった。

現在、これらの地域をひとくくりにして「日本が占領していた」という表現が紀行作品や海外旅行のパンフレットなどに載っていることがあるが、「占領」とは他国の領土を軍隊が占拠する行為であり、当時の国際条約等に基づいて正当に認められた外地の日本統治は軍事占領とは異なる。

イギリス統治下の香港が英語と中国語を公用語としていた（1974年までは英語だけ）のと同じように、日本の統治下ないし強い影響下にあった戦前の外地では、日本語が「国語」として通用した。それ以外に、それぞれの現地で従来から用いられていた言語も公用語ないしそれに準ずる性格の言語として広く使用されていたが、少なくとも鉄道や郵便、電報など公共サービスを受ける場面では、どんなに辺境の田舎であっても日本語で事足りた。また、漢字文化圏の特徴として、南洋群島以外の外地では、漢字が異なる母語話者間の共通文字としての役割を果たした。

一方、外地居住者には内地居住者とは別の、それぞれの地域における独自の法令や施策が適用された。たとえば、台湾や朝鮮は日本領であったにもかかわらず、その地域の居住者は日本人・台湾人・朝鮮人等民族を問わず帝国議会の選挙権が一律に認められなかった（被選挙権は認められていた）。また、日本の領土ではないが租借や委任に基づいて日本が統治した関東州や南洋群島では、台湾や朝鮮には適用された大日本帝国憲法をはじめとする内地の諸法令が適用されず、勅令に基づく立法や行政が行われた。

こうした属地的な差異の他に、日本人と外地出身者の言語や慣習が異なることから、強引に日本人と同一の扱いをせず、実態に応じて民族ごとに適用法令を異にする属人的な区別も存在した。外地では義務教育課程でも民族別の学校を設置したり、日本の戸籍法を台湾人や朝鮮人には適用せず台湾戸籍や朝鮮戸籍を別に運用したりしたのはその一例と言える。第二次世界大戦末期を除いて外地出身者に兵役の義務がなかった（志願兵制度はあった）のも、兵役法が「戸籍法ノ適用ヲ受クル者」、つまり日本人のみを対象にしていたからである。

このように同じ日本国内であっても外地の扱いには内地とのさまざまな違いがあったが、さらに、それぞれの外地の態様も一律ではなかった。本書で取り上げる外地の概略は以下の通りである。

## 台湾　近代日本が初めて獲得した海外領土

明治28年（1895）、日清戦争に勝利した日本は、清国との間で締結した下関条約に基づき、台湾を領有した。これによって日本は近代国家として初めて、外地という日本列島外の領土をどのように統治すべきか、という課題に直面した。

下関条約によって台湾全島と澎湖《ほうこ》諸島およびその付属島嶼《とうしょ》が清国から日本に永久割譲されると、日本政府は、台湾在住者に日本と清国の国籍選択の機会を与えるため、2年間の猶予期間を設定した。

その期間内に台湾から退去しなかった者を日本国民とし、当時の国籍法の適用によって台湾人に日本

図①　昭和19年発行の『最新大東亜鉄道案内図（共栄圏之部）』。朝鮮・満洲から中国大陸、東南アジアまでの広範囲にわたる鉄道路線図をひとくくりにしている。本書の本体表紙に描かれているのがその路線図である

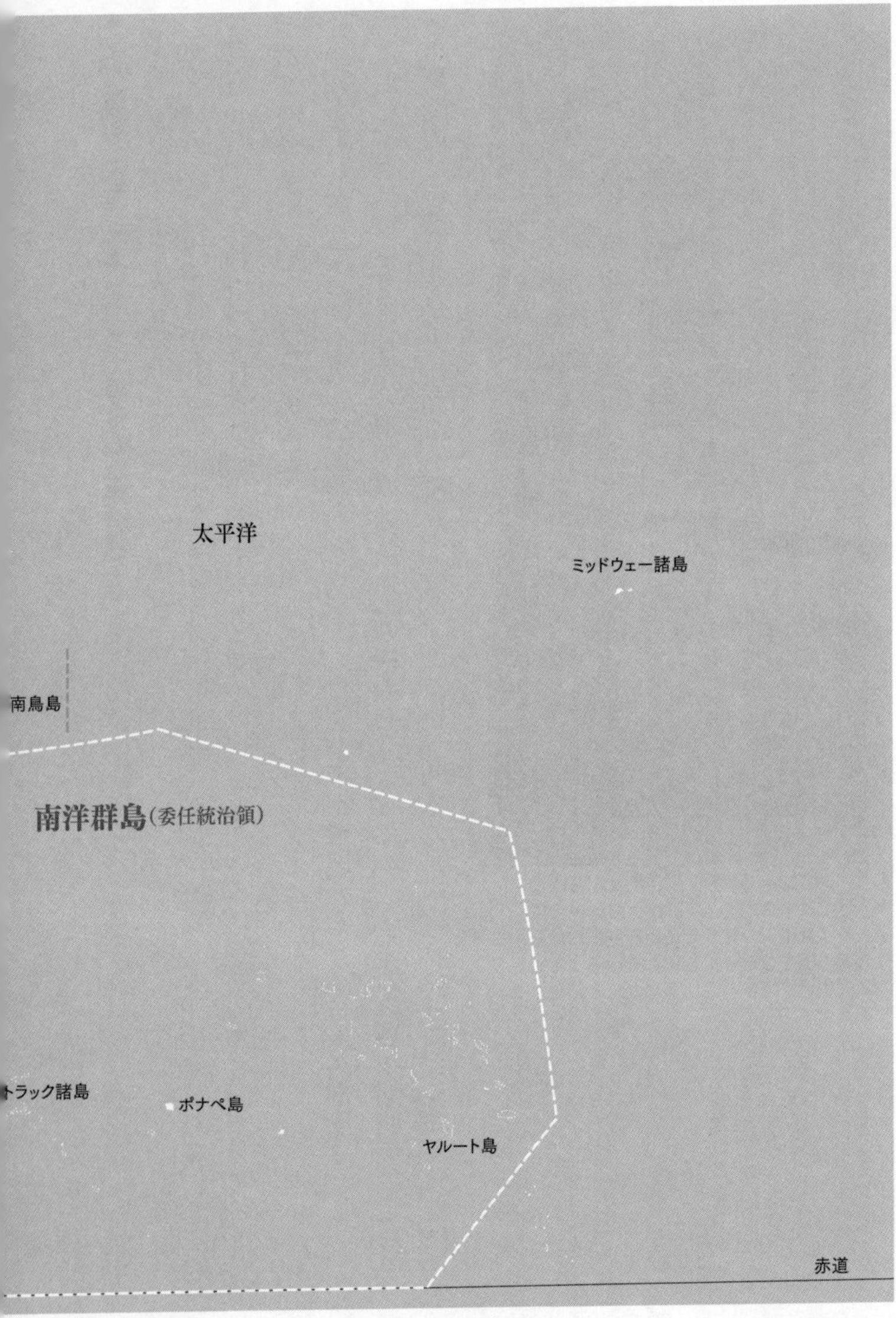
太平洋
ミッドウェー諸島
南鳥島
南洋群島(委任統治領)
トラック諸島
ポナペ島
ヤルート島
赤道

図② 本書で扱う大日本帝国の全体図（昭和20年8月15日現在）

国籍を付与したのである。

台湾全土と澎湖諸島の統治を担う機関として設置された台湾総督府による日本統治時代は、外地の中で最も長い50年間に及んだ。台湾総督官房調査課が実施した調査によれば、昭和9年（1934）末時点での台湾の人口総数は約520万人であり、そのうち本島人と呼ばれた漢民族がおよそ468万人と9割を占め、次いで内地人、つまり日本人が約26万人、高砂族《たかさご》と総称した先住民族が約21万人、外国人が約5万人、朝鮮人が約1300人となっている。漢民族のうち約394万人が大陸の福建地方から、約73万人は広東地方からの移住民とされ、高砂族はタイヤル、ブヌン、ツオウ、サイセット、パイワン、アミ、ヤミの7種族に大別されていた。

ちなみに、「高砂族」という呼称を台湾総督府が正式に用いるようになったのは昭和10年（1935）からで、それ以前は「生蕃《せいばん》」と呼んでいた。その大部分は山岳地帯に居住し、平地在住の内地人や本島人とは隔絶した環境にあった。

## ◉――朝鮮　独立国家が丸ごと日本になった唯一の外地

明治43年（1910）、日韓併合条約によって大韓帝国のすべての領土が日本領となった。ただし、併合後も「韓国」に代わって「朝鮮」という公的な〝国号〟が認められるなど、同一国内でありながら、内地とは別の準国家的性格も併有していた。日本統治時代の英語表記は「Chosen」（「Korea」ではない）。

朝鮮全土を統治する機関として朝鮮総督府が設置され、昭和20年（1945）の日本敗戦まで35年間にわたり朝鮮全土の統治を担った。昭和10年末の戸口調査では総人口は約2200万人、そのうち内地人は58万人、朝鮮人が2100万人と記録されている。

ただし、日韓併合以前から朝鮮半島に戸籍を有していた朝鮮人が、内地人と完全に同じ「日本国民」になったわけではない。内地で施行されていた当時の国籍法が朝鮮には施行されなかったため、朝鮮人は〝法的な日本国籍を持たない日本国民〟という不安定な地位に置かれた。朝鮮人も日本国民である以上、諸外国で在住・旅行する朝鮮人は日本の在外公館による保護の対象となったが、他方で法的な国籍がないため、朝鮮人には「外国への帰化による日本国籍離脱」という状況が生じる余地がない。このため、日本国民である朝鮮人が他国の国籍を取得すると、二つの国の国民としての地位を同時に持つこととなり、国籍法が許容しない二重国籍に等しい状態となった。

朝鮮は、他国の領土の一部の統治権を取得して成立した他の外地と異なり、唯一、既存の独立国家がそのまま日本領になった外地であった。戦争に勝利して得た賠償的性格を持たず、平時の条約によって日本の統治下に置かれたのも朝鮮だけだった。こうした成立経緯は、朝鮮人の国籍や併合後の朝鮮の法制度について、内地や他の外地と異なる独自の事情を生み出す一因となったと考えてよい。

## ●――関東州　満洲国とは別の国だった

明治38年（1905）、日本は朝鮮半島の西方で黄海《こうかい》に突き出た遼東《リャオトン》半島の先端部の租借権を、日露戦争後のポーツマス条約に基づき帝政ロシアから獲得し、関東州と命名した。「関東」とは中国語で万里の長城の東端にあたる山海関《シャンハイクァン》の東側、つまり現在の中国東北部を意味する。

租借権とは要するに借地権のことで、潜在的な主権は貸与国にあるが実質的な施政は借受け国が担う。主権が日本にないことから、当時の英語表記は「The Leased Territory of Kwantung」や「Kwantung Province」だった（日本語読みの「Kanto」ではなかった）。

遼東半島は日清戦争後の下関条約でいったんは清国から日本へ永久割譲されたが、直後のロシア・ドイツ・フランスによる三国干渉により日本は清国に返還。10年後の日露戦争の勝利によって、ロシアが得ていた租借権が清国の同意を得て日本に引き継がれた。辛亥革命で清王朝が崩壊した後、日本は中華民国との間で条約を改定し、租借期限は1997年まで延長された（イギリスの香港返還と同じ年なのは偶然）。満洲国が成立した後は、租借権の貸与国が満洲国に変わった。

当初は関東総督府が軍政を敷いたが、後に関東都督府へと改組されて民政に移管（後に関東庁、関東局へと改組）。昭和20年の日本敗戦まで、日本統治時代は40年間に及んだ。その間、日本は関東州をロシア時代と同様に関税自由地域としたため、大連は満洲（現在の中国東北部）や華北（北支）方面への貿易港としての役割を果たした。昭和15年（1940）の関東州国勢調査では総人口は136万人、そのうち日本人は20万5000人（内訳は、内地人が19万9000人、朝鮮人が6000人）で満洲人（満洲族と漢民族）が118万人と記録されている。

## ●満洲　日本の影響が強かった短命の国家

日露戦争に勝利した日本がロシアから東清《とうしん》鉄道（２１４ページ以下参照）の南満洲支線（長春～旅順・大連間）を譲り受けた当時、同路線が敷設《ふせつ》されている満洲は清国の主権下にあった。満洲族の王朝であった清国は国の起源地である満洲を重視。現在の遼寧《リャオニン》省・吉林《チーリン》省・黒竜江《ヘイロンチャン》省に当たる地域を「東《トン》三省《サンシェン》」と呼び、万里の長城以南の中国本土とは別格扱いをしていた。

その清王朝が辛亥革命で倒れた後、１９１２年（明治45）に成立した中華民国政府はその全土を掌握することができず、各地方の軍閥が群雄割拠する状態が続く。その間、満洲は奉天（現・瀋陽《シェンヤン》）を拠点とする張作霖《ちょうさくりん》が実質的に支配。跡を継いだ息子の張学良《ちょうがくりょう》は１９２８年（昭和３）に蔣介石《しょうかいせき》率いる国民政府に帰順したが、その後も満洲全域で半独立状態を保った。

昭和６年（１９３１）、奉天郊外で南満洲鉄道（満鉄）の線路が爆破された柳条湖《りゅうじょうこ》事件をきっかけに、満洲に駐留する日本の関東軍が満洲全土を占領（満洲事変）。その後、中華民国から独立する形で翌昭和７年（１９３２）に満洲国が成立した。

満洲国成立後は内地や朝鮮から多くの日本人、朝鮮人が移住した。満洲国が１９４０年（昭和15）に実施した国勢調査によれば満洲国内の人口総数は約４３００万人で、そのうち満洲人（満洲族と漢民族）が３９００万人、日本人（内地人、朝鮮人、台湾人）が２１０万人となっている。他方、公務員に日本の内地人が多く登用され、独自の国籍法が制定されないなど、満洲国民と日本国民は明確に区別されなかった。このように、満洲国は建国の経緯から日本の強い影響下にあり、独立国としての体裁は不完全であった。

昭和20年に日本が第二次世界大戦に敗れた直後、満洲国も滅亡した。

## ●満鉄附属地　国策会社が統治した治外法権地域

ポーツマス条約によって日本がロシアから譲り受けた東清鉄道南満洲支線の租借権には、鉄道本体だけでなく、「鉄道附属地」という土地についての、ロシアの清国に対する特別な権益が設定されていた。本来は鉄道の建設・経営・保護に必要な土地の管理権を意味したのだが、ロシアはこれを拡大解釈し、附属地内で行政権や警察権なども行使していた。この権益をそのまま日本が引き継いで成立したのが南満洲鉄道株式会社鉄道附属地、通称「満鉄附属地」である。

附属地内の行政権は株式会社である満鉄が行使し、土木・衛生・教育事業を担当。軍用地以外の土地はすべて満鉄が管理し、荒野の中で一から都市計画を行い、街路だけでなく上下水道整備や学校、病院の施設も整備した。それらの経費を公費として住民から徴収する事実上の徴税権も満鉄に認められていた。ただし、警察権は大連の関東州庁が、司法権は日本の領事裁判所が行使した。

しかも、附属地の範囲が条約等で定められていないので、「鉄道運営に必要」として満鉄が地主から土地を買収したり借り上げればその分だけ拡大した。このため、満鉄沿線の主要都市は大部分が満鉄附属地となり、満洲の都市住民の大半に中国側の徴税権や警察権などが及ばない状況となった。昭和10年の国勢調査では満鉄附属地の総人口は約52万人で、内訳は内地人約19万人、朝鮮人約3万人、満洲国人（満洲族、漢民族、モンゴル族など）約30万人となっている。

この満鉄附属地の租借期限は大正4年（1915）の対華21ヵ条要求を中華民国が受諾したことで99年間の延長が認められていたが、昭和7年に満洲国が成立すると、その領土内に満洲国政府が徴税権も警察権も行使できない治外法権地域が存在することは、満洲国への強い影響力を持つ日本にとってもかえって不都合となった。そのため昭和12年（1937）、満鉄附属地は満洲国への返還という形で撤廃された。

## ●──樺太　最後は内地に編入された北辺の開拓地

日露戦争の結果、日本が獲得したほぼ唯一の〝純ロシア産賠償物〟とでもいうべきものが、樺太の北緯50度線以南の領土である（同時に獲得した関東州や満鉄附属地はあくまでも租借地）。

樺太の領有権を巡っては江戸時代末期から日露間で係争となり、安政元年（1855）の日露和親条約ではそれまで通り両国民混住の地とされた。明治8年（1875）、樺太・千島交換条約によりいったんは樺太全島がロシア領となったが、明治38年のポーツマス条約によって樺太島の北緯50度線以南が日本に永久割譲されるに至った。これ以降、第二次世界大戦終結までの日本で「樺太」と呼ばれた地域は、基本的にこの南樺太を意味する。日本統治下にあった40年間、日本国内で唯一、海洋や河川の上ではなく陸上に国境線を引いて他国と接する地域であった。

昭和10年の国勢調査では樺太の総人口は約33万人。その大半が内地人で32万人を超え、他に朝鮮人8859名、外国人が459名となっているほか、アイヌ・ニクブン・オロッコ・サンダー・キーリン・ヤクートの6先住民族が1886名と記録されている。大正9年（1920）の国勢調査による総人口約10万人から15年間で3倍に増えており、開拓目的で内地から移住する者が多かったことが窺《うかが》える。なお、樺太では国籍法の適用により、少数民族にも日本国籍が付与された。

このように、外地とはいえ内地人居住者が圧倒的多数を占めたことから、樺太を管轄する行政官庁として樺太庁（当初は樺太民政署）が存在したが、他の外地と異なり樺太では内地の法令がそのまま適用されるなど、内地に準じる扱いを受けるケースがあった。昭和18年（1943）には法制度上も完全に内地へ編入され、樺太は他の47都道府県と同格の地方行政単位になっている。

### ◉――南洋群島　国際連盟から統治を委任された

第一次世界大戦において日本は日英同盟に基づきドイツ帝国に宣戦布告し、赤道以北の西太平洋上に広がっていたドイツ領ニューギニアの各諸島を占領した。大正8年（1919）にドイツが降伏して締結されたベルサイユ条約により、これらの地域は国際連盟から委任された日本が統治することとなった。

日本はパラオのコロール島に南洋庁を設置して、第二次世界大戦の終結まで約25年間、この地域を統治した。日本が委任統治する南洋群島地域を「内南洋」、その外側に位置する東南アジアや赤道以南のオセアニア地域は「外南洋」と呼び分ける慣習もあった。日本の領土ではなくあくまでも国際連盟から統治の委任を受けた地域であるから、従来からの現地住民に日本国籍は付与されず、南洋庁は日本の法令の他に国際連盟が定めた委任統治条項にも服する必要があった。当時の対外的な英語表記では、「mandate」（委任統治）の語を含んだ「The South Sea Islands under Japanese Mandate」が用いられている。

その後、昭和8年（1933）に日本は国際連盟の脱退を宣言（正式脱退は昭和10年）。しかしながら、日本がベルサイユ条約の批准国である事実は変わらないため、脱退後も日本が南洋群島の委任統治を継続することを主張し、国際連盟もこれを認めた。

昭和10年に実施された島勢調査によれば、南洋群島内の総人口は10万2500人、そのうち、日本人（台湾人、朝鮮人を含む）は約5万2000人で島民は約5万600人と、ほぼ半々の状態になっている。その15年前の大正9年に実施された島勢調査では総人口約5万2000人のうち日本人は3671人しかいなかったから、日本人の移住者が短期間で急増したことになる。

これらの外地は、第二次世界大戦の終結から7年後のサンフランシスコ講和条約によって、日本は正式にそのすべての権利を放棄した。朝鮮は韓国と北朝鮮に分かれて独立し、関東州と満洲は中華人民共和国の統治下に入った。台湾は蔣介石率いる国民党政権が中華民国として実効支配し、南樺太はソ連およびこれを継承したロシアが実効支配している。南洋群島はアメリカによる信託統治へと切り替わり、1980年代からミクロネシア連邦、マーシャル諸島、パラオが独立したが、サイパンを含む北マリアナ諸島はアメリカの自治連邦区として現在に至っている。

なお、日本が天津や重慶など中国各地に設置していた日本租界は、第二次世界大戦中の昭和18年に、汪兆銘《おうちょうめい》率いる南京国民政府へすべて返還されている。

第1章

# 台湾の鉄道旅行

台北駅に停車する急行列車（『Taiwan : a unique colonial record』より）

## 01——台湾の鉄道事情概観

### 産業鉄道としての性格が強かった

台湾に初めて登場した鉄道は、清国統治時代の1891年（明治24）に開通した基隆《チーロン》〜台北《タイペイ》間28・6キロである。これは、当時の大陸も含めて清国初の官営鉄道であった。軌間は日本の内地と同じ1067ミリで、2年後には台北〜新竹《シンチュー》間も開通している。

日清戦争に勝利した日本が下関条約によって台湾を領有すると同時に、この路線も日本が接収。明治28年（1895）、陸軍によって改修された基隆《きいるん》〜新竹《しんちく》間で日本による台湾鉄道の運行が始まった。当初は設備が貧弱で大型機関車が走れず、また清国の撤収時や日本軍の上陸時に破壊された場所も多く、改良工事は「ゼロから作り直すと言った方が適切な状況だった」（片倉佳史『台湾鉄路と日本人 線路に刻まれた日本の軌跡』交通新聞社新書、平成22年）という。

明治32年（1899）には台湾総督府鉄道官制が公布され、官営鉄道の運営は台湾総督府が担うこととなった。それと同時に、軍用鉄道としての性格から一般旅客や貨物の輸送を重視する鉄道へとシフトしていく。台湾総督府は台湾南部への物資輸送力の向上を目指して、南北縦貫鉄道の延伸計画を進めた。

亜熱帯や熱帯地方での鉄道建設の経験に乏しい日本の技師たちは、中部の峻険な山岳地帯では数多

図1-1-1　日本統治時代の台湾鉄道路線図

図1-1-2　幹線を走る高速蒸気機関車C55
（『南方の拠点・台湾写真報道』より）

くの渓谷の架橋やトンネル掘削工事に、南部ではマラリアなどの疫病の蔓延《まんえん》と抗日ゲリラによる襲撃の危険から人夫不足に悩まされた。明治37年（１９０４）に日露戦争が始まると、資材の供給が戦争遂行優先になって工事の難化に拍車をかけた。ようやく基隆～打狗《たーく》（現・高雄《カオシュン》）間４０８・５キロの縦貫線が全通したのは明治41年（１９０８）のことである。これによって台湾西部では南北の往来が容易になり、人や物の動きが飛躍的に活発になった。

　この南北を結ぶ縦貫鉄道は、当初は台中《たいちゅう》を通るいわゆる「山線」だけだったが、途中の急勾配が輸送上のネックとなり、また輸送量が増加してバイパス路線の必要も生じたことから、大正11年（１９２２）に竹南《ちくなん》～彰化《しょうか》間で海岸に沿って走る新線（いわゆる「海線」）が開通。基隆～高雄《たかお》間には一等車や食堂車、夜間は寝台車も連結した急行列車が、海線と山線に分かれて毎日俊足を飛ばした。昭和10年（１９３５）には内地でデビューした最新式のＣ55形蒸気機関車が台湾にも導入され、急行列車の高速化に貢献している。台湾の官営鉄道は内地の省線と軌間が同じであることから、内地の車両をそのまま導入できる特徴を有していた。

台湾西部では、この南北の大動脈から枝分かれするように地方路線が増えていった。その多くは炭

14

三　下リ　臺北→新北投・淡水

| 粁程 | 三等運賃 | 驛名 ＼ 列車番號 | 501 | 401 | 503 | 453 | 403 | 505 | 405 | 507 | 407 |
|---|---|---|---|---|---|---|---|---|---|---|---|
| | | 行先 | 淡水 | 新北投 | 淡水 | 新北投 | 新北投 | 淡水 | 新北投 | 淡水 | 新北投 |
| | | 等級 | 機 | 機 | 機 | 機 | 機 | 機 | 機 | 機 | 機 |
| 臺北から | | 臺北 發 | 5.00 | 5.30 | ●6.00 | | 6.30 | ●7.00 | 7.30 | ●8.00 | 8.30 |
| 0.6 | 5 | 大正街 〃 | 5.02 | 5.32 | 6.02 | | 6.32 | 7.02 | 7.32 | 8.02 | 8.32 |
| 1.4 | 5 | 双連 〃 | 5.05 | 5.35 | 6.05 | 毎一時間運轉 北投新北投間 | 6.35 | 7.05 | 7.35 | 8.05 | 8.35 |
| 2.9 | 5 | 圓山 〃 | 5.08 | 5.38 | 6.08 | | 6.38 | 7.08 | 7.38 | 8.08 | 8.38 |
| 3.8 | 6 | 宮ノ下 〃 | 5.10 | 5.40 | 6.10 | | 6.40 | 7.10 | 7.40 | 8.10 | 8.40 |
| 5.5 | 9 | 士林 〃 | 5.15 | 5.45 | 6.15 | | 6.45 | 7.15 | 7.45 | 8.15 | 8.45 |
| 7.7 | 12 | 唭里岸 〃 | 5.19 | 5.49 | 6.19 | | 6.49 | 7.19 | 7.49 | 8.19 | 8.49 |
| 11.0 | 17 | 北投 着 | 5.23 | 5.53 | 6.23 | | 6.53 | 7.23 | 7.53 | 8.23 | 8.53 |
| | | 北投 發 | 5.25 | 5.54 | 6.25 | 6.26 | 6.54 | 7.25 | 7.54 | 8.25 | 8.54 |
| 12.2 | 19 | 新北投 着 | (｜) | 5.57 | (｜) | 6.28 | 6.57 | (｜) | 7.57 | (｜) | 8.57 |
| 15.1 | 24 | 江頭 發 | 5.30 | …… | 6.30 | …… | …… | 7.30 | …… | 8.30 | …… |
| 17.0 | 27 | 竹圍 〃 | 5.33 | …… | 6.33 | …… | …… | 7.33 | …… | 8.33 | …… |
| 21.2 | 33 | 淡水 着 | 5.38 | …… | 6.38 | …… | …… | 7.38 | …… | 8.38 | …… |

| 驛名 ＼ 列車番號 | 509 | 409 | 511 | 411 | 513 | 413 | 515 | 415 | 517 | 417 | 519 | 419 |
|---|---|---|---|---|---|---|---|---|---|---|---|---|
| 行先 | 淡水 | 新北投 | 淡水 | 新北投 | 淡水 | 新北投 | 淡水 | 新北投 | 淡水 | 新北投 | 淡水 | 新北投 |
| 等級 | 機 | 機 | 機 | 機 | 機 | 機 | 機 | 機 | 機 | 機 | 機 | 機 |
| 臺北 發 | ●9.00 | 9.30 | ●10.00 | 10.30 | ●11.00 | 11.30 | ●12.00 | 0.30 | ●1.00 | 1.30 | ●2.00 | 2.30 |
| 大正街 〃 | 9.02 | 9.32 | 10.02 | 10.32 | 11.02 | 11.32 | 0.02 | 0.32 | 1.02 | 1.32 | 2.02 | 2.32 |
| 双連 〃 | 9.05 | 9.35 | 10.05 | 10.35 | 11.05 | 11.35 | 0.05 | 0.35 | 1.05 | 1.35 | 2.05 | 2.35 |
| 圓山 〃 | 9.08 | 9.38 | 10.08 | 10.38 | 11.08 | 11.38 | 0.08 | 0.38 | 1.08 | 1.38 | 2.08 | 2.38 |
| 宮ノ下 〃 | 9.10 | 9.40 | 10.10 | 10.40 | 11.10 | 11.40 | 0.10 | 0.40 | 1.10 | 1.40 | 2.10 | 2.40 |
| 士林 〃 | 9.15 | 9.45 | 10.15 | 10.45 | 11.15 | 11.45 | 0.15 | 0.45 | 1.15 | 1.45 | 2.15 | 2.45 |
| 唭里岸 〃 | 9.19 | 9.49 | 10.19 | 10.49 | 11.19 | 11.49 | 0.19 | 0.49 | 1.19 | 1.49 | 2.19 | 2.49 |
| 北投 着 | 9.23 | 9.53 | 10.23 | 10.53 | 11.23 | 11.53 | 0.23 | 0.53 | 1.23 | 1.53 | 2.23 | 2.53 |
| 北投 發 | 9.25 | 9.54 | 10.25 | 10.54 | 11.25 | 11.54 | 0.25 | 0.54 | 1.25 | 1.54 | 2.25 | 2.54 |
| 新北投 着 | (｜) | 9.57 | (｜) | 10.57 | (｜) | 11.57 | (｜) | 0.57 | (｜) | 1.57 | (｜) | 2.57 |
| 江頭 發 | 9.30 | …… | 10.30 | …… | 11.30 | …… | 0.30 | …… | 1.30 | …… | 2.30 | …… |
| 竹圍 〃 | 9.33 | …… | 10.33 | …… | 11.33 | …… | 0.33 | …… | 1.33 | …… | 2.33 | …… |
| 淡水 着 | 9.38 | …… | 10.38 | …… | 11.38 | …… | 0.38 | …… | 1.38 | …… | 2.38 | …… |

図1-1-3　昭和11年の淡水線時刻表（当時の『列車時刻表』より）。台北から30分おきに「機」、つまりガソリン機動車が頻発している

鉱開発や農産物・木材運搬など産業開発目的の路線で、官営・私鉄が混在している。日本統治時代の台湾の鉄道は、ほぼ一貫して貨物収入が旅客収入を上回っており、「貨車輸送に重点のあった鉄道」（高橋泰隆『日本植民地鉄道史論』日本経済評論社、平成7年）と評価されている。

もっとも、中には沿線の観光地への旅客輸送に大きく貢献していた路線もあった。世界に名を知られる阿里山《ありさん》鉄道（現・阿里山《アーリーシャン》森林鉄路）はその代表的な例だろう。また、台北《たいほく》から分岐する淡水《たんすい》線の一部として大正5年（1916）に開通した北投《ほくと》～新北投《しんほくと》間の支線は、「台湾の箱根」と呼ばれる北投《ほくとう》温泉へのアクセスルートとして、観光客の利用が多かった。昭和11年（1936）2月に台湾総督府交通局鉄道部が発行した『列車時刻表』（図1−1−3）によれば、淡水線は午前5時から午後11時まで淡水行きと新北投行きがぴったり30分間隔で台北から頻発しており、全列車がガソリン機動車で運行されている。台湾の官営鉄道で、待たずに乗れるフリークエント

サービスを実施していたのはこの淡水線だけである。私鉄では北部の台北郊外で台北鉄道、中部には台中軽便鉄道が、それぞれ約10キロの路線にガソリン機動車を多数投入して機動的な近距離旅客営業を実施していた。

一方、台湾東部では西部よりも鉄道の発達が遅れた。この地方は広範な地域に生蕃、後に高砂族と呼ばれる先住民族が分散して集落を作っていて、基盤となる産業がなく、しかも日本の台湾領有（領台）後は一部の部族が日本統治に対して長く抵抗を続けた。東海岸地域全体の交通が不便で資材の搬入が困難だっただけでなく、鉄道工事現場が高砂族の襲撃を受けることもあった。

苦難の末に台東《たいとう》線の花蓮港《かれんこう》～台東間170・7キロが全通したのは大正15年（1926）。足かけ16年の大工事だった。同線には、台東付近で大正8年（1919）に開業していた台東拓殖製糖会社の路線を買収した区間が含まれている。沿線は人口稀薄で産業基盤が小さく、また西部路線と接続せず独立して走っており、採算性も低いことが予想されたため、将来の改軌を見越して鉄橋やトンネルなどの施設は西部と同じ軌間1067ミリを想定した規格で建設されたものの、実際に敷設《ふせつ》されたのは762ミリの軽便路線だった。改軌は第二次世界大戦後の国民党政権による工事完成（1982年）まで待つことになる。

台東線のような軽便路線は、製糖鉄道や森林鉄道として各地に存在した。中には旅客営業を実施したり旅客の便乗扱い（正式な旅客営業ではないが、運行時刻の遅延や安全上の問題等を承知した旅客に便宜的な乗車を認めること）をする路線もあり、市販の時刻表にダイヤが掲載されている路線もあった。

製糖鉄道とはいわゆるサトウキビ運搬列車のこと。第二次世界大戦前まで、日本は台湾の製糖産業の発達によって砂糖の自給を実現し、世界有数の砂糖輸出国でもあった。その台湾の製糖産業を支える重要な産業施設として、主に台湾南部で製糖鉄道の路線網が拡大していった。明治40年（１９０７）に台湾製糖株式会社が橋仔頭《きょうしとう》（後の橋子頭。現・橋頭《チャオトウ》）糖業所で製糖鉄道を走らせたのが始まりで、明治42年（１９０９）には塩水港《えんすいこう》製糖が新営《しんえい》〜塩水港（現・塩水《イエンシュイ》）間８・４キロで、製糖鉄道として初めて旅客の便乗扱いを開始。その後、製糖鉄道は主に官営鉄道の縦貫線から分岐する形で各地に建設され、昭和11年には台湾全土での総延長距離が約２４００キロ、そのうち旅客営業を行う路線が５００キロ近くに達した。

森林鉄道も、台湾の豊富な森林資源を運搬する重要な産業鉄道だった。台湾では山岳部の河川の流れが速く水運が利用できないうえ、木材を搬出するだけの整備された道路がないため、鉄道が唯一の木材運搬手段であり、沿線住民にとっても貴重な生活の足となっていた。台湾の三大林場と呼ばれる阿里山、八仙山《はっせんざん》、太平山《たいへいさん》に敷設された森林鉄道は、私鉄として普及した製糖鉄道とは異なり、いずれも台湾総督府殖産局営林所が運営を担っていた（ただし、昭和17年に国策会社の台湾拓殖株式会社に移管されている）。

最後に、台湾独特の鉄道として、台車軌道に触れないわけにはいかない。台車とは台湾特有の乗り物で、簡易軌道の上を人力で押す車両を指す。手押し台車、台車軌道などとも呼ばれた。清国統治時代から物資輸送のための交通手段として存在していたが、正式な旅客営業許可を得ないまま旅客を便乗させる路線が現れ、大正以降になると貨客兼用路線が急速に増加。最盛期の昭和初期には台湾全島に1300キロ以上の台車路線が張り巡らされ、特に道路事情が悪い山間部などでは利用価値が高かった。平地では通常、時速10キロ程度で走る。軌間は製糖鉄道などと同じ762ミリから、それより狭い低規格のものまでさまざまだ。台車の実態や具体的な運行方法、乗車方法については64ページ、76ページなどを参照されたい。

## 02——日本統治時代の台湾の観光事情

### 南国情緒の温泉と豊かな自然が魅力

鉄道省（後の国鉄。現・ＪＲグループの前身）が編纂《へんさん》した『汽車時間表』の昭和9年（１９３４）12月号の巻末に、台湾総督府交通局鉄道部が「臺灣《たいわん》へ」という観光客誘致広告を出している。「名勝巡り」先として新高山《にいたかやま》、阿里山、角板山《かっぱんざん》、ガランピ岬、タロコ峡、日月潭《じつげつたん》を挙げ、「溫泉巡り」先として北投、草山《そうざん》、関仔嶺《かんしれい》、烏来《うらい》、礁渓《しょうけい》、四重渓《しじゅうけい》を列挙している。昭和15年（１９４０）10月号の広告には、

新高の峰は
明るく晴れた空にそびえる
椰子《やし》の梢《こずえ》は陽に輝き
水牛は流れにねてゐる
遠い祭の音樂
パパイヤの甘い香りは
いつしか夢を誘ふ

夜
月の蕃社《ばんしゃ》の杵歌《きねうた》に
赤い櫻がはらとちる

という抒情的な詩を添えて、南国台湾への旅行を宣伝している（図1-2-1）。

これらの広告に見られる通り、台湾では当時の日本最高峰の新高山（現・玉山《ユイシャン》）や日月潭をはじめとする山岳地帯の自然景勝と、日本統治時代に各地で開発された温泉が主な観光資源となっていた。特に集中して観光客が押し寄せる観光シーズンというものはなく、内地への持ち込みが制限される南国独特の多彩な果物を味わうなら夏が、内地から避寒目的で訪れるなら冬がよいとされた。特に台湾南部は熱帯に属しており、高雄や屏東《へいとう》では夏服で正月を迎えることもある。北部は12月～2月頃は冬服の準備を要する。気候に関するこうした注意事項は、現代の台湾旅行と変わらない。

領台当時はマラリアやペストなどの疫病が台湾全土で絶えなかったが、その後、衛生環境の劇的な改善によって、大正初期には内地より衛生施設が良いとまで言われたこともある。ただし、都市部を離れれば、昭和初期でもマラリア蚊に刺されないよう注意しなければならなかった。また、観光客に好評なパイナップルなど果物を手当たり次第に食べていると、台湾赤痢《せきり》（アメーバ赤痢）に罹《かか》ることもあった。

特殊な台湾観光のスタイルとして、登山があった。台湾総督府交通局鉄道部がほぼ毎年発行してい

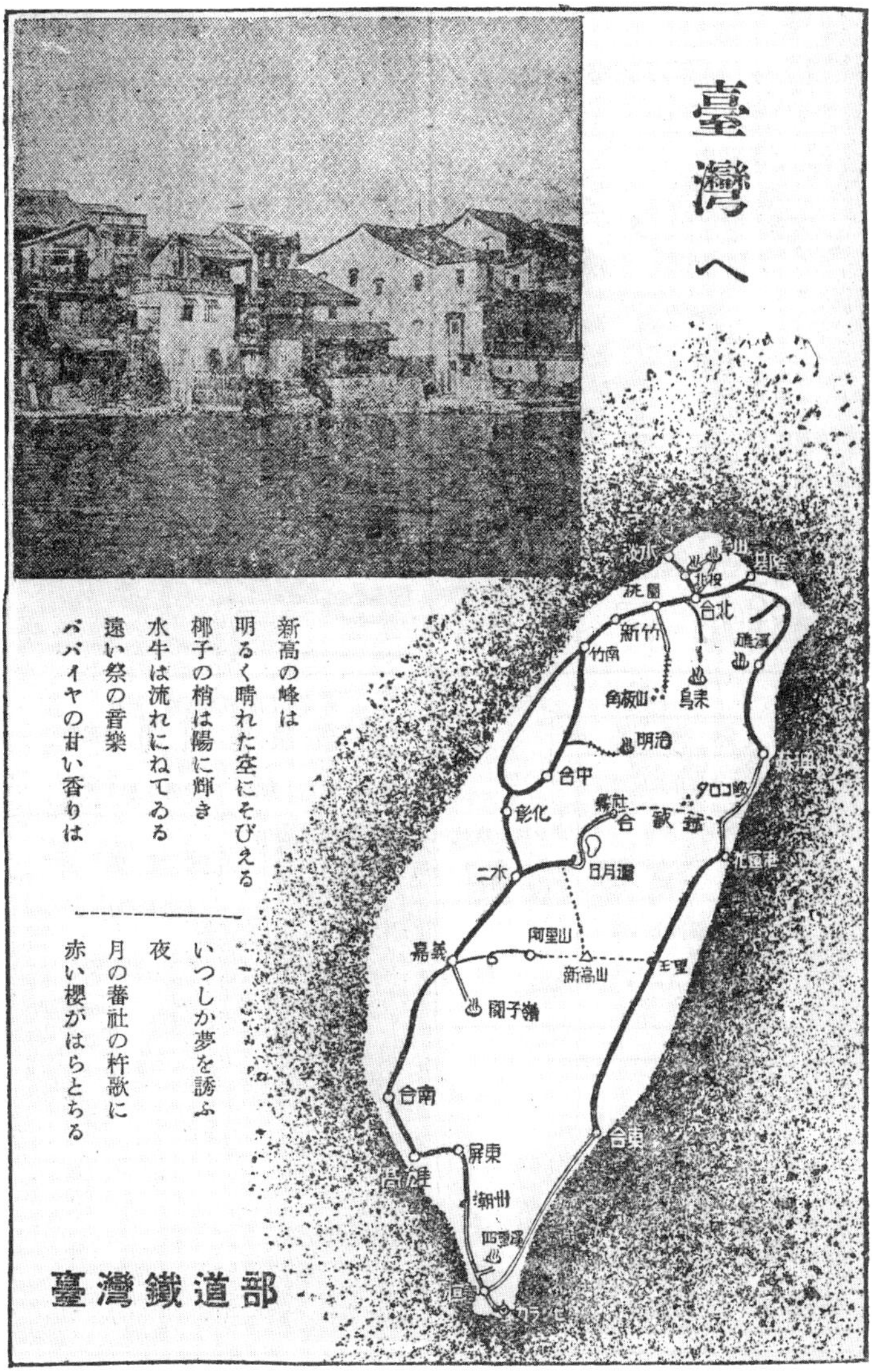

図1-2-1　台湾総督府交通局鉄道部が出した広告（『汽車時間表』昭和15年10月号より）

た『台湾鉄道旅行案内』では、巻頭に台湾の険しい地勢や具体的な高峰について写真付きで解説したうえで、「臺灣に於ける登山の注意」を数ページにわたって詳細に説明している。

この登山解説の項目でも触れられているが、誰もがどこでもほぼ自由に旅行できる台湾での大きな例外として、主に山間部に点在する一部の高砂族居住区域を訪問する場合は、所轄の郡役所で「入蕃手続き」という申告手続きを行い、「入蕃許可証」という書類の交付を受ける必要があった。手続き自体は簡単で、口頭もしくは所定用紙への記入により、特別な問題がない限り許可証は即時発行された。

高砂族が居住する山岳地帯の一部では、領台後も日本統治に帰順せず、昭和初期まで抵抗を続けた部族もある。昭和5年（1930）には台中州で内地人134名と本島人2名が殺害される武装蜂起（霧社《むしゃ》事件）が、その翌年（昭和6年）には同事件で反目した部族間の大規模な抗争が発生している。山岳地帯への入蕃手続きを要したのは、こうした治安上の問題点が完全に払拭されていないからに他ならない。

他方、平地における台湾の治安は日本統治の開始以降、本島人が「夜不閉戸《イエブービーフー》」（夜でも戸締りをせずに過ごせる）と呼ぶほど良好になっており、鉄道旅行も快適に楽しめた。もっとも、基隆港や高雄港およびその付近、また平渓《へいけい》線内などは要塞地帯とされていたため、許可なく写真撮影や写生をすると要塞地帯法で罰せられた。

主要都市や観光地には「内地式」と呼ばれる日本旅館と、「本島式」あるいは「台湾式」と呼ばれる中国風旅館が多数営業していた。ただ、「日の丸」という駅前旅館（縦貫線竹南駅）が本島式だったという例をはじめ、名称が内地風でも館内は本島式という宿も多かった。台北駅前には鉄道部直営の台北鉄道ホテルがあり、内地の一流ホテルを凌ぐほどの豪華洋式ホテルとの高い評価を受けていた。鉄道部は台南《たいなん》でも、駅舎の2階を利用した洋式のステーションホテル（台南鉄道ホテル）を運営していた。

図1-2-2　台北駅前にあった台北鉄道ホテル（明治41年開業）。赤煉瓦3階建て（上）の館内は客室からバンケットルーム（中）、メインロビー（下）に至るまでオール西洋式の豪華ホテルだった（いずれも『Taiwan : a unique colonial record』より）

図1-2-3　宜蘭線宜蘭駅のスタンプ（左）には観光名所の古刹や温泉、神社が、基隆発高雄行きの急行第3列車（第3急行。67ページ参照）のスタンプ（右）には快走する急行列車とビンロウ樹、バナナの房が描かれている（資料提供：片倉佳史）

主要駅には旅行案内所が開設されていた。昭和15年版の『台湾鉄道旅行案内』によれば、基隆、台北、新竹、台中、彰化、嘉義《かぎ》、台南、高雄、屏東の各駅に設置されている。また、台北鉄道ホテル内や台南、高雄の市中で営業する百貨店内、台北や花蓮の市街地にはジャパン・ツーリスト・ビューロー（JTB。なお、戦後の「JTB」は「ジャパン・トラベル・ビューロー」の略）の案内所も営業しており、観光客向けの案内サービスや各種割引券類の販売サービスを受けることができた。

主要駅や優等列車の車内には、旅行者向けに記念スタンプが設置されていた。もともとは逓信《ていしん》省の公印だったが、駅の旅客誘致に役立つということで設置駅や列車が増えているのは内地や朝鮮、満洲、樺太と同じ現象である。公印というスタート時の性質ゆえか、現代のように旅客が自由に捺《お》せるものではなく、駅員がスタンプを管理してい

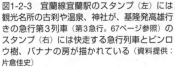

て、旅客は駅員に捺してもらうのが一般的だ。

台湾の食事は、大陸の中国料理の影響が強い。『台湾鉄道旅行案内』でも「臺灣料理献立《こんだて》の例」として中国語による代表的な料理名とその日本語訳、料理名に含まれる「湯」「炒」「炸」などの漢字が意味する料理方法などを説明して、内地からの観光旅行客の理解を促している。

鉄道旅行の場合、食堂車が連結されていたのは縦貫線の急行列車などごくわずかなので、駅にいる呼売り（立売り）から駅弁を購入することもあっただろう。内地で市販されていた時刻表には、台湾の鉄道ページに内地のページで見られる駅弁販売駅を示すマークが一切記されていなかったが、『台湾鉄道旅行案内』には呼売りがいる駅、およびそのうち弁当も販売している駅が図1-2-4（昭和15年版）の通り列挙されていた。

ただし、中国風の食習慣になじんでいる本島人の多くは冷えた弁当を食さないこと、また温暖な台湾では内地同様の保存期間は望めないことなどもあり、内地の旅行雑誌では台湾の駅弁事情について「到底内地の辨當《べんとう》と比較にならないほどの味と副食物としか持つてゐない」、「價《ね》は味のおそろしくまづいくせに高い」との酷評がなされることもあった（鈴木克英「台湾の交通機関さま〴〵」『旅』昭和4年2月

図1-2-4　台湾での呼売り配置駅・駅弁販売駅一覧
（昭和15年版『台湾鉄道旅行案内』より作成）

| 路線名 | 呼売り配置駅（△印は駅弁を販売していない駅） |
| --- | --- |
| 縦貫線 | 基隆※、八堵、△汐止、台北、桃園、△中壢、△揚梅、新竹、竹南、苗栗、△三叉、△后里、△豊原、台中、△後龍、彰化、△員林、二水、△斗六、△斗南、嘉義、△新営、△番子田、台南、△岡山、高雄 |
| 海岸線 | △後龍、△公司寮、△通霄、△大甲 |
| 宜蘭線 | △瑞芳、△猴硐、頂双渓、△大里、△頭囲、宜蘭、△蘇澳 |
| 淡水線 | △北投 |
| 潮州線 | △鳳山、屏東 |

※基隆駅の駅弁販売は客船出入港日に岸壁で実施

図1-2-5　臨海道路を走る自動車
（『Taiwan : a unique colonial record』より）

号）。弁当と一緒にお茶が売っていないのも、内地からの旅行者を戸惑わせた。

最後に、鉄道以外の台湾島内での交通手段を簡単に紹介しておく。

日本統治が進むにつれて道路網が少しずつ整備されていくのに伴い、台湾総督府交通局は昭和8年（1933）から、直営で乗合自動車の旅客営業を始めた。主に台北や基隆などの北部、そして台中、台南、高雄など西海岸側の主要都市間を結ぶ中距離バス路線が設定されていた。

また、陸の孤島のごとき立地で西部の鉄道路線と接続していない東海岸の台東線へのアクセスとして、蘇澳《そおう》～花蓮港間臨海道路（図1-2-5、図1-2-6）の整備が大正5年（1916）に始まり、昭和6年（1931）からは台湾東海自動車運輸株式会社による定期バスが運行され始めた。この区間にはそれまで、大阪商船による沿岸航行の定期連絡船が毎日1往復設定されていて、台湾総督府交通局鉄道部の運営路線（局線）の主要駅から船車連絡切符が発行されていたが、バス路線の定着に伴い連絡船は廃止されている。

ただし、これとは別に基隆から蘇澳、花蓮港、台東、大坂埒《だいはんらつ》を経由して南廻りで高雄へ至る東海岸

図1-2-6　太平洋に面した断崖を削って造られた東海岸の臨海道路
（『日本地理大系第11巻 台湾篇』より）

図1-2-7　轎の一例。さまざまな形態のものがあった（大正13年版『台湾鉄道旅行案内』より）

沿いの定期航路はその後も存続していた。海路は東海岸だけでなく、西海岸沿いでも基隆～高雄間に定期便があり、澎湖島の馬公《まこう》経由で運航されていた。

島内の空路も徐々に発達していった。大日本航空が昭和13年（1938）から島内循環航空路線を常設しており、台北から台中、台南、高雄、台東、花蓮港、宜蘭《ぎらん》の各都市を東廻りと西廻りの両方向へ毎日各1便、乗客定員6名のエアスピード・エンボイ機などが就航していた。

こうした近代交通機関と並んで、轎《きょう》（図1-2-7）という、中国や朝鮮で古くから利用されている駕籠《かご》も立派な交通機関として機能していた。JTBが昭和初期に毎年刊行している日本全国や外地に関する総合ガイドブック『旅程と費用概算』では、台湾の交通機関としてこの轎を「鐵《てつ》道《どう》、臺車《だいしゃ》、自動車の便のない所に於《お》ける唯一の乗物である」と紹介し、航空機や鉄道と同列の公共交通機関として扱っている。

## 03 台湾へのアクセスルート

### 内地からも大陸からも航路が多数

日本統治時代の台湾へは、内地、沖縄、そして台湾海峡を挟んだ対岸の中国大陸から、多数の航路が設定されていた。

内地との往来ルートは明治29年（1896）に大阪商船が命令航路（国などから補助金の拠出を受けて運航を命じられる民間航路）を開設して以来、徐々に発達。昭和6年（1931）版の『旅程と費用概算』は、大阪商船と近海郵船（後に日本郵船）が1万トン級の大型客船を就航させている神戸・門司～基隆間の航路が「最捷徑路《さいしょうけいろ》」、つまり最短ルートであり、「就航船は一萬噸《いちまんとん》級《きゅう》の優秀船で歐米《おうべい》航路の汽船に劣らぬ設備を有してゐる」とか、「各船とも善美をつくした浮宮（フローチングパレス）である」などと絶賛している。

昭和15年（1940）の時点では所属船6隻が神戸～基隆間を所要3泊4日（門司～基隆間は2泊3日）で隔日運航しており、日本列島各地の鉄道省運営路線（省線。現・JR線）との連帯運輸を実施していた。連帯運輸とは、直通乗車券の発売や運行列車の接続などの相互協力を行うことを意味しており、内地で市販されている鉄道省編纂の時刻表には、省線との連帯運輸を行う私鉄や航路、外地の鉄道に「連」のマークが付されていた。

図1-3-1　近海郵船の新造船・富士丸（昭和12年竣工、総トン数9,138トン）の全容（上）とその船内（中・下）。台湾航路の中でもトップクラスの規模、スピードを誇った（いずれも『Taiwan : a unique colonial record』より）

基隆から台湾に上陸する際には、台湾総督府交通局鉄道部による手荷物の受託取扱いサービスを利用できた。台北への手荷物は市内配達もしてくれたのだ。このため、乗船客は船内で手荷物を預ければ、手ぶらで基隆に上陸して列車で台北まで乗車し、台北市内の滞在ホテルで受け取ることが可能であった。

内地からは他に、横浜発着のフィリピン方面行き大阪商船航路が神戸、門司、長崎を経由して基隆と高雄に寄港していた。最終目的地はアメリカ領フィリピンのマニラ、セブ島、そしてダバオである。大阪・神戸・門司発着でタワオ（イギリス領北ボルネオ。現・マレーシア）やスラバヤ（オランダ領東インド。現・インドネシア）への長距離航海へと繰り出す大

図1-3-2　基隆埠頭に隣接する基隆駅舎（上。『台湾の風光』より）と大阪商船・蓬莱丸の出帆光景（下。『日本地理大系第11巻 台湾篇』より）

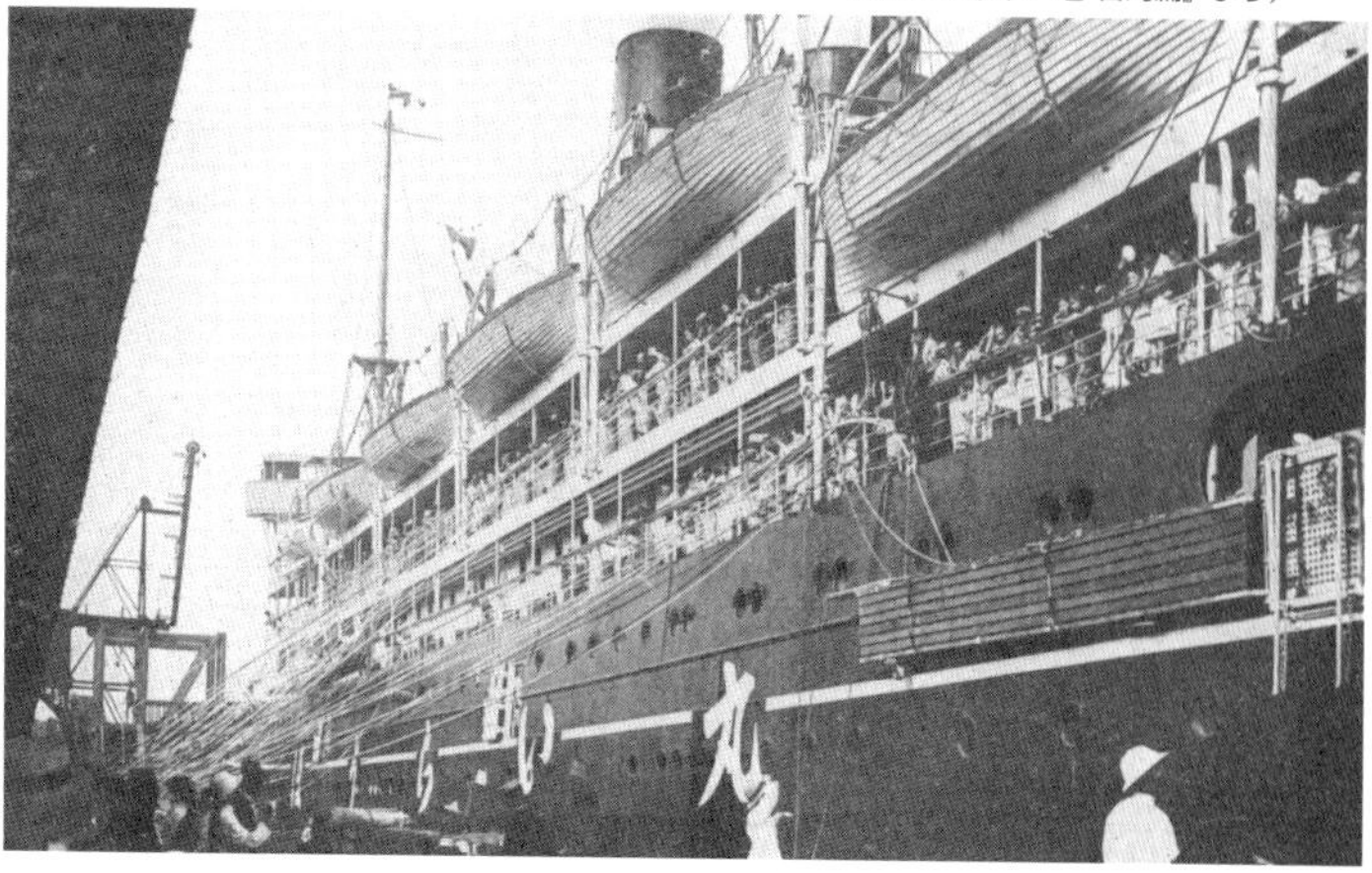

阪商船航路も、途中で基隆を経由していた。

さらに、昭和15年版の『台湾鉄道旅行案内』によれば、鉄道省編纂の市販時刻表には掲載されていない航路として、東京の芝浦港または横浜港から名古屋、勝浦（和歌山県）、大阪、神戸、宇品《うじな》（広島県）、門司《もじ》、長崎を経て基隆、馬公（澎湖諸島）、安平《あんぴん》、高雄へと至るルートが存在した。この航路は他の各航路と異なり、高雄発の内地行きが横浜または東京への直行便となっていた。

大阪商船は沖縄と台湾の間

にも航路を開設していた。那覇〜基隆間を毎月5往復前後、宮古、八重山（石垣島）、西表《いりおもて》経由で4泊5日かけて結ぶ、台湾と沖縄を結ぶ唯一の航路であった。

台湾と同じ日本の外地である関東州や朝鮮との間で、台満連絡航路も開設されていた。鉄道省編纂の時刻表に掲載されている大連《だいれん》〜基隆・高雄間を直結する大連汽船航路のほか、大連、朝鮮西部の仁《じん》川《せん》、鎮南浦《ちんなんぽ》、釜山《ふさん》と基隆、高雄を結ぶ近海郵船航路が月2回、朝鮮北部の清津《せいしん》から日本海沿いに雄基《ゆうき》（現・先鋒《ソンボン》）、城津《じょうしん》（現・金策《キムチェク》）、釜山を経て博多経由で高雄へ向かう大阪商船航路が月1回の頻度で、それぞれ運航されていた。大連汽船を介して台湾の局線と大陸の満鉄を利用する場合は、台満連絡乗車船券を購入できた。

台湾海峡を挟んだ中国大陸との往来も盛んで、福州、厦門（アモイ）、上海、香港、青島、海口、北海、汕頭、広東などから基隆、高雄あるいは淡水への大阪商船航路が存在した。基隆〜厦門間では、出港の翌日に対岸へ到着するのが基本スケジュールとなっている。

ただ、この台湾海峡横断航路の多くは、昭和12年（1937）の盧溝橋事件を発端とする日中間の戦闘状態開始後は休航となった。『台湾鉄道旅行案内』では昭和12年版までこれらの航路案内が詳細に記されていたが、昭和15年版では「事変中休航」との注記が付された記述が多数見られる（「事変」とは当時の日本が公称とした「支那事変」のこと。現代では一般に「日中戦争」と呼称されるが、昭和16年12月の日米開戦までは日本、中華民国ともに宣戦布告などの手続きをとっておらず、戦時国際法が適用される戦争状態にないため「事変」と呼ばれた）。

昭和以降に発達した民間航空路の発達は台湾にも及んでいた。昭和10年（1935）に日本航空輸送（後の大日本航空）が福岡の大刀洗《たちあらい》飛行場から那覇を経由して台北へと至る定期航空路線を開設し、フォッカー3M機（乗客定員8名）を導入。翌昭和11年（1936）にはダグラスDC-2（乗客定員14名）が投入されていた。

昭和15年4月の時点では、大日本航空が福岡～那覇～台北間（所要約6時間）、中国大陸との間でも台北～広東間（所要約3時間30分）に、それぞれ1日1往復の定期便を就航させていた。前者は戦時中も運航されていたが、天候あるいは軍事上の都合により上海経由となったり、さらには那覇に寄港せず直行便となることもあった。

旅客運賃はいずれも片道110円。3日以上かかる博多～基隆間航路の並等18円、4泊5日を要する高雄～広東間航路の三等21円と比較すれば、時間短縮効果は絶大だが、かなりの高額といえよう。ちなみに、当時の大卒銀行員の初任給は70円程度であった。

このほか、上海へは日中合弁の中華航空が週2往復している。これは上海～台北～広東便の路線の一部で、台北～広東間は大日本航空と競合することになる。ここでいう「日中合弁」の「中」とは、1937年（昭和12）に北京で成立した中華民国臨時政府と、翌年（1938年）に南京で発足した中華民国維新政府（いずれも1940年に汪兆銘《おうちょうめい》を主席とする南京国民政府に合流）であり、蔣介石《しょうかいせき》が率いていた武漢《ウーハン》国民政府とは別の政権である。現代の台湾を実効支配している中華民国政権、および台湾を本拠とする中華航空（チャイナエアライン）とも全く関係がない。

## 04 日本統治下にあった台湾への第一歩

### 出入域手続き、時差、両替事情

第二次世界大戦が終結するまでの50年間、日本の領土であった台湾を訪れる際に、当然ながら日本国民はパスポート不要であった。ただ、同じ日本国内であっても、内地と台湾との間では社会の基本法制にさまざまな違いがあったため、往来する旅行者もその差異の影響を受けた。

まず、内地から台湾へ、あるいは台湾から内地へ、酒やタバコを移出入することは禁止されていた。個人消費用の例外として、タバコの場合、葉巻は50本、紙巻は100本、(キセルで使用する)刻みタバコまたは板タバコ(噛《か》みタバコを含む)は30匁《もんめ》(112・5グラム)までは専売局員の検査を受ければ携帯できたが、基隆港から台湾に入港する場合は、専売局員が船内に出張して検査をした。

また、南国である台湾特有の事情として、植物に関する独自の病害が内地の植物に伝染することを防ぐため、果物など一部の植物は内地への移出が禁止され、あるいは台湾総督府の植物検査員による移出検査を受けなければ内地へ持ち帰ることができなかった。仮にこの検査を受けても、内地入港の際には内地の植物検査員が行う検査を改めて受けることになっていた。

台湾には昭和12年(1937)まで、内地との間に1時間の時差が設けられていた(内地が正午のとき、台湾は午前11時)。日本の国内で初めて時差が設けられたのは、日本の領台がきっかけである。明治19年（1886）に兵庫県明石市を通る東経135度の時刻を国内標準時と定めた日本は、領台によって国土が東西に広がったことから、明治29年（1896）1月、台湾島と澎湖列島の中間を通る東経120度の時刻を新たに西部標準時と規定して、台湾・澎湖列島および沖縄の八重山列島・宮古列島に適用したのだ。

この台湾と内地との国内時差の設定は、昭和12年10月に西部標準時が廃止されて台湾にも中央標準時が適用されるまで41年間に及んだ。なお、西部標準時の廃止により国内に時差がなくなった後も法令上は「中央標準時」の名称が残されたため、21世紀の現代でも日本の標準時の正式名称は「中央標準時」のままである。

ただし、時差はあるものの台湾の鉄道は内地の省線と同じく、第二次世界大戦中に24時間制に切り替わるまで、午前・午後を付して識別する12時間制を採用していた。市販の時刻表でも、省線のページと同様に、台湾のページでは午前の時刻を細字、午後の時刻を太字で表示して区別していた。

台湾では明治32年（1899）に設立された台湾銀行が発行する台湾銀行券という独自の通貨が流通していた。これは日本円、つまり日本銀行券と等価で両替できるので、台湾では日本円も台湾銀行券と同様にそのまま使用することができた。

もっとも、日本円と等価とはいえ、台湾銀行券は内地では通用しなかった。現代に置き換えると、香港とマカオの通貨関係に似ている。香港ドルとマカオの通貨であるパダカは厳密には等価ではないものの、実際には、マカオでは香港ドルがパダカと等価でそのまま通用する。逆に、香港でパダカを

図1-4　台湾銀行券の見本（『日本地理大系第11巻 台湾篇』より）

直接使用することはできない。香港とマカオの経済的な力関係が、現実の通貨流通事情にそのまま反映されている。日本統治下の台湾において台湾銀行券と等価の日本円がそのまま通用し、逆に台湾銀行券が内地で通用しなかったのも、内地と台湾の経済的な力関係の表れと見ることができよう。この事情は、同じく日本統治下の朝鮮で流通していた朝鮮銀行券の場合も同様だった。

　このため、手元に台湾銀行券を残した旅行者は、内地へ戻る際に日本円へ再両替する必要があった。基隆駅構内の台湾銀行出張所では、内地行きの旅客船が埠頭から出港する当日に手数料不要で両替を受け付けた。内地に開設されている台湾銀行の出張所でも両替を取り扱っていた。

## 05 台湾の鉄道旅行とことば
### 中国風と日本風の名称が混在

日本の領台前は清国に帰属していたことと大陸に近いことから、台湾島民の約9割を占める本島人、つまり福建族と広東族から成る漢民族は、日本による統治開始後も社会生活上は福建語または広東語、それに漢文を長く用い続けた。公的機関には通訳がいるので本島人が自ら日本語を用いる必要はほとんどなく、他方、台湾海峡を挟んだ対岸の中国大陸との経済活動では漢文が欠かせない。台湾総督府も、大正中期までは日本語普及にさほど積極的ではなかった。

このような事情から、台湾では〝国語〟として位置づけられている日本語の普及が昭和初期までなかなか進まなかった。昭和12年（1937）に日本語普及強化策の一環として、領台直後の明治時代から日刊新聞に掲載されていた漢文欄がほぼ強制的に廃止されたが、この時期まで日刊紙に和文欄と漢文欄が混在していたこと自体、領台から42年が経過した昭和初期においてもなお、漢文による情報の需要が台湾社会に相当存在していた証左といえよう。

とはいえ、台湾の局線の利用に際しては、ほぼ日本語で用が足りた。台湾総督府交通局が雇用する運輸・運転などの現業従業員は、昭和元年～4年の4年間では台湾人1に対して日本人が4～5程度の高比率を占めており、台湾人には職務上必要な日本語の訓練などが施された。そもそも台湾の鉄道員養成体制は内地や朝鮮と比較しても貧弱で、高い専門性を有する技師や経営幹部はほとんど内地の高等教育機関出身の内地人で占められていた。

　そのような状況であったから、局線の各駅では日本語で切符が買えたし、駅名標などの施設表示は漢字とひらがなが併記されていた。切符の券面は漢字かな交じり文だが、漢字が多用されているので漢文を解する本島人であれば支障はなかったと思われる。

　ひらがなで表示される各駅名は、領台以前から用いられている中国風の名称については基本的に漢

図1-5-1　日本語普及を促進するため台湾全島で見られた「国語常用」のポスター（『南方の拠点・台湾写真報道』より）

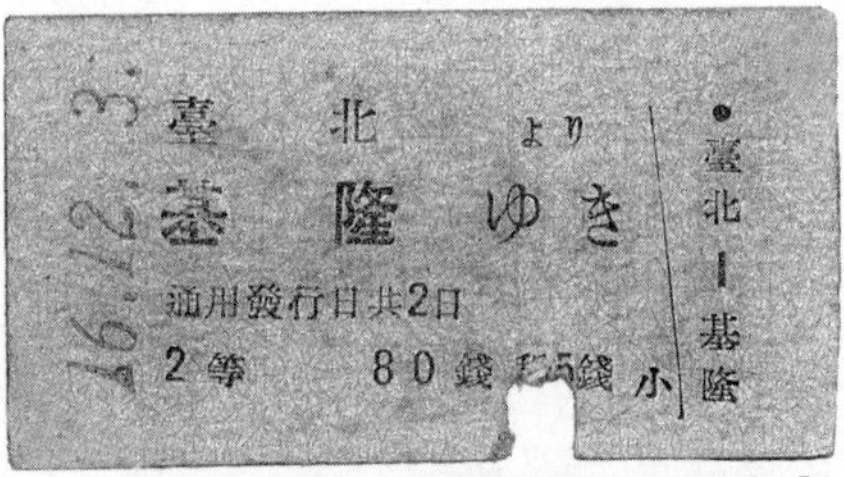

図1-5-2　台北発基隆行き２等乗車券（昭和16年発行）。「より」「ゆき」以外は漢字と算用数字で表示されている

字の日本語による音読みであった。ただし、清朝時代に命名された地名を用いている場合でも、基隆（縦貫線。ひらがな表記は「きゐるん」）のように独特の読み方をした駅名もある。

縦貫線の高雄（ひらがな表記は「たかを」）や汐止（ひらがな表記は「しほどめ」）のように内地風に改称した地名は訓読みになっていたり、宮《みや》ノ下《した》（淡水線）のようにカタカナ交じりの駅名もあった。松《まつ》山《やま》（縦貫線）や板橋（縦貫線）のように、内地の省線に同一表記の駅がある場合もあり、その場合も訓読みになることが多かった。ただし、板橋駅は東京府（現・東京都）の省線山手線では「いたばし」だが、縦貫線の同駅は「いたはし」と濁らない。そのほか、北台北《きたたいほく》（縦貫線）の

図1-5-3 「たかを」のひらがな表記が目立つ高雄駅ホームの駅名標（所蔵：台湾協会）

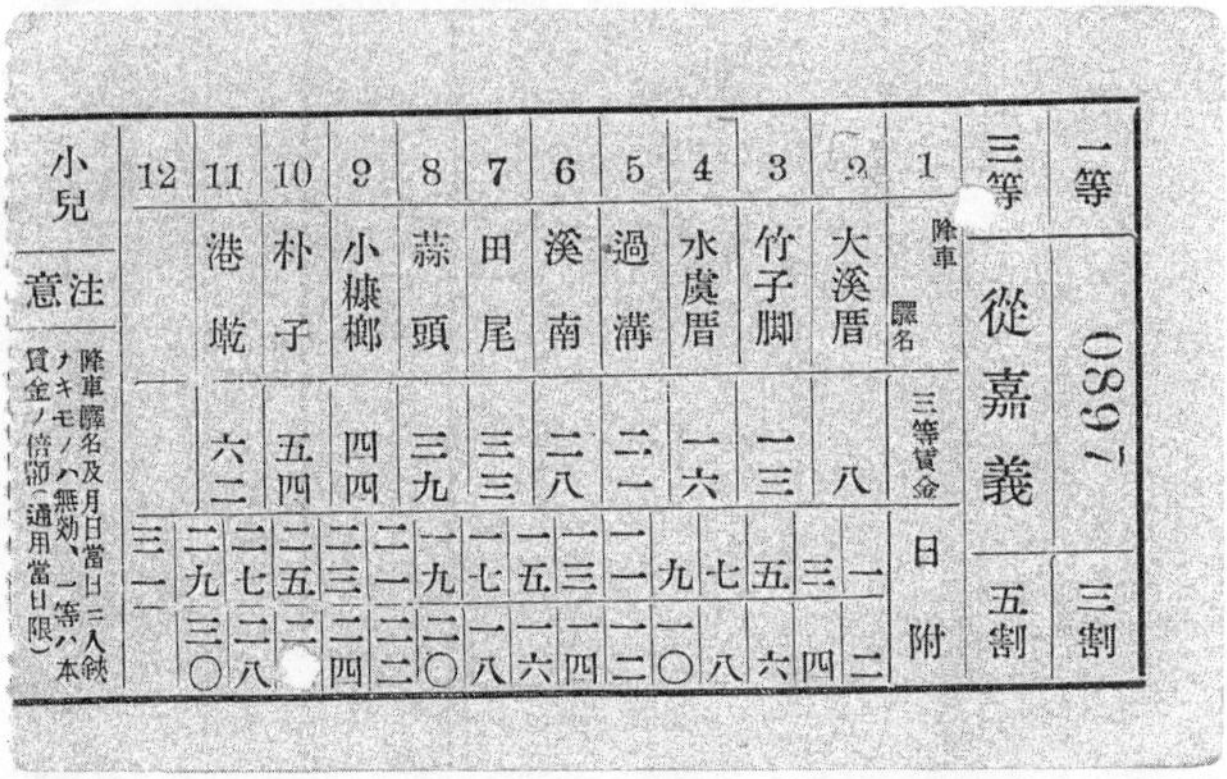


図1-5-4　明治製糖朴子線の3等乗車券。券面左端の注意文は日本語だが、「從嘉義」とは「嘉義より」を意味する漢文であり、中国語としても理解できる

ように駅名の上に東西南北の方位を示す文字を冠したり、上または下を付している場合は、その部分だけは訓読みになった。

なお、台湾独特の公共交通として全島に路線網が広がっていた台車（内地でいうトロッコ）では、手押し人夫を務めるのはほぼ本島人や高砂族に限られていた。これらの人夫に対しては、局線のような職務上の日本語訓練が十分に行われていたわけではないので、旅客として利用するうえで必要な最低限の日本語はほぼ問題なく通じるとしても、自分が乗る台車を押す人夫が必ずしも流暢《りゅうちょう》な日本語を解するとは限らなかった。

## 06 台湾に広がる多彩な鉄道網
### 官営鉄道、製糖鉄道、そして手押し台車

日本統治時代の台湾では西海岸沿いを中心に幹線鉄道が発達していたが、全島を一周する路線はまだ存在しなかった。主要路線である官営の幹線は海岸に沿って走り、そこから枝分かれするように製糖鉄道や台車軌道などの私鉄が路線網を形成していたのだ。また、山岳地帯には森林鉄道が走っていた。これらの産業鉄道の一部は旅客営業も実施していて、観光旅行者も利用することができた。

#### ●局線（官営鉄道）

台湾総督府交通局鉄道部（大正13年までは台湾総督府鉄道部）によって運営されていた路線のことで、局線、官営鉄道、官鉄線、官線などと呼ばれた。昭和20年（１９４５）８月時点での路線延長は約１０００キロ。西部の縦貫線を中心に原則として内地の省線（現在のＪＲ各線）と同じ狭軌（軌間１０６７ミリ）を採用しているが、東海岸を走る台東線東花蓮港《ひがしかれんこう》（現・花蓮港《ファーリェンガン》）〜台東間１７４・９キロは軌間７６２ミリの軽便鉄道であった。

もっとも、台東線は将来の鉄道輸送需要の拡大に備えて、トンネルや鉄橋などの施設はすべて１０６７ミリ規格で建設された。戦後、国民党政権下の１９８２年（昭和57）に全区間が１０６７ミリに

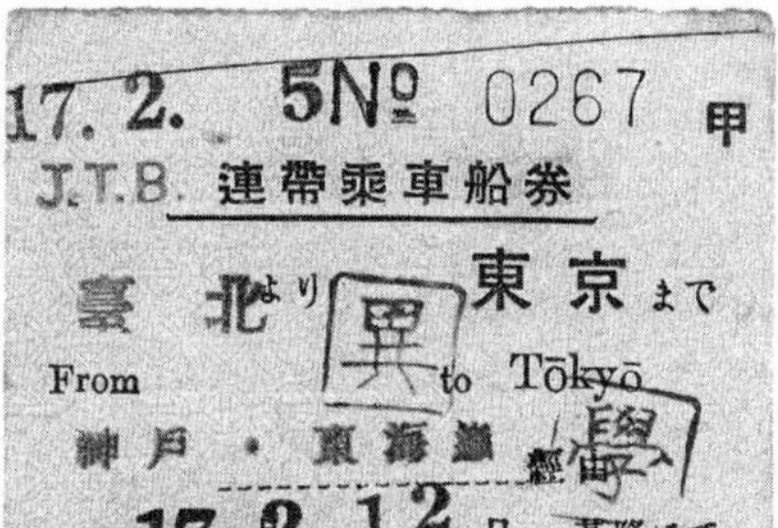

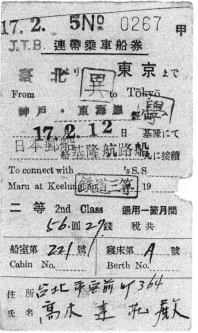

図1-6-1　台北から東京までの連帯乗車船券（昭和17年に台湾のジャパン・ツーリスト・ビューローが発行）。基隆〜神戸間は日本郵船の2等船室、台湾島内および神戸〜東京間の東海道本線は3等客車を利用する学割切符となっている

改軌された際に、この台湾総督府時代の計画施設がそのまま活用されている。

内地の省線とは基隆などに発着する航路を介して連帯運輸を実施していた。そのため、内地の省線各駅で、台湾の局線各駅までの直通切符を購入することができた。

台湾の局線では、明治39年（1906）から大正3年（1914）までは旅客運賃の計算法として長距離逓減制（乗車距離が長くなるほど1キロあたりの乗車運賃が安くなる換算方法）を採用したが、その後は距離比例制（距離と運賃が正比例する換算方法）に改められた。台湾総督府交通局鉄道部が発行した『昭和十三年三月　鉄道要覧』はその理由として、台湾は島内での鉄道延長距離が限られているので長距離客より近距離客を重視する必要性が高いこと、近距離輸送を目的とする自動車や私鉄との競争に対抗する必要があったこと、そして運賃計算の簡素化が図れることを挙げている。

このため、運賃面では、遠路を移動しがちな観光客よりも、短距離間だけ乗車することが多い地元住民にとっての利便性の方が高かった。特に、縦貫線が走る西海岸沿いには一定規模以上の都市が適当な距離ごとに存在しているため、短距離の都市間移動に鉄道を利用する旅客が年々増大していった。

## ●──私鉄

大正10年（1921）に開業した万華《まんか》～郡役所前《ぐんやくしょまえ》間10・7キロを結ぶ台北鉄道は、局線と同じ軌間1067ミリで運行されていた唯一の台湾の私鉄である。駅間距離が短く、台北の都市部拡大の影響を受けて、通勤・通学客の利用が昭和10年代に増大した。日本人居住者の比率が高い地域を走っていたこともあり、日本人旅客が比較的多かったとみられている。

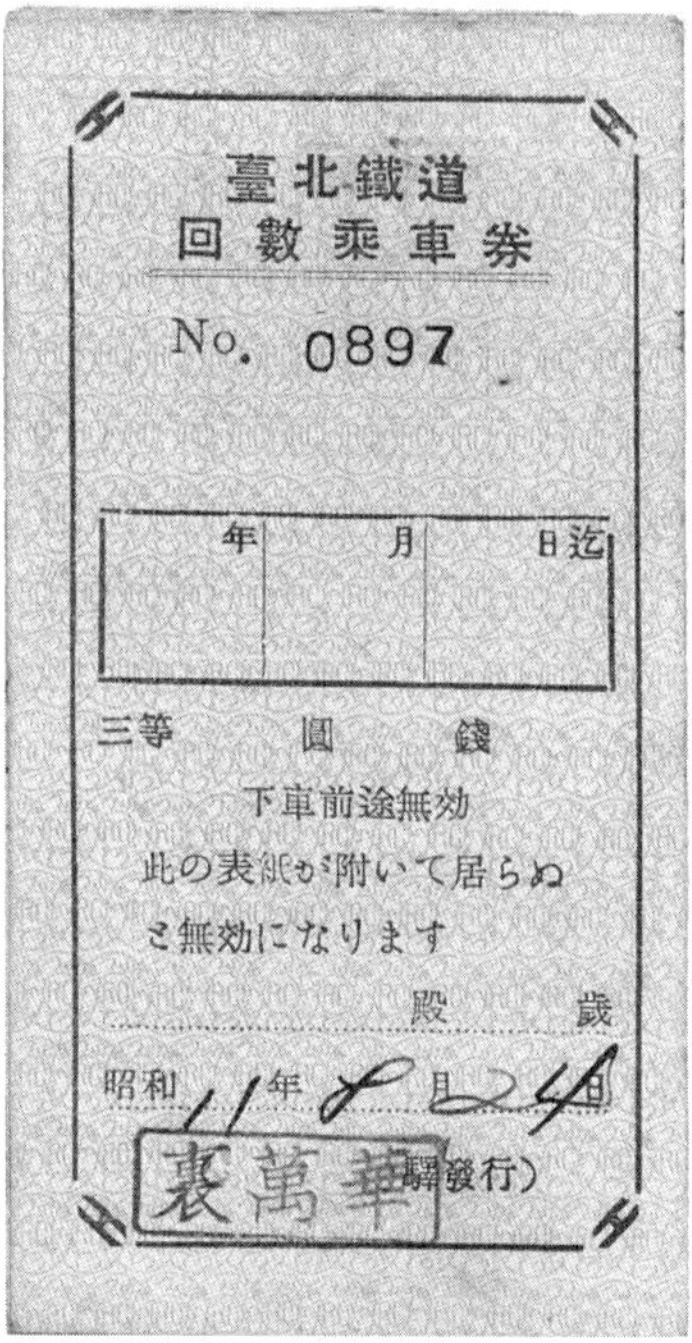


図1-6-2　台北鉄道の回数券（昭和11年発行）。発行駅の「裏萬華」は縦貫線との接続駅である万華を指している

台湾の鉄道としては珍しく貨物収入よりも旅客収入の方が多く、旅客営業が重視され

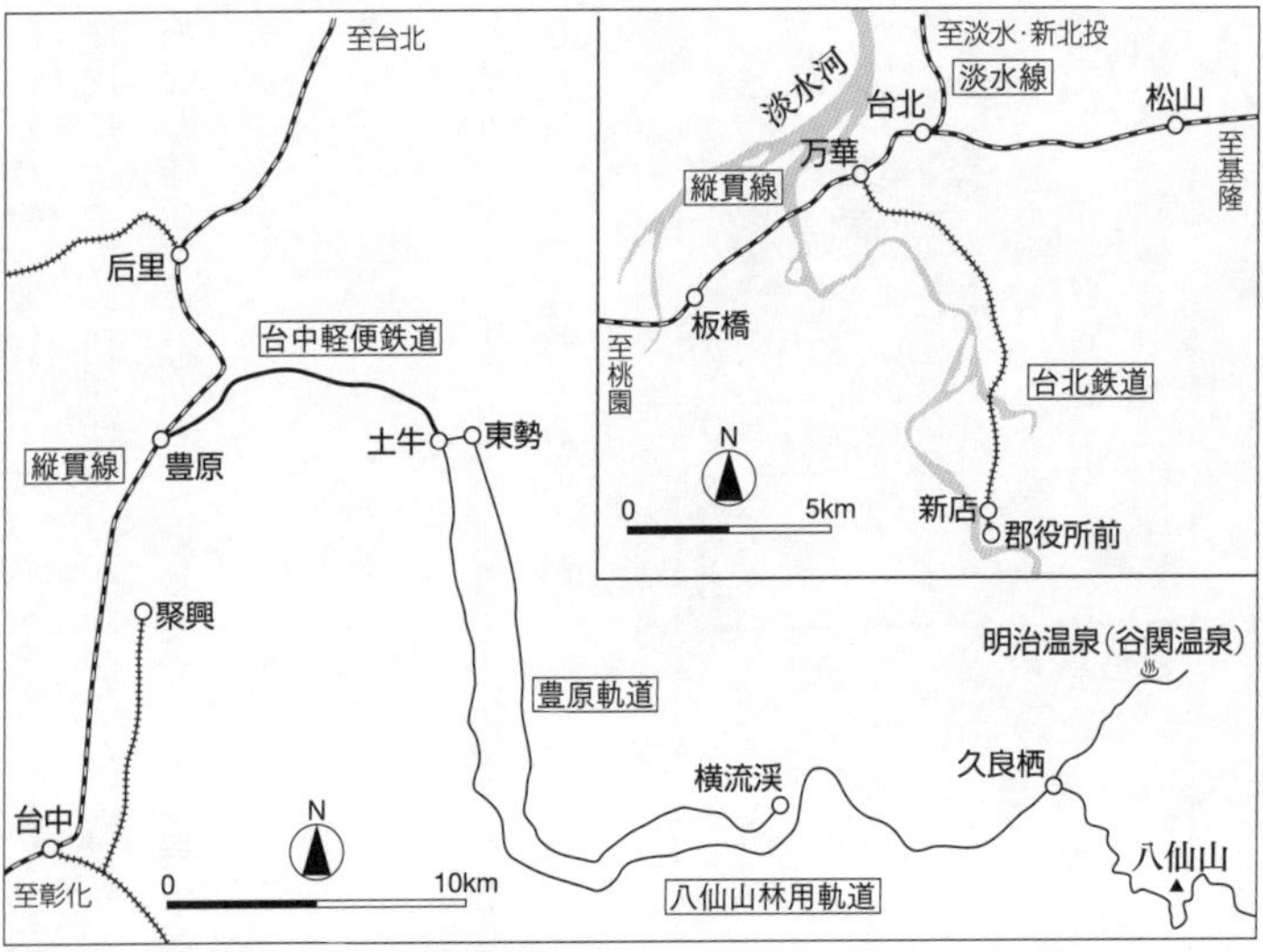


図1-6-3　台北鉄道・台中軽便鉄道の路線図

ていて、地元住民からは郡役所前の1駅手前にある拠点駅・新店《しんてん》への路線という意味で「新店ぽっぽ」と呼ばれて親しまれていた。もっとも、郡役所前へ直通する列車には、SLではなく「機動車」と称する三等車のみのガソリンカーが投入されていて、時刻表上でも「機」という文字で識別できた。

台湾中部の豊原《とよはら》からは、台中軽便鉄道（台中軽鉄。後に台湾交通）という私鉄が、土牛《どぎゅう》までの11・7キロを軌間762ミリのナローゲージで結んでいた。こちらも運行列車の半分以上は三等専用のガソリンカーで、終点の土牛からはさらに、横流渓まで1人乗り台車の豊原軌道が接続した。本項で後述する八仙山林用軌道という森林鉄道もこの土牛を起点としていて、39キロ先の久良栖《くらす》までは旅客列車も運行していた。

なお、台北鉄道も台中軽鉄も局線とは連帯運輸を実施しているが、内地の省線とは連帯運輸扱いをしていなかった。

## 製糖鉄道

台湾の私鉄は前記の台北鉄道、台中軽鉄を除くと、台湾の基幹産業である製糖業を支える産業路線が主役だった。このうち、局線の幹線ルートから外れた台湾中部以南の平野部では旅客営業を実施していることが多かった。

当初は貨物営業のついでに旅客を乗せる便乗扱いだったが、徐々に正式な旅客営業路線が増え、一部は内地で発行される市販の時刻表にも掲載されていた。いずれも長距離列車ではなく短距離を走る近郊輸送用列車だったことから、軽快なガソリンカーが導入されるなど都市交通のような趣を感じさせた。本体の製糖事業が好調なため、台北鉄道や台中軽鉄のような旅客営業主体の私鉄に比べて、どの路線の運営会社も経営は概ね安定していた。

ただ、戦後は製糖事業の衰退や自動車の普及などが原因となって製糖鉄道自体が少なくなり、旅客営業路線は1982年に全

図1-6-4　製糖工場とサトウキビ運搬列車（大正13年版『台湾鉄道旅行案内』より）

図1-6-5　台湾中部の彰化を走っていた新高製糖のガソリンカー（『日本地理風俗大系第15巻台湾篇』より）。写真の説明文には「自動車の機械を客車につけた自動客車」とある

廃。今では現役の製糖鉄道もわずかで、かつての製糖鉄道の一部が観光施設としてかろうじて運行されている。

## 森林鉄道

平野部を走る地域輸送の主役が製糖鉄道なら、山岳地帯では森林鉄道がその役割を担っていた。台湾では阿里山、八仙山、太平山が三大林場とされ、それぞれに木材運搬を目的とする専用鉄道があった。台湾総督府殖産局営林所が運営するこれらの鉄道は、地元住民や行楽客の便宜を図るために旅客営業も実施していた。

このうち最も有名なのは阿里山鉄道で、内地で発行されている市販の時刻表にも掲載されていたことから、内地の行楽客にもよく知られていた。昭和13年（1938）版の『旅程と費用概算』は、「阿里山沿道は、一度車中の人となれば風物

図1-6-6　太平山のふもとを走る羅東森林鉄道・土場駅の木材運搬列車（昭和12年）。
旅客用の客車が1両だけ連結されている（所蔵：台湾・宜蘭県史館）

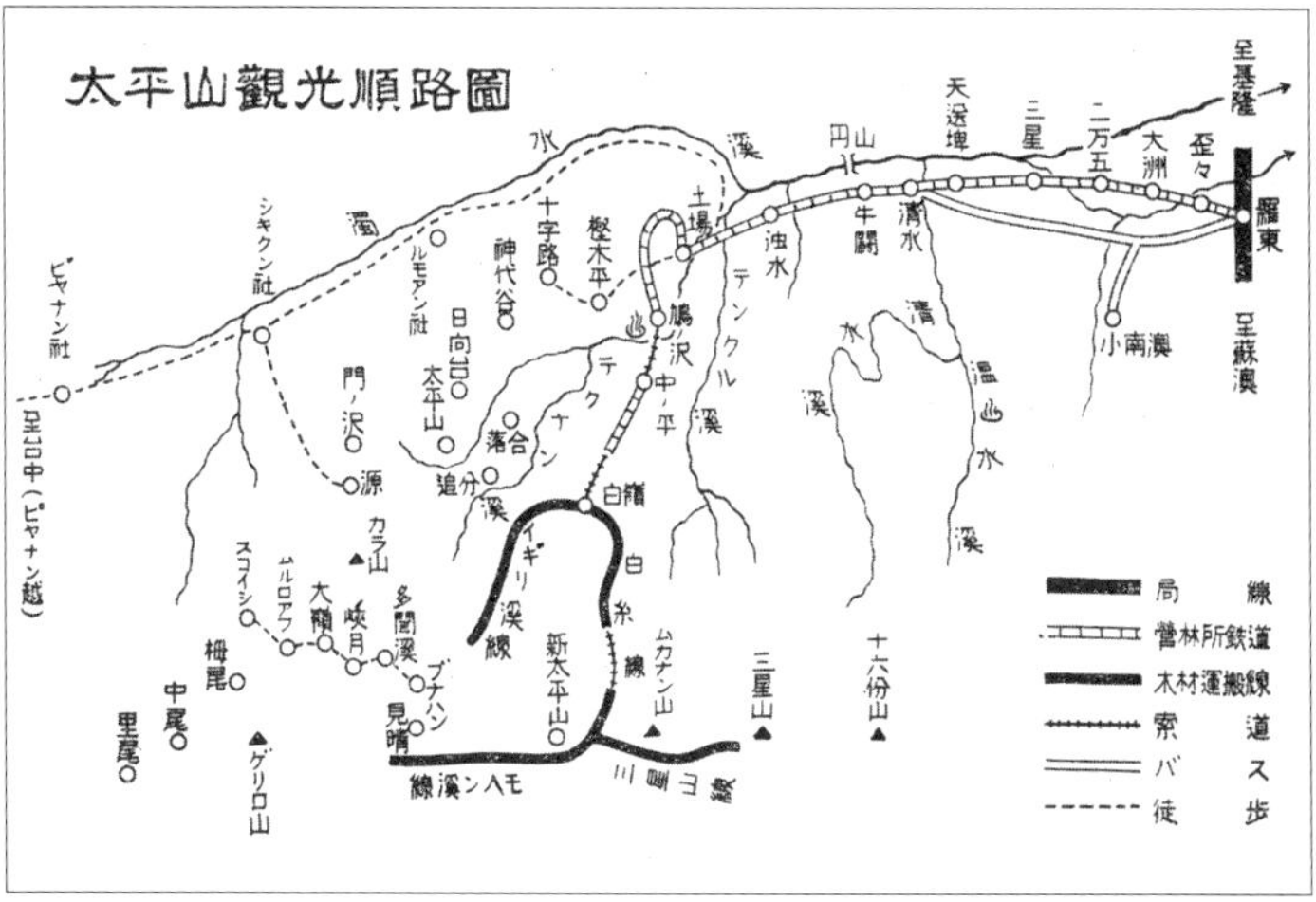


図1-6-7　昭和15年版『台湾鉄道旅行案内』の太平山観光順路図。営林所鉄道、
木材運搬線、索道と多彩な路線があった

全く獨特《どくとく》の趣を有し、千古の美林鬱蒼として茂ると思へば、新高連峰はその雄渾な姿を行く手に現はし、その景趣は實《じつ》に變幻《へんげん》極りない」とその車窓の素晴らしさを讃えている（阿里山鉄道については71ページ以下参照）。

台湾中部の八仙山の鉄道については時刻表上の記載はないものの、昭和10年（1935）版の『台湾鉄道旅行案内』にその存在が記されている。それによれば、台中軽鉄の終点・土牛から「一日一回《かい》運轉《うんてん》の營林所ガソリン機牽引列車（九八錢三時間半）により」久良栖まで乗り、そこから渓流沿いに約8キロ歩くと明治《めいじ》温泉（現・谷関《グークアン》温泉）へ到達できるとのこと。

北部の太平山を走る森林鉄道についても、同じ『台湾鉄道旅行案内』が遊覧順路の中に組み込んで紹介している。宜蘭線の羅東《らとう》駅に近い竹林《ちくりん》という駅から土場《とば》までの36・7キロに、総督府営林所所管の森林鉄道が所要2時間50分、運賃92銭で一日2往復運行されていると記されていた。土場から先の山奥へはさらにケーブル線（ロープウェイ）やインクラインを乗り継ぐことができ、他の2山にはないオリジナルの山岳鉄道の旅を楽しめた。

## 台車軌道

台車軌道は人夫が押して走るという原始的な交通手段ではあるが、官公庁の許可を得て敷設された線路を走る以上、基本的な運行ルールが定められていた。

すなわち、単線で台車がすれ違う場合、旅客台車と貨物台車が出くわした場合は貨物台車が優先す

図1-6-8　角板山へ向かう台車（上。当時の絵はがきより。所蔵：京都大学附属図書館）と坂道を上る台車の列（下。『南方の拠点・台湾写真報道』より）

る。旅客台車同士の場合、普通台車は上級クラスである特別台車に道を譲らなければならない。互いの旅客台車が同じ等級であれば上り台車が優先する。ここでいう「上り」とは、「官私設鐵道停車場又はこれに準すべき主要地に向ふもの」（前掲昭和10年版『台湾鉄道旅行案内』）をいい、「下り」はその反対行きを意味する。

優先しない方の台車は線路から外れて待避する。この場合、当然ながら乗客もいったん下車して、反対台車が通過するのを待つ必要がある。

山間部をはじめ、道路整備が遅れている地域では利用価値が特に高かった。だが、昭和10年代に入り、都市部で道路整備が進み、自動車の普及やバス路線の発達につれて台車軌道は縮小傾向へと転じる。その流れは第二次世界大戦後も変わらず、人力に頼る原始的な台車軌道はやがて姿を消した。現在では、台北郊外の烏来《ウーライ》に昭和3年（1928）開通の木材運搬軌道の一部が残されていて、観光客向けに蓄電池式の台車が運行されている。

# 07 台湾島を走った名物列車
## 長距離急行にもトロッコにも一等があった

### ◉基隆～高雄間急行列車　台湾一の花形列車

基隆～高雄間を直通する急行列車は、台湾の鉄道を代表する花形列車と位置づけられていた。内地や朝鮮、満洲国の優等列車のように愛称は付けられておらず、列車番号で識別されていた。大正時代には第1～4急行の2往復が昼行運転、第5・6急行の1往復が夜行運転をしていたが、昭和に入ってからは第1・2急行の1往復が昼行、第3・4急行の1往復が夜行という2往復体制が定着している。

縦貫線は竹南～彰化間で海側を走る本線扱いの縦貫線（海線）と山側を走って台中を経由する台中線（山線）が並行しているが、急行列車は昼間の第1・2急行が山線、夜行の第3・4急行は海線を経由した。ただし、台湾中部の中核都市である台中での乗降の利便を確保するため、第3・4急行は山線南方からいったん台中まで走り、台中到着後に再び同じ線路を通って海線へ戻るという変則運行を実施していた。これは、山線の急勾配を避けるための措置である。

したがって、第3急行で彰化までの切符を持っている旅客は、台中駅での途中下車が認められない

第3急行の運行ルート

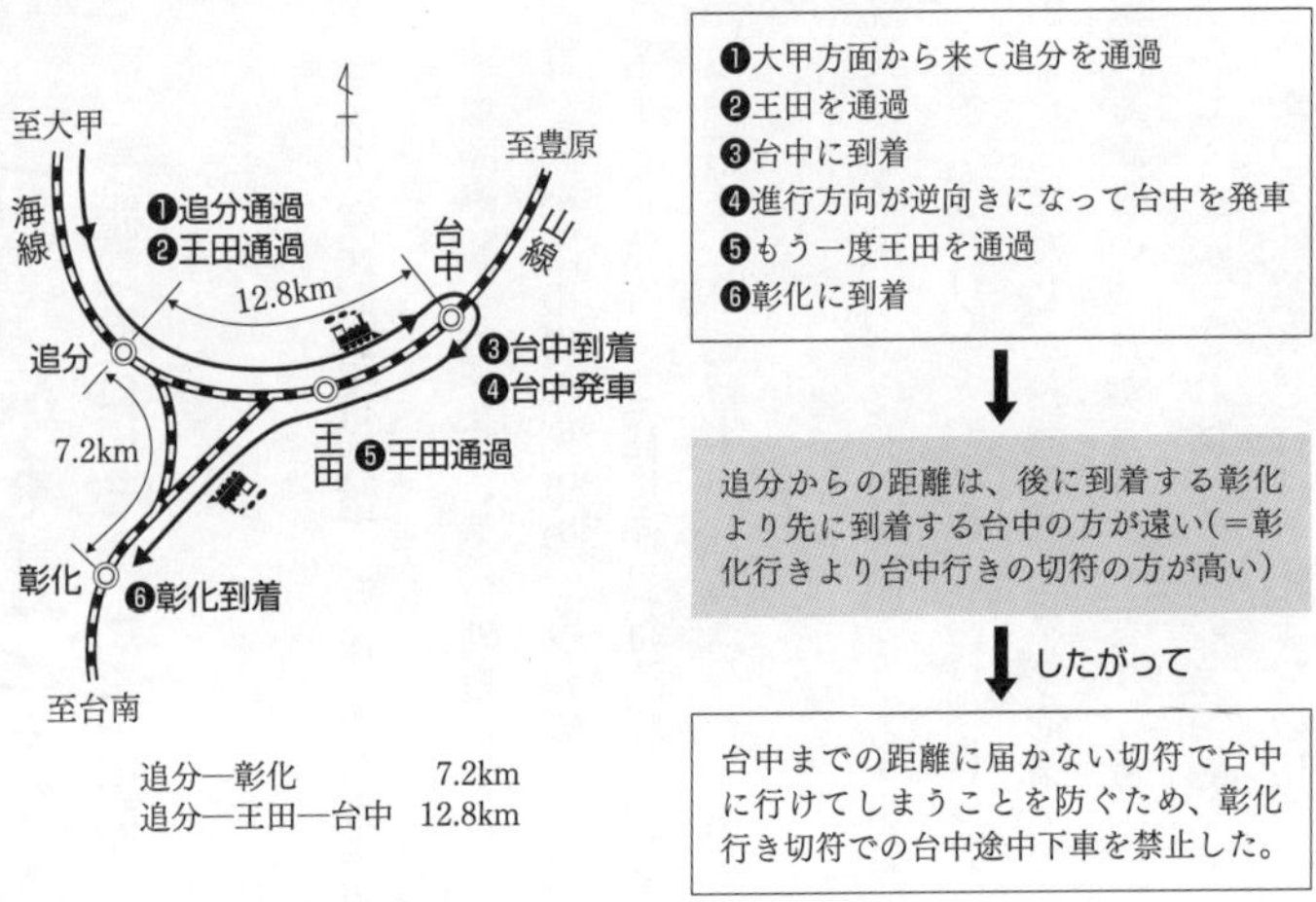
至大甲
海線
❶追分通過
❷王田通過
至豊原
台中
山線
12.8km
追分
❸台中到着
❹台中発車
7.2km
王田
❺王田通過
彰化
❻彰化到着
至台南
追分—彰化 7.2km
追分—王田—台中 12.8km
❶大甲方面から来て追分を通過
❷王田を通過
❸台中に到着
❹進行方向が逆向きになって台中を発車
❺もう一度王田を通過
❻彰化に到着
追分からの距離は、後に到着する彰化より先に到着する台中の方が遠い（＝彰化行きより台中行きの切符の方が高い）
したがって
台中までの距離に届かない切符で台中に行けてしまうことを防ぐため、彰化行き切符での台中途中下車を禁止した。

図1-7-1　第3急行乗客の台中通過に関する特別ルール

という特別ルールがあった。海線を南下した後で山線を北上して彰化到着より先に台中に停車するので、乗車距離が短い彰化までの切符でそれより遠い台中まで乗って途中下車してその先の乗車権利を放棄してしまえば、台中までよりも値段が安い彰化までの切符で台中まで乗車できてしまうからだ（図1−7−1）。

台湾の筆頭格列車であることから、各列車には他の列車にはない一等車が連結されていた。縦貫線は嘉義付近を横切る北回帰線を境として、北部は亜熱帯気候、南部は熱帯気候に属しており、特に冬季は南北で寒暖の差が大きくなるため、夏季の一等車には台湾産の籐で作られた敷物が、冬季には毛織物の膝掛けが用意されていた。三等車でも座席の座り心地がよく、「急行の設備は内地の普通急行よりよいと云《い》はなければならない」と好評を博した（前掲「台

図1-7-2　欧米人向け広告に掲載されている1等車内のサロン
（『Taiwan : a unique colonial record』より）

湾の交通機関さまぐ〳〵」『旅』昭和4年2月号）。

不定期ながら展望デッキを設けた車両が連結されることもあった。『台湾鉄道旅行案内』の巻末に掲載されている「台湾鉄道営業案内」のページには「特別車の貸切」という項目があり、貸切対象車両の筆頭に「展望臺附1等ボギー車」が挙げられている。

第3・4急行には座席車両以外に一・二等の

図1-7-3　特別1等車の展望デッキに立つ
（昭和10年版『旅程と費用概算』より）

寝台車が連結されていた。台湾では、夜行列車自体は明治44年（1911）から運行されてきたが、寝台車が登場したのは大正11年（1922）。最初は一等のみだったが、その後、二等・三等寝台も登場した。したがって、昭和以降の第3・4急行は座席車と寝台車にそれぞれ一～三等の等級があり、さらに食堂車も連結するという多彩な編成となっていた。

図1-7-4　2等寝台車（昭和5年版『台湾鉄道旅行案内』より。資料提供：片倉佳史）

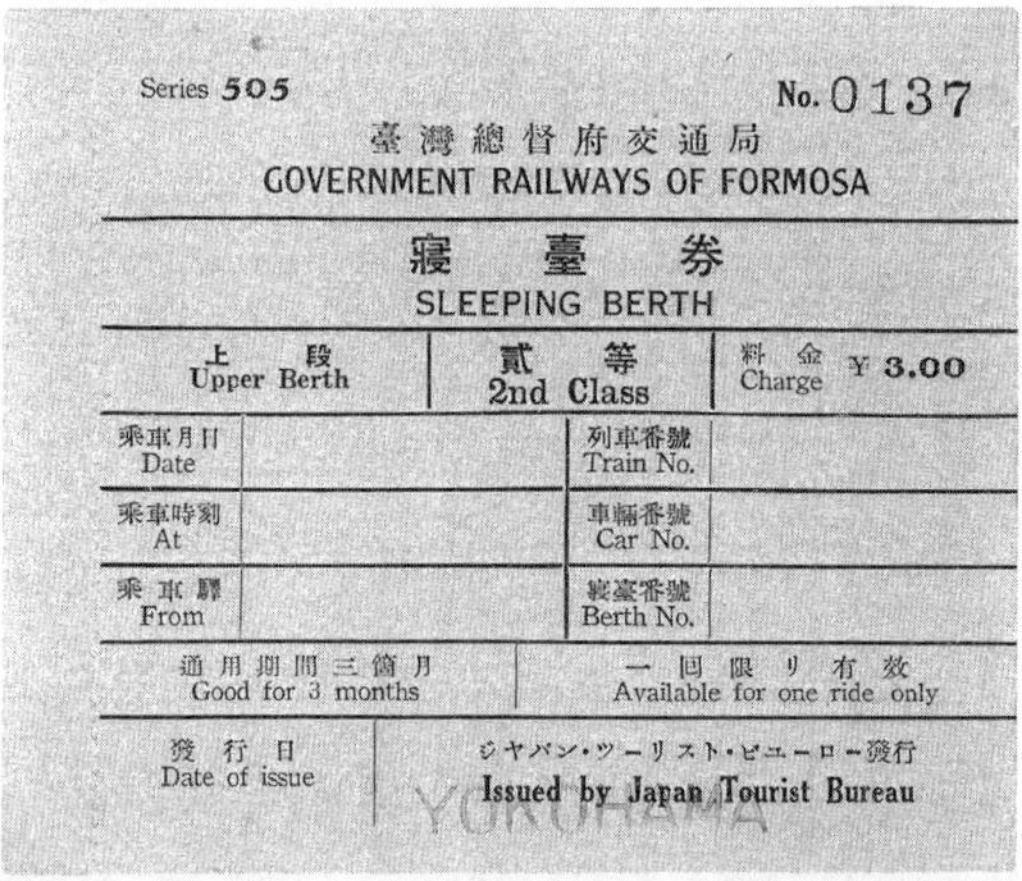

Series 505　No. 0137

臺灣總督府交通局
GOVERNMENT RAILWAYS OF FORMOSA

寢臺券
SLEEPING BERTH

| 上段 Upper Berth | 貳等 2nd Class | 料金 Charge ¥ 3.00 |
|---|---|---|

| | | | |
|---|---|---|---|
| 乘車月日 Date | | 列車番號 Train No. | |
| 乘車時刻 At | | 車輛番號 Car No. | |
| 乘車驛 From | | 寢臺番號 Berth No. | |

通用期間三箇月 Good for 3 months　一回限リ有效 Available for one ride only

發行日 Date of issue　ジヤパン・ツーリスト・ビユーロー發行 Issued by Japan Tourist Bureau　YOKOHAMA

図1-7-5　ジャパン・ツーリスト・ビューローによる台湾の2等寝台券（未使用）。「臺灣總督府交通局」の英文名称として「TAIWAN」ではなく「FORMOSA」を用いているのが興味深い。「Formosa（フォルモサ）」とは台湾島の旧称で、もとはポルトガル語で「美しい島」を意味する

このうち、人気が高かったのは二等寝台だ。昭和4年（1929）に台湾で製造された新型の二等寝台車は、それまで一等車にしか設置されていなかった車内扇風機を完備し、各寝台の枕元に電灯を設置し、内地の列車にもない喫煙室を設けるなど、設備のグレードが高かった。これで寝台料金は一等の約半額に抑えられていたため、第3・4急行の二等寝台券は早々に売り切れることが多く、購入するのが難しかった。

市販の時刻表上は洋食堂車のマークが付されていたが、各急行に連結されている食堂車では和食、洋食のいずれも提供していた。『台湾鉄道旅行案内』では「輕便《けいべん》、新鮮な和洋料理（飲料、菓子、果物とも）を調進して居ります」と案内されている。「果物」が入っているところが、フルーツ天国の南国・台湾らしい。

これらの急行列車の基隆〜高雄間約400キロの所要時間は、大正15年（1926）時点では海線経由で昼夜ともに約10時間半。それが10年後の昭和11年（1936）には、山線経由の第1急行が8時間ジャストで同区間を走破するまでに短縮されている。これは、昭和10年（1935）に内地でデビューし、内地と軌間が同じで同一車両を走らせやすい台湾にも投入された新型蒸気機関車C55の導入が大きく影響している。

## ◉——阿里山鉄道　本邦屈指の山岳路線を行く

明治の末から大正初期にかけて、縦貫線の嘉義から軌間762ミリの軽便鉄道が台湾中部の山岳地帯・阿里山地区へと徐々に延伸していった。同じ台湾総督府でも交通局ではなく殖産局営林所が運営していることからわかる通り、もともとは阿里山地区の豊富な森林資材を運搬する産業目的の路線である。それが、峻険な山岳地帯を貫く貴重な交通機関として沿線住民の便宜を図るとともに、雄大な景観に接することができる本邦屈指の山岳路線として観光客の人気を集めるようになった。

あくまでも産業鉄道であることから、正式に旅客営業を実施していたのは平野部を走る嘉義〜竹崎《たけさき》間14・2キロのみで、竹崎以東は便乗扱い、つまり旅客は木材運搬の貨物列車に便宜的に乗車できるにすぎないというのが建前だった。「ついでに乗せてもらう」ため、万が一事故が起こっても鉄道側は一切責任を負わないので、乗車中の安全は自己責任となることを乗車前に認識しておく必要があった。

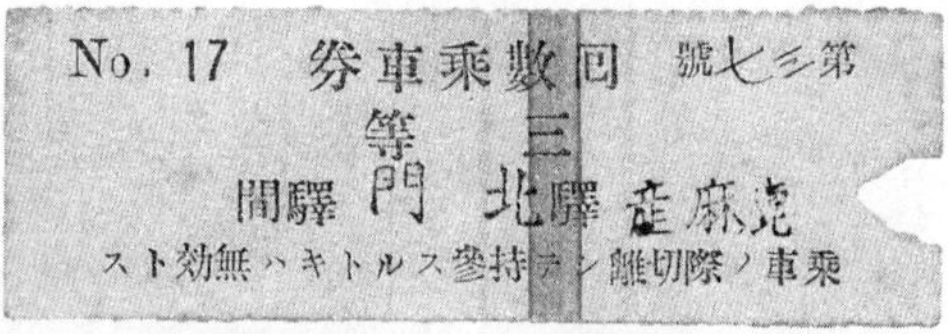

図1-7-6　阿里山鉄道北門〜鹿麻産の3等回数券

内地で市販されている『汽車時間表』でも、昭和5年（1930）10月号には路線の存在そのものが記載されておらず、昭和9年（1934）12月号にようやく登場している。この時刻表によれば、旅客扱いをしている嘉義〜竹崎間には一日5往復の区間列車が設定されているが、嘉義〜阿里山間を直通するのは一日1往復だけで、しかもこの直通列車は毎月第1・第3日曜日に運休するとの注記がある。日曜日に運休するのは、観光客輸送を主目的としていない証拠といえよう。

図1-7-7　山間部を走る阿里山鉄道（『南方の拠点・台湾写真報道』より）

図1-7-8　勾配の途中で停車する阿里山鉄道の旅客列車（『台湾の風光』より）

図1-7-9　阿里山鉄道の中継点・奮起湖駅（『日本地理風俗大系第15巻 台湾篇』より）。停車しているのは阿里山鉄道専用のシェイ式蒸気機関車

ただ、阿里山鉄道が景勝路線としての真価を発揮するのは、運行本数が極端に少なくなるこの竹崎以東の区間。独立山《どくりつさん》と呼ばれる地帯では約5キロにわたって螺旋《らせん》状のループ線が3連続していて、『旅程と費用概算』の台湾紹介ページでは「獨立山《どくりつさん》の三旋廻スパイラル線」と紹介されている（スパイラル線については90〜91ページ参照）。さらに無数の橋梁《きょうりょう》、62のトンネル、阿里山付近の連続スイッチバックなどで標高差2270メートル、最小曲線半径30メートルの急カーブ、最大62・5パーミルの急勾配（参考までに、平成9年に廃止されたJR信越本線の横川〜軽井沢間の勾配は最大66・7パーミル）を克服している。『台湾鉄道旅行案内』はこの区間の乗客が「車窓の展望に驚異の眼をみはりつつ」阿里山へ達すると綴《つづ》っている。

供食サービスは局線に比べれば充実している

とはいえず、同書も「晝食《ちゆうしよく》は往復とも携行するを要す」と案内している。もっとも、途中の奮起湖《ふんきこ》駅には売店が営業しているほか、駅弁やバナナ、タケノコ売りなどがいて、上下列車の行き違いのため20分程度停車する際に食料を購入できた。

この山岳路線を走る列車は、急勾配と曲線が多い山岳路線用としてアメリカで開発されたシェイ式という特殊な蒸気機関車が牽引していた。『台湾鉄道旅行案内』はこのシェイ式蒸気機関車について詳しく解説するとともに、二等客車や三等客車から成る各車両には「空氣制動機」、つまりエアブレーキが完備しているので、急坂が多い路線内でトラブルが起こっても「絶對安全である」と言い切っている。

嘉義から71・9キロで到達する阿里山（沼《ぬま》の平《ひら》）からは、さらに複数の支線が分岐していた。そのうち、当時の日本の最高峰であった新高山（現・玉山）の名に由来する新高口《にいたかぐち》までの10・7キロの支線には、嘉義から直通列車が運行されていた。なお、内地の『汽車時間表』によれば、昭和15年（1940）10月号の時点では、阿里山鉄道は内地の省線との関係では非連帯路線扱いだが、昭和17年（1942）11月号では連帯路線となっている。

日本統治時代に生まれたこの小さな森林鉄道は、21世紀の現代も運行が続けられており、今では世界三大山岳鉄道の一つとして世界中から観光客を集めている。奮起湖駅での駅弁販売は台湾全土に知られる名物となっているし、アメリカ製のシェイ式蒸気機関車は一部が動態保存されてイベント時などに運行されている。

台車軌道を走る台車は、その車両自体が台湾旅行の特筆すべき存在として、日本統治時代の旅行案内書に詳述されている。路線は局線や私鉄から数多く分岐しており、各観光地への手頃なアクセス手段として「臺車四人乗三圓八〇銭、四時間」のような記述が随所に見られる。庶民が利用する普通台車は、1台あたり乗客定員が4名というケースが多い。また、多くの場合、定まった時刻表はなく随時運行方式となっていた。

## ●——台車　乗り方のコツを掴む必要あり

普通台車に対して、上級クラスに相当する特別台車も存在した。乗客定員は1~2名のことが多く、熱帯の陽射しを遮る屋根付きの車両を用いたり、普通台車では板張りや竹張りであることが多い座席を籐張りや革張りにするなどして、普通台車との区別を図っていた。運賃は普通台車の5割増しから2倍程度。雨天の場合は普通・特別両台車とも割増運賃を徴収されることがあった。

手押し人夫は原則として1人だが、勾配区間では助手が加勢することもあった。昭和13年（1938）の『旅程と費用概算』ではこの台車について「殆《ほと》んど危険なく晴天の際山腹を疾走する時など實《じつ》に痛快である」としてその旅の魅力を語っている。だが、前掲『台湾鉄路と日本人 線路に刻まれた日本の軌跡』によれば、「乗客は移動時、台車の四隅に設置された棒をつかんで、自らのバランスを保っていた」が、「線路の規格は小さく、保線状態も劣悪なので、揺れは激しい。しかも南国特有の強い陽射しと蒸し暑さに晒《さら》される」といった古老の証言からわかるように、「その乗り心地を誉める

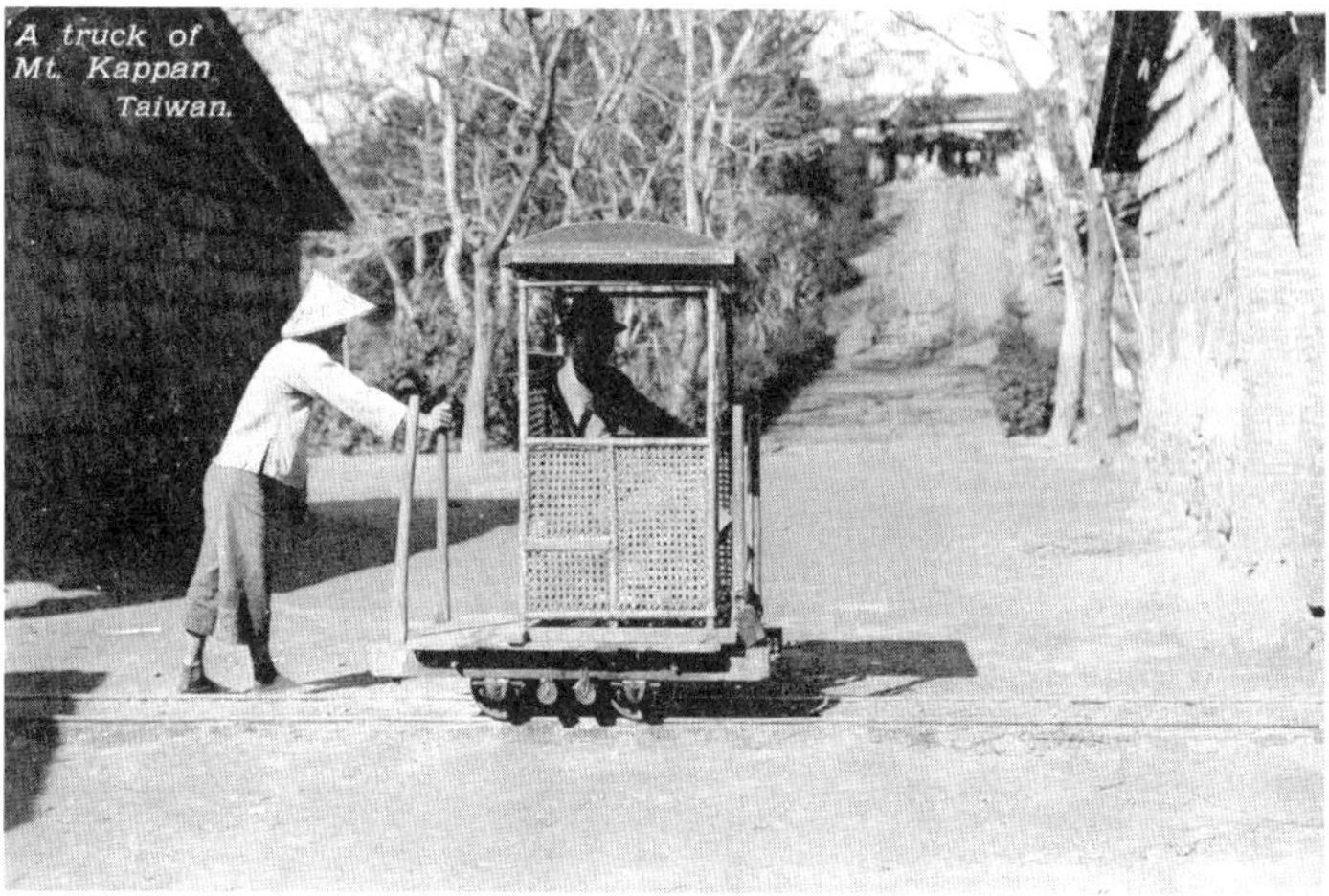


図1-7-10　台北南方の角板山を走る屋根付きの特別台車（当時の絵はがきより）

図1-7-11　清流沿いに角板山へと走り去る台車（当時の絵はがきより）

人はまずいない」という。『台湾鉄道旅行案内』では、「腰掛は成るべく臺車の中心より前方に据《す》ゑ、重量を前方に置くやうにし、屈曲の箇所では身體《からだ》を其の内側の方に少し傾けるとより安全である」といった乗り方のコツを紹介している。

### ●蕃人専用車　高砂族専用の無料車両

内地からの観光客が利用できる車両ではなかったが、日本統治時代の台湾ならではの特徴的な車両といえるので紹介しておく。

台湾島の東海岸に沿って走る台東線は、大正15年に開通した軌間762ミリの軽便路線だが、16年もの歳月をかけて建設された難工事の産物であった。地勢が険しいこの建設工事には多くの先住民族（高砂族）が携わった。その労に報いるため、台東線では高砂族が無料で乗車

図1-7-12　台東線の列車にのみ連結されていた蕃人専用車
（『台湾蕃界展望』より。所蔵：国立国会図書館）

できる車両を編成の一部に連結した。これが蕃人専用車である。「蕃人」とは、清国統治時代に先住民族が「生蕃」と呼ばれて日本も当初はその呼称を継承したことに由来する先住民族の総称だが、侮蔑的な意味を含むとされ、昭和初期にはこれに代わって高砂族という呼び方が広まった。

市販の時刻表や台湾総督府交通局鉄道部が発行する『台湾鉄道旅行案内』にその存在を示す記述はないが、『台湾鉄路と日本人 線路に刻まれた日本の軌跡』は、この蕃人専用車に関する台湾人古老の証言を取り上げている。それによれば、蕃人専用車は正式な客車ではなく有蓋貨車を改造したもので、日本統治の終了まで存在していた。台湾人でも高砂族でなければ乗車資格はないが、「あまりにも乗り心地が悪そうで、とても乗る気にはならなかった」という。

## 08——台湾を上手に旅するトクトクきっぷ

### 外地で唯一の普通遊覧券が便利

#### 内地や朝鮮、満洲から直通切符が買える

台湾へは朝鮮や樺太と異なり、鉄道省による鉄道連絡船が運航されていなかったが、局線は内地の省線と連帯運輸の取扱いをしていた。したがって、省線の主要駅と台湾の局線主要駅との間は、基隆に発着する航路を挟んだ直通切符を購入して旅行することができた。

内地からさらに連絡船を経由して朝鮮の釜山以遠の朝鮮総督府鉄道局（鮮鉄）各線、あるいは基隆発着の大連汽船を介して大連から満鉄を利用する場合も、台湾の局線が鮮鉄や満鉄との間で連帯運輸を実施していたため、台湾島内の局線各駅と鮮鉄・満鉄の指定駅との間で直通切符を購入できた。ただし、大連経由の場合、満鉄線を経由してさらに安東《あんとう》（現・丹東《タントン》）などから朝鮮に入るコースでの鮮鉄との直通切符は扱っていない。これらの連帯運輸乗車券の有効期間は全線を通じて一律で、発行日を含めて1ヵ月となっていた。

内地や朝鮮、満洲、樺太から直通切符を購入する場合、団体割引を利用すると、学生や教職員以外の普通団体にとってとりわけ割安感が高かった。連帯運輸の取扱いを受ける場合、台湾の局線内の運

賃については、20人以上の普通団体は二・三等の運賃が学生団体と同じ5割引の適用を受けられた。これは片道でも往復でも同じで、片道切符の普通団体運賃が半額になるというのは省線、鮮鉄、満鉄と比較したとき、最も高い割引率である。

団体による連帯割引運輸の適用を受ける場合、団体の人数に応じて世話人が無賃扱いを受けられる点は他の外地の連帯運輸の場合と同様だが、台湾の場合、この世話人が旅館その他の準備のため、鉄道部の承諾を受けて当該団体より先発して行動することも許された。また、内地から台湾入りした後、一つの団体が複数の班に分かれて島内を旅行する場合でも、その一団が10人以上であれば分離前

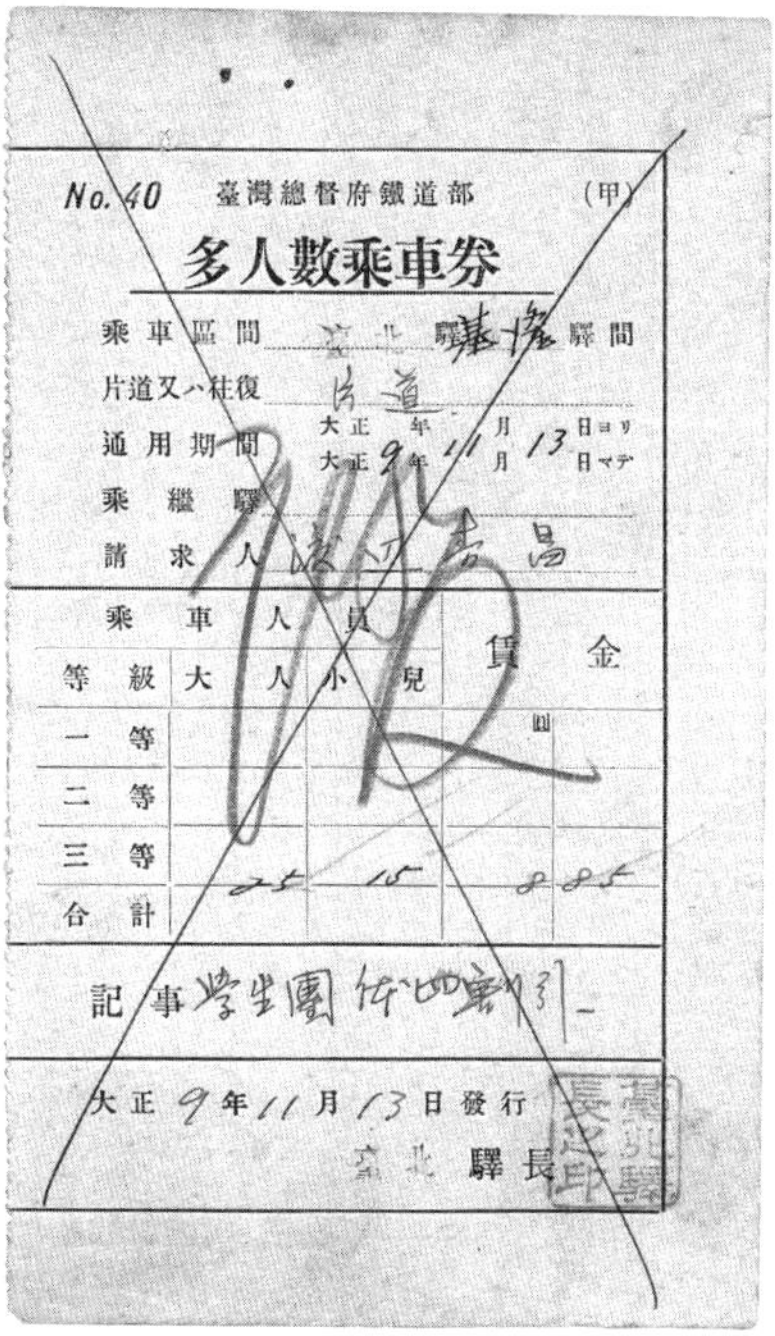


図1-8-1　大正9年に台北駅で発行された基隆までの団体乗車券。台湾島内の短距離片道利用だが、大人25人、小児15人で「学生團体四割引」との書入れがある

といえよう。

の全体を一つの団体とみなして割引率を適用した。これも、内地から台湾への団体旅行の特色だった

## 利便性が高い台湾遊覧券

内地の省線の普通旅客運賃が長距離逓減制（58ページ参照）を採用しているのに対し、台湾の旅客鉄道運賃は、一等から三等までの距離比例制による等級別運賃制度を採用していた。急行列車への乗車には距離に応じた急行料金、寝台車の利用には等級別の寝台料金が必要となる点は、内地と変わらなかった。

なお、台湾総督府への移管前は「上等」「並等」という2等級制で、清国統治時代の運賃に準じた金額が設定されていたが、その額は「同時期の日本本土のものと比べると、約3倍に相当した」（前掲『台湾鉄路と日本人 線路に刻まれた日本の軌跡』）という。草創期の旅客運賃が高額であったというのは、明治5年（1872）に新橋〜横浜（現・桜木町）間で開業した日本初の鉄道の初期運賃のケースと同じである。

台湾で乗車券を購入しながら鉄道旅行をする場合、学生向けの割引乗車券は3割引になった。内地の省線の学割は2割引（現在のJRグループも同じ）なので、日本統治時代の台湾は内地より学生が鉄道旅行をしやすい経済的環境があったのだ。このため、個人旅行の学生が台湾を訪れるときは、あらかじめ学校で学割証を多めに発行してもらい、持参すると便利だった。

だが、台湾を目指す個人旅行者にとって最も利便性が高かったのは、ＪＴＢが発売していたクーポン式の遊覧券であろう。遊覧券は大正14年（１９２５）から発売されていた切取り式の冊子型割引切符で、鉄道省が設定した日本全国の指定遊覧地方の中から所定の遊覧地を所定の数以上訪れて出発地に戻ってくること、省線を利用すること、冊子を構成する各切符の区間は原則として連続している（周遊コースの途上に断絶区間がない）こと、などの条件を満たした場合に購入できる。季節を限って発行される遊覧券（季節遊覧券）と区別するため、通年発行される遊覧券は普通遊覧券とも呼ばれた。

**90 臺灣旅行日程**（遊覧券利用 東京から二〇日間）

| 日程 | 地名 | 發着時刻 | 記事 | 備考 |
|---|---|---|---|---|
| 第1日 | 東京 | 發後 九、四五 | 下關行各等急行 車中一泊 | ▲東京―三宮間一二時間半（五九八粁七）三等六圓二八錢。上記列車ニハ一、二等寢臺及洋食堂車アリ（註）東京發後七時三〇分、三宮着前七時五四分ノ各等急行ニハ一、二、三等寢臺及洋食堂車アリ。 |
| 第2日 | 三ノ宮<br>神戸港 | 着前 一〇、一九<br>發 正午 | 下車<br>汽船 | ▲三宮驛カラ基隆航路ノ汽船發着所第四號突堤（税關ノ西側）ヘ約一粁餘、徒歩約二〇分、自動車八〇錢、俥五〇錢。▲神戸―基隆間航行七三時間半（九九〇浬）大阪商船及近海郵船會社定期船交互ニ每週三回就航ス（五九〇頁參照） |
| 第3日 | 門司 | 發 正午 | | |
| 第4日 | | | 船中 | |
| 第5日 | 基隆（新岩壁）<br>臺北 | 着後 一、三〇<br>發後 二、一〇<br>着後 三、三一 | 下船<br>臺北行各等列車<br>遊覧、宿泊 | 「註」基隆舊岸壁ハ目下改築中ニ付（昭和八年度完成ノ豫定）內臺定期船發着ヲ新岸壁ニ移シ、第一五號上家階下ニ取扱所ヲ設ケ、出帆ノ場合ニ二回、入港ノ場合ニ一回旅客列車ヲ接續運轉シテ居ル。▲基隆―臺北間汽車約一時間一〇分（二八粁六）一等一圓一六錢、二等八一錢、三等四五錢。「註」基隆―臺北間連絡自動車アリ、所要一時間、賃四五錢、前六時カラ後七時半迄二〇分每。 |

図1-8-2　昭和７年版『旅程と費用概算』に掲載されている台湾旅行のモデルプランの一部。冒頭に「遊覧券利用」の文字が見える。

図1-8-3　台湾遊覧券の指定発着駅・遊覧指定地の変遷（昭和6年と昭和13年の比較）

| | | |
|---|---|---|
| 指定発着駅 | 昭和６年 | 東京、新橋、横浜、桜木町、名古屋、京都、大阪、三ノ宮、神戸、下関、長崎 |
| | 昭和13年 | JTB案内所の所在地の駅または港<br>⇨『旅程と費用概算』の昭和13年版巻末には、内地35都市、朝鮮６都市、台湾２都市、関東州・満洲で合わせて18都市のＪＴＢ案内所が列挙されている。 |
| 遊覧指定地 | 昭和６年<br>（右のうち４ヵ所以上を訪問） | 礁渓、宜蘭、蘇澳、台北、草山、北投温泉、淡水、角板山、台中、二水、日月潭（水車）、嘉義、阿里山、台南、高雄、四重渓、鵞鑾鼻 |
| | 昭和13年<br>（右のうち２ヵ所以上を訪問） | 台北付近（草山、北投温泉）、角板山、日月潭、阿里山、烏山頭、鵞鑾鼻、タロコ峡 |

この普通遊覧券の指定遊覧地方の中に、外地として初めて台湾が加えられたのは昭和6年（1931）のこと。以来、台湾は箱根や富士五湖、上州温泉などと並ぶ鉄道省推奨の国内観光地に列せられ、『台湾鉄道旅行案内』でも、内地からの台湾旅行に際してこの台湾遊覧券の利用を勧めている。

台湾遊覧券は省線および台湾の局線の二等または三等の鉄道運賃が2割引（他の地方への普通遊覧券の場合は1割引）、航路や台湾島内のバス路線・台車軌道などは1割引となった。学生や学校教職員に対してはさらに別途の学割料金が適用された。2ヵ月の有効期間内に指定発着駅を出発して、所定の指定遊覧地を廻って出発駅に戻るようにコース設定をする必要がある。便利で経済的ではあるが、事前に周到な計画を立てる必要があり、JTBでも発行に手間を要するため早めの購入手続きを促していた。

発行条件は時期により異なっており、昭和6年の発行開始当初は指定遊覧地のうち4ヵ所以上を訪問すべきこととなっていたが、その後2ヵ所以上に緩和された。その後、名称が観光券となった後の昭和15年（1940）版『台湾鉄道旅行案内』では、3ヵ所以上の訪問が条件となっている。参考までに、昭和6年と昭和13年（1938）の両時点における台湾遊覧券の指定発着駅と遊覧指定地は図1-8-3の通りである。

遊覧券の所持者は、鉄道路線においては東京の電車環状線内を除いて自由に途中下車ができた。また、乗車船券以外の特典として、300円分の傷害保険切符が無料で添付されていた。さらに、JTB指定旅館に宿泊する場合は旅館券を同時発行することで、「茶代」と呼ばれるサービス料金が「絶対不要」になると強調されていた。

この茶代の支払いは、昭和初期まで、和式旅館を利用する大勢の旅行者を長年悩ませ続けている問題であった。仲居などへの心付けとも異なり、宿泊客が正規の宿泊料金とは別に支払う一種のサービス料なのだが、欧米のチップのように目安や相場がなく、ときには宿泊料と同額以上を支払う場合さえあった。支払いは義務ではないが、旅館側が暗黙のうちに適当と判断する額を払わないと満足のゆくサービスが受けられないことがあるのだから、宿泊客にとっては厄介な習慣というしかない。夏目《なつめ》漱石《そうせき》の『坊っちゃん』には、松山赴任時に泊まった旅館で高額の茶代を払ったら待遇がガラリと変わったという場面がある。

その茶代が、遊覧券を使ってJTB指定の旅館に泊まれば「絶対不要」という扱いを受けられた。これは、旅行者にとっては煩わしい因習から解放されるだけでなく旅先での費用を抑制できることにもなり、大きなメリットとなっていた。

この遊覧券は昭和14年（1939）からは観光券と改称し、昭和15年にはさらに旅行券と名を変えて昭和18年（1943）に廃止されるまで発売されている。第二次世界大戦後に国鉄が販売して日本全国の旅行者に愛用された周遊券の前身ともいうべき存在である。もちろん、戦後は周遊指定地から台湾は外れたが、周遊券は分割・民営化後のJRグループにも受け継がれ、平成10年（1998）からは「周遊きっぷ」という新たな全国規模の周遊型乗車券制度に衣替えしている。完全に販売が終了したのは平成25年（2013）3月であった。

## その他の割引乗車券制度

現地で利用できる割引乗車券は、局線以外の路線での小規模なものが中心だった。阿里山鉄道では独自の団体割引運賃を設定しており、20人以上の場合は3割引、40人以上なら4割引、60人以上なら5割引になった。縦貫線の海線途上にある大甲《たいこう》からは大日本製糖株式会社による製糖鉄道が海水浴場のある大安港《たいあんこう》まで旅客列車を運行しており、台中州では唯一となるこの海水浴場への行楽客の便宜を図るため、夏季のみ大甲～大安港間の三等往復割引切符を発売していた。

変わり種としては、内地から台湾を経由してフィリピンその他の南洋方面へ向かう長距離航路の旅客者に対する台湾島内での鉄道無賃転乗制度があった。大阪商船などが運航する南洋往来の旅客船が基隆、高雄に寄港する場合、乗船客は基隆～高雄間の局線に無料で乗車できたのだ。この制度を利用すれば、熱帯の国々への長い船旅の途上で台湾の汽車旅を楽しむという風変わりなスケジュールを組むことが可能だった。

# 09——台湾の鉄道名所を訪ねる
## 日本一高い駅は台湾にあった

### 台湾の三大名駅舎

日本の領有後に路線網が急速に拡大している台湾の各駅舎には、木造瓦屋根の日本式建物が多い。また、昭和10年（1935）に台湾を襲った新竹・台中地震で被災した駅舎を再建する際に、コンクリート造りが採用された駅もある。

都市部の主要駅では、明治以降に日本で増えつつある近代欧風建築様式による壮麗な駅舎が旅客を出迎えてくれることもある。中でも、縦貫線・台中線の基隆、新竹、台中の各駅舎は台湾三大名駅舎とされ、旅行者の眼を楽しませてくれた。

基隆駅舎は明治41年（1908）、新竹駅舎は大正2年（1913）、台中駅舎は大正6年（1917）に、それぞれ竣工している。基隆駅と台中駅は東京駅丸の内駅舎のように赤煉瓦《れんが》を用いた豪壮なルネッサンス様式、新竹駅は石造りの神殿を思わせる優美なドイツ風バロック様式。いずれも駅舎の中央に時計塔がそびえ立ち、台湾の近代都市の玄関駅にふさわしい威厳を誇っている。このうち新竹駅舎と台中駅舎は21世紀の現代も現役の駅舎として機能しており、いずれも台湾の重要文化財に指定されている。

　これらの豪華な欧風駅舎とは異なり、昭和以降に建てられた駅舎はシンプルなモダニズム建築や、コンクリート造りの本体に和風の屋根を載せた帝冠様式（台湾では「興亜様式」）と呼ばれる日本独特

図1-9-1　大正６年竣工の台中駅舎（当時の絵はがきより。資料提供：片倉佳史）

図1-9-2　ステーションホテルを併設した台南駅舎（『台湾鉄道読本』より）

図1-9-3　台南駅舎内の１・２等旅客専用待合室
（『台湾建築会誌 第８輯第３号』より）

の建築スタイルによる駅舎が多い。前者の例としては台南駅舎（昭和11年〔1936〕に完成し、現役駅舎として活用中）、後者の例としては高雄駅舎（昭和16年〔1941〕完成。鉄道地下工事のため2002年から駅舎の機能を仮駅舎に譲って移設されていたが、2021年に元の位置へ戻された。新駅舎完成後には再び駅舎として使用される予定）が挙げられる。台南駅舎は台湾で唯一、駅舎内にステーションホテルや高級レストランを併設していた瀟洒《しょうしゃ》な白亜の建物で、日米開戦前まで夜間は駅舎をライトアップしてロマンチックなムードを醸し出していた。

## 世界で最初の北回帰線標塔

北回帰線とは、北半球で赤道から最も遠い位置で太陽が直射する緯線をいう。この線上では夏至の日の正午になると太陽が真上、つまり地面に対して垂直の位置に来るため、影がなくなってしまうという現象が発生する。

日本統治時代、縦貫線の嘉義から高雄方面の列車に乗ると、出発してから数分後に、車窓右手にこの北回帰線を示す標塔を見ることができた。北緯23度27分4秒、東経120度24分46秒

図1-9-4　車窓から見える北回帰線標塔
（『日本地理大系第11巻 台湾篇』より）

の地点で、ここから北は亜熱帯、南は熱帯である。この嘉義の北回帰線標塔は明治41年（１９０８）、縦貫線の全通を記念して建てられたのが始まりで、世界で最初の北回帰線標でもあった。その後、台風や地震などで何度か改築されている。日本統治時代の歴代標塔のレプリカは、21世紀になった現代でも最新の標塔が建つ線路付近の公園に並んでいる。

## 阿里山鉄道の独立山スパイラル線

嘉義を出発した阿里山鉄道の列車は、起点から24～29キロの区間で、三重の螺旋《らせん》状ループ線で同じ場所をぐるぐると回りながら急坂を上っていく独立山と呼ばれる地帯を走る。独立山のスパイラル線と呼ばれる景勝区間だ。海抜５３６メートルの樟脳寮《しょうのうりょう》を出ると、時計回りに線路が同じ場所をまさにスパイラルしながら一気に駆け上がり、次の独立山は海抜７４１メートル。車内にいるとその独特の線路事情はなかなか理解しにくいが、一瞬だけ、眼下にループ線

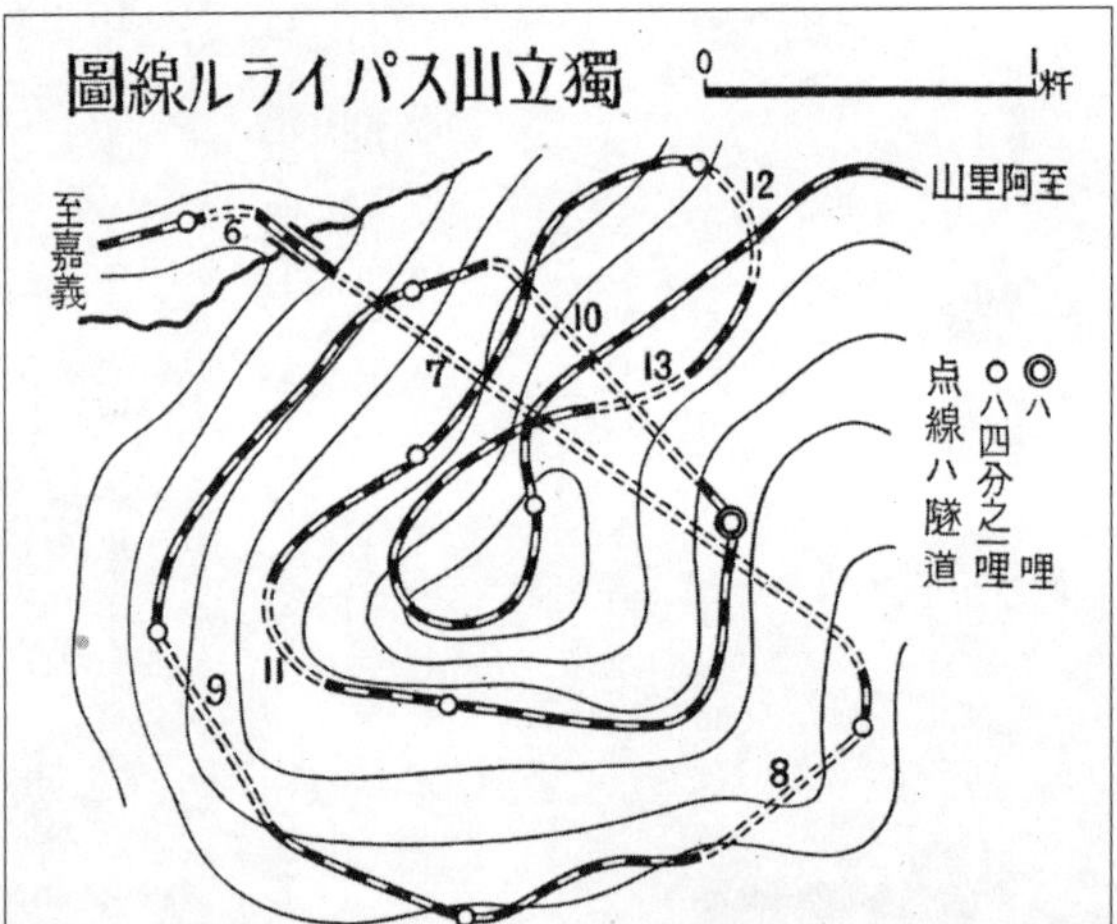


図1-9-5 『日本地理大系第11巻 台湾篇』に掲載されている阿里山鉄道独立山スパイラル線のルート図。トンネルと尾根沿いの線路を断続的に繰り返しながら等高線の上部へと上っていくのが読み取れる

図1-9-6　独立山を三重に旋回する阿里山鉄道のスパイラル線（『日本地理風俗大系第15巻 台湾篇』。山の中腹から山頂近くにかけて、白いラインが並行して3層に連なっている様子が遠望できる

の様子が見下ろせる区間がある。この辺りの車窓の雄大さは沿線最大の見どころだ。このスパイラルを上り切った付近から、沿線の植物分布が熱帯から暖帯へと変化する。

## 日本最高地点の塔山駅

阿里山鉄道は阿里山駅から児玉《こだま》、新高口方面へ向かう路線のほかにも、市販の時刻表に掲載されていない支線を有していた。本来は木材運搬用の専用路線だが、阿里山からさらに10キロ近く山林の奥に分け入った眠月《みんげつ》という駅までは、旅客の便乗扱いをしていた。

塔山線というこの支線の途中にある塔山《とうざん》駅は海抜2346メートルで、阿里山鉄道のみならず、大日本帝国内を走る旅客鉄道の中で最も標高が高かった。駅には「我國鐵道最高地点　海抜二三四六米」という標柱が建っていた。

## 日本一の下淡水渓鉄橋

高雄の南方17・4キロにある潮州線《ちょうしゅう》（現・屏東線《ピントン》）の九曲堂駅《きゅうきょくどう》と六塊厝駅《ろくかいせき》との間を流れる大河・下《しも》淡水渓《たんすいけい》（現・高屏渓《カオピンシー》）に架橋されている下淡水渓鉄橋は、全長1526メートル。これは大正2年の竣工時点で日本最長の鉄道橋梁であり、「東洋一の大鉄橋」とも称された。昭和10年版の『台湾鉄道旅行案内』では独立の項目を設けて、「内地の阿賀川鐵橋一・二四二米朝鮮の鴨綠江鐵橋九四五米をはるかに凌駕《りょうが》する」と紹介している。この「阿賀川鐵橋」とは、新潟県の羽越本線新津～京ヶ瀬間に架かる阿賀野川橋梁のことと思われる。

日本統治下の台湾を代表する建造物であり、戦後も長く使用され続けた。1992年（平成4）になってようやく新しい鉄橋にその役割を譲ったが、その歴史的価値が評価されて台湾の文化財に指定されている。

## 台湾総督府博物館前の保存機関車

台北駅の真正面にある台湾総督府博物館（現・国立台湾博物館）の前に、2両の蒸気機関車が並んで保存されていた。設置された説明板を読めば、台湾だけでなく日本の鉄道史にとっても由緒ある機関車であることがわかるようになっていた。昭和15年版の『台湾鉄道旅行案内』でも、この2両について「博物館前機關車」という項目を設けて詳述している。

図1-9-7　「東洋一の大鉄橋」と称された下淡水渓鉄橋（『日本地理大系第11巻 台湾篇』より）

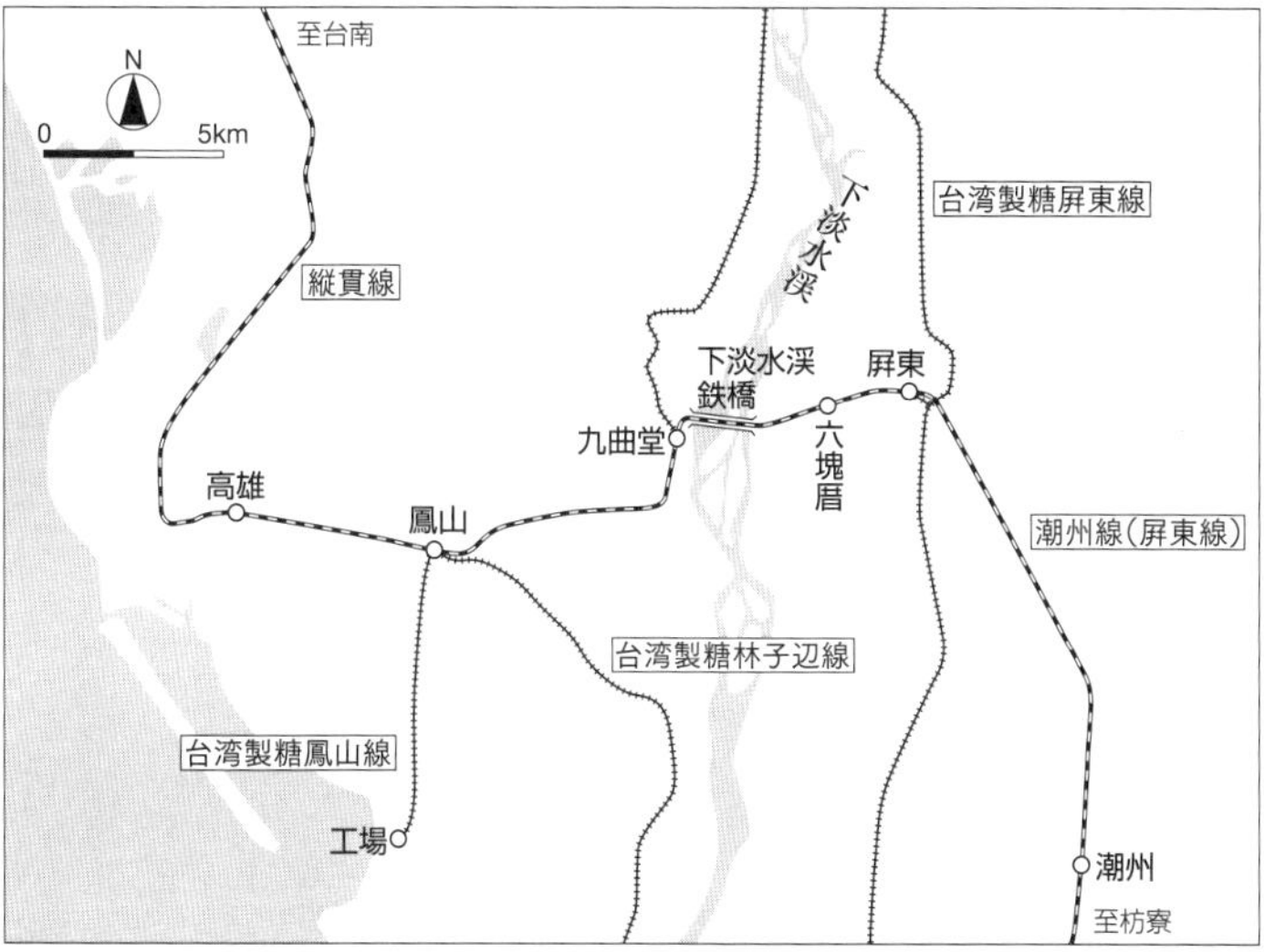


図1-9-8　下淡水渓鉄橋周辺の路線図

図1-9-9　台湾総督府博物館前に保存展示されている騰雲号
（『台湾紹介最新写真帖』より。資料提供：片倉佳史）

一方は9号機関車といって、明治5年（1872）に日本初の鉄道として開業した新橋～横浜間を走る機関車として、イギリスから輸入された10両のイギリス製機関車のうちの1両である。その歴史的機関車が明治34年（1901）、台湾総督府へ譲渡されて、草創期だった台湾の鉄道を牽引してきた。日本の鉄道博物館に展示されていてもおかしくないほどの貴重な機関車なのだ。引退したのは大正15年（1926）で、実に55年間も使用され続けた長命の機関車だった。

もう一方は第1号機関車といい、1887年（明治20）にドイツで製造された。清国最初の鉄道として上海～呉淞《ウースン》間で運行された後、清国が建設した台湾初の鉄道用として大陸から運ばれ、「騰雲《テンユン》」という名称を付されて基隆～新竹間で運行された。「第1号」とは台湾初の機関車という意味である。

この2両は、日本による台湾統治が終わり為政者が変わった現代でも、同じ場所で展示され続けている。現在は公園内に建てられた専用のガラス張りの展示室の中にあるが、道行く人が誰でも自由にその姿に接することができる。

第2章

# 朝鮮の鉄道旅行

京義本線土城駅に京城方面行き列車が到着（昭和12年撮影。写真提供：髙田寛）

01

# 朝鮮の鉄道事情概観

## 内地よりも高規格の国際鉄道として発展

朝鮮半島の鉄道史は、大韓帝国時代の1899年（明治32）、黄海に面した港町の仁川《インチョン》から現在のソウル駅南西、漢江《ハンガン》南岸に位置する鷺梁津《ノリャンジン》までの33・6キロが仮開業したことを嚆矢《こうし》とする。当初の敷設権は大韓帝国成立前の李氏朝鮮政府からアメリカ人実業家に与えられていたが、その後、日本がその敷設《ふせつ》権を買収して合資会社を設立し、開業にこぎつけた。翌1900年（明治33）には漢江を渡る漢江橋梁《かんこうきょうりょう》が完成し、京城《けいじょう》（現・ソウル）〜仁川《じんせん》間41キロの京仁《けいじん》鉄道（現・韓国鉄道京仁線《キョンイン》）が全通している。

日本の影響下で始まったこの朝鮮初の短距離路線は、狭軌（1067ミリ）で発達途上にあった内地の官営鉄道よりも建設規格が大きい1435ミリの国際標準軌間を採用していた。これは、李氏朝鮮政府が定めた国内鉄道規則で、朝鮮の一般鉄道には国際標準軌を採用すると明示したことに基づいている。この規則は、帝政ロシアの影響でシベリア鉄道と同じ広軌（1524ミリ）へと改定された時期があったが、日本が京釜《けいふ》鉄道（京城〜釜山《ふさん》間。現・韓国鉄道京釜線《キョンブ》）の建設に際して標準軌の採用を主張した結果、元に戻された。これにより、朝鮮では日本の内地よりも高規格の鉄道網が広がっていくこととなった。

図2-1-1　日本統治時代の朝鮮半島鉄道路線図

明治37年（1904）の日露戦争に前後して、朝鮮半島を縦断する京釜鉄道および京義《けいぎ》鉄道（京城～新義州《しんぎしゅう》間。現在は韓国側が京義《キョンウィ》線、北朝鮮側が平釜《ピョンブ》線および平義《ピョンウィ》線）は軍事上の目的から速成工事が進んだ。京釜鉄道は株式会社による民間経営の形を取っていたが、日露戦争終結後の明治39年（1906）、日本の保護国となった韓国の統監府に鉄道管理局が設置され、それまでは旅客の乗車を有料の便乗扱いとしていた軍用鉄道の京義鉄道などとともに国有鉄道化されている。

韓国統監府時代は、鉄道管理局が鉄道庁に改組されたり内地の鉄道院（後の鉄道省、国鉄。現・JRグループの前身）が韓国鉄道管理局を設置して直接経営に携わるなど、短期間に組織の改編がしばしば行われた。そんな中で、日露戦争が終結して軍事輸送が一区切りついたこともあってか、初の食堂車連結や釜山～新義州間の直通急行「隆熙《りゅうき》」（147ページ参照）の登場による所要時間の短縮など、旅客サービスの向上も図られている。

日韓併合によって朝鮮が日本領になると、国有鉄道は朝鮮総督府鉄道局（鮮鉄）の管理下に置かれた。併合翌年の明治44年（1911）には朝鮮北西部で鴨緑江《おうりょくこう》を渡る鴨緑江橋梁が完成し、対岸の清国側を走る南満洲鉄道（満鉄）に直通する国際列車の運行が始まっている。

この直通運転の実現により、朝鮮の鉄道は日中間の物流の大動脈という新たな役割を担うことになった。その役割を強化すべきとする日本の国策に基づき、大正6年（1917）には朝鮮半島の国有鉄道運営が満鉄に委託され、満鉄は京城管理局を設置。半島を縦断する京釜本線・京義本線の旅客列車はなるべく満洲へ直通させたり、関釜《かんふ》連絡船（下関～釜山間）を介した内地の鉄道と歩調を合わせて朝鮮・満洲も同時にダイヤ改正を行うなど、大陸との直通運転を重視した一体的な運行体制の基礎は概ねこの時期に整備されている。

もっとも、日本による朝鮮統治が10年を超え、軍事優先色が強かった朝鮮総督府の行政が産業経済の開発などへと漸次転換されるにつれて、総督府は鉄道も朝鮮の事情に合わせて独自に管理したいとの意向を強めた。他方、満鉄も第一次世界大戦後の不況によって朝鮮の鉄道経営への意欲が弱まったため、両者の合意により大正14年（１９２５）から満鉄の経営委託は解除され、朝鮮の国有鉄道は再び鮮鉄の直営に戻された。朝鮮北部の一部路線は昭和８年（１９３３）以降、再び満鉄に経営委託され、さらにその一部は第二次世界大戦の終戦直前に満鉄へ譲渡されるなどの変遷を遂げている。

この時期、京仁鉄道の開業から20年以上経過していたにもかかわらず、朝鮮半島内の鉄道網整備は、内地はおろか同じ植民地である台湾にも後れを取っている状態だった。そのため、昭和２年（１９２７）に帝国議会は、朝鮮半島内に新線約１４００キロを建設し、並行して既存の私鉄を買収することで一元的な鉄道ネットワークを構築する「朝鮮鉄道12年計画」を承認。これにより朝鮮の鉄道網は急速に拡張のスピードがアップし、地方路線の開通や私鉄路線の国有化が進んだ。昭和に入ってから終戦までの20年弱の間に、国有鉄道の総延長距離は約３０００キロも延びて、それまでより２倍以上の拡張を遂げて朝鮮全体で５０００キロに達している。

また、同時期には私鉄の金剛山《こんごうさん》電気鉄道（鉄原《てつげん》〜内金剛《うちこんごう》間。１０６ページ参照）１１６・６キロが全通（昭和６）し、朝鮮随一の名勝・金剛山への観光客輸送に大きな役割を果たすようになっている。大正末期に6社が合併して成立した朝鮮鉄道（朝鉄《ちょうてつ》）が、最長600キロ以上の路線を運営する日本最大級の私鉄として最盛期を迎えたのもこの時期である。このように、民間資本による私鉄が国営の鮮鉄と相互補完しながら鉄道網拡大の一翼を担っていたことも、昭和初期の朝鮮の鉄道事情の特色の一つといえよう。

その後、第二次世界大戦の戦局が悪化すると、軍事優先の国策に基づき、交通行政の一元化を強化するため私鉄の買収がいっそう進んだ。鮮鉄自体も第二次世界大戦中の昭和18年（1943）、朝鮮総督府交通局へと改編されている。また、貨物輸送が優先されるなど軍事輸送が重視されたため、金剛山電気鉄道のような行楽輸送が主目的の路線は不要不急の存在として路線の一部が撤去され、その資材が他に転用されている。

鮮鉄の再直営が始まった大正末期から昭和にかけて、旅客列車のサービスは大きく進歩した。第一次世界大戦やロシア革命、シベリア出兵などによって中断していたシベリア鉄道経由での日本とヨーロッパを結ぶ連絡運輸は昭和2年に復活。京釜・京義本線を中心とする朝鮮の鉄道は国際鉄道運輸の一部として機能するようになった。満洲国成立後には釜山から奉天《ほうてん》（現・瀋陽《シエンヤン》）、あるいは中華民国の北京まで直通する国際急行が多数設定され、第二次世界大戦の戦況が悪化するまで運行が続けられた。

国際標準軌を採用した朝鮮では、狭軌を原則とする内地と同じ車両をそのまま用いることはできない。そのため、草創期から満鉄経営委託時代まではアメリカからの輸入車や、日露戦争中にロシアから鹵獲《ろかく》した車両が主として使用されたが、大正中期からは車両の国産化が進められ、鮮鉄独自の車両が多数開発されている。急行列車の高速化を推進するための大型蒸気機関車や軽量客車、内地や満鉄にもなかった日本最初の三等寝台車などが、大正末期から昭和初期にかけて続々と誕生。すべての食堂車に冷房装置が導入されたのもこの時期だ。

三等寝台車では、昭和11年（1936）から一晩1枚につき30銭で車掌が旅客に毛布を貸し出すサービスが実施されていた。急行列車や一部の旅客列車では1個30銭で軽便枕の貸出しも行われていて、こちらは「車内枕」の腕章を付けた車内のボーイに用命することになっていた。旅行記念スタンプを主要駅だけでなく「あかつき」「ひかり」「のぞみ」（147ページ以下参照）など優等列車の車内

図2-1-2　京釜本線大邱駅・京義本線平壌駅・北鮮西部線清津駅の旅行記念スタンプ

図2-1-3　内地から満洲へ向かう旅客を朝鮮半島ルートに誘致する鮮鉄作成のパンフレット。表紙の列車は鮮鉄自慢の特急「あかつき」（154ページ以下参照）

にも備え付け、その設置駅や列車を市販の時刻表で細かく案内している点には、観光客の関心を集めようとした姿勢が窺《うかが》える。

このような旅客向け施策の質的向上や努力の姿勢は、朝鮮の鉄道の経営上の特質にその一因を見出せる。朝鮮の鉄道は「他の日本支配下の鉄道と比較すると『旅客収入』型であ」（前掲『日本植民地鉄道史論』）るところが特異な性質とされている。これは旅客輸送が過密なのではなく貨物輸送が相対的に少ないことが原因なのだが、そのために鮮鉄の経営は慢性的な不振で、「補充費、改良費を一般会計から支出されたから破綻しなかったが、財政的には厳しく、投資に対する収益率はきわめて低かった」（同書）。

それゆえに旅客部門の重要性が高く、国際鉄道としての独自の役割も相俟《あいま》って、満鉄や内地の省線との間でスピードアップやサービス向上の競争が成立していた。内地と大陸を結ぶ国際旅客運輸は朝鮮半島縦断ルートの独占ではなく、内地から大連《だいれん》への直通航路、あるいはソビエト連邦（現・ロシア）のウラジオストクや北部朝鮮の清津《せいしん》などを経由して満洲方面へ向かうルートなど競合コースが存在しており、鮮鉄は内地から大陸へ向かう旅客向けの誘致パンフレットを製作するなどして、朝鮮半島縦断ルートのPRに努めていた。

なお、鮮鉄や朝鉄などの一般鉄道とは別に、京城、釜山、平壌《へいじょう》に路面電車が運行されていて、都市交通機能を果たしていた。また、地方交通では昭和初期まで、手押軌道を中心とした簡易路線が各地に存在していた（詳細は141ページ以下参照）。

## 02——日本統治時代の朝鮮の観光事情

### 戦跡巡りがメインルート

日韓併合によって日本国内となった朝鮮半島は、日本人にとってどのような旅行先だったのだろうか。その答えの一端を、旅行ガイドブックの記述から読み取ることができる。

鮮鉄が昭和9年（1934）に刊行した『朝鮮旅行案内記』は、朝鮮全土を鉄道で旅するときの路線別ガイドブックで、携帯型の手頃なサイズになっている。不思議なことに巻末には「非賣品《ひばい》」と明記してあるのに、その真横に「本案内記は各地ジャパン、ツーリスト、ビユーロー案内所及著名書店で發賣《はつばい》してゐる」とも表示されていて、市販が建前なのかそうでないのか判然としない。定価は記されていない。

前半は「概説編」として朝鮮の気候や風習、後半は「案内編」として路線別に各駅周辺の名所などが詳細に記されている。このうち、236ページにわたる「概説編」の49ページ、全体の5分の1以上を「歴史」の項目が占めていて、そのうち31ページを豊臣秀吉《とよとみひでよし》による朝鮮出兵（文禄《ぶんろく》の役、慶長《けいちょう》の役）の記述に割いている。「案内編」でも、秀吉の朝鮮出兵時に伊達政宗が築いた城の跡だとか小西行長が奮戦した地であるとか、細かい戦跡紹介が各駅の欄に散在している。

また、「概説編」では年表形式の記述しかないが、「案内編」では各駅の記述に日清戦争関係の古跡を紹介するくだりが多くみられる。京釜本線（現・韓国鉄道京釜線）の成歓《せいかん》駅では、「死んでもラッパを口から離しませんでした」との逸話が修身（現在の道徳に相当する小学校の授業）の国定教科書に掲載され、当時の日本国民なら誰でも知っていた日清戦争の英雄・木口小平《きぐちこへい》ラッパ手が奮戦、戦死した地に建つ記念碑の所在が紹介され、列車の車窓からも眺められるとしてその方角が示されている。京義本線（現・北朝鮮国鉄平義線）の平壌駅では高句麗時代の古城に関して、１人で城壁を登って清国軍の陣地に乗り込み、内側から城門を開けて自軍を城内に引き入れ平壌攻略に大きな功績を果したとされる原田重吉《はらだじゅうきち》一等卒の玄武門《げんぶもん》破りの話題が、近時の史実として添えられている。朝鮮北部に至れば、日露戦争の古戦場も沿線案内に登場する。

　このように、朝鮮半島の旅行では、豊臣秀吉の朝鮮出兵の古跡と日清戦争（北部では日露戦争も）の戦跡を巡ることが主要なスタイルの一つとなっていた。特に日清・日露の両戦争は、昭和初期の時点でもまだ30年前後しか経過しておらず従軍経験者が多く健在であること、両戦争での勝利が日本を欧米列強と肩を並べる強国へと昇らしめる大きな要因になったという社会全体での成功体験の共有が、観光客の戦跡巡りを盛んにさせていたとみることもできよう。

　もっとも、単なる懐古ブームだけでなく、朝鮮半島における将来の軍事行動の可能性を考慮すれば、日本国民が日清戦争の戦史に関心を持つことは有益であり、国家として、行楽旅行を通してこれを推奨することを善《よ》しとした、という側面も否定できない。事実、日清戦争から半世紀後の１９５０年（昭和25）に勃発した朝鮮戦争では、満洲国の奉天軍官学校を卒業した経歴を持つ白善燁《ペクソンヨプ》師団長

（後に韓国陸軍大将、交通部長官などを歴任）が、日清戦争時の平壌会戦の知識をもとにアメリカ軍との共同作戦を協議している。釜山《プサン》から平壌《ピョンヤン》を目指して進撃したアメリカ軍の作戦の基本は、日清戦争当時の日本軍とほぼ同じだったという。白氏による回顧録『若き将軍の朝鮮戦争』（草思社、平成12年）は、「国連軍の首脳が日清戦争の戦史を熟知していれば（中略）韓半島の情勢はこんにちとは違った展開となったはずである」として、戦史の知識の重要性を指摘している。

この「歴史」の項目以外では、「古蹟案内」として平壌、扶餘《ふよ》、金海《きんかい》、慶州《けいしゅう》、開城《かいじょう》、京城（現・ソウル）の各地を紹介している点が日本統治下の特徴といえよう。京釜本線の亀浦《きほ》駅を最寄りとする金海は『日本書紀』に記されている任那《みまな》日本府の所在地だったとされるところで、さしたる遺跡は残っていないものの、歴代朝鮮王朝の古都と並んで紹介されているのだ。現代では、韓国は大和朝廷の出先機関としての任那日本府の存在自体に対して否定的態度をとっており、日本でも、金海《キメ》を任那の古都として旅行先に勧めている韓国旅行のガイドブックは見当たらない。

朝鮮の自然探勝について「車窓から見た朝鮮の地形」という項目では、冒頭で「旅する人々の眼に映ずる朝鮮の山野はあまりにも平凡過《すぎ》るといふ感じを與《あた》へる」として魅力の乏しさを嘆いているが、一方で山岳地帯の景観の特色にも言及している。とりわけ、金剛山については「金剛山案内」という独立項目を設けて、その美しさを詳述している。その大きな要因は、金剛山電気鉄道の全通によって内陸側の内金剛への京城からのアクセスが飛躍的に容易になったこと、海側の外金剛《そとこんごう》へも日本海側を走る東海北部線《とうかいほくぶ》（現・北朝鮮国鉄金剛山青年線）の外金剛駅（現・金剛山）まで旅行シーズンの週末を中

図2-2-1　鉄原駅に停車する金剛山電気鉄道の旅客電車（『朝鮮交通史』より。巻頭カラーページ⑲〜㉑参照）

図2-2-2　金剛山電気鉄道の終点・内金剛から鉄原を経由して京元本線の終点・元山までの直通乗車券（昭和11年発行）。切符の中央に社紋が刷り込まれている

図2-2-4　ヨーロッパの山荘をイメージしたとされる鮮鉄東海北部線の外金剛駅舎（『朝鮮交通回顧録 工務・港湾編』より）

図2-2-3　鉄原駅前郵便局の風景印に描かれた金剛山電気鉄道の電車

心に京城から直通列車が運行されていたこと、麓には西洋式旅館、日本旅館、朝鮮旅館が多数営業していたことなど、健脚の登山家だけでなく一般の旅行客もその絶景に触れやすい環境が、昭和以降になって順次整ってきたことにあるだろう。ハイキングにはオフシーズンとなる冬季も外金剛にはスキー場がオープンしており、温泉旅館に泊まりながらスキーが楽しめた。

　行楽地の一つに「温泉」が数えられているのも日韓併合の影響といえる。『朝鮮旅行案内記』は、「由來、朝鮮の人は入浴することを左程に好まなかつた關係《かんけい》上、溫泉に對《たい》する觀念《かんねん》も從つて冷淡であつてかく多くの溫泉があるにも拘《かか》はらず、其の浴場等の設備はお話しにならぬ程の貧弱さであつたが、日韓併合後内地人の移住者頓《とみ》に増加したのと交通機關の發達《はったつ》とによつて近來其等《それら》の設備も餘程《よほど》改善せられ、内地に比しても恥しくない良い溫泉場が簇々《ぞくぞく》と出現した」と解説している。日本人が進出すると温泉施設が整備されるというのは、台湾や、第二次世界大戦中に日本軍が駐留した東南アジア各地に見られる共通の現象である。

　京城から京釜本線で97・3キロ南下した天安《てんあん》から分岐する私鉄の朝鮮京南鉄道《ちょうせんけいなん》（現・韓国鉄道長項《チャンハン》線）は、京城からの直通列車が温陽温泉《おんようおんせん》まで乗り入れていた。ここには百済《くだら》時代に発見され、李氏朝鮮王朝が離宮を建てて利用したとされる薬湯が湧出している。朝鮮京南鉄道は、日韓併合直前に設立されてこの地で温泉を運営していた株式会社を昭和2年（1927）に買収し、「内地の寶塚《たからづか》にも比すべき」（前掲『朝鮮旅行案内記』）と称される西洋式の豪華な温泉ホテル、神井館《しんせいかん》（現・温陽《オニャン》観光ホテル）を建設して直接運営していた。鮮鉄も温陽温泉への行楽客向けに往復割引乗車券（3割引）を通年発

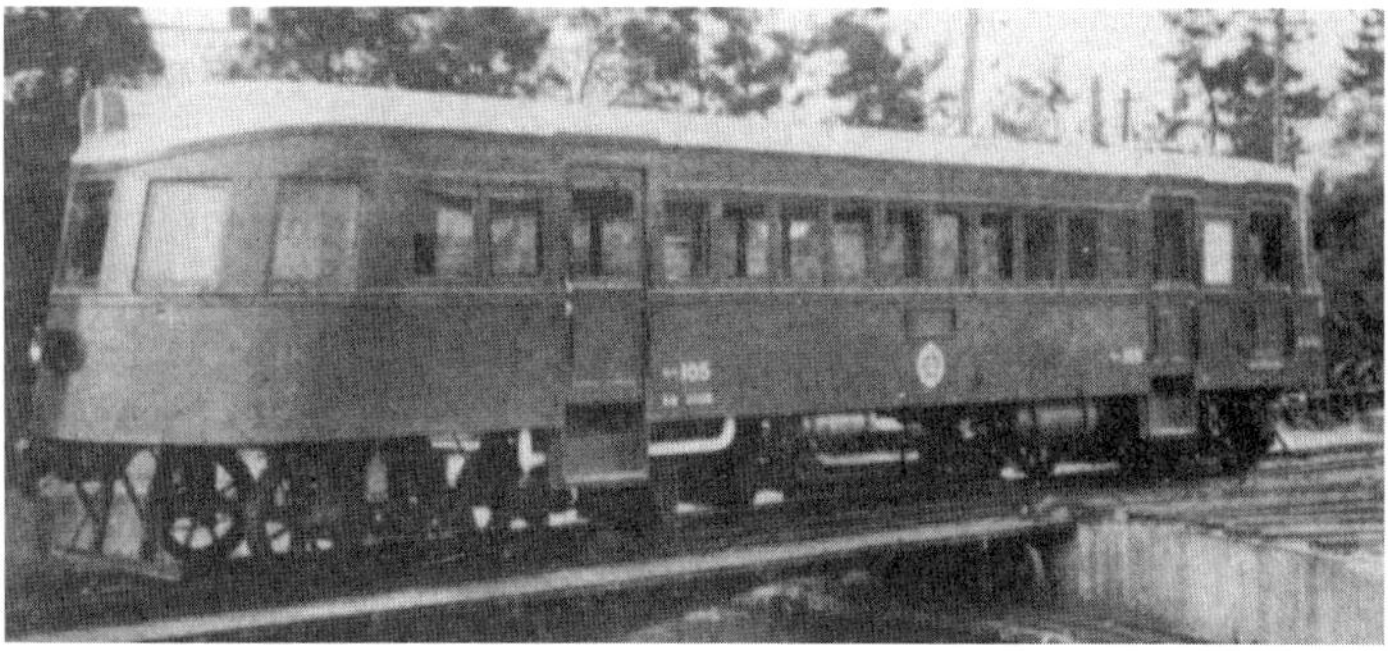

図2-2-5　朝鮮京南鉄道のガソリンカー（『朝鮮交通史』より）

売しており、週末には割引率が5割になった。温泉以外にも、花見や海水浴、紅葉の名所、登山やスキー場、キャンプ場などのレジャー施設が朝鮮全土に整備されており、鮮鉄はその目的に応じて割引乗車券を発売した（割引切符の詳細は168ページ以下を参照）。

鉄道以外の交通手段としては、各都市部にバスやタクシー、人力車があり、都市間移動のための乗合路線バスもあった。昭和13年（1938）からは日本航空輸送が京城～咸興《かんこう》～清津間に、朝鮮航空が京城～裡里《りり》～光州《こうしゅう》間に、それぞれ定期航空便を就航させている。

観光客向けの各種サービスを受けるときは、JTBの案内所が活用できた。朝鮮では釜山桟橋構内、京城・羅津《らしん》の各駅構内、清津桟橋前、京城の和信《わしん》百貨店内および三越《みつこし》百貨店（現・新世界《シンセゲ》百貨店）内、釜山・大邱《たいきゅう》・平壌・咸興の各三中井《みなかい》百貨店・呉服店内に開設されていて、一般的な旅行案内や各種割引乗車券の発行、ホテルの手配などを手掛けていた。

宿泊施設は日本旅館と朝鮮旅館が各地にあり、京城などの都市部には鮮鉄直営の朝鮮《ちょうせん》ホテル（現・ウェスティン朝鮮《チョソン》ホテル）のような欧風ホテルも存在した。朝鮮旅館は伝統的な床下暖房部屋であるオンドル（温突）を備えているのが特徴だ。日本旅館はなくても朝鮮旅館はほとんどの地方にあるので、旅行者が宿泊施設に困ることはなかった。宿泊料も朝鮮旅館の方が総じて低廉に設定されていた。それに内地人が経営する旅館の場合、昭和に入って漸次廃止されているとはいえ、茶代（85ページ参照）支払いの問題にも直面するので、その意味でも朝鮮旅館の方がリーズナブルだった。

提供される食事も旅館のスタイルによって、和食か朝鮮式かが違っていた。ただし、金剛山に近い三防峡《さんぼうきょう》のスキー場付近で営業する朝鮮旅館ではスキーヤー向けに内地式の食事も調進してくれるなど、内鮮両方式に対応するところもあった。

鉄道旅行中の食事は食堂車または駅構内食堂を利用するか、駅で立売りをする弁当屋から駅弁を購入することになる。食堂車は幹線を走る長距離急行列車などに連結され、和食と洋食を供していた。値段は洋食の方が高い。駅構内食堂は京城、大田《たいでん》、大邱の各駅で営業していた。

駅弁については台湾の場合と同じく、内地で鉄道省が編纂して市販されている時刻表には、駅弁販売駅を示すマークが朝鮮のページに全く見当たらない。一方、鮮鉄が編纂した『朝鮮列車時刻表』の昭和13年（1938）2月号によれば、ほとんどの急行停車駅、また支線の主要駅で駅弁を販売しており、値段は一律35銭と定められている。

かように日本統治下の朝鮮は、旅行客向けのサービスや鉄道をはじめとする交通手段、食事、宿泊など観光旅行先としての諸般の環境が整い、旅行情報も決して不足しているわけではないのだが、いざ旅行しようとすると、治安の面で不安を抱く人が内地には少なくなかった。日本旅行文化協会が刊行する旅行雑誌『旅』（大正13年創刊。戦後は平成15年までＪＴＢが、以後は平成24年の休刊まで新潮社が刊行）には、「朝鮮へ旅行すると話したら、知人から『匪賊《ひぞく》に遭わないか』と心配された」とか、「学生が夏休みに鮮満旅行を計画したら、両親が『そんな恐ろしいところへは行かせない』と猛反対した」といったエピソードが時折見られる。

朝鮮総督府警務局による『治安状況』という機密資料（昭和59年に『朝鮮の治安状況』として復刻）の昭和5年（1930）版を開くと、「國境地方ニ於ケル治安ノ状況」が独立の項目として立てられている。満洲と国境を接する北部朝鮮に匪賊、つまり盗賊や反日武装勢力などが満洲側から侵入して住民や警察機関を襲撃する事案が、朝鮮の中で他の地方と異なる治安上の特有事情として目立っていたことを、この項目の存在自体が物語っている。

ただ、同項目の「自大正九年至昭和五年間國境三道匪賊累年狀況表」によれば、満洲と国境を接する平安北道《へいあんほくどう》、咸鏡南道《かんきょうなんどう》、咸鏡北道《かんきょうほくどう》の「國境三道」における「賊徒件数」と「同人員」は、大正9年（1920）には年間1651件、4645人を数えていたのに対し、昭和5年（10月末までの10カ月実績）には3件10人にまで激減している。同項目は総評として、今後も情勢に注意すべきとはしつつも、「北邊《ほくへん》一帯ハ殆《ほと》ンド鎭靜ニ歸《き》シ人民其ノ堵《と》ニ安ンズルニ至レリ」として、北部国境付近が大正年間に比べて概ね平穏となったことを認めている。この資料が当時は機密扱いだったことからすると、

図2-2-6　国境警備隊員が立つ南陽駅構内（左）と対岸の満洲国・図們へ通じる人車共用の国境橋（『旅』昭和10年7月号より）

記述内容は概ね事実に近いと思われる。

　また、満洲では列車の運行を妨害する馬賊（233ページ以下参照）等が出没し、現に発生した事案が満鉄の社史等に詳しく記録されているのに対し、戦後にまとめられた『朝鮮交通史』（三信図書、昭和61年）によれば、日韓併合直前の明治40～41年（1907～1908）度に「日露戦争後の反動気配が濃厚で鉄道施設の爆破、襲撃がある状況」、明治42年（1909）に「各地に暴徒出没」とある程度で、大正・昭和期における同種の記述はない。

　これらの各種記録から総合的に判断する限り、少なくとも昭和以降は朝鮮のほぼ全土で、鉄道を利用した観光旅行が平穏に楽しめるだけの治安が確保されていたと考えてよいだろう。ちなみに、前記『旅』の大正13年（1924）12月号には、「先日も某師範生徒の鮮満視察報告演説會を拝聴《はいちょう》に出かけたが、今回朝鮮を旅行して見て第一に感じた事は之迄《これまで》よく新聞などに朝鮮のことゝいへば、不逞《ふてい》鮮人がどうしたとか、そんな方面のみ誇大に報道せられてあるのを見てゐたが、實際朝鮮に行つて見るとドコにもソンナ風は少しもない、之等は内鮮融和の上に、大に新聞社の責任輕からざるを想ふといふ一節があつた」として、新聞に代表される内地のマスメディアが朝鮮の治安の現状を正確に報道せず、不当に危険なイメージを助長していると嘆く満鉄関係者のコラム（高砂政太郎「鮮満案内雑感」）が掲載されている。

ただし、写真撮影や写生については、要塞地帯法に基づき禁じられている場所が、内地や台湾と同様に朝鮮にも存在した。具体的には、釜山・馬山《まさん》・鎮海《ちんかい》を含む鎮海要塞地帯内、元山《げんざん》付近の永興《えいこう》湾要塞地帯内、清津・羅津・雄基の港湾付近、鴨緑江鉄橋一帯、図們《ともん》鉄橋付近などがそれに当たる。これらの場所で写真撮影や写生をする場合は、あらかじめその地の要塞または港湾司令部に願い出て許可を得る必要があった。

## 03 朝鮮へのアクセスルート

### 陸・海・空に開かれた多様な行路

日本統治時代、日本内地から朝鮮へ渡る交通手段の代表格は、下関～釜山間を結ぶ関釜連絡船であった。日韓併合前の明治38年（1905）に、西日本で先進的な旅客サービスを提供していた山陽鉄道の子会社が民間航路として開設したのが始まりで、1年後に国有化され、明治43年（1910）の日韓併合以後は国内航路となっている。

単なる2港間の旅客船ではなく、東京や大阪から下関までの急行列車と釜山以北へ向かう急行列車の接続を図る公営の鉄道連絡航路であり、明治41年（1908）以降、内地の国有鉄道（明治41年までは鉄道庁、大正9年までは鉄道院、以後は鉄道省が運営）各駅では、この関釜連絡船を経由する朝鮮への直通鉄道切符が購入できるようになった。また、国営の鉄道連絡船としては昭和18年（1943）に、戦時下で客貨輸送が激増していた関釜連絡船の補完ルートとして、博多～釜山間を結ぶ博釜連絡船が登場している。

朝鮮南部へは、民間航路も多く開設されている。鉄道省が編纂している『汽車時間表』の昭和9年（1934）12月号には、下関や博多、長崎から釜山および麗水《れいすい》への民間航路が多数掲載されており、中には壱岐《いき》や対馬《つしま》を経由するものもある。下関や九州以外からの航路としては、大阪・神戸から瀬戸

図2-3-1　関釜連絡船「金剛丸」（当時の絵はがきより）

図2-3-2　関釜連絡船の内部。右上は1・2等旅客の入口広間と1等休憩所、左下は3等入口広間（当時の絵はがきより）

内海、関門海峡を経て、6日間かけて釜山、木浦《もくほ》、群山《くんさん》、仁川の各港に寄港する尼崎汽船部の航路があった。

このうち、下関〜麗水間など一部の航路や私鉄は、内地の省線と連帯運輸を実施していた。このため、省線各駅では、関釜連絡船や博釜連絡船だけでなく、これらの民間航路に乗り継いで朝鮮へ渡る旅客に対しても、連絡乗車券を発券した。

なお、同じ航路でも省線との連帯航路になっているかどうかの時刻表上の情報は、時期によって異なっている。たとえば、大阪〜仁川間の尼崎汽船部による航路は昭和9年の『汽車時間表』では非連帯となっているが、昭和15年（1940）には連帯航路扱いを受けている。博多〜壱岐〜対馬〜釜山間の九州商船航路は、昭和5年（1930）10月号では非連帯、昭和9年12月号では連帯、そして昭和15年（1940）10月号では再び非連帯となっていて、扱いが二転三転している。

北部朝鮮へも民間航路が開設されていて、やはり省線との連帯運輸を実施していた。新潟または敦《つる》賀《が》と羅津・清津・雄基《ゆうき》（現・先鋒《ソンボン》）の各港を結ぶ北日本汽船と日本海汽船はその代表的存在で、通常は所要2泊3日で日本海を横断する。中には、清津や雄基を出てさらにソ連（現・ロシア）のウラジオストク（浦塩斯徳）まで足を延ばす船便もあり、そこから先はシベリア鉄道経由でヨーロッパ方面を目指すこともできた。大阪・神戸から、瀬戸内海と関門海峡を通過して釜山に入港した後、朝鮮半島東岸の浦項《ほこう》、元山、城津《じょうしん》（現・金策《キムチェク》）などに寄港しつつ清津、雄基まで11日間かけて航行する大阪汽船の非連帯航路が『汽車時間表』の昭和5年10月号に紹介されている。

図2-3-3　上三峰（朝鮮）～開山屯（満洲）間の豆満江を渡る旅客列車。朝鮮側から満洲側に向かって撮影（『日本地理風俗大系第17巻 朝鮮地方（下）』より）

陸路では、国境を接する満洲方面から国際列車を利用して朝鮮入りできた。とりわけ、明治44年（1911）に完成した鴨緑江の鉄道橋を渡って新義州より入国するルートは、満洲や中華民国から平壌・京城（現・ソウル）・釜山へと直通する国際急行列車が走る日満間のメインルートとなった。

北部朝鮮へは、満洲国の首都・新京《しんきょう》（現・長春《チャンチュン》）から図們～南陽《なんよう》間の日満国境を渡って清津へ直通したり、さらに日本海沿岸の咸鏡《かんきょう》本線（現・北朝鮮国鉄平羅《ピョンラ》線）と京元《けいげん》本線（現・北朝鮮国鉄江原《カンウォン》線および韓国鉄道京元《キョンウォン》線）を経由して京城と直結する急行列車が利用できた。昭和以降、開山屯《かいざんとん》～上三峰《かみさんぽう》（現・三峰《サムボン》）間や、集安《しゅうあん》～満浦《まんぽ》間など日満国境を流れる豆満江《とまんこう》・鴨緑江を渡る新橋梁が完成し、それぞれ満鉄のローカル列車が国境を越えて朝鮮まで乗り入れるようになった。

昭和以降は、一般旅行者が航空機を利用して朝

図2-3-4　日本航空輸送による定期旅客航空便のダイヤ改正案内（昭和5年頃）。右端に「東京京城間直通上下便共即日到着」の文言が見られる

鮮を訪れることも可能になった。昭和3年（1928）に設立された日本航空輸送（昭和13年以降は大日本航空）が、東京から名古屋・大阪・福岡を経由して関東州の大連や満洲の奉天（現・瀋陽）などを最終目的地とする定期航空便を毎日運航しており、この便が朝鮮半島内で蔚山《うるさん》・大邱・京城・平壌・新義州などに発着していた。

昭和15年4月改正の航空ダイヤによれば、東京の羽田飛行場から福岡経由で、京城の中心部を流れる漢江の中州にある汝矣島《じょいとう》飛行場まで、毎日1往復設定されている急行便の所要時間はちょうど6時間。同時期の鉄道と関釜連絡船経由による東京〜京城間の所要時間は最速で2昼夜、39時間5分を要したから、驚異的なスピードといえる。

この急行便の使用機材には、ロッキード14W-G3型（乗客定員10名）やダグラスDC-3（乗客定員21名。後に24名に改造）などが投入された。片道普通運賃は105円で、これは三等客車・客室を利用して鉄道・航路を乗り継いだ場合の約5倍に相当する。

同時期の大日本航空はこの他に鳥取県の米子から京城への国内便を、また中華民国の北京および青島《チンタオ》から京城までの国際便を毎日1往復運航していた。さらに、満洲航空が満洲国の首都・新京から奉天経由で京城へ、また牡丹江《ぼたんこう》から清津へ国際便を飛ばしていた。大日本航空と満洲航空は昭和11年（1936）から鮮鉄と旅客連帯運輸を実施しており、これらの航空便やそれに接続する内地の国鉄線を鮮鉄と一体で利用する場合には、やはり直通切符の発行を受けることができた。

こうした民間定期航空ルートは、日米開戦後の昭和17年（1942）以降は急速に縮小され、休航扱いとされた。運航する便もわずかな座席数の半分を軍が借り上げてしまうなど、民間旅客はほとんど利用できない状況に陥り、そのまま終戦に至った。ただ例外として、朝鮮海峡がアメリカ海軍の潜水艦出没により海上航行に不安を来すようになったことから、昭和19年（1944）4月より福岡〜大邱間に大日本航空の定期旅客便が一日2〜3往復設定されている。

したがって、一般の旅行者が定期旅客航空便で朝鮮にアクセスできたのは、昭和3年から昭和17年までの約14年間であったと言ってよい。

## 04 朝鮮の出入域事情

### 同じ日本国内なのに税関検査があった

日本統治時代の朝鮮への出入域手続きにおいて最も特殊な事情は、関釜連絡船内における税関検査の存在であろう。日韓併合によって日本と朝鮮は同じ国となったにもかかわらず、国内航路であるはずの関釜連絡船内で、旅客に対する税関検査が行われていたのだ。『旅程と費用概算』を紐《ひも》解くと、発行年度により表現に若干の違いはあるものの、「釜山〜下関間（関釜連絡船に依る場合）」は「朝鮮行きの際、および内地帰還の際とも連絡船内において日本税関の検査がある」旨が明記されている。同書では「日本税関」と記されているが、大正11年（1922）頃に鉄道省の門司鉄道局が発行した『関釜航路之栞』によれば、乗り組んでいるのは「朝鮮税関監吏」だという（日本国有鉄道広島鉄道管理局〔編〕『関釜連絡船史』昭和54年）。

日韓併合条約が成立した当初、日本政府は併合前の大韓帝国で実施されていた諸外国との関税制度を10年間据え置くこととし、日本内地と朝鮮との間を往来する船舶に対する関税についても同様の据え置き措置を採った。これは、大韓帝国との間で条約による関税上の優遇措置を受けていた諸外国に不利益を生じさせないためであった。したがって、大正9年（1920）まで朝鮮では旧大韓帝国の関税制度が概ね引き継がれ、関釜連絡船などの税関検査もこれに基づいて実施された。

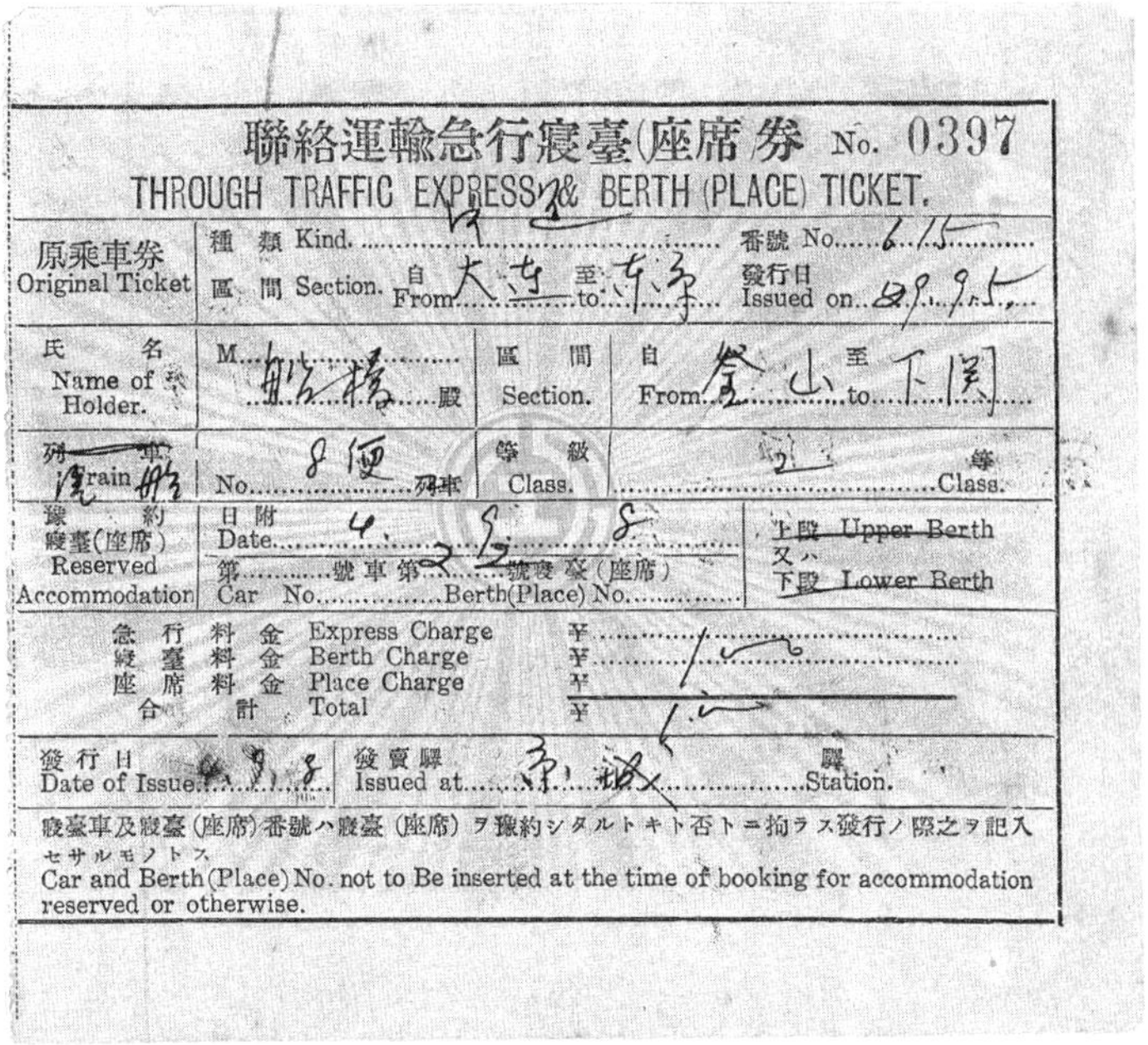
聯絡運輸急行寢臺(座席)券 No. 0397
THROUGH TRAFFIC EXPRESS & BERTH (PLACE) TICKET.

| | | |
|---|---|---|
| 原乘車券 Original Ticket | 種類 Kind. | 番號 No. 615 |
| | 區間 Section. 自 From 大連 至 to 東京 | 發行日 Issued on |
| 氏名 Name of Holder. | M. 船橋 殿 | 區間 Section. 自 From 釜山 至 to 下関 |
| 列車 Train | No. 8便 | 等級 Class. 2 等 Class. |
| 豫約寢臺(座席) Reserved Accommodation | 日附 Date. 4. 9. 8 | 上段 Upper Berth 又ハ 下段 Lower Berth |
| | 第 號車 第 號寢臺(座席) Car No. Berth(Place) No. | |

| | | |
|---|---|---|
| 急行料金 | Express Charge | ¥ |
| 寢臺料金 | Berth Charge | ¥ |
| 座席料金 | Place Charge | ¥ |
| 合計 | Total | ¥ |

發行日 Date of Issue 4.9.8 發賣驛 Issued at 京城 驛 Station.

寢臺車及寢臺(座席)番號ハ寢臺(座席)ヲ豫約シタルトキト否トニ拘ラス發行ノ際之ヲ記入セサルモノトス
Car and Berth (Place) No. not to Be inserted at the time of booking for accommodation reserved or otherwise.

図2-4-1　関釜連絡船の2等寝台券（昭和4年、京城駅発行）。
大連発東京行きの乗車券を持つ旅客に発行されたもの

この据え置き期間が満了すると、日本の関税法が朝鮮にも適用されて内地と朝鮮の関税制度は統一された。ところが、朝鮮から日本への移入税は全廃したものの、日本から朝鮮への移入税は、朝鮮側の経済保護などを目的として当面の間存続することとされたのだ。朝鮮側のみが課税するという仕組みは、関釜連絡船内に乗り組んでいたのが「朝鮮税関監吏」であるという『関釜航路之栞』の記述と符合する。

しかも、「当面の間」の措置とされつつも、完全に撤廃されたのは昭和16年（1941）4月のことである。なお、昭和18年（1943）に戦時統制下における行政組織統合の

朝鮮（十日間　東京―朝鮮往復旅程案）　九二八

## 十日間　東京―朝鮮往復旅程案

| 日程 | 地名 | 發着時刻 | 記事 | 備考 |
|---|---|---|---|---|
| 第1日 | 東京驛 | 發後 一一・〇〇 | 下關行各等急行車中一泊 | ▲東京↓下關　普通急行列車ニテ二二時間（一、〇九七粁一）、三等九圓五七錢<br>上記急行列車ニハ各等寢臺及洋食堂車アリ |
| 第2日 | 下關驛 | 着後 九・〇〇<br>發後 一〇・三〇 | 乘換（鐵道省連絡船）船内一泊 | ▲下關驛構内ニテ關釜連絡船ニ接續ス<br>▲下關↓釜山　鐵道省連絡船デ七時間半（二四〇粁）、三等三圓五五錢、二等七圓一〇錢（朝晩二回往復。大型船には三等寢臺もあり）<br>注意　船内ニテ簡單ナ稅關ノ檢査ガアル |
| 第3日 | 釜山棧橋<br>釜山棧橋驛<br>京城驛 | 着前 六・〇〇<br>發前 六・五〇<br>着後 一・三五 | 下船<br>京城行各等特急（あかつき）<br>宿泊 | ▲釜山棧橋ニテ京城・奉天行列車ニ接續スル<br>注意　釜山附近一帶ハ要塞地帶ニ付、寫眞其他撮影ニハ憲兵隊ノ許可ヲ要ス<br>釜山關↓京城特急ニテ六時間四五分（四五〇粁五）（三等七圓、二等一二圓六三錢）急行料三等七五錢、二等一圓五〇錢<br>京城ノ旅館　朝鮮ホテル（㊤三食付一二圓）、備前屋（㊤六圓半）、天眞樓（㊤六圓半）其他。（九三六頁參照） |
| 第4日 | 京城（滯在見物） | **京城觀光遊覽順路**（九三六頁參照）朝鮮神宮―恩賜記念科學館―博文寺―昌慶苑―秘苑拜觀（午前一一時）―（晝食）―經學院―京城運動場―東大門―東大門市場―朝鮮上流ノ家庭又ハ妓生ノ私宅ヲ視察シ、夜ハ鍾路ノ夜店等ヲ見物。 | | |
| 第5日 | 京城（午後仁川往復）（京城カラ仁川迄列車五〇分、約一時間毎ニ運轉） | 午前中―商工獎勵館―パゴダ公園―總督府廳舍―景福宮―勤政殿―慶會樓―博物館<br>午後ハ仁川往復、清涼里、碧蹄館、洗劍亭、漢江、金谷陵等ノ近郊視察（九三六頁參照）<br>夜ハ本町通ヲ散策、ソノ他ヘ。 | | |
| | 京城驛 | 發後 一一・一〇 | 奉天行二、三等列車 | ▲京城↓平壤　普通列車ニテ六時間五〇分（二六〇粁七）<br>上記列車ニハ二、三等寢臺（二等下段四圓半、上段三圓、三等下段一圓八〇錢、中段一圓五〇錢、上段一圓）ガアル |
| 第 | 平壤驛 | 着前 六・〇〇 | 下車遊覽・ | **平壤見物**（九五三頁參照） |

図2-4-2　昭和13年版『旅程と費用概算』に掲載されている東京からの朝鮮往復モデルプランの一部。第2日の備考欄に「船内ニテ簡単ナ税関ノ検査ガアル」と記されている

一環として、日本国内から税関という組織そのものが廃止されているが、税関の主要業務である監視取締りや輸出入通関業務などは担当者とともに海運局へ引き継がれている。

満洲との間での税関検査については、『旅程と費用概算』の記述が年度により変遷している。満洲国成立前年の昭和6年（1931）版では新義州～安東《あんとう》（現・丹東《タントン》）間の国境越えについて「朝鮮及満洲行の際とも停車場構内若《も》しくは停車場列車内に於て朝鮮及支那税關の検査がある」と簡潔に記述しているが、1年後の昭和7年（1932）版になると検査主体が「朝鮮及支那税關」から「日本税關」に変わり、満洲国建国後の昭和10年（1935）版では「日本・滿洲國兩税關」になっている。

いずれにせよ、新義州から出入国する場合、検査主体の変遷はあっても、新義州ではなく日本国外である鴨緑江対岸の安東駅で両国共同の税関検査を受ける点が特色だ。これは、明治44年（1911）に新義州～安東間の鴨緑江橋梁が竣工して鮮満直通列車の運行が始まったときに日清両国間で締結された「国境列車直通運転に関する日清協定」で、両国税関が安東駅で「共同検査」を行うことが明記されているからである。「共同」といっても、朝鮮から出国する場合は日本税関の検査の後に清国税関が、これから朝鮮に入る場合は先に清国税関が検査してから日本税関が検査するという順序も決められていた。

ほかにも、旅客が携帯する手荷物や附属小荷物は、安東駅で乗降する旅客については駅ホームの検査場で、安東駅で下車しない旅客については停車中に車内で検査すること、停車時間内に検査が終わらないときはホームに荷物を降ろさせて検査するか、または両国の税関官吏ともそのまま車内に残って相手国内を走る列車の車内で出発後も検査を続けることができる、といったことがこの協定で細かく定められている。現に、日満両国を直通する急行「のぞみ」（150ページ以下参照）の上り列車は、鴨緑江を渡って朝鮮に入るのが早朝6時台であることから、朝鮮側の通関検査は新義州出発後に車内で実施することとして旅客の安眠を妨げない配慮がなされていた。

昭和13年（1938）版の『旅程と費用概算』は、安東駅経由の旅客は携帯品については車内で、託送手荷物は駅ホームの検査所で検査を受ける旨案内している。昭和10年版では「検査に立會《たちあ》はぬと荷物丈《だ》けその儘《まま》留め置かれる。又荷物のみ先送される場合は鎖錠《さじょう》したものは鍵を同時に預けぬと、そのまゝ本人の立會が終るまで税關に留置かれるから特に注意《ちゅうい》せねばならぬ」として、税関をスムーズに通過するための注意点を強調している。

朝鮮北部では、昭和に入ってから鴨緑江を渡る鉄道橋梁が相次いで建設され、国際列車の運行や接続運転が行われた。満洲国の首都・新京と羅津とを直結する急行「あさひ」（165ページ以下参照）などが通過する南陽～図們間の図們橋は昭和8年（1933）に架設され、当初は図們駅構内に朝鮮側の南陽税関支署が設けられて事実上の両国共同検査が実施されていた。昭和10年には日満両国で締結された協定に基づき、満洲側の図們駅に日本側の税関官吏が派遣されるようになり、以後、旅客は図們駅で両国の正式な共同税関検査を受けるようになった。図們駅で乗降しない旅客に対する検査を車内で行うのも、安東駅の場合と同じだ。地元客向けのローカル列車のみが運行される上三峰（現・三峰）～開山屯間の国境では、逆に朝鮮側の上三峰駅に満洲側の税関官吏が派遣されていて、同駅で共同検査が実施された。

この図們および上三峰での朝鮮入りの場合、旅客の目的地に応じて、タバコの持ち込み本数制限に違いがあった。羅南《らなん》・清津・雄基（現・先鋒）の各駅より以北を目的地とする旅客は10本まで、この3駅よりさらに遠方の各駅へ行く旅客は100本まで、それぞれ持ち込みが許容された。

昭和14年（1939）には、平元線《へいげんせん》（現・北朝鮮国鉄平羅線）の順川駅《じゅんせんえき》から分岐する鮮鉄満浦本線（現・北朝鮮国鉄満浦線《マンポせん》）が鴨緑江沿いの満浦まで開通し、対岸の集安とを結ぶ満浦鉄橋を介して満鉄梅集線《ばいしゅうせん》（梅河口《ばいかこう》～集安間。現・中国国鉄梅集線《メイチーせん》）と接続するようになった。鮮鉄の旅客列車は平壌と直通しているが、満鉄・鮮鉄の両線の列車はすべて朝鮮側の満浦で折り返し、満浦を通過して両線を直通する旅客列車はない。このため、すべての国際旅客が、国際接続駅となった満浦駅ホームで日満両国の共同検査を受けた。

ただ、鮮鉄の満浦本線は省線と旅客連帯運輸を行う対象路線となっているので内地から直通乗車券を購入できたが、満洲国側の梅集線は連帯運輸の対象路線ではない。梅集線は列車の本数も少ないので、内地から朝鮮を経由して満洲へ向かう旅客には少々不便な国境越えルートだった。

## 05 当初は混在した内地との時差

### 鉄道創業期は内地より32分遅かった

日韓併合前、大韓帝国は日本の内地と32分の差がある首都・漢城《ハンソン》（後の京城、現・ソウル）の時刻を朝鮮半島全体の標準時としていた。日本人が「京城標準時」などと呼んだこの標準時によって、韓国の鉄道も運行されていた。

ところが1904年（明治37）11月、日本人によって運営されていた当時の京釜鉄道（現・韓国鉄道京釜線）は、自社の列車運転の基準時制をこの京城標準時から日本内地の中央標準時に変更した。明治39年（1906）5月には韓国統監府が所属機関の時制を日本の中央標準時と定めたため、京釜鉄道が日本政府に買収されて同年7月から統監府鉄道管理局が運営する国有鉄道となった後も、列車の運行には日本の中央標準時が継続して用いられた。このため、韓国の鉄道旅客は、日常生活で用いる京城標準時との間に32分という中途半端な差がある日本中央標準時を併用せざるを得なかった。

こうした二重時制の不便を解消するため、韓国政府は1908年（明治41）4月、勅令により東経127・5度を基準とする新しい韓国標準時を定めた。日本の中央標準時との差は30分である。公的機関でもそれまでの日本中央標準時からこの新たな韓国標準時が採用されたことで、統監府管理下の鉄道も韓国標準時で運行されるようになった。

その後、日韓併合によって日本と朝鮮が同一国になると、朝鮮総督府は明治45年（1912）1月から朝鮮の標準時を中央標準時に切り替えて、この30分の時差を完全に解消。これにより朝鮮半島内の鉄道ダイヤも内地との時差がなくなり、以後、内地と朝鮮半島を往来する旅客は時計の針を30分進めたり遅らせたりする煩わしさから解放され、接続列車の利用に際して時差を勘案する必要もなくなったのである。なお、朝鮮の鉄道と連絡運転を実施する満鉄では明治40年（1907）5月より日本の西部標準時（中央標準時より1時間遅れ。台湾などに適用）を採用しており、朝鮮の中央標準時採用によって鮮満両鉄道の時差は30分から1時間に拡大したが、満洲国の標準時が日本の中央標準時と同一になった昭和12年（1937）1月以降はこの時差も消滅している（257ページ参照）。

ただし、内地の中央標準時が基準とする兵庫県明石市を通る東経135度の子午線は、朝鮮半島を通過していない。このため、朝鮮では日照時間帯が内地に比べて遅く、したがって時刻に対する生活リズムも内地と異なる。列車の車窓を楽しめる時間帯も朝・夕ともに内地より遅く始まり、遅く終わる。夏至の頃には、京城の日没時刻は午後8時近くになった。今のソウルももちろん同じだ。

ちなみに、現代の韓国と北朝鮮は日本統治時代に定着した日本の中央標準時と同一の標準時を用いているものの、韓国では一時期、大韓帝国末期の韓国標準時を復活させたり、サマータイムを導入して逆に日本より30分早い夏季限定時間を設けたりしたこともあった。北朝鮮も戦後70年にあたる2015年（平成27）8月から2018年（平成30）5月まで3年弱の期間だけ、日韓併合前の韓国標準時を「平壌《ピョンヤン》時間」と命名して30分の時差を復活させたことがある。

## 06――朝鮮旅行での両替事情

### 日本円と等価の朝鮮銀行券

日本統治時代の朝鮮半島では、日本銀行が発行する日本円がそのまま通用した。したがって、関釜連絡船で釜山桟橋に着いた内地からの旅客は、手元の日本円を両替することなくそのまま釜山桟橋発の急行列車に乗り継ぐことができたし、釜山の市街地へと繰り出すこともできた。

ただし、朝鮮では日本円の他に、朝鮮銀行券という独自の通貨も流通していた。朝鮮半島初の中央銀行として大韓帝国時代に設立された朝鮮銀行は、朝鮮半島独自の通貨を発行する権限を持っていた。この朝鮮銀行券が日本円と等価で両替できたことから、朝鮮半島内では日本円も朝鮮銀行券と同様にそのまま使用できるようになったのだ。

さらに、満洲国が成立して同国内の貨幣制度が定着した後は、朝鮮銀行券は満洲国内でも日本円と並んで満洲国の貨幣（国幣）と等価で流通するようになった。したがって、朝鮮から国際列車で満洲国へ出国する場合、必ずしも朝鮮銀行券を使いきったり国幣に両替したりする必要はなかった。

もっとも、日本円と等価とはいえ、朝鮮銀行券は台湾銀行券と同様、内地では通用しない。そのため、手元に朝鮮銀行券を残した旅行者は、内地へ戻る際に日本円へ再両替する必要があった。関釜連絡船の釜山桟橋には朝鮮銀行の出張所があり、乗下船客の両替の便を図っていた。桟橋で両替をし忘

図2-6　朝鮮の玄関・釜山桟橋（左）と釜山駅（右）。旅行者はここで日本円と朝鮮銀行券を両替した（『釜山案内』より）

れても、船内で両替ができた。さらに、下船後も下関駅構内に朝鮮銀行派出所が設けられていた。他方、清津から日本海航路に乗船する場合は、同地の朝鮮銀行支店を利用することができた。

多額の現金を持ち歩くのが不安であれば、旅行小切手または旅行信用状を携帯するのが便利だった。旅行小切手、すなわちトラベラーズチェックについては現代でも広く知られているので、ここでは旅行信用状（Travelers Letter of Credit）について説明する。

旅行信用状とは、旅行者が銀行にあらかじめ払い込んだ一定金額の範囲で、当該銀行宛てに振り出された手形をその旅行者から買い取るよう各地銀行に依頼する保証状のことで、外国で旅行者が現地通貨を入手するために用いられる。旅行者が信用状と本人証明のための筆跡証明書を提出して現金を受け取るという点ではトラベラーズチェックと似ているが、信用状は指定された銀行でないと使用できず、休日にぶつかると銀行が営業していないため現金を引き出せないなどの難点がある。

昭和初期の『旅程と費用概算』では、朝鮮各地への旅行に関する記述として、「正金銀行信用状」または「JTB小切手」の携行を推奨している。「正金銀行」とは外国為替を専門的に取り扱う横浜《よこはま》正金《しょうきん》銀行のことで、戦後は外貨に強いと言われた東京銀行（現・三菱UFJ銀行）に業務が引き継がれた。ただし、朝鮮には横浜正金銀行の支店は開設されていなかったため、信用状を利用する場合は他の銀行を指定する必要があった。

一方、「JTB小切手」とはその名の通り、ジャパン・ツーリスト・ビューロー（JTB）が発行するトラベラーズチェックのことだ。JTBは昭和2年（1927）に我が国初の日本円建てトラベラーズチェックの発行を開始。『旅程と費用概算』がこれを推奨するのは、同書がJTBの刊行物であり、自社発行のトラベラーズチェックの宣伝も兼ねていたからであろう。朝鮮に支店がない「正金銀行信用状」は事実上、朝鮮旅行には不向きなのだから、この記述に従えば必然的にJTBのトラベラーズチェックを使用することになるので、なおさら宣伝の意図が強く感じられる。

なお、世界中の旅行者にとって長く必需品だったトラベラーズチェックは、クレジットカードや国際キャッシュカードの普及により、平成26年（2014）3月末で日本国内での販売がすべて終了。旅行小切手という海外旅行の必須ツールそのものが、今や歴史上の存在となりつつある。

# 07──朝鮮の鉄道旅行とことば

## 駅名標の文字は4種類

朝鮮が日本領になったからといって、日韓併合の翌日から朝鮮半島で通用する言語が一夜にして日本語一色に切り替わったわけではない。第一、母語しかわからないのに「今日から別の言語を話せ」と命令されたところで実践不可能なのは、外国語の習得を苦手としがちな現代日本人なら容易に理解できるだろう。

大正8年（1919）に鉄道院が発行した『朝鮮満洲支那案内』は、「旅客須知事項」の「言語」という項目で、朝鮮旅行に際して理解しておくべき現地の言語事情を次のように記述している。

「鮮人相互間には勿論《もちろん》朝鮮語の使用せらるるを否むべからずと雖《いえども》、合邦以來內地人の移住者漸次多きを加ふるとともに、今や母國語の普及殆ど全土に遍《あまね》きを以《もっ》て、邦人旅行者は到處《いたるところ》言語不通の虞《おそれ》なかるべし」

昭和19年（1944）12月に朝鮮総督府が第86回帝国議会の説明資料として作成した「昭和十八年末現在に於ける朝鮮人国語普及状況」（『朝鮮総督府帝国議会説明資料 第10巻』不二出版、平成6年）には、大正2年（1913）末から昭和18年（1943）末までの「国語」、つまり日本語を解する朝鮮人の人数と人口比が図表化されている。これによれば、大正7年（1918）末に全朝鮮人約1669万人のうち「國語ヲ解スル者」は「稍々《やや》解し得る者」と「普通會話に差支なき者」を併せて約30万人で、全人口に対する比率は1・81パーセントに留まっている。したがって、その翌年の時点で『朝鮮満洲支那案内』がいうような「今や母國語の普及殆ど全土に遍き」と言えるほどの実態があったかどうかは疑わしい。

ただし、旅客が鉄道を利用する場面に関する限り、ほぼ日本語が通用したと思われる。大正10年（1921）に満鉄の京城（現・ソウル）管理局が作成した『統計年報』の「現業従事員表」によれば、主として旅客と直接対応すると思われる駅の鉄道案内方、駅務方、改札方、出札方、小荷物方の職員は朝鮮人44名だったのに対し、内地人は321名となっている。列車に乗務して旅客と応対する車掌は、朝鮮人12名に対して内地人168名と圧倒的多数を占めている。そもそも駅長が内地人171名に対して朝鮮人は1名だけ、助役も内地人177名に対して朝鮮人は3名だけであり、列車区は区長も助役も全員内地人という状態なので、日本語がある程度使いこなせなければ管理職や旅客対応業務に就くのは難しく、そのような朝鮮人は大正10年ではまだ少なかったのであろう。

もっとも、鮮鉄が発行した昭和10年（1935）度版『年報』の「職名別人員表」では、旅客掛は内地人92名、朝鮮人32名、駅務掛は内地人276名、朝鮮人157名と、朝鮮人職員数の割合が徐々に増えている。車掌に至っては内地人321名に対して朝鮮人168名と、14倍の開きがあった14年前の比率が2倍未満にまで縮まっている。前掲の帝国議会説明資料によれば、昭和13年（１９３８）末の「國語ヲ解スル」朝鮮人は約２７１万人、全体の12・38パーセントで、昭和18年末には５７２万人、22・15パーセント（10歳未満の人口を除外して計算すると33・7パーセント）に達している。この資料では、地方に比べて元山、釜山、京城など都市部では日本語普及率が比較的高いという結果も明らかにされている。

とはいえ、昭和18年末の時点でも10歳以上の朝鮮人の３人に２人は日本語での「普通會話に差支なき」どころか「稍々解し得る者」でさえなく、大正7年時では10歳未満児を分母に含めるとはいえ、「稍々解し得る者」まで入れても朝鮮人の50人に１人しか日本語を解さなかった。朝鮮の鉄道旅客数における民族構成を示すデータとしては、全体の80・2パーセントを朝鮮人が占め、内地人旅客は17・2パーセントだったとする大正11年（１９２２）の朝鮮鉄道協会による資料がほぼ唯一とされるが、この数値と前掲の帝国議会説明資料の数値を見る限り、朝鮮の旅客列車では日本統治の全期間にわた

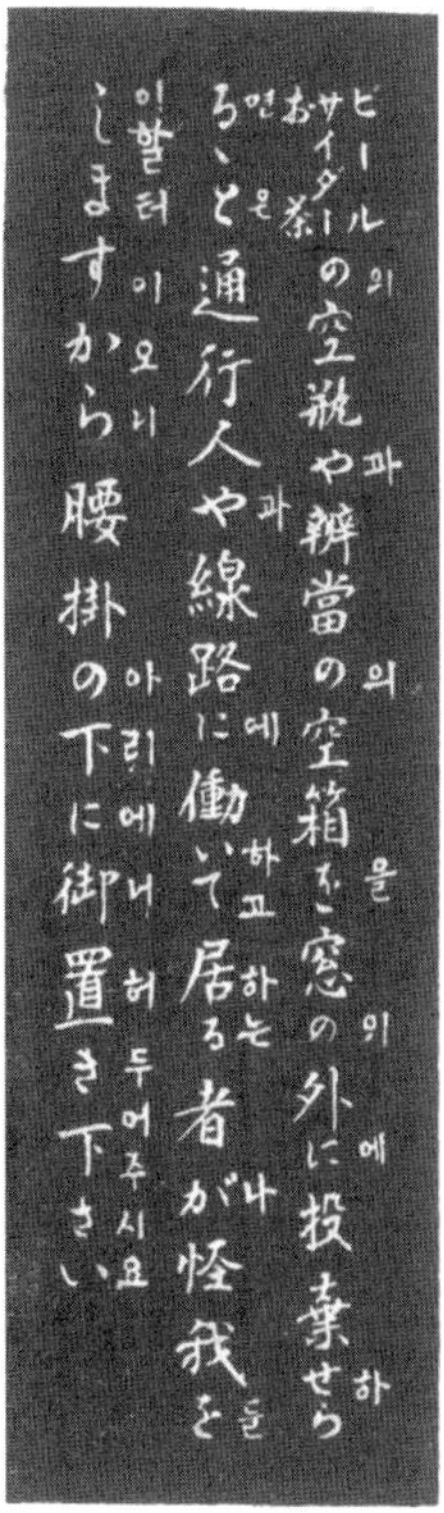


図2-7-1　京釜本線大邱駅で販売されていた駅弁の注意書き。漢字を共通言語としてかなと朝鮮文字が併記されている

り、日本語を解さない朝鮮人が乗客の大多数を占めていると言える。

　したがって、駅では日本語でも朝鮮語でも切符が買えるようになっていたし、旅客向けの告知文には漢字を共用してひらがなとハングルを併記する方法などが用いられた。切符の券面は日本語で表記されているが、駅名をはじめ必要な記載事項に漢字が多用されているので、朝鮮人にもほとんど不都合はなかったと思われる。

　駅名標には漢字、ローマ字、ひらがな、ハングルの4種類の文字が用いられていた。ローマ字は漢字名の日本語読み、ハングルは当然ながら漢字の朝鮮語読みだ。朝鮮の駅名を日本語読みする場合は原則として音読みだが、駅名の上に東西南北の方位を示す文字を冠したり、上または下を付している場合は、その部分だけは訓読みをする。例外として、長箭（東海北部線）の日本語読みはなぜか「ちゃんぜん」（朝鮮語読みは「チャンジョン」）で、朝鮮語読みと日本語読みが混在していた。

図2-7-2　咸鏡北道の羅津駅ホームに立つ駅名標。漢字の右にひらがな、左に朝鮮文字、下部に日本語読みのローマ字と4言語で表記されている（『満洲概観』より）

京城、釜山、平壌の各都市で運行されていた路面電車（141ページ以下参照）では、運転手や車掌など乗務員の大半を朝鮮人職員が務めていた。路面電車の利用客の大半は地元住民であり、したがって朝鮮人の利用が圧倒的に多かった。そして、路面電車は鮮鉄など一般の鉄道に比べると、運転士も含めて乗務員が乗客と接触する機会が多い。そのため、言葉の便宜上、朝鮮人の乗務員が起用されやすかったのだろう。

このような路面電車を利用するなど、朝鮮各地で腰を落ち着けて旅をするのであれば、通りすがりの日本人旅行者といえども、多少の朝鮮語を知っておいた方が何かと便利であった。昭和9年（1934）に鮮鉄が発行した『朝鮮旅行案内記』は、「此頃は國語が相當《そうとう》に普及し、大概の所、國語の通用しないところはない位であるが、朝鮮および朝鮮人をよく了解する者にとつて、鮮語を解することの必要なるは云はずもがな、單語の二つか三つを覺えて居た丈《だ》けでも非常な親しみを以て對《たい》することが出來るであらう。そこで内地人旅行者の爲に一《ちょ》寸《つと》した單語を左に擧げて置く」と前置きした上で、日本語の単語やフレーズと朝鮮語のカタカナ読みの対照表を4ページにわたって掲げている。まるで、現代の海外旅行ガイドブックに収められている「旅の簡単会話集」のような雰囲気が漂っている。

図2-7-3 『朝鮮旅行案内記』（昭和9年）が掲げる難読駅の例

| 駅名（所属路線） | 日本語読み |
|---|---|
| 勿禁（京釜本線） | ふっきん |
| 倭館（京釜本線） | わかん |
| 新灘津（京釜本線） | しんなんしん |
| 褒山店（平元線） | はいざんてん |
| 夢灘（湖南本線） | むなん |
| 葛麻（京元本線） | かつま |
| 歙谷（東海北部線） | きゅうこく |
| 箭灘（咸鏡本線） | せんなん |
| 川内里（川内里線） | せんないり |
| 獒樹（慶全北部線） | ごうじゅ |
| 大場（全羅線） | おおば |
| 極楽江（光州線） | ごくらくこう |
| 吾夢里（咸鏡本線） | ごむり |
| 長箭（東海北部線） | ちゃんぜん |

## 08 朝鮮各地の多彩な鉄道路線

### 国鉄と私鉄が観光客輸送で連携

日本統治下にある朝鮮を旅行する者が主として利用する公共交通機関は、長距離移動においては鉄道が、都市部内においてはバスや路面電車が中心だった。ただ、同じ鉄道でも、内地とは異なる独自の特徴を多々有していた。

### ●鮮鉄

正式名称は朝鮮総督府鉄道局（昭和18年以降は交通局に改組）。大正6～14年の間は南満洲鉄道株式会社（満鉄）に経営委託されている。また、清津以北の咸鏡本線（現・北朝鮮国鉄咸北《ハムプク》線）など約330キロが昭和8年（1933）から同15年（1940）まで再び満鉄に経営委託され、昭和15年以降も委託が続いた北鮮《ほくせん》線（上三峰〔現・三峰〕～雄基〔現・先鋒〕間）など約180キロは昭和20年（1945）3月に満鉄へ譲渡された。昭和20年8月時点での路線延長は約5000キロ。

狭軌（軌間1067ミリ）で統一されている内地の省線（現在のJR在来線）と異なり、国際標準軌（軌間1435ミリ。現代の新幹線と同じ）を採用しているため、車両が大きく客車内部は内地よりもゆったりとしていた。満洲や中華民国との直通列車も運行しており、関釜連絡船を介して内地と大陸と

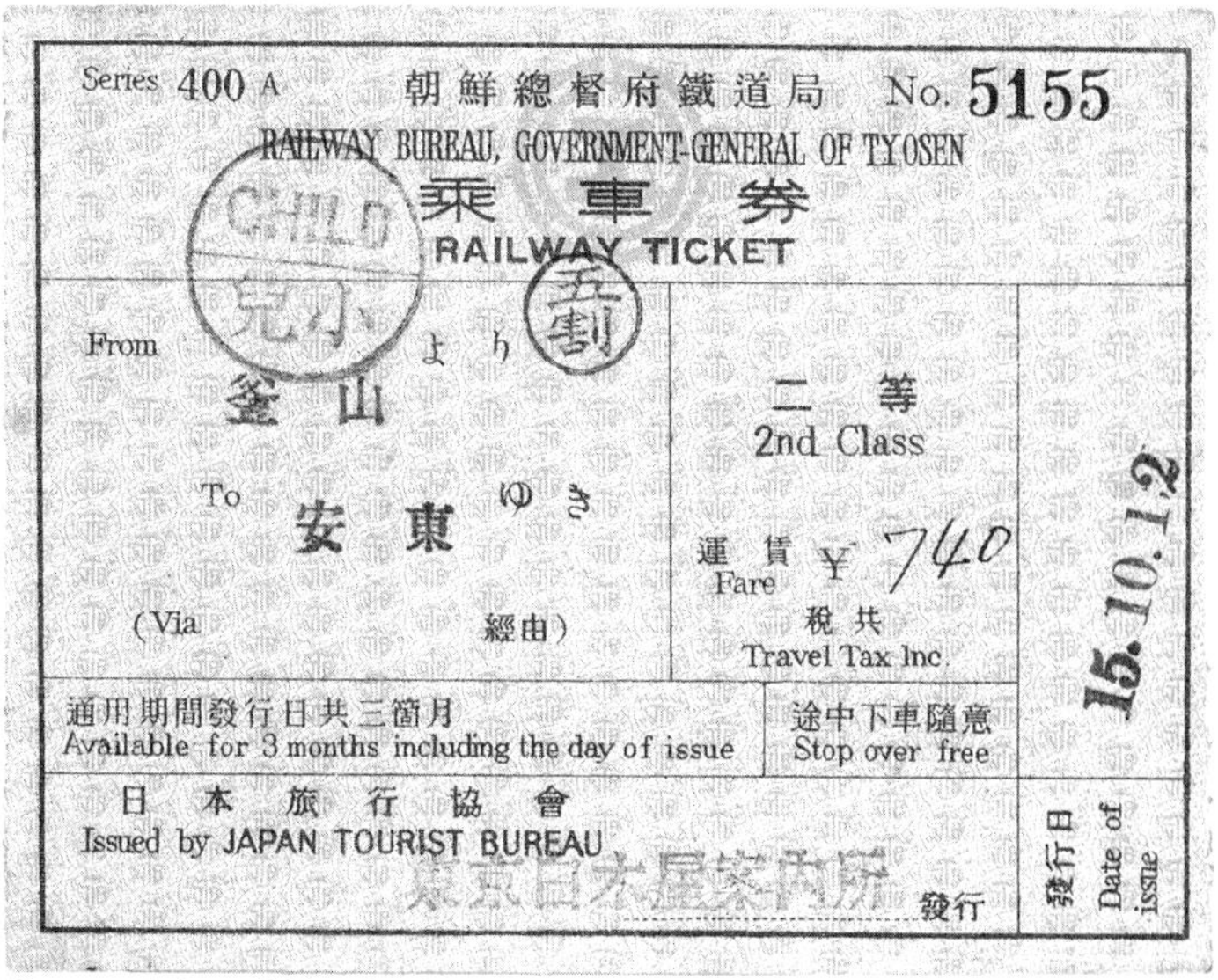


図2-8-1　東京・日本橋のジャパン・ツーリスト・ビューロー（JTB）支店が発行した釜山発安東行きの朝鮮半島縦断乗車券（小児用、昭和15年発行）。東京で発行されたにもかかわらず券面上部に鮮鉄の紋章が刷り込まれており、鮮鉄乗車券用の専用紙が東京のJTBに常備されていたことがわかる

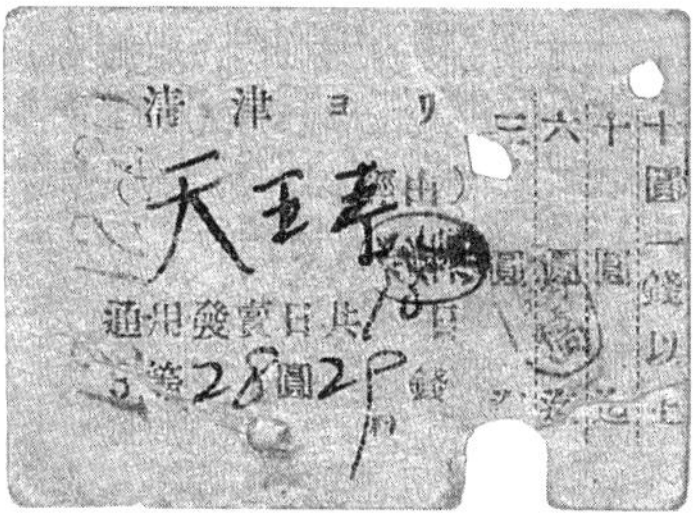


図2-8-2　咸鏡北道の港町・清津から大阪市内の天王寺行き乗車券（昭和13年発行）。日本海横断ルートではなく関釜連絡船経由で、京城（現・ソウル）近郊の永登浦駅と大阪の鶴橋駅の途中下車印が捺されている

の国際連絡ルートとしての役割を果たしていた。内地と連帯運輸を実施しており、内地の省線各駅で鮮鉄各駅までの直通切符を購入することもできた。

朝鮮から満洲へ抜け、シベリア鉄道を経由してヨーロッパへ向かうルートは日本とヨーロッパを結ぶ最速コースであり、内地の鉄道時刻表は巻頭の

「欧亜連絡」欄に朝鮮経由でパリやロンドンまで列車を乗り継ぐための時刻表を掲載していた。『汽車時間表』の昭和9年（1934）12月号によれば、東京から朝鮮・満洲経由でパリまたはロンドンまで15日間で到達できる。横浜港からスエズ運河経由で南仏のマルセイユまで客船だと42日、ロンドンまでは50日かかったので、朝鮮経由の鉄道を利用すると所要日数が約3分の1に短縮されたことになる。また、日韓併合以前からイギリスのトーマスクック・アンドサン社などに乗車券の代理販売を委託しているので、イギリスをはじめヨーロッパに開設されている同社オフィスでも鮮鉄の乗車券を購入することが可能だった。

鮮鉄の運賃は日韓併合当初、内地の国有鉄道と同じく長距離逓減制（58ページ参照）を採用していたが、近距離でも鉄道を利用しやすくして沿線住民の便宜を図るために明治45年（1912）、距離比例制に改定された。大正9年（1920）には満鉄との統一運賃が設定され、省線と三等運賃の基本賃率が同一になっている。

内地と異なり長距離利用時の運賃計算上の優遇がないにもかかわらず、鮮鉄の乗客1人あたりの平均乗車距離は大正元年（1912）から昭和19年（1944）まで約50〜80キロで推移しており、内地の国有鉄道乗客の平均25キロ前後より遥かに長い。定期券利用率も内地の国有鉄道は全旅客の50パーセント強を占めるのに対し、鮮鉄では概ね10パーセント強にとどまっている。つまり、鮮鉄の旅客列車は、内地からの観光旅行客も含め、非日常的な長距離移動を目的とする際に主として利用されていた。

## ●——私鉄

幹線を構成する鮮鉄と並んで、各地を走る大小の私鉄も朝鮮の鉄道網の重要な一部を形成し、あるいは名勝地への貴重なアクセスルートとして旅行者に愛用された。

特に、大正12年（1923）に既存の私鉄6社が合併して設立された朝鮮鉄道は、昭和12年（1937）には総延長距離が600キロを超えるまでに路線を拡大した当時の日本最大の私鉄であり、鮮鉄に対して「朝鉄」の略称が定着していた。忠北《ちゅうほく》線（鳥致院《ちょうちいん》～忠州《ちゅうしゅう》間。現・韓国鉄道忠北《チュンブク》線）や慶北《けいほく》線（金泉《きんせん》～慶北安東《けいほくあんとう》〔現・安東《アンドン》〕間。昭和15年に国有化。現・韓国鉄道慶北《キョンブク》線）のような鮮鉄と同じ標準軌の路線と、朝鮮中部の黄海道《こうかいどう》に278キロの路線網を展開する黄海《こうかい》線（昭和19年に国有化。現・北朝鮮国鉄殷《ウル》栗《リュル》線、甕津《オンジン》線など）のように、内地の狭軌よりもさらに軌間が狭い762ミリの軽便鉄道が混在していた。

このほか、下関からの航路と連帯運輸を行う全長160キロの南朝鮮鉄道（麗水港《れいすいこう》～全南光州《ぜんなんこうしゅう》間。昭和11年に国有化。現・韓国鉄道全羅《チョルラ》線および慶全《キョンチョン》線）や、京釜本線の天安を拠点に忠清道《ちゅうせいどう》を走る総計214キロの朝鮮京南鉄道（天安～長項桟橋《ちょうこうさんばし》間〔現・韓国鉄道長項線〕、天安～長湖院《ちょうこいん》間）などが、鮮鉄の手が届かない地方への足として機能していた。

軌間が鮮鉄と同じ私鉄の一部では、鮮鉄からの乗入れ列車も運行されていた。朝鮮京南鉄道忠南線では、昭和15年（1940）前後に天安～温陽温泉間に京城（現・ソウル）からの直通列車が設定さ

図2-8-3　金剛山電気鉄道の終点・内金剛駅（『朝鮮交通史』より）。金剛山へ向かう観光客を朝鮮様式の瀟洒な駅舎が出迎えた

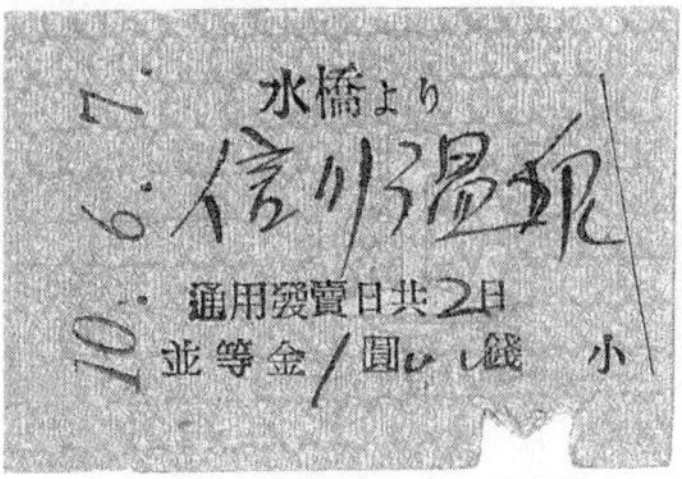


図2-8-5　朝鮮鉄道黄海線（現・北朝鮮国鉄殷栗線）水橋から信川温泉までの乗車券（昭和10年発行）

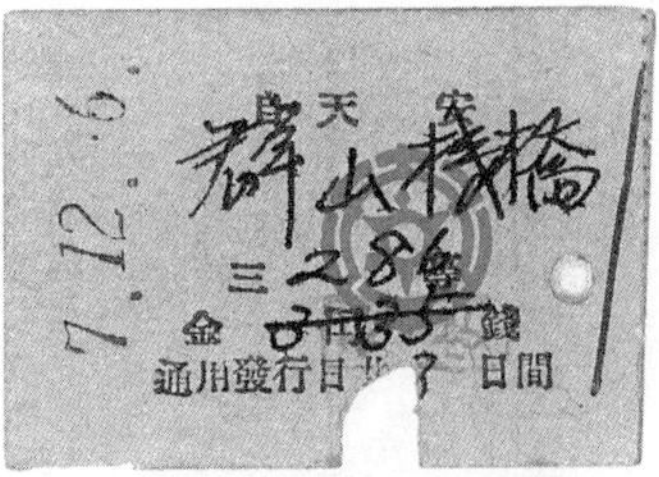


図2-8-4　朝鮮京南鉄道（現・韓国鉄道長項線）天安から群山桟橋までの乗車券（昭和7年発行）。群山桟橋は鉄道の終点・長項桟橋から連絡船に乗り換える

れ、温泉行楽客の便宜が図られた。朝鮮随一の名勝として知られる金剛山へは、鮮鉄の三等寝台車が京城から鉄原まで京元本線（現・韓国鉄道京元線）の列車に連結され、鉄原からは金剛山電気鉄道（昭和17年に京城電気と合併。106ページ参照）の旅客電車が電気機関車代わりにこの寝台車を牽引して、116・6キロ先の終点・内金剛に早朝到着するという直通運転サービスが観光シーズンを中心に実施された。

朝鮮の私鉄はその後、第二次世界大戦終結までに多数が国有化された。さらに、金剛山への行楽客輸送で賑わった京城電気金剛山電鉄線をはじめ、一部の路線は不要不急の路線として戦局の悪化に伴い休止された。第二次世界大戦の終結時点で、朝鮮に存在した私鉄の総延長は約1400キロである。

## ●──路面電車（軌道）

日本統治時代の朝鮮では、京城、釜山、平壌の3都市に路面電車が運行されていた。

京城の路面電車は大韓帝国時代の1899年（明治32）に韓国皇室とアメリカ人の合弁会社が開業したのが始まりで、朝鮮半島最初の鉄道である京仁鉄道（仁川〜鷺梁津間）の開業より5ヵ月早く、明治28年（1895）開業の京都市電に次ぎ、大日本帝国を走っていた路面電車全体の中でも2番目に古い歴史を有している。明治42年（1909）に日韓瓦斯《ガス》電気へ経営譲渡され、大正4年（1915）に京城電気と改称した。最大で38・4キロに及ぶ路線網は開業以来、京城に住む庶民の足として愛用された。終戦直前期を除き京城府内線、郊外線の運賃はともに5銭均一、両者を乗り継ぐ場合は8銭で、円タク（市内1円均一のタクシー）や人力車（1キロ20銭前後）と比べても格安で各観光地にも近く、利用しやすかった。昭和15年4月からは、一部の停留所を通過する急行運転が実施されている。

釜山では、大正4年（1915）に朝鮮瓦斯電気（昭和10年に南鮮《なんせん》合同電気と改称）が釜山市内に軌間762ミリのナローゲージによる市内電車線を開業。その後、昭和6年（1931）には京城や平壌の路面電車と同じく軌間が1067ミリに拡幅されている。最大で市内外に21・6キロまで広がった路面電車は、府内線均一5銭の安い運賃で利用できる手軽な生活路線として運行された。

市内線以前に開業して同社が買収した東莱《とうらい》温泉までの路線（東莱線）は、釜山から45分で湯治場へ

図2-8-6　南大門付近を走る京城の路面電車（当時の絵はがきより）

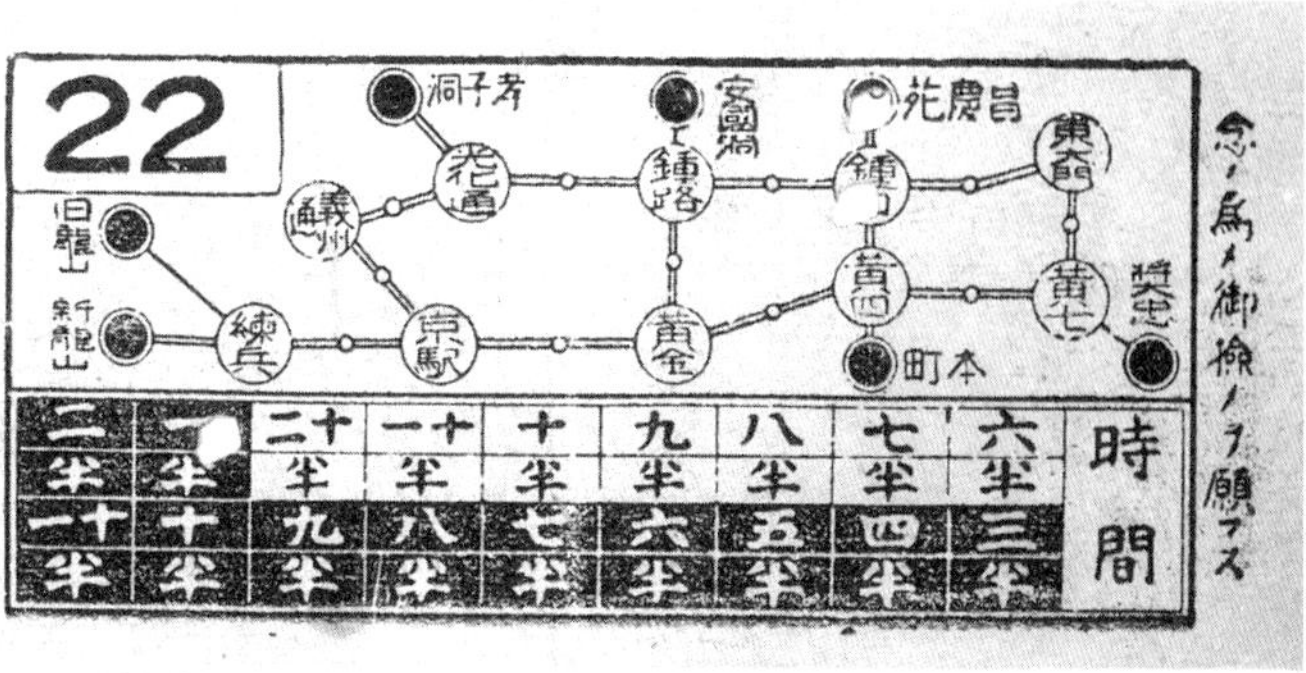


図2-8-7　昭和初期の京城の路面電車の乗換券

図2-8-8　京城・明治町（現・明洞）にあった丁子屋百貨店の利用客が使用した路面電車の乗車券。丁子屋は京城の5大百貨店（三中井・三越・丁子屋・平田・和信）の一つに数えられる大型デパートで、路面電車を運行する京城電気や京城府営バスと連携してこのような買い物客向け乗車券を発行していた

図2-8-9　京城の路面電車とバスのパンフレット

図2-8-10　朝鮮瓦斯電気の軽便蒸気列車（明治末期から大正初期頃）。釜山から東萊温泉まで温泉行楽客を運んだ（『写真で見る近代韓国（上）山河と風物』より）

図2-8-11　平壌市中心部の大和町（現在の金日成広場付近）を走る路面電車（『日本地理大系第12巻 朝鮮篇』より）

図2-8-12　平壌府営軌道の乗車券。中央に刷り込まれているのは平壌府の紋章（巻頭カラーページ㉚参照）

直通できる便利な路線として行楽客の利用も多かった。

平壌では大正12年に平壌府営軌道が平壌駅前から3・2キロの路線を開業して以来、徐々に路線網を広げ、昭和7年（1932）までに全線12・9キロで府内5銭均一運賃による営業運行を実施していた。昭和13年（1938）からは民営化され、西鮮《にっせん》合同電気に経営移管されている。

これらの路面電車は、すべて戦後の韓国・北朝鮮の統治下で廃止されている。現在、北朝鮮の平壌《ピョンヤン》市内で「軌道電車《ケドチョンチャ》」の名で運行されている路面電車は1991年（平成3）以降に新設された路線であり、日本統治時代の営業路線との連続性はない。

## ●その他の軌道

路面電車以外にも、済州島《さいしゅうとう》を含む全鮮各地で近距離移動用の交通手段としての軌道が、明治末期から昭和の初年期にかけて多数誕生した。その大半は人力を動力とする手押軌道で、唯一、鮮鉄咸鏡本線（現・北朝鮮国鉄平羅線）の霊武《れいぶ》（現・豊漁《プンオ》）から六坮里までの3・2キロを結ぶ霊武軌道（昭和3〜8年に営業）のみが人力と牛力（牛に客車を牽《ひ》かせる）を併用していた。内地の一部で明治時代に見られた馬車鉄道は、朝鮮には存在しなかった。これらの手押軌道は昭和8年（1933）までにすべて旅客営業を廃止している。

手押軌道以外で旅客営業が定着した代表例は、ともに軌間1067ミリの狭軌で建設された京城軌道と咸平《かんぺい》軌道の2社である。京城軌道（昭和5年開業）は、京城の東大門《とうだいもん》から鮮鉄京元本線の往十里《おうじゅうり》を経て纛島《とくとう》（現・トゥクソム）遊園地や漢江江岸へ向かう路線および支線14・7キロを有し、ディーゼルカーと電車で概ね30分おきに運行。咸平軌道（昭和2年開業）は全羅南道《ぜんらなんどう》を走る鮮鉄湖南《こなん》本線（現・韓国鉄道湖南《ホナム》線）の鶴橋《かくきょう》（現・咸平《ハムピョン》）から咸平邑内《かんぺいゆうない》までの6・1キロを結ぶ路線で、ディーゼルカーが一日6〜9往復程度運行されていた。昭和16年（1941）に京城軌道へ吸収合併された後は、同社の咸平線となっている。

## 09 朝鮮を駆け抜ける看板列車

### 「のぞみ」「ひかり」は朝鮮で生まれた

#### ◉急行「隆熙」 初の半島縦貫急行

明治41年（1908）4月、釜山駅が新設されて関釜連絡船の昼行便が新たに運航されることに伴い、これと接続する形で釜山～新義州間を26時間で直結する急行列車が誕生した。その列車名として採用されたのが「隆熙」である。内地の列車に初めて愛称というものが登場したのは東京～下関間の特急列車に「富士」「櫻」と名付けた昭和4年（1929）だから、朝鮮の鉄道は列車愛称に関しては内地より20年以上先駆けている。

この「隆熙」は、それまで日中にしか運転されなかった京釜線で初めて夜行運転を実施した急行でもある。また、関釜連絡船と接続して内地に往来する乗継客の利便を図る性格を有していたため、関釜連絡船の運航ダイヤ改正に伴い運行便数が増減したり、運転区間が南大門《なんだいもん》（後の京城、現・ソウル）まで短縮されたりと変遷した。

なお、「隆熙」は列車運行開始時の大韓帝国の元号であり、日韓併合後は公式には用いられなくなったが、列車名としては併合後もしばらく残された。明治44年（1911）12月のダイヤ改正では、隔日運行から毎日運行に格上げされている。

## ●急行「ひかり」 豪華展望車で鮮満を結ぶ

満洲国の建国に伴い、朝鮮を経由して内地と満洲とを結ぶ国際連絡ルートの強化を図るため、昭和8年（1933）4月に関係ダイヤの改正が行われた。このとき、釜山桟橋～奉天（現・瀋陽）間の直通急行列車が「ひかり」と命名されたのだ。昭和9年（1934）11月には新京（現・長春）まで、昭和17年（1942）8月にはハルピンおよびその郊外の三棵樹《さんかじゅ》（現・ハルピン東）まで運転区間が延長され、終戦直前まで運行が続けられた。

上り・下りとも釜山およびハルピンを夕刻以降に出発し、翌々日の朝に終着駅に到達する。したがって、車窓を楽しめる区間は下りが概ね京義本線（現・北朝鮮国鉄平義線）の平壌から満洲国の奉天まで、上りは満洲国内と京釜本線（現・韓国鉄道京釜線）の大邱あたりから終点の釜山までだった。

乗降デッキを兼ねた展望用のバルコニーに「ひかり」とひらがなで記したテールマークを掲げた濃緑色の展望一等寝台車（テンイネ3形）をはじめ、二等寝台車、二等座席車、三等寝台車、三等座席車および食堂車の各客車はすべて鮮鉄所属。鮮鉄の代表的国際急行であり、内地で発行されていた『汽車時間表』には、シベリア鉄道経由でヨーロッパへと続く欧亜連絡コース掲載欄の朝鮮・満洲区間にこの「ひかり」のダイヤが組み込まれている。

食堂車では和食と洋食の両方が供されていた。内地の食堂車は和食堂車と洋食堂車が区別され、後

図2-9-1 「ひかり」のテールマークを掲げた最後尾の展望バルコニー（『半島の近影』より）

図2-9-2 急行「ひかり」展望車のサロンルーム（当時の絵はがきより）

者の方が上等とされていたが、鮮鉄の食堂車にはそのような区別はなく、時刻表上は内地の洋食堂車と同じマークが付されていた。和定食（1円20銭）より洋定食（1円50銭）の方が値段が高い。洋定食の価格は、内地の超特急「富士」（東京〜下関間）と「つばめ」（東京〜神戸間）の洋食堂車と同じで、内地のその他の洋食堂車よりやや高めに設定されていた（内地の食堂車での値段はいずれも昭和9年12月時点。「ひかり」食堂車での値段は西木正明「幻の『ひかり』を求めて」『旅』1992年3月号における長嶋繁三・元「ひかり」旅客専務の証言による）。なお、第二次世界大戦末期には時刻表上のマークが内地の和食堂車マークに切り替わっている。

列車の最後尾を飾った展望一等寝台車テンイネ3形の1両は、戦後の韓国で大統領専用客車として歴代の大統領が利用し、現在は茶色とクリーム色の2色に塗り分けられた姿でソウル郊外の鉄道博物館に静態保存されている（巻頭カラーページ⑯）。北朝鮮でも、金日成《キムイルソン》の専用客車として使用された当時の写真が、平壌の鉄道省革命事蹟館に展示されている。ただし、いずれの展示も説明では日本統治時代の豪華列車であった経歴に全く触れていないため、予備知識がない大半の自国民見学者は、自国の最高指導者の専用車両が戦前の日本製であったことは認識できないようになっている。

### ●――急行「のぞみ」「ひかり」の姉妹列車

昭和9年11月のダイヤ改正で釜山〜京城間の急行が奉天まで延長された際に「のぞみ」の愛称が付された。昭和13年（1938）10月には新京まで延長され、昭和19年（1944）2月に廃止されるま

図2-9-3　急行「ひかり」の食堂車
（当時の絵はがきより）

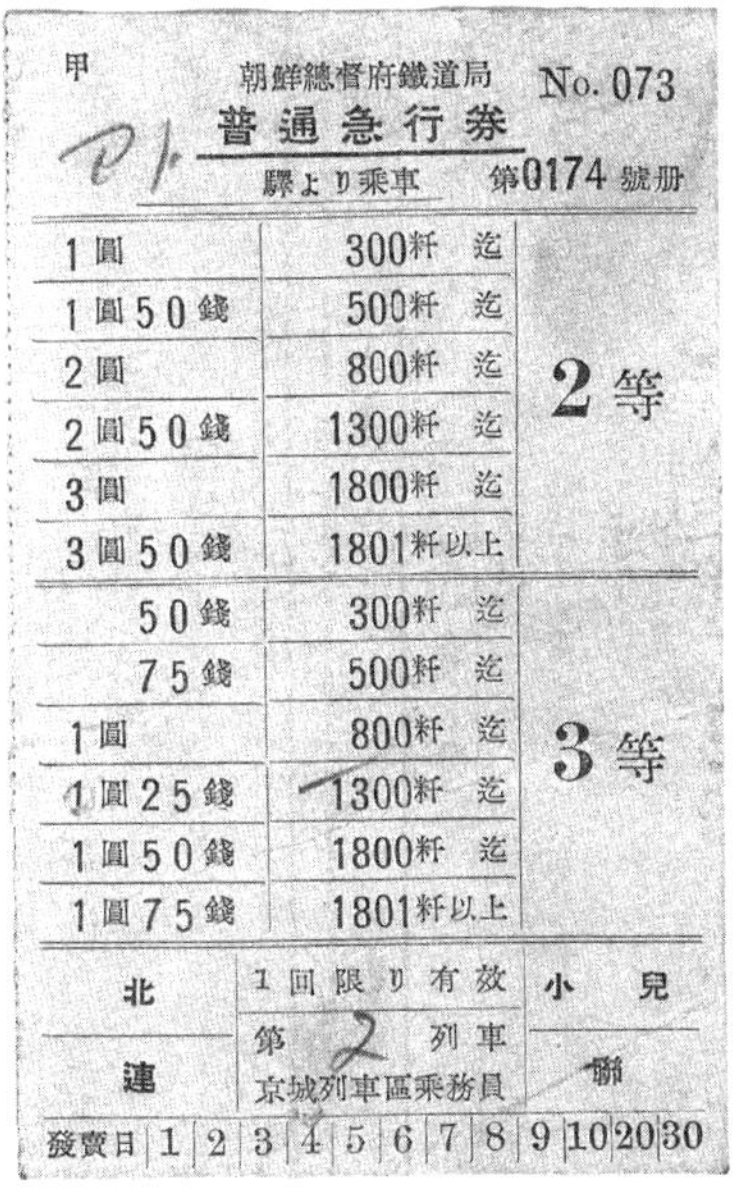

甲　朝鮮總督府鐵道局　No. 073
普通急行券
アト　驛より乘車　第0174號冊

| | | |
|---|---|---|
| 1圓 | 300粁 迄 | 2等 |
| 1圓50錢 | 500粁 迄 | |
| 2圓 | 800粁 迄 | |
| 2圓50錢 | 1300粁 迄 | |
| 3圓 | 1800粁 迄 | |
| 3圓50錢 | 1801粁以上 | |
| 50錢 | 300粁 迄 | 3等 |
| 75錢 | 500粁 迄 | |
| 1圓 | 800粁 迄 | |
| 1圓25錢 | 1300粁 迄 | |
| 1圓50錢 | 1800粁 迄 | |
| 1圓75錢 | 1801粁以上 | |

北　連　1回限り有效　第 2 列車　京城列車區乘務員　小 兒
發賣日 1 2 3 4 5 6 7 8 9 10 20 30

図2-9-4　「ひかり」車内で車掌が発行した3等急行券。券面上部の「アト驛より乗車」の「アト」とは、鮮満国境にある安東駅の電報略号（電略。P274参照）、下部に記された「第2列車」とは上り「ひかり」のこと

で運行された。

奉天・新京行きの下り列車は釜山桟橋を朝出発し、上り列車は夕刻以降に到着して、それぞれ関釜連絡船の夜行便と接続している。ほぼ同区間を走る「ひかり」は関釜連絡船の昼行便と接続するため、「のぞみ」と「ひかり」は昼夜逆転の補完関係にあり、ともに鮮満連絡ルートの一翼を担っていた。

「ひかり」と昼夜が逆なので、車窓が楽しめる区間も対照的だ。下りは京釜本線の全線と京義本線の開城辺りまで、そして夜明け後は満鉄安奉《あんぽう》線（現・中国国鉄瀋丹《シェンタン》線）の途中から終点まで。上りは出発直後の新京付近と夜明け後の京義本線定州《ていしゅう》付近から平壌、京城と朝鮮半島の南北の移り変わりを目にしつつ、概ね大田から金泉あたりまでが日照時間帯となった。もちろん、季節によって若干の変動が生じた。

客車は「ひかり」と同じくすべて鮮鉄所属で、最後尾の展望一等寝台車テンイネ4形は、これも「ひかり」のテンイネ3形と同じく、走行中の振動を軽減するため、車体両端の足元にある台車の車輪が2軸（4輪）ではなく3軸（6輪）になっていた。列車が線路の継ぎ目を渡るとき、通常なら「ガタン、ゴトン」と聞こえる音が「ガタタン、ゴトトン」となるので違いがわかる。

客車内は、乗客が共用する展望デッキ付き談話スペースと一等寝台スペースが車両の中央を境に区分されていた。展望スペースでは窓幅が広く設計されて車窓を楽しみやすくしてあり、ヨーロッパ家具調様式の書架と書机には旅行地図やガイドブックが常備されていた。「列車文庫」と称する図書雑

図2-9-5　満洲国・奉天に停車中の急行「のぞみ」（昭和15年頃撮影。巻頭カラーページ⑱参照）

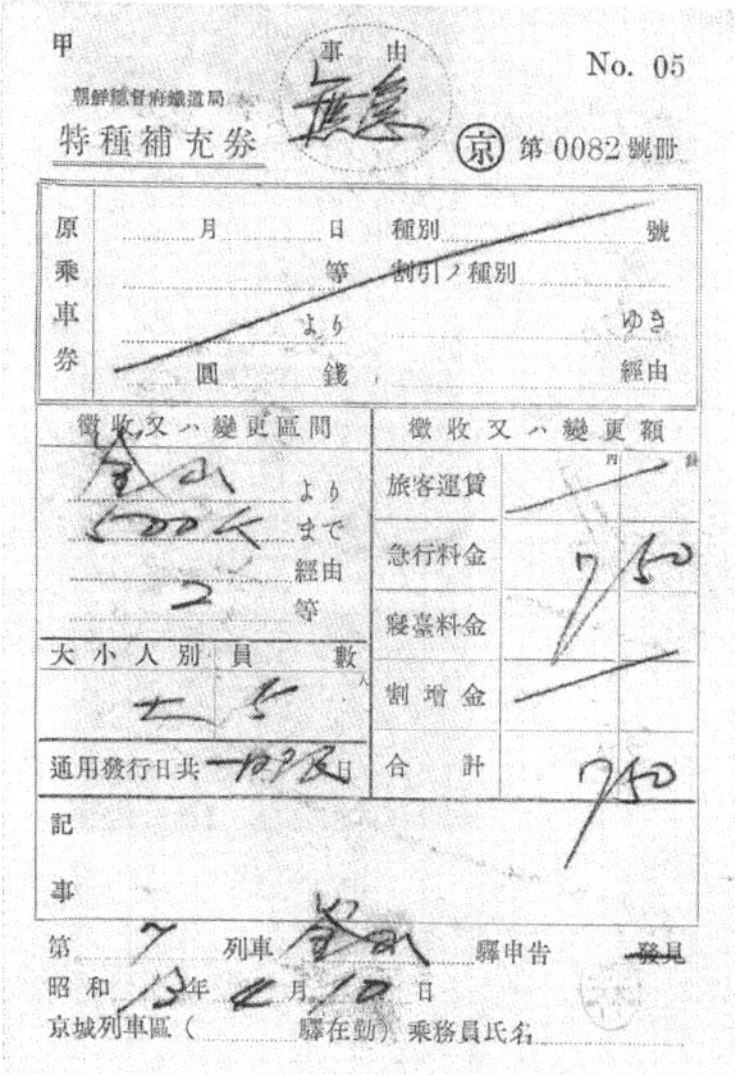

甲　事由 旅急　No. 05
朝鮮総督府鐵道局
特種補充券　京 第0082號冊

原乗車券　月　日　種別　號
等　割引ノ種別
より　ゆき
圓　錢　經由

| 徴收又ハ變更區間 | 徴收又ハ變更額 | |
|---|---|---|
| 釜山 より | 旅客運賃 | |
| 500k まで / 經由 | 急行料金 | 7.50 |
| 2 等 | 寢臺料金 | |
| 大小人別員數 大5 | 割増金 | |
| 通用發行日共 1日限 | 合計 | 7.50 |

記事
第 7 列車 釜山 驛申告 發見
昭和 13年 4月 10日
京城列車區（　驛在勤）乘務員氏名

図2-9-6 「のぞみ」車内で車掌が発行した大人5人分の2等急行券（昭和13年）。券面下部に記された「第7列車」とは下り「のぞみ」のこと。発行された急行券の有効区間は「釜山より500kまで」となっているので、釜山から京城まで（450.5km）の旅行者一行の代表者が、乗車後に全員分まとめて車掌から購入したのだろうか

誌の備付けサービスは、「ひかり」「あかつき」など他の優等列車と同じく現地発行の時刻表にも明記されている。

窓側に安楽椅子とソファーを並べ、床には柔らかいカーペットを敷き詰め、木部はチーク材で統一して落ち着いた色調を保っていた。金具類は砲金製いぶし仕上げが施され、重厚感を出している。この談話スペースには専用の給仕ボーイが配置され、旅客に飲み物を提供するサービスなどを担当していた。

## ●──特急「あかつき」 京釜本線のスター特急

朝鮮唯一の特別急行として昭和11年（1936）12月のダイヤ改正で誕生。釜山桟橋〜京城間を6時間40分で結ぶ昼行特急で、京釜間を日中に走る急行「のぞみ」の所要時間（7時間50分）を一気に1時間以上短縮した鮮鉄自慢の俊足列車である。途中の停車駅は大邱と大田の2駅のみ。

一等展望車（ラテンイ1形）、二等車、三等車と食堂車の7両に手小荷物郵便車1両を加えた計8両の車両は、いずれもこの「あかつき」のために新造された濃緑色の高速運転用軽量客車。各車両に車内放送装置が設置され、車掌による案内放送のほか音楽の放送なども実施されていた。当初は走行中の客車の振動が多かったため、旅客にアンケートを実施して乗り心地に関する意見を求め、それを参考に台車の改造を行うなどして振動の緩和が図られた。

冷房付きの食堂車には4人掛けまたは2人掛けテーブルが並び、明るい色調の車内で食事を楽しめ

図2-9-7　快走する特急「あかつき」（昭和11年撮影。『朝鮮交通史』より）

図2-9-8　特急「あかつき」1等展望室内の談話スペース（『朝鮮交通史』より）

た。三等車は4人向い合せの固定座席で、従来の客車より定員が少なくシートピッチが広くなっている。三等車としては初めて、天井に電気扇風機が設置された。二等車はリクライニング機能がない2人掛けの回転式座席が通路を挟んで左右に並んでいる。そして最後尾の一等展望車は、オープンデッキ方式の「ひかり」「のぞみ」と異なり、展望スペースがガラス窓によって密閉されている。談話スペースにはソファーや書棚が置かれ、客室には通路を挟んで1人用と2人用の回転式座席が並んでいる。車両中央には定員3名の特別個室も設けられていた。

図2-9-9　「あかつき」の列車名入り1等急行券（京城駅発行）

これらのオリジナル客車で朝鮮南部を疾走した「あかつき」は、第二次世界大戦の戦況悪化に伴う旅客列車削減措置の一環として昭和18年（1943）11月に廃止となる。誕生からわずか7年のはかない栄光であった。専用客車はその後、釜山〜京城間の新設急行列車に転用されて終戦を迎えている。

　最後尾を飾っていた一等展望車ラテンイ1形については、現在、ソウル郊外の鉄道博物館で「ひかり」のテンイネ3形と並んで保存展示されている緑色の客車（巻頭カラーページ㉘）がその生き残りである、という理解が日本の鉄道誌の読者を中心に広く定着している。私自身、平成9年（1997）に初めて訪韓してこの鉄道博物館を訪れた当時は、疑うことなく既刊書の記述のままにそう信じていた。

## ●——急行「大陸」　薄命の鮮満支直通急行

盧溝橋事件（昭和12年7月）に端を発する華北地域での日中間の戦闘が収束し、日本軍の占領下でいちおう治安が回復すると、内地から朝鮮や満洲を経由して天津や北京へ向かう旅客数が激増した。そこで昭和13年10月、釜山桟橋〜北京間に直通急行列車が新設された。この列車が翌年11月に「大陸」と命名され、昭和19年2月の廃止まで無名時代を含めて5年余りの短期間、日中を結ぶ国際列車として朝鮮から中国大陸へ直通した。

客車は昭和14年に満鉄のグループ会社として設立された華北交通（310ページ以下参照）に所属。最後尾に連結されている展望一等寝台車（テンイネ2形）の展望デッキスペースは、「ひかり」「のぞみ」と異なりガラス窓による密閉式だが、「あかつき」とも異なり、最後尾の展望スペースは半円型のスマートなスタイルで、車内に立つ乗客の全身が見えるほどの巨大な曲面ガラスを用いて最後尾の眺望が最大限に楽しめるようになっていた。その展望スペースに隣接するサロンルームには紫色の絨《じゅう》毯《たん》が敷かれ、内装全体に中国風の意匠が施されていた。客室は折畳み式の二段寝台個室が6室なので、1両の定員はわずか12名だ。

この中国色溢れる展望一等寝台車のほかに、二等・三等の各寝台車と二等・三等の各座席車、そして食堂車で構成される編成は、釜山から京城、平壌、そして満洲国の奉天を経由して北京までの2067.5キロまでを39時間30分（北京発釜山行きは38時間45分。いずれも昭和15年10月改正ダイヤの所要時

図2-9-12　京釜本線密陽駅を通過する急行「大陸」(上。昭和15年撮影。写真提供：髙田寛)
とその展望1等寝台車内の談話スペース（下。『朝鮮交通史』より）

間）で結んだ。関釜連絡船の夜行便と接続しており、東京〜北京間を3泊4日で結ぶ最速ルートの一部を担う重要な存在だった。大日本帝国内を走る列車の中では走行距離が最も長い、という特徴も持っていた。「のぞみ」とほとんど同じ時間帯を走るので、車窓が楽しめる区間も京釜本線・京義本線と満鉄安奉線ではほぼ同じだった。

その後、戦局が進行して貨物列車が優先され、旅客列車の削減や統合が進む中で、連結される客車数が徐々に増える代わりにスピードはダウンした。廃止2ヵ月前の昭和18年11月には、運転区間も京城〜北京間に短縮されている。

図2-9-13 「大陸」の密閉式展望バルコニーに設けられた昇降台から乗降する旅客（奉天駅。『写真集 さらば奉天』より）

大連の満鉄工場で製造されたこの豪華な「大陸」用展望一等寝台車テンイネ2形は、戦後は中国国鉄で毛沢東や周恩来など要人専用の公務車として使用された。そのうち1両は1980年代から中国の遼寧省瀋陽で動態保存され、主に日本人団体客によるチャーター利用など観光用に供された後、2008年（平成20）に引退。現在は瀋陽の鉄道博物館に陳列されている（巻頭カラーページ⑫）。その他の同形車両も北京の鉄道博物館で公開されており、大日本帝国時代の外地を駆け抜けた豪華客車としては最も健在率が高い。

## 急行「興亜」　展望車がない地味な急行

昭和14年（1939）11月、釜山桟橋〜北京間に「大陸」の姉妹列車として設定された。客車は華北交通所属、所要時間も38時間45分と「大陸」との共通点が多いが、「大陸」の名物でもある編成最後尾の展望一等寝台車がないことと、関釜連絡船の昼行便と接続するため運行ダイヤが「大陸」と昼夜逆転していることが大きな違いであった。

かように「大陸」に比べると地味な存在であったにもかかわらず、朝鮮と満洲国・中華民国を結ぶ

図2-9-14　奉天駅を出発する急行「興亜」
（『南満洲鉄道　「あじあ」と客・貨車のすべて』より）

図2-9-15　昭和18年10月29日に関釜連絡船「天山丸」の船内で発行された釜山発1301km以上の国際連絡急行券。朝鮮から中華民国への直通を意味する「鮮華」の表示があること、および発行日の半月前から関釜連絡船はアメリカ海軍の夜間攻撃を避けるため昼行便のみの運行となっていたことから、この急行券の対象列車は釜山で夕方以降に連絡船と接続する「興亜」と思われる

国際急行として終戦直前まで健在だった。これは、関釜連絡船がアメリカ軍の魚雷攻撃による被害を避けるべく夜間の航行を廃止したため、釜山桟橋で夜行便と接続していた「大陸」「のぞみ」が内地との接続便を失ってしまったのに対し、昼行便と接続していた「興亜」や「ひかり」はその影響を受けなかったことが一因と考えられる。「ひかり」と運行時間帯が近接しているため、運行区間が共通している奉天以南で車窓が楽しめる区間もほとんど同じだった。

なお、「ひかり」と同じく、昭和19年頃から時刻表上の食堂車案内マークがそれまでの洋食堂車（実際には和食、洋食のいずれも提供）から和食堂車に変更されている。

## ●——京元線・咸鏡線急行　日本海沿岸を北上

満洲国の成立によって内地や朝鮮から満洲への旅客需要が拡大したことから、昭和8年4月、従来の鮮満連絡ルートである京義本線とは別に、朝鮮半島中部を横断する京元本線（現・韓国鉄道京元線および北朝鮮国鉄江原線）で港町・元山まで走り、さらに日本海沿岸を咸鏡本線（現・北朝鮮国鉄平羅線）で北上する長距離普通列車が急行列車に格上げされ、北部朝鮮の鮮満国境である上三峰（現・三峰）までの運行を始めた。列車愛称こそ付いていないが、これが北部朝鮮の日本海沿岸を快走する最初の急行列車であった（ただし、急行運転は京城～朱乙《しゅおつ》〔現・鏡城《キョンソン》〕間のみ）。

その後、上三峰から満洲国との国境線を北廻りする図們線（現・北朝鮮国鉄咸北線）を経由し、ソ連（現・ロシア）国境に近い港湾の終着駅・雄基（現・先鋒）や羅津まで順次延長されていった。『汽車時

図2-9-16　京元本線平康駅南方を走る急行列車（昭和19年。撮影：竹島紀元）

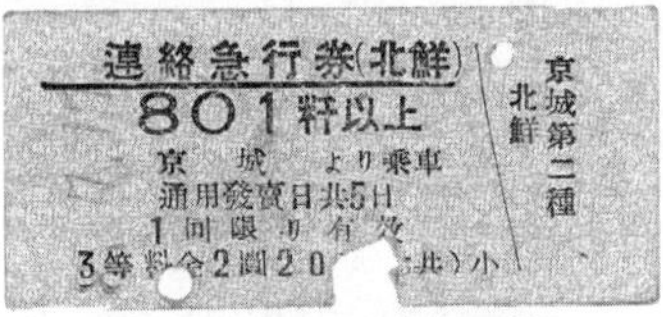


図2-9-17　「北鮮」方面の旅客に発行された京城駅発行の京元本線・咸鏡本線直通用急行券。朝鮮内部の国内急行なのに「連絡急行券」となっているのは、羅津方面の路線は満鉄に経営委託されていて運営事業体が異なっていたことによる

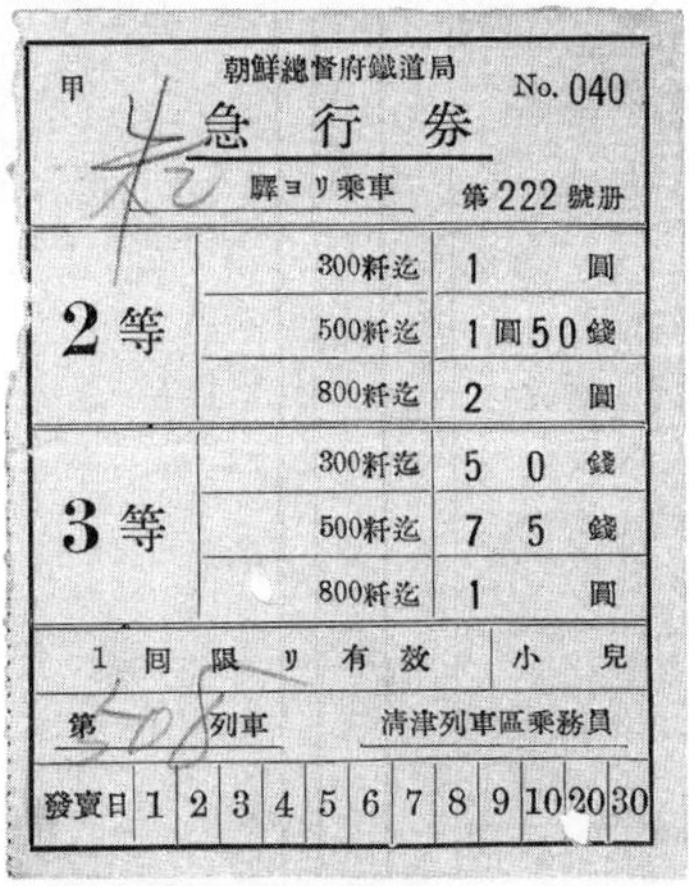


図2-9-18　温泉地として名高い朱乙からの乗客に対して車掌が発行した急行券。「朱乙驛ヨリ乗車」「第508列車」との記載より、咸鏡本線・京元本線を直通する羅津発京城行きの上り急行列車（昭和13年10月以降は308列車に変更）とわかる

間表』昭和9年12月号には、この急行列車のダイヤに「本列車ニハ朝陽川《ちょうようせん》行客車ガ連結シテアリマス」という注記までついている。朝陽川とは、上三峰から分岐して豆満江を渡り、満洲国の首都・新京へと続く満鉄京図《けいと》線の途上にある駅のことである。

一等車の連結こそなかったものの、それまでは普通列車でしか旅することができなかった日本海沿岸の旅客列車での所要時間が、この急行列車の誕生により一気に6時間30分も短縮された。もっとも、基本的なダイヤは京城発着時刻が午後のため、日が高い時間帯に日本海の車窓を楽しめる区間はわずかで、旅客は京元本線の山岳地帯や清津以北の内陸部、あるいは鮮満を隔てる豆満江を眺めて過ごした。

さらに、これとは別に昭和13年10月から京城〜清津間に新たな急行列車が登場。この列車は同時に新設された釜山桟橋〜北京間の急行（翌昭和14年から「大陸」と命名）と京城で接続するため、関釜連絡船を経由する内地からの旅客の利用の便も図られている。昭和15年（1940）10月には京城から満洲国の牡丹江まで直通する急行列車も設定され、二・三等の各寝台車と各座席車、それに食堂車を連結した国際急行として終戦直前まで走り続けた。なお、「ひかり」「興亜」と同じく、第二次世界大戦の進行に伴って、時刻表上の食堂車マークが和食堂車に変更されている。

## ●――急行「あさひ」　北部朝鮮から満洲国へ

北部朝鮮の港町・羅津から南陽〜図們間の国境を越えて満洲国の首都・新京までを結ぶ急行列車

で、愛称付き列車としては朝鮮で唯一、京城に発着しない存在だった。というより、朝鮮側の運行区間である北鮮線も満鉄に経営委託されていたため、満鉄の急行列車の一種と捉える方が適切かもしれない。

新京から羅津および清津までの直通列車が昭和10年に設定されると、敦賀や新潟からこれらの港町までを結ぶ日本海汽船などを介して満洲へ渡る北鮮航路が、内地と満洲との新たな連絡コースとして認識された。それまで日中間の国際連絡ルートといえば関釜航路または大連航路がメインだったが、満洲の奉天でJTBが発行した『満洲支那汽車時間表』の昭和15年8月号「日満連絡」欄にも、内地で鉄道省が編纂した『時間表』の昭和15年10月号「日、鮮、満、支方面主要列車連絡」欄にも、敦賀・新潟から北部朝鮮を経由するコースが満洲へのメインルートの一つとして掲載されており、「あさひ」のダイヤもここに組み込まれている。

車両は一等から三等までの座席車と洋食・和食の両方を供する食堂車で編成されていた。終戦近くになると朝鮮の食堂車の時刻表上のマークがほとんど和食堂車に変わっていく中で、最後まで洋食堂車のマークが付いたままだった。

始発駅を朝出発してその日の夜に目的地へ到着するダイヤなので、寝台車は連結されていなかった。特に内地から新京へ向かう場合は、新潟または敦賀からの旅客船が羅津に早朝入港するため、下船後すぐに乗り換えることができて便利であった。

ただ、「あさひ」という列車名の影は薄い。時刻表の朝鮮や満洲の欄では明記されているものの、

図2-9-19　急行「あさひ」に使用された満洲国鉄所属の展望1等車テンイ1形
（『南満洲鉄道「あじあ」と客・貨車のすべて』より）

巻頭の国際連絡欄には、京義本線の各急行と異なり列車名が載っていない。戦後に刊行された鮮鉄の正史たる『朝鮮交通史』や満鉄の正史に相当する『南満洲鉄道株式会社第四次十年史』にも、該当時期の旅客列車史部分にその名は見当たらない。

図2-9-20　急行「あさひ」用テンイ1形展望車の展望室側（上）と1等座席側（下）（いずれも『南満洲鉄道「あじあ」と客・貨車のすべて』より）

# 10 朝鮮を上手に旅するトクトクきっぷ

## 内地からも現地でも種類はさまざま

朝鮮の鉄道旅客運賃は創業期の一時期を除き、台湾と同じく距離比例制（58ページ参照）を採用していた。日韓併合当時の長距離逓減制による運賃は沿線住民をはじめとする近距離客にとって割高だったため、明治45年（1912）に距離比例制に移行するとともに近距離運賃を引き下げたのだ。その後、第一次世界大戦後と第二次世界大戦中に値上げが実施されたが、「長期的にみれば、値上傾向にあるものでなく、安定的」（前掲『日本植民地鉄道史論』）な運賃制度だった。

とはいえ、内地の省線のような長距離逓減制でないということは、朝鮮各地を長距離列車で旅したり、さらに満洲方面へ足を延ばそうとする観光客にとっては、普通乗車券をその都度買っていては内地の鉄道利用時より割高感が否めない。そこで、列車で長距離の旅をする旅行客向けに、往復、周遊など旅行形態に合わせて、また団体や学生向けにさまざまな割引乗車券が設定されていた。

特に、周遊券を所持していると、費用面での優遇だけでなく、船や列車の乗換え時に荷物の積み替えをしてくれるというサービスも受けられた。海や国境を越えてはるばる朝鮮を訪れる旅客の荷物はどうしても多くなりがちであり、釜山桟橋での関釜連絡船と列車との乗継ぎ時などに重い荷物の積み替えをしてもらえるメリットは大きかったと思われる。

なお、朝鮮関係の割引乗車券は満洲方面への割引乗車券と一体になっている場合も多く、発行時期も一様ではない。ここでは、朝鮮内部の観光旅行に関して、昭和以降に一定期間継続的に販売されていた便利な割引切符や制度の代表例を紹介する。

### ●内地朝鮮相互間往復割引乗車券

内地の省線各駅と鮮鉄各駅または朝鮮半島内で省線と連帯運輸（時刻表に表示あり）を実施している私鉄の各駅との間を往復する場合は、一〜三等のいずれの場合でも2割引の往復乗車券が発行される。切符の通用期間は2ヵ月である。内地では省線各駅、および東京、大阪に満鉄・鮮鉄が共同で開設している鮮満案内所で発売されている。

### ●朝鮮満洲相互間往復割引乗車券

満洲から朝鮮へ鉄道で往復する際、次の2種類のコースのいずれかで単純往復する場合に2割引の往復乗車券が発行される。いずれも通用期間は2ヵ月。

① 鮮鉄京義本線（現・北朝鮮国鉄平釜線）の平壌以遠（京城〔現・ソウル〕方面、および鮮鉄平南線《へいなん》〔現・北朝鮮国鉄平南線《ピョンナム》〕の鎮南浦〔現・南浦《ナムポ》〕方面）と満鉄安奉線（現・中国国鉄瀋丹線）の蘇家屯《そかとん》以遠（新義州・安東〔現・丹東〕経由）の満鉄社線各駅（満鉄国線との場合は相互指定駅に限る。満鉄の「社線」と「国線」の違いについては220ページ参照）相互間。

② 鮮鉄咸鏡本線（現・北朝鮮国鉄平羅線）の城津（現・金策）以遠（元山方面）と満鉄京図線（現・中国国鉄長図《チャントゥー》線）の敦化《とんか》以遠（新京〔現・長春〕方面）、または満鉄図佳《とか》線（現・中国国鉄図佳《トゥーチャー》線）の東京城《とんきんじょう》以遠（牡丹江方面）の満鉄社線各駅（満鉄国線との場合は相互指定駅に限る）との朝鮮北部経由による相互間。

### ●内地北鮮往復割引乗車券

内地の省線各駅を発着して、敦賀または新潟から日本海汽船が就航している北鮮航路で北部朝鮮の清津または羅津へ渡り、鮮鉄咸鏡本線の輸城《ゆじょう》～咸興間、または満鉄運営下にある咸鏡本線の輸城以北や北鮮線（ともに現・北朝鮮国鉄咸北線）などの各駅との間を往復する場合、2割引の往復乗車券が発行される（逆コースの往復も可）。通用期間は2ヵ月。

### ●内鮮満周遊券（当初は「日鮮満周遊券」）

内地から朝鮮を経由して満洲を一巡し、関東州の大連港から旅客船で内地へ戻る環状型旅行のための周遊券である。各区間に通用する小さな紙片の切符がミシン目で切り取りやすいように1枚に繋がっていて、旅客はそれを少しずつ切り離しながら列車や船に乗って旅をする。大正時代から発行されていた、外地旅行者向けの代表的な割引乗車券だ。

利用できるコースは最大で13種類も設定されていて、その代表的な一部のコースは各年の『旅程と

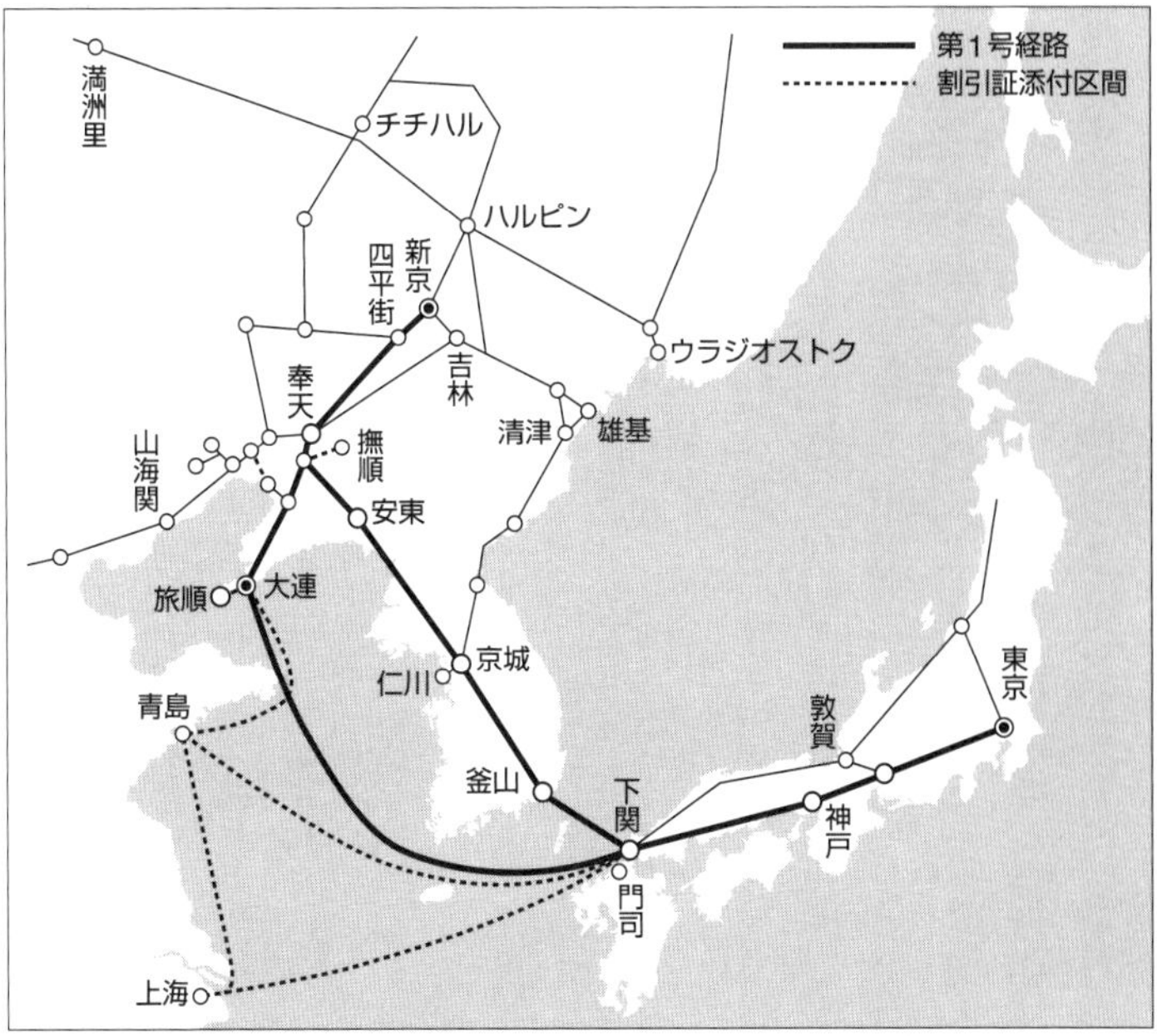


図2-10-1　昭和10年版『旅程と費用概算』に掲載されている内鮮満周遊券の第1号経路（第1モデルコース）図を再現したもの

費用概算』などに図示されている（図2−10−1参照）。最もメジャーなコースは内地から関釜連絡船で朝鮮に渡り、京釜本線（現・韓国鉄道京釜線）・京義本線（現・韓国鉄道京義線、北朝鮮国鉄平釜線および平義線）を北上して鴨緑江を越えて満洲入り。さらに満鉄安奉線で奉天（現・瀋陽）まで行き、今度は大連まで満鉄で南下して大連から船に乗って内地へ戻る、というルートだろう。もちろん、同じコースを逆回りに辿ることも可能である。

　他にもさまざまなコースがあり、大連航路の代わりに敦賀・新潟からの北鮮航路を利用することもできる。いずれにせよ、少なくとも片道は朝鮮の鉄道を利用することになる。

この周遊券を使用すると、省線、鮮鉄、満鉄の各鉄道運賃と関釜連絡船の船賃はすべて2割引、大連航路は1割引となる。通用期間は発行日を含めて2ヵ月で、途中下車はどこでも自由である。

この周遊券は、内地の主要駅だけでなく鮮鉄や満鉄の主要駅でも購入できた。たとえば、満洲国の新京に在住する者が、往路は奉天から朝鮮半島を鉄道で南下して平壌や京城などに立ち寄りながら関釜連絡船で内地へ渡り、神戸や大阪、東京を見物した後に新潟から北鮮航路で清津へ渡り、列車で豆満江を越えて満鉄京図線で新京へ戻ってくる、という旅行をする場合にも使えるのだ。

さらに、幹線から外れた観光地へのアクセスの便を図るため、サイドトリップ用のオプショナル特典が豊富に設定されていて、しかも年々その範囲が拡大していった。『旅程と費用概算』では、この周遊券の説明用にわざわざ綴《と》じ込みの説明文を毎年付録としていて、力の入れ具合が窺える。昭和13年（1938）版の同書によれば、周遊券本体に添付される割引証によって運賃が3割引となる朝鮮内のオプショナル区間は次の通り。

①京城または永登浦《えいとうほ》〜仁川（京仁線）
②清津〜朱乙※(1)（咸鏡本線）
③南陽〜朱乙（咸鏡本線）
④安辺《あんぺん》〜外金剛（東海北部線）※(2)

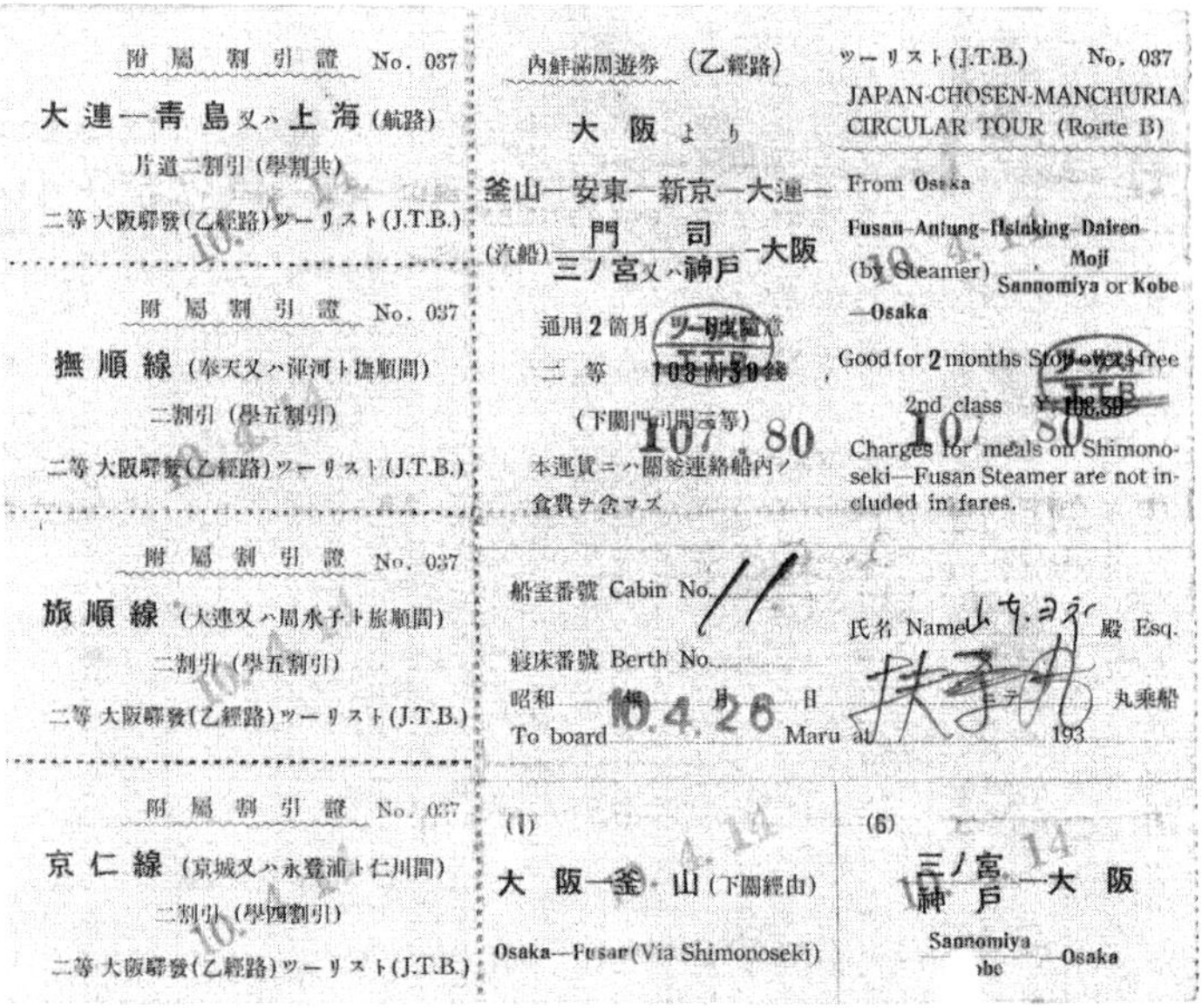

附屬割引證 No. 037
大連―青島又ハ上海（航路）
片道二割引（學割共）
二等大阪驛發（乙經路）ツーリスト（J.T.B.）

附屬割引證 No. 037
撫順線（奉天又ハ渾河ト撫順間）
二割引（學五割引）
二等大阪驛發（乙經路）ツーリスト（J.T.B.）

附屬割引證 No. 037
旅順線（大連又ハ周水子ト旅順間）
二割引（學五割引）
二等大阪驛發（乙經路）ツーリスト（J.T.B.）

附屬割引證 No. 037
京仁線（京城又ハ永登浦ト仁川間）
二割引（學四割引）
二等大阪驛發（乙經路）ツーリスト（J.T.B.）

内鮮滿周遊券（乙經路）
大阪より
釜山―安東―新京―大連―門司（汽船）三ノ宮又ハ神戸―大阪
通用2箇月
二等 108円39銭
107.80
（下關門司間三等）
本運賃ニハ關釜連絡船内ノ食費ヲ含マズ

ツーリスト（J.T.B.） No. 037
JAPAN-CHOSEN-MANCHURIA CIRCULAR TOUR (Route B)
From Osaka
Fusan-Antung-Hsinking-Dairen-(by Steamer) Moji / Sannomiya or Kobe—Osaka
Good for 2 months Stop-overs free
2nd class ¥108.39
107.80
Charges for meals on Shimonoseki—Fusan Steamer are not included in fares.

船室番號 Cabin No. 11
寢床番號 Berth No.
昭和 10.4.26 丸乘船
To board Maru at 193
氏名 Name 殿 Esq.

(1)
大阪―釜山（下關經由）
Osaka—Fusan (Via Shimonoseki)

(6)
三ノ宮 / 神戸―大阪
Sannomiya / Kobe—Osaka

図2-10-2　昭和10年に大阪で発行された内鮮満周遊券の一部（往路が下関から関釜連絡船で釜山へ渡る朝鮮経由）。周遊ルート上で使用する切符がミシン目入りで1枚にまとまっていて、旅行者は順番に切り離しながら使用した。左側にオプションの京仁線（京城または永登浦～仁川）割引証（一番下の券）がある

⑤鉄原~内金剛（金剛山電気鉄道）

※⑴　朱乙駅は現・鏡城駅。日本統治時代の鏡城《きょうじょう》駅は現在の勝岩《スンアム》駅。

※⑵　東海北部線は現・北朝鮮国鉄金剛山青年《クムガンサンチョンニョン》線。外金剛駅は現・金剛山《クムガンサン》駅。

特に②・③、および④・⑤の4区間は、朝鮮北部の朱乙温泉（現・鏡城温泉）への湯治客と、朝鮮中部の日本海側にそびえる名山・金剛山へ向かう登山客に向けたサービスであった。

朱乙温泉は大分県の別府と並ぶ豊富な湧出量を誇る当時の日本国内有数の温泉郷で、ハルピンや上海、香港などから避暑に来る欧米人の別荘地としても賑わっていた。朱乙は急行停車駅で、温泉街へは朱乙駅から列車に接続するバスに乗って所要35分。

金剛山は江原道《こうげんどう》に連なる山々の総称で、北方の鮮満国境にそびえる白頭山と並ぶ朝鮮きっての名山として古くから朝鮮の人々の憧れの地となってきた。昭和13年版の『旅程と費用概算』は「其の豪壮、崇高なること百の妙義《みょうぎ》、千の耶馬溪《やばけい》を以てしても尙金剛山のそれを説明する事が出來ぬ程である」と記しており、その比類なき雄大さは内地の妙義山（群馬県）や耶馬渓（大分県）の何倍もの魅力を有すると讃えている。

この金剛山地域は、日本海側の海辺に奇岩が連なる地域が海金剛《うみこんごう》、そこから内陸側にそびえる峰々の一帯が外金剛、内陸部の峰々が内金剛と呼ばれている。海金剛と外金剛駅へは元山の南に位置する京元本線（現・北朝鮮国鉄江原線）の安辺から東海北部線というローカル線が分岐しており、昭和7年

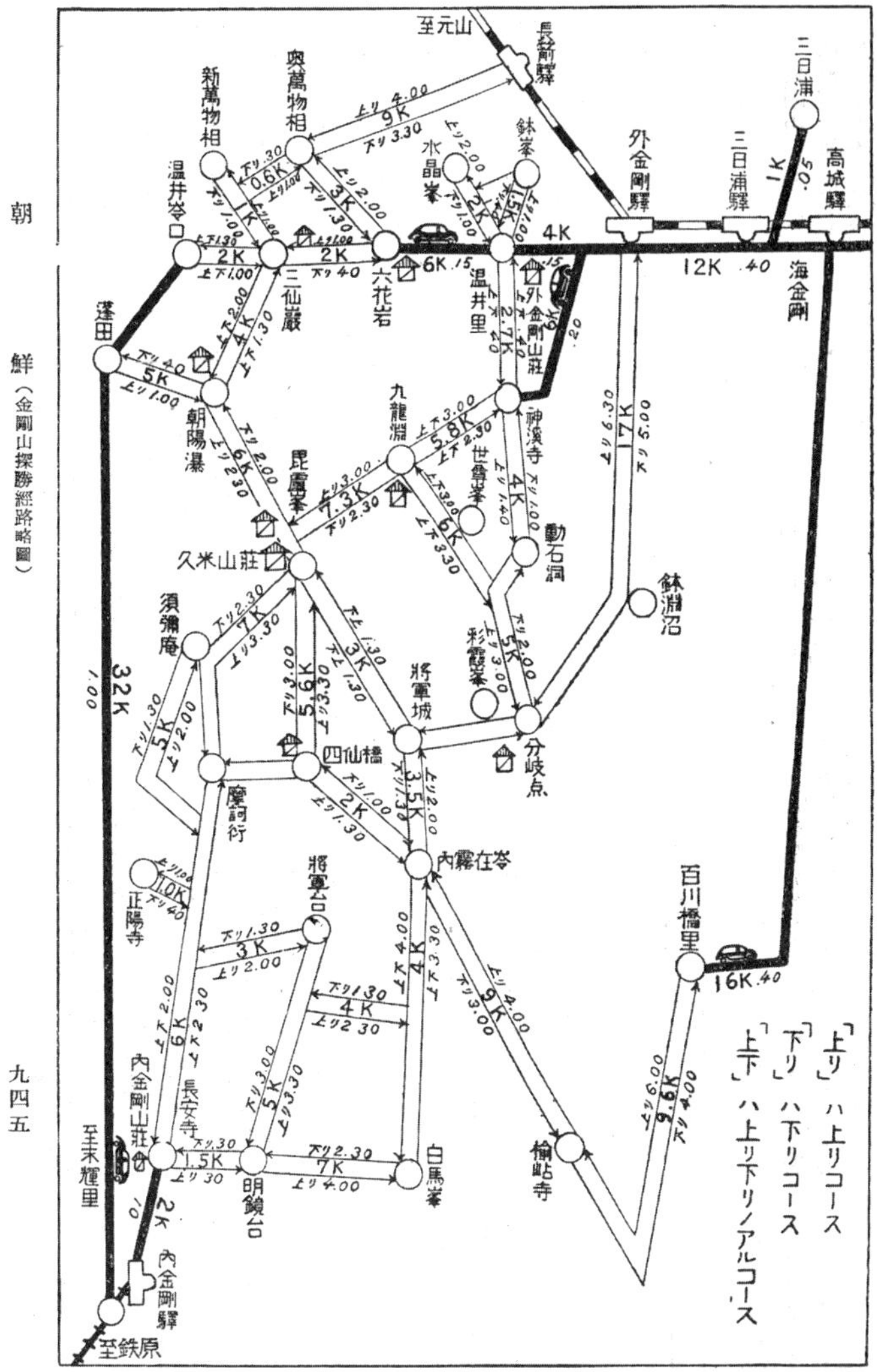


図2-10-3　昭和13年版『旅程と費用概算』の金剛山探勝経路略図。要所間の距離や所要時間の目安が細かく記されており、金剛山電気鉄道の終点・内金剛から東海北部線でアクセスできる外金剛まで、広範囲にわたってハイキングコースが整備されていたことがわかる

（1932）に外金剛駅まで開通している。内金剛へは京元本線の鉄原から私鉄の金剛山電気鉄道が昭和6年（1931）に全通し、観光シーズンを中心に京城から鮮鉄の直通列車が内金剛まで乗り入れていた（175ページの金剛山探勝経路略図を参照）。

これら朝鮮内部での特典のみならず、内地の省線についても多様な乗車ルートを認めていたのもこの周遊券の特徴である。たとえば、東京～名古屋間は東海道本線だけでなく塩尻経由の中央本線を利用することもできた。京都～下関間は山陽本線だけでなく山陰本線、さらに山口線や美祢《みね》線を経由することも認められていた。名古屋～大阪間も東海道本線だけでなく関西本線、あるいは奈良線を利用して京都と奈良の両方を訪れてもよい。神戸・三宮～門司間は鉄道でなく、大阪商船による旅客航路に乗ることさえできたのだ。

後年の余談になるが、この瀬戸内海を通る大阪商船（昭和17年に同社から関西汽船が分離・設立）航路への周遊券での乗船は、私鉄や民間航路との直通サービスが極端に少なくなった第二次世界大戦後の国鉄やJRでも例外的に認められていた。四国のJR全線の特急・急行が乗り放題となる四国ワイド周遊券の所持者は平成10年（1998）に周遊券制度そのものが廃止（周遊きっぷ制度へ移行。ただし周遊きっぷも平成25年に全廃）されるまで、四国への往路または復路の1回に限り、高松～神戸・大阪間を航行する関西汽船の二等船室を無料で利用することができた。日本全国の国鉄・JRの周遊券で、周遊指定地域への往復経路において民間フェリーの乗船を認めていた唯一の例である。内鮮満周遊券時代の名残だったのだろうか。

以上は一般の個人旅行向けの割引乗車券だが、団体客に対してはこの他にも大幅な割引制度が設けられていた。団体とは同一行程で旅行する10人以上の集団旅行者を意味し、割引率は人数が多いほど高くなる。たとえば、内地朝鮮相互間往復割引乗車券は通常2割引であるところ、20人以上の団体なら関釜連絡船を含む省線、鮮鉄、満鉄の列車運賃がすべて5割引、つまり半額になった。また、20人以上50人未満の団体では1人分、50人以上の場合は50人ごとに1人分を世話人として、省線・鮮鉄・満鉄の運賃（鮮鉄と満鉄では急行料金も）が無料になった。朝鮮満洲相互間では、20人以上の団体に対しては片道でも2～3割の団体割引があり、往復の場合も朝鮮満洲相互間往復割引乗車券のコース選択条件①（169ページ参照）が、個人購入の場合より短距離の往復でも認められた。

学生向けの学割乗車券も、内地と比べて割引率が高かった。学校が発行した学割証を提示して片道50キロ以上の長距離乗車券を購入すると、朝鮮では三等切符が4割引になった（内地の省線は2割引。戦後の国鉄・JRも同じ）。この学割は学生だけでなく学校教職員にも認められていて、教職員の場合は三等だけでなく二等でも割引を受けられた。さらに、学生や教職員が団体で旅行する場合は、人数次第で割引率が6割から7割にもなったのだ。

ここまでは主として朝鮮の外で購入する割引切符の概略を記したが、朝鮮に渡った後に、景勝地向けの割引切符を現地で購入することもできた。その代表的なものを以下に列挙する。

内地から朝鮮に渡ってこれらの割引切符を利用する場合、釜山までの内地朝鮮相互間往復割引乗車券を購入し、釜山で目的地までの割引切符を買い求めるのが得策だった。釜山での買換えの手間を省きたい場合は、東京・大阪・下関・門司にある鮮満案内所、あるいは全国各地のＪＴＢの案内所へ行けば、内地からの往復乗車券と一括して購入できた。

## 温泉行き割引

朝鮮各地に開かれている温泉の入湯客に対して、朝鮮の指定された駅から温泉最寄り駅、および連絡する私鉄やバスの区間も含めた往復割引乗車券が発行されていた。鉄道の割引率は平日が2〜5割だが、土曜・日曜・祝祭日およびその前日は3〜5割となり、カレンダー通りの休日を利用する方が

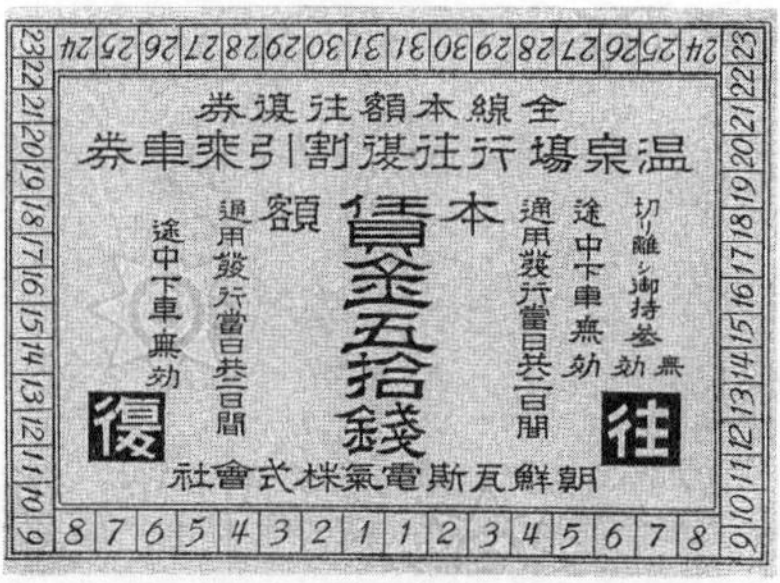


図2-10-4　朝鮮瓦斯電気が発行した釜山市街から東萊温泉までの往復割引乗車券

図2-10-5　昭和3年11月2日付の『東亜日報』に掲載された鮮鉄の朝鮮人読者向け広告。「御大典」とは翌日（11月3日）の明治節（明治天皇誕生日）のことで、この前年（昭和2年）から新たに祝日となっていた

割引率が高かった。対象となった温泉は次の通りである。

東莱温泉、海雲台《かいうんだい》温泉、儒城《じゅじょう》温泉、温陽温泉、白川《はくせん》温泉、延安《えんあん》温泉、信川《しんせん》温泉、三泉《さんせん》温泉、水安堡温泉、龍岡《りゅうこう》温泉、陽徳《ようとく》温泉、業億《ぎょうおく》温泉、朱乙温泉（現・鏡城温泉）、五龍背《ごりゅうはい》温泉（※）

※五龍背温泉は満洲所在。朝鮮からは越境が必要。

## ●海水浴場・水郷行き割引

沿岸部では夏季に海水浴場が多数オープンしていた。また、海から遠い地方では河川や滝を水泳場としていることも多かった。朝鮮では古くから、冷泉を万病に効ある薬水と称して珍重されており、春先から秋にかけてはその湧出地が朝鮮人行楽客の避暑地として賑わっていた。京義本線（現・北朝鮮国鉄平義線）の東林《とうりん》（現・清江《チョンガン》）、京元本線（現・北朝鮮国鉄江原線）の三防峡（現・三防《サムバン》）および釈王寺《しゃくおうじ》（現・光明《クァンミョン》）などがその代表例である。

鮮鉄では、指定駅からこれらの海水浴場や水郷を目指す避暑客に対して、夏季限定で2～3割引の往復乗車券を発行していた。

## ●金剛山探勝割引

世界的名山とされる金剛山探勝客の便宜を図るため、鮮鉄の各駅で金剛山電気鉄道の内金剛駅、または東海北部線の外金剛駅までの探勝割引往復券、または内金剛から外金剛へ（またはその逆コース）の回遊乗車券が発行されていた。鉄道の割引率は個人旅行の場合が3割引（学生は4割引）、団体旅行の場合は20人以上が4割引、50人以上が5割引となる。通用期間は40日間で、内地の鮮満案内所やJTB各支店でも発売していた。

## ●紅葉狩り名所への往復割引

朝鮮では10月初旬から下旬にかけて、ほぼ全土で紅葉の景観を楽しむことができる。その筆頭格とされるのは名勝・金剛山だが、他にも左記の各地へは、紅葉の時期限定の往復割引乗車券が鮮鉄の各指定駅で発売されていた（カッコ内は最寄り駅）。

①　内蔵山《ないぞうさん》（湖南本線〔現・韓国鉄道湖南線〕井邑《せいゆう》駅）および白羊寺《はくようじ》（湖南本線四街里《しがいり》〔現・白羊寺《ペギャンサ》〕駅）〔※内蔵山から白羊寺へは約8キロのハイキングコースとして整備されている〕

②　道峰山《どうほうざん》望月寺（京元本線倉洞《そうどう》駅）〔※新緑と紅葉のハイシーズンになると、倉洞〜議政府《ぎせいふ》間の望月川付近に臨時停車場が開設される〕

③　逍遥山（京元本線東豆川《とうとうせん》駅）〔※紅葉シーズンには東豆川〜全谷《ぜんこく》間に臨時停車場が開設される〕

④　三防幽峡（京元本線三防峡駅）

⑤　長寿山《ちょうじゅざん》（朝鮮黄海線長寿山駅）〔※割引乗車券は紅葉シーズンに限らず4月〜11月発売。鮮鉄線内は2割

引、朝鉄線内は3割引〕

## 朝鮮遊覧団体割引

朝鮮内の指定された景勝地を遊覧する団体に対して、朝鮮遊覧団体乗車券が発売されていた。鉄道の割引率は20人以上が3割引、30人以上は4割引で、他に航路やバス路線、さらに各地の軌道も3～4割引の対象となった。

## 粁券

JTBの案内所で発売していなかったせいか、同社発行の『旅程と費用概算』には紹介されていないが、鮮鉄を常時利用する旅客にとって有効な直売のクーポン券である。距離比例制を採用する鮮鉄の普通運賃は1キロあたり二等が2銭8厘、三等が1銭5厘5毛（いずれも銭未満は切上げ、1キロ未満は切上げで計算）となっており、2千キロ分の乗車券は二等が56円、三等が31円となる。粁券にはこの2千キロ分の乗車券引換証が1冊に綴られていて、二等用は45円、三等用は25円で販売されていた。駅でこの粁券と引換えに、同じ距離相当の乗車券を購入できるという仕組みだ。鮮鉄発行の『朝鮮列車時刻表』昭和13年2月号には、販売箇所として朝鮮の主要43駅が列挙されている。

# 11——朝鮮の鉄道名所を訪ねる
## 朝鮮の伝統駅舎や雄大な景勝路線

### 朝鮮風や大型洋館など名物駅舎が誕生

大正14年（1925）に鮮鉄局長に就任した大村卓一（後に満鉄総裁）は、長い歴史を持つ地域の駅舎は朝鮮建築の外観や色調を採り入れて新築ないし改築する方針を打ち出した。以後、昭和3年（1928）に京釜本線（現・韓国鉄道京釜線）水原《すいげん》駅舎が洋風木造駅舎から煉瓦《れんが》造り平屋建て、朝鮮瓦葺《ぶ》きの朝鮮風駅舎に改築されたのを皮切りに、各地で同種の駅舎が建てられた。他に西平壌《にしへいじょう》（京義本線〈現・北朝鮮国鉄平義線〉、図2-11-2）、全州《ぜんしゅう》（全羅《ぜんら》線）、南原《なんげん》（全羅線）、慶州《けいしゅう》（東海南部《とうかいなんぶ》線、巻頭カラーページ㉔）、仏国寺《ぶっこくじ》（東海南部線）などの各駅がこうした朝鮮風駅舎に生まれ変わっている。新羅《しらぎ》時代の古都・慶州およびその隣の仏国寺の両駅は、新羅の建築手法を採り入れた伝統駅舎として、竣工から80年以上が経過した今も現役で使用されている。

　また、満洲方面と直結する国際連絡鉄道としての性格を有する幹線主要駅では、豪壮な洋風駅舎が多数建てられた。李氏朝鮮時代から首都として栄えた京城（現・ソウル）では、大正14年にルネサンス式の赤煉瓦駅舎（図2-11-1）が完成。明治43年（1910）完成の満鉄・奉天（現・瀋陽）駅舎、大

図2-11-1　ルネサンス式京城駅舎（当時の絵はがきより）。2004年まで現役駅舎として使用され、今は韓国の文化財に指定されている

図2-11-2　朝鮮様式西平壌駅舎（当時の絵はがきより）。現在は駅の位置が別の場所へ移転しており、現存しない

正3年（1914）創建の東京駅丸の内駅舎と並び、東洋三大停車場の一つに数えられた。京城駅以外にも京釜本線の釜山、大邱、龍山《りゅうざん》の各駅、京義本線（現・北朝鮮国鉄平釜線および平義線）の黄海黄州《こうかいこうしゅう》（現・黄州《ファンジュ》）や新義州の各駅が大型洋館のような偉容を誇っていた。大型洋館スタイルとは異なるが、名山・金剛山への玄関駅である東海北部線（現・北朝鮮国鉄金剛山青年線）の外金剛（現・金剛山）駅は、欧風山荘のような洒落た石造りの駅舎（図2-2-4）を新築して、大勢の観光客を出迎えた。

### 鮮内最高地点・北渓水駅

日本統治下にあった朝鮮で最も標高が高い駅は、鮮鉄白茂《はくも》線（現・北朝鮮国鉄白茂《ペンモ》線）の北渓水《ほくけいすい》で、標高は1720メート

図2-11-3　朝鮮で最も標高が高い北渓水駅（『朝鮮交通史』より）。
ホーム上に「海抜壱千七百米」の標柱が見える

ル。内地の省線最高地点である小海線清里～野辺山間（長野県）の1375メートルより、345メートルも高い。北渓水駅は起点の鮮鉄恵山線《けいざん》（現・北朝鮮国鉄白頭山青年線）白岩駅《はくがん》から二つめ、わずか11・9キロ地点にあるが、白茂線は軌間762ミリの軽便路線なので、標準軌の恵山線の車両が乗り入れることはできない。周辺を雑木林に囲まれた高原の小駅で、屋根のないホームに「海抜壱千七百米」と大書された標柱が建てられていた（図2－11－3）。

## 新型電気機関車が挑む京元本線の峠越え

京城から朝鮮中部を北東へ横切りながら日本海側の元山へと至る京元本線（現・北朝鮮国鉄江原線）は、内金剛に近い福渓《ふくけい》～高山《こうざん》間53・9キロに25パーミルの連続勾配を有しており、長い間、複数のSLを連ねる重連運転によって急坂を克服してきた。そこで、京元本線の輸送力強化を目的とする複線化工事に際して、海抜約600メートルの高地にあるこの峻険《しゅんけん》な山岳区間を高速運転で克服するため、鮮鉄で初めての直流電化区間に改修された。

この新しい電化区間に投入された最新鋭の電気機関車「デロイ」（図2－11－4）は、内地の省線では1500ボルトが一般的だった電圧を直流3000ボルトとした強力ぶりが特徴である。最新技術の粋を集めて製造された日本自慢の大型機関車ということで、軍事機密の保持にうるさかった戦時中にもかかわらず、子供向け雑誌『科学朝日』の昭和18年（1943）8月号に写真入りで細部の構造まで詳しく紹介されている（図2－11－5）。

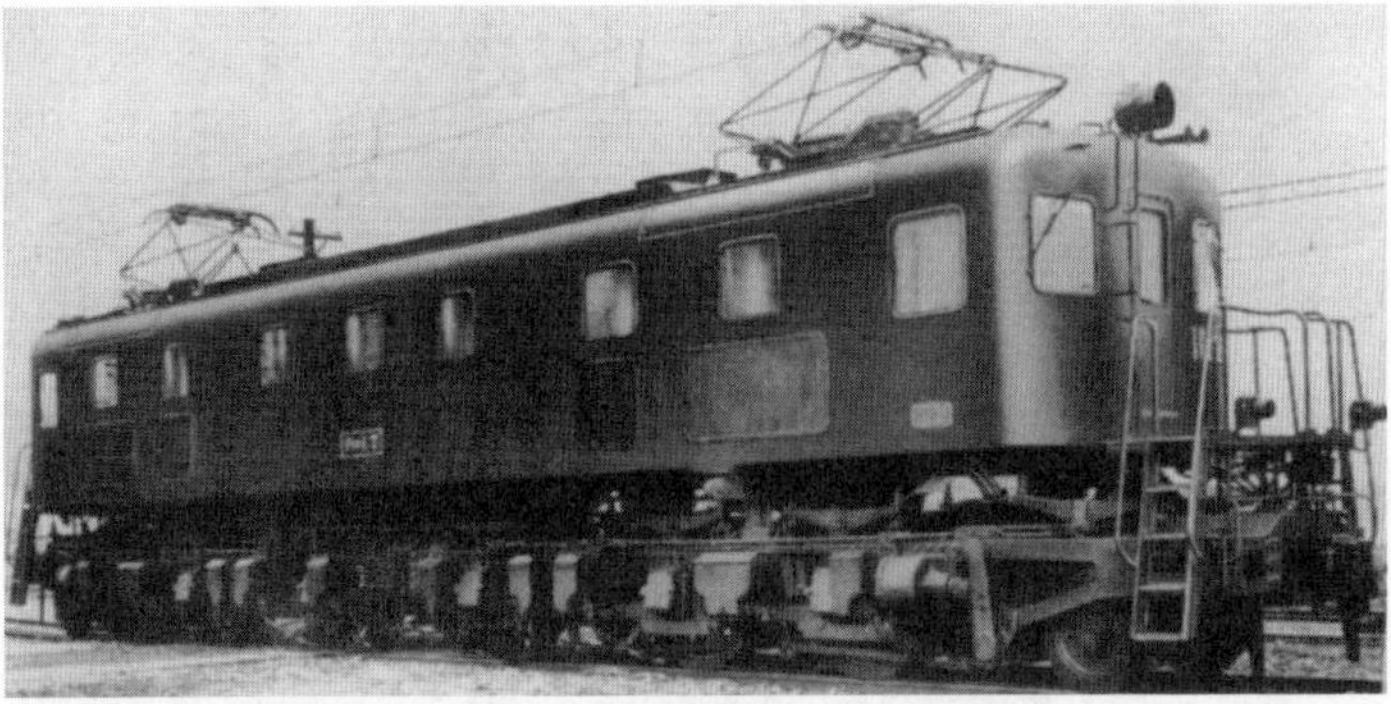

図2-11-4　京元本線の急勾配で活躍した東芝製の直流電気機関車デロイ（昭和17年撮影。『朝鮮交通史』より）。2010年に北朝鮮で現存していることが確認された

図2-11-5　『科学朝日』昭和18年8月号のデロイ形電気機関車特集記事

営業開始は昭和19年（1944）4月で、福渓～高山間における客車の牽引力は飛躍的に向上した。京城から福渓、または元山から高山に到着した列車は、ここで先頭の機関車を複数の蒸気機関車からこの名物電気機関車デロイに付け替えて、標高603メートルの分水嶺《ぶんすいれい》を一気に越えていく。それは、朝鮮全土に広がる鮮鉄各線のうち、この山岳区間でしか見られない雄姿だった。

この京元本線の山岳区間は北緯38度線のわずかに北側に位置しているため、終戦と同時にデロイはほとんどが北朝鮮に接収されてしまい、その後の詳しい経過はわかっていない。ただ、2010年（平成22）になって、元山の北方で平元線（現・北朝鮮国鉄平羅線）と接続する高原駅付近で往年のデロイと思われる機関車の姿が外国人旅行者によって撮影され、戦後60年以上にわたり北朝鮮の地で生き永らえていたことが確認されている。

## 金剛山電気鉄道の断髪嶺スイッチバック

名勝・金剛山への探勝客に愛用されている金剛山電気鉄道は、京元本線の鉄原から分岐していた全長116・6キロの観光用私鉄である。終点の内金剛駅からはさらにバスで山深く入っていくことになるが、内金剛の手前約15キロ付近にそびえる断髪嶺《だんぱつれい》は勾配が最大20パーミルにもなる最大の難所となっていた。

五両《ごりょう》駅に着いた内金剛行き電車は、進行方向を逆にして今来た線路とは別の急坂を上り、その後再び進行方向を前に戻してまた別の坂道を上る三段式スイッチバックを駆使して、長さ1883メート

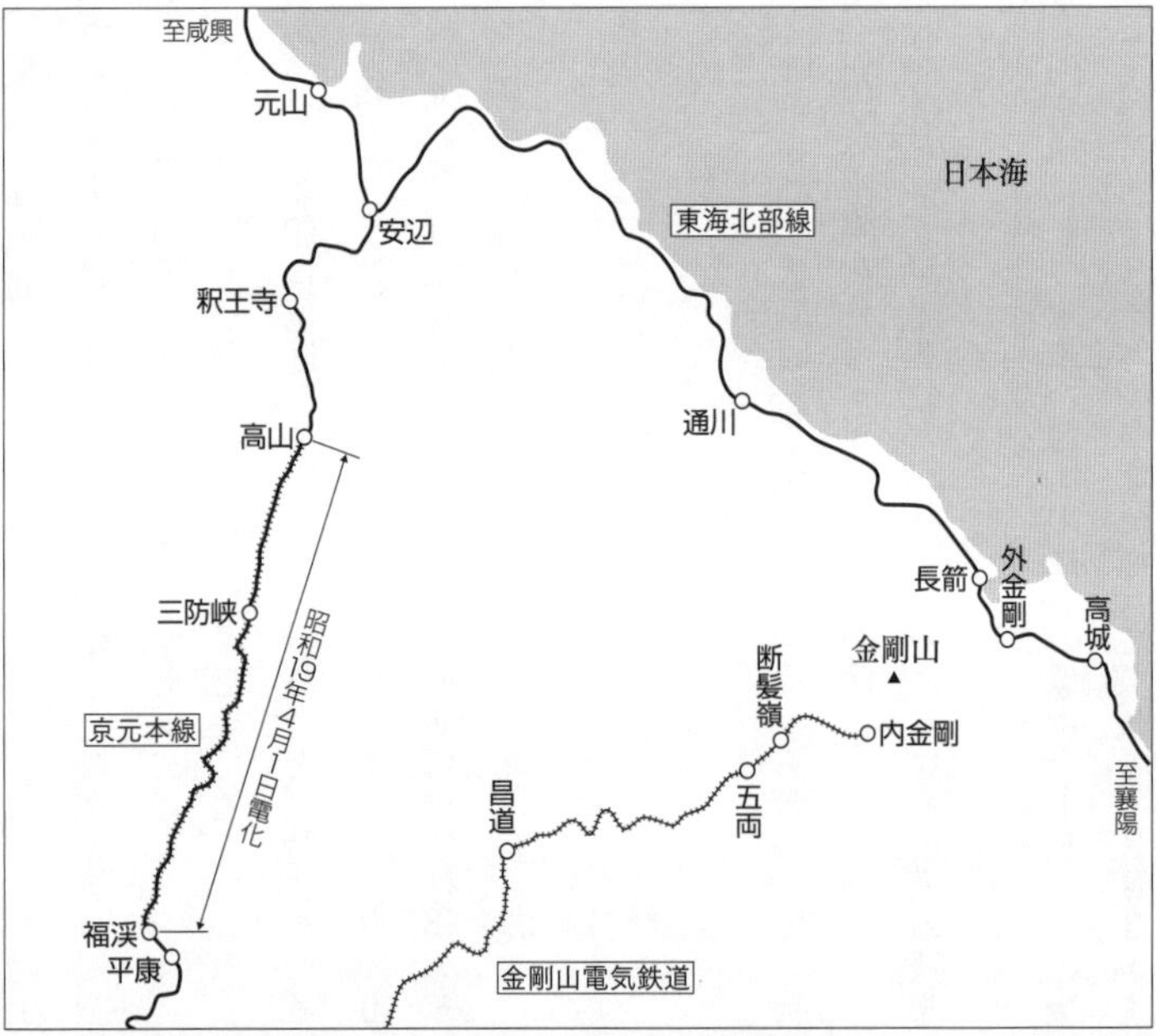


図2-11-6　京元本線電化区間、および金剛山電気鉄道の路線周辺図

図2-11-7 『金剛山電気鉄道株式会社廿年史』が見開きで掲載している断髪嶺のスイッチバックの全景。右端に勾配を走る電車が見える（資料提供：小久保則和）

ルの断髪嶺トンネルに入る。このトンネルの中で峠を越えると、もう一つ短いトンネルを抜けた後に、別の三段式スイッチバックで前へ後ろへと進路を変えながら断髪嶺駅に到着。無事に断髪嶺を越えた電車は、態勢を整えて内金剛を目指して出発していった。

この区間は終戦直前の昭和19年（1944）、不要不急の路線として休止された。線路は撤去されて他の路線建設のための資材として供出され、そのまま終戦を迎えた。戦後は南北対立が続く朝鮮半島の北側に属したが、軍事分界線に近いためか、休止当時の線路跡が今もほとんどそのまま残されている。グーグル・アースなどで現地の衛星写真を見ると、人家や集落がほとんど見当たらない断髪嶺付近の山の中に、線路跡と思われる白い細道がくっきりと写っている。スイッチバックと思われる線形も確認できる。

## 鴨緑江に架かる回転橋梁

新義州と対岸の安東（現・丹東）の間を流れる鴨緑江に架けられている鴨緑江橋梁は、アメリカ人技師の設計により明治44年（1911）に竣工。両側の歩道に挟まれて中央に単線の鉄道が敷かれており、朝鮮と満洲を結ぶ国際列車がここを通過していた。

この重要な国際橋梁には、往来する船舶の航行を妨げないよう中央部に開閉式の回転橋桁が設けられていて、当地の名物となっていた。東洋一の規模を誇る大鉄橋と言われる全長944メートルの長大な鉄橋の一部が、大河の中央で橋軸に対して直角になるまで回転するのだ。

自動運転も可能だが回転スピードが速く危険を伴うため、基本的には手動で回転している。平日は午前と午後に1回ずつ開くが、風速25メートル以上の強風時は回転中止となる。橋の真ん中が十字に開き、ヨットのように背が高い帆柱を立てたままの帆船がその間を通って航行する様子は、両岸からの見物客の眼を楽しませた。

だが、竣工から20年が経過して施設が老朽化し、一方で船舶が帆柱を倒して航行できるようになったことから、昭和9年（1934）3月末をもって開閉を中止し、固定化された。そして、昭和18年には京義本線の複線化の一環として、上流側にもう一本の鴨緑江第二橋梁が建設されている。

回転式だった当初の橋梁はその後、朝鮮戦争でアメリカ軍の爆撃により破壊され、現在は中国側から河川の中央部付近まで観光客に開放されている。第二橋梁（現・鴨緑江大橋）は、中国～北朝鮮間の

図2-11-8　回転する鴨緑江橋梁と通過する帆船（『日本地理大系第12巻 朝鮮篇』より）

図2-11-9　欧風3階建ての新義州駅舎（当時の絵はがきより）と駅の記念スタンプ。名物の鉄橋と帆船が図柄に描かれている

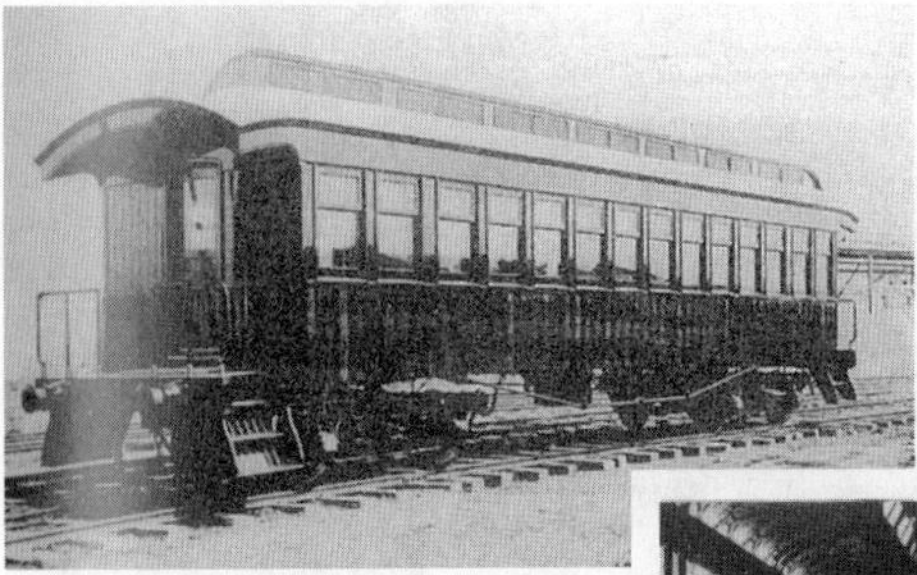

図2-11-10　龍山の鉄道博物館で保存されていた帝王車の外観と車内（ともに『朝鮮交通史』より）。戦後、その所在はわからなくなってしまった

国際列車と自動車が往来する併用橋として現役で使用されている（巻頭カラーページ㉞～㊱）。

## 龍山の鉄道博物館

京城府内の龍山に昭和11年（1936）、鮮鉄直営の鉄道博物館がオープンした。朝鮮各地に散在していた鉄道創業以来の備品や写真などを収集して展示していた。

特に注目すべきは、日韓併合前の明治33年（1900）、大韓帝国皇帝の乗用に供するために製造された韓国版御召列車、「帝王車」と呼ばれる皇帝専用客車の実物であろう。採算度外視の豪華車両は東京で製造されて韓国に輸出されたもので、日本から外国に輸出された最初の標準軌客車という歴史的価値も有していた。日韓併合後は貴賓車として扱われ、昭和11年に廃車となって鉄道博物館に陳列されるに至ったものである。

第3章

# 関東州の鉄道旅行

満鉄本社前を走る大連の路面電車（当時の絵はがきより。巻頭カラーページ㊴、㊵参照）

# 01 関東州の鉄道事情概観
## 人力のハンドカーから満洲への国際路線まで

関東州は遼東《りょうとう》半島の先端部分の狭い地域であり、地域内の鉄道の主役は満洲へ直通する満鉄の本線（大連《だいれん》～長春《ちょうしゅん》間。後に満洲本線、連長《れんちょう》線を経て満洲国成立後は連京《れんきょう》線に改称。現・中国国鉄瀋大《シェンター》線）である。その歴史は帝政ロシアが設立した東清《とうしん》鉄道（214ページ以下参照）時代に遡る。

日清戦争でいったんは日本が領有権を獲得した遼東半島を三国干渉によって清国に返還させたロシアは、自らがその遼東半島へ手を伸ばし、旅順《リューシュン》、大連《ターリエン》の租借権とそこへ至る鉄道路線の敷設《ふせつ》権を獲得した。これにより1903年（明治36）にハルピンから長春《チャンチュン》を経て旅順、大連に至る東清鉄道南満洲支線が全通。この鉄道権益が日露戦争後のポーツマス条約によって日本に譲渡され、明治40年（1907）から南満洲鉄道の本線として旅客営業を開始した。

当初はロシア国内と同じ広軌（1524ミリ）だったが、日露戦争中に日本軍が内地の鉄道車両を利用するために内地と同じ狭軌（1067ミリ）に改軌し、満鉄開業後は朝鮮半島との一貫輸送を実現するため国際標準軌（1435ミリ）に改軌されている。また、本線は満洲方面から旅順《りょじゅん》へ直通する線形だったが、満鉄は大連を本線の終着駅と位置づけ、旅順への路線は大連から分岐する線形に変更して当初の満洲方面からの直通線を廃止している。

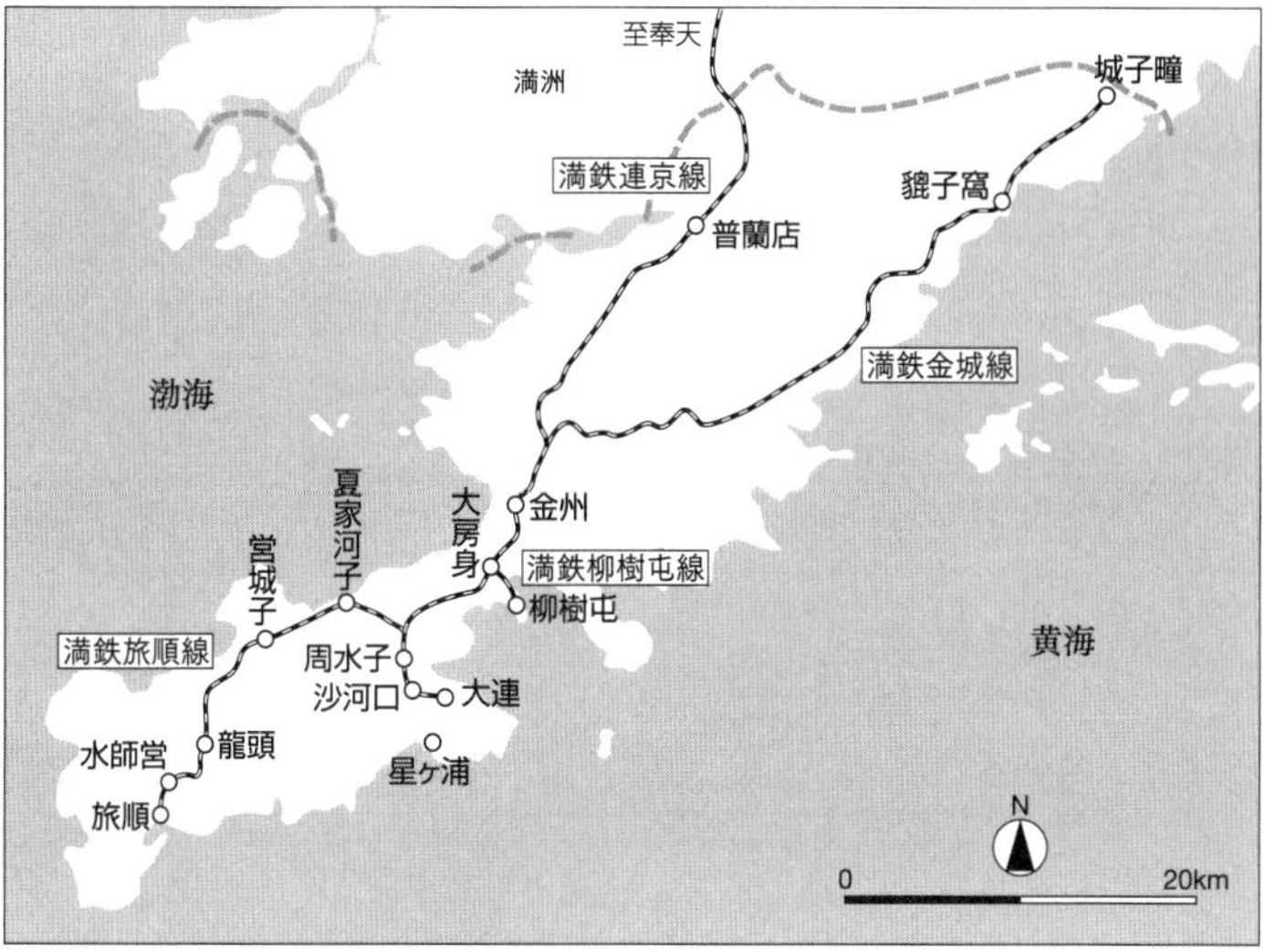


図3-1-1　日本統治時代の関東州鉄道路線図

旅順線を分岐する周水子《しゅうすいし》（大正10年までは「臭水子」）から18・8キロ北東の大房身《だいぼうしん》では、「ハンドカー」と称する手押車による柳樹屯《りゅうじゅとん》までの5・8キロの支線が東南に分かれていた。人力を動力とするトロッコのような簡易路線だが、ロシアから引き継いだれっきとした国際標準軌による満鉄所属路線で、大房身に発着する本線旅客列車と連絡していた。

大連市内では満鉄の電気作業所が明治42年（1909）に3・3キロの区間で路面電車の営業を開始。その後、路線網は徐々に郊外へと拡大し、昭和12年（1937）3月の時点では全線32・7キロ、車両数132両を有する大規模な交通機関に成長している。大正15年（1926）には南満洲電気株式会社という満鉄の子会社として独立し、満洲国成立後の昭和11年（1936）には電力事業等をすべて他社へ切り離し、軌道やバス事業等に専念する大連都市交通株式会社となっている。

満鉄連長線の金州《きんしゅう》から東に分岐する金福《きんぷく》鉄道（現・中国国鉄金城《チンチョン》線）は、昭和2年（1927）に開業した関東州内唯一の日中合弁による私鉄である。満洲との州境である城子瞳《じょうしどう》までの102・1キロの路線は、さらに黄海に沿って東へ進み安東《あんとう》（現・丹東《タントン》）までの延長を目指し、満鉄が路線建設時から支援し、開業後は大連発着の直通列車を設定して満鉄への乗入れを実施していた。だが、安東と直結して朝鮮方面との短絡ルートを完成させ、かつ満鉄と一体運営を行わない限り営業成績の好転が見込めないことから、昭和14年（1939）に満鉄が買収して金城《きんじょう》線と改称。関東州唯一の私鉄の歴史は12年間で幕を下ろしている。

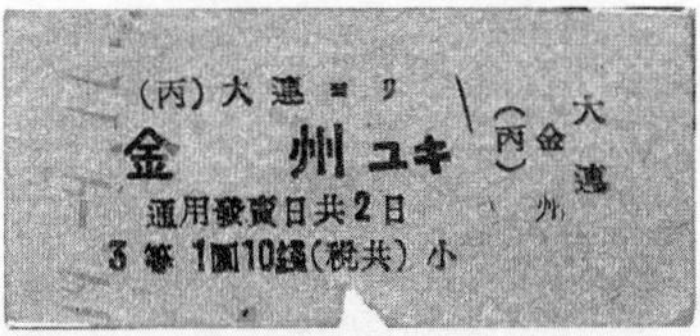

図3-1-2　大連から金州までの片道乗車券（昭和19年発行）。乗車駅・下車駅ともに関東州に属している。金州は日露戦争当時、乃木希典が「金州城外斜陽に立つ」との漢詩を詠んだ地として知られる

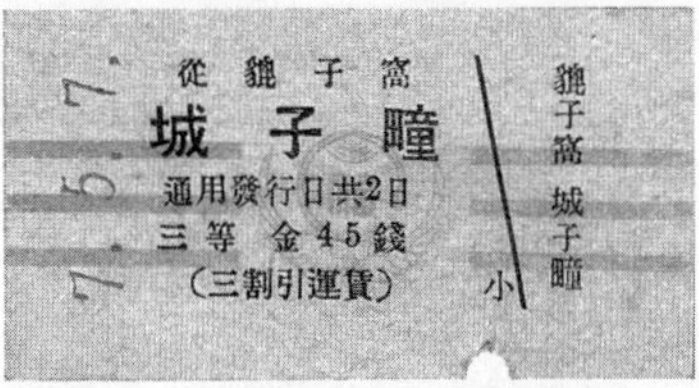

図3-1-3　金福鉄道の終点・城子瞳への片道乗車券（昭和7年発行）。日中合弁の私鉄らしく、乗車駅の表記が「従貔子窩」（貔子窩より）という中国語になっている

## 02――関東州へのアクセスルート

### 陸・海・空から大連へ

関東州最大の玄関口は大連港である。関東州のみならず、さらに遼東半島を北上して満洲へと足を延ばす旅客にとっても、大連は大陸の玄関口としての役割を果たしていた。

日本内地からは大阪商船による神戸～門司～大連間の旅客航路が最も賑わっていて、大正時代から昭和10年代半ばにかけて5千トンないし8千トン、一等から三等までの旅客定員が最大で800名以上にもなる大型客船が10隻就航し、ほぼ毎日運航されていた。所要時間は神戸～大連間が3泊4日(広島に寄港する場合は4泊5日)、門司～大連間が2泊3日である。

この航路は内地と朝鮮、満洲を周遊する旅行ルートの一部であり、内地の省線と連帯運輸を実施しているので、日本全国の省線各駅からこの大連航路経由で満鉄に乗り継ぐ場合(または満鉄から大連航路経由で内地の省線を利用する場合)に直通切符が発行された。内鮮満周遊券(170ページ参照)や東亜遊覧券(341ページ参照)など、満洲や朝鮮を含めた大型周遊券を利用する場合の定番ルートでもあった。

この神戸・門司発の大阪商船は、『旅程と費用概算』の昭和10年(1935)版によれば大連港到着が午前8時となっている。一方、昭和9年(1934)から満鉄が運行を開始した超特急「あじあ」

図3-2-1　大連埠頭全景。右奥が客船の発着埠頭、中央の回廊は船客待合所
（『南満洲鉄道株式会社第二次十年史』より）

図3-2-2　大連埠頭船客待合所の内部（『南満洲鉄道株式会社第二次十年史』より）

（321ページ以下参照）の大連出発時刻は午前9時（後に8時55分）。そこで、大連埠頭から大連駅までは約2キロ離れていることから、満鉄は大阪商船から「あじあ」へスムーズに乗り継ぎたい旅客のために埠頭から大連駅まで連絡バスを運行しており、乗継ぎ客は無料で乗車できた。所要約10分。

内地からは他に、鹿児島から長崎経由で3泊4日かけて大連に至る近海郵船（昭和14年に日本郵船と合併）、および鹿児島から三角《みすみ》（熊本県）を経由して大連に至る大阪商船の各航路が、いずれも省線との連帯航路扱いを受けていた。横浜から名古屋、大阪または神戸、長崎等を経て大連に入港する近海郵船は、さらに華北の天津《てんしん》や満洲の営口《えいこう》に足を延ばしていた。

同じ外地である台湾からは、高雄《たかお》から基隆《きいるん》経由で大連汽船が非連帯航路を開設していた。朝鮮と関東州を直結する航路が時刻表上に見当たらないのは、船で海を渡るより鮮鉄と満鉄を利用して奉天《ほうてん》（現・瀋陽《シェンヤン》）経由で陸路移動するコースの方が利便性が高かったからであろうか。中華民国沿岸部との間では、上海、青島《チンタオ》、天津から大連汽船が航路を開いていた。

大連の空の玄関口は周水子飛行場（現在の大連周水子国際空港）で、東京や名古屋、大阪から福岡、朝鮮の大邱《たいきゅう》（昭和9年時は蔚山《うるさん》）、京城《けいじょう》（現・ソウル）、平壌《へいじょう》、新義州《しんぎしゅう》の各地を経由する大連行きの大日本航空の普通便が毎日1便設定されていた。昭和15年（1940）4月時点では、大阪から大連まで途中の5空港での着陸時間も含めて所要8時間55分。さらに、京城から大連まで急行便が毎日1便、所要約2時間で直行していた。

昭和7年（1932）に建国された満洲国との間では、満洲航空がハルピン、新京《しんきょう》（現・長春）、奉天などから大連に至る長距離便を一日1便、奉天から通化《つうか》や安東（現・丹東）など鴨緑江に近い都市部を経由して大連まで飛ぶ近距離便を週3便運航していた。時期によってはチチハルやハイラル、満洲里《まんちゅうり》、あるいは佳木斯《じゃむす》など満洲国北部からの便も設定されていた。満洲国の首都・新京から大連まで満鉄の超特急「あじあ」は所要8時間25分（昭和14年11月現在）なのに対し、同時期の満洲航空だと2時間55分。ただし、「あじあ」は三等利用だと急行料金込みで17円35銭だが、満洲航空の通常運賃は41円と2倍以上の高さになる。

航空便の値段が高く旅客定員も限られていることから、満洲から大連へのアクセスは満鉄の連長線（連京線）の列車を利用するのが一般的だった。大正14年（1925）4月のダイヤでは長春から大連への直通急行1往復が所要19時間10分、1泊2日の夜行列車として設定されていたが、それから17年後の昭和17年（1942）10月改正のダイヤでは「あじあ」の所要時間が8時間16分と半分以下に縮まり、昼過ぎに新京を出て同日夜のうちに大連に到着できるようになった。「あじあ」以外にも急行「はと」（332ページ以下参照）が10時間25分で新京から大連まで、さらにハルピンや牡丹江《ぼたんこう》から大連への直通急行が、夜行列車も含めて複数設定されていた。

満洲国が建国された後の万里の長城以南の中華民国との間には、昭和13年（1938）に設立された日中合弁の中華航空（49ページ参照）が就航。昭和15年（1940）4月の改正ダイヤでは、大連から天津経由で北京まで、および青島経由で上海まで、それぞれ毎日1往復が飛んでいた。

## 03——関東州を旅するテクニック

### 通貨、ことば、割引切符など

関東州は、１９９７年（平成9）までのイギリス領香港と同じように、日本が租借権に基づいて統治していた。そのため、内地から大連航路や空路で直接訪れる日本国民は、入域に際してパスポートを必要としなかった。

しかも、州内は関税自由地域となっていたため、禁制品や商品を除き、旅客の携行用品はほとんどが免税扱いだった。ただし、隣接する中華民国（後に満洲国）が便宜上、大連に税関施設を設置しているため、大連港に船で入港する場合は船内で、満鉄の列車で大連入りする場合は普蘭店《ふらんてん》以南の列車内で、それぞれ酒やタバコ等に対する検査が行われた。逆に、大連駅から列車に乗って満洲方面へ行く旅客は、大連駅で中華民国（後に満洲国）の検査を受けなければならなかった。

日本内地とは昭和11年（１９３６）まで1時間の時差があり、隣接する満洲と同じ日本西部標準時を採用していた（内地の中央標準時より1時間遅い。内地が正午のとき、関東州は午前11時）。直通運転を行う満鉄も、開業から約1ヵ月半後の明治40年5月中旬までは内地と同じ中央標準時を用いていたが、それ以降は西部標準時に切り替えた。それから30年後の昭和12年元日より再び内地と同じ中央標準時に戻され、以後、終戦まで関東州と日本内地との間に時差はなくなっている。

図3-3-1　昭和12年竣工の大連駅舎（当時の絵はがきより）。上野駅を模して建てられたといわれている

図3-3-2　駅舎と特急「あじあ」を牽引する蒸気機関車パシナをあしらった大連駅の記念スタンプ

なお、内地の省線が午前・午後を付して識別する12時間制から24時間制に切り替わったのは第二次世界大戦中の昭和17年（1942）10月だが、関東州内を走る満鉄は昭和4年（1929）7月より24時間制を採用。市販の時刻表も、省線は午前の時刻を細字、午後の時刻を太字で表示して区別したが、満鉄の欄には午後12時以降も13時、14

時……と24時間方式で表記して、細字を用いていた。

関東州で一般に広く流通していたのは朝鮮銀行券だが、日本円も通用したため、内地からの旅客は両替の必要がなかった。また、朝鮮銀行券や日本円は満洲国の通貨である満洲国幣と等価でそのまま通用したので、昭和7年（1932）の満洲国成立以降は、関東州から満鉄の長距離列車に乗って満洲方面へ足を延ばす際も特に両替を要さなくなった。ただし、内地では朝鮮銀行券や満洲国幣は使えないため、大連埠頭や大連駅ホームには無料の両替所や朝鮮銀行の出張所が開設されていて、特に内地へ戻る旅客の便宜が図られていた。

大連駅や旅順駅で満鉄の列車や鉄道案内所などの施設を利用する限り、旅客はすべて日本語で用が足りた。駅の案内表示には漢字とひらがな、日本語読みのローマ字表記が用いられていた。大連市内で営業しているＪＴＢの大連案内所も、旅行者には何かと頼りになる場所だった。そもそも大連や旅順市民の３人に１人以上は内地人なので、市内を歩くだけでも日本語が通用しやすかった。

大連と星ケ浦《ほしがうら》（現・星海《シンハイ》）に満鉄直営のヤマトホテルが第一級の宿泊サービスを提供しているのを筆頭として、関東州の各地で洋室や和室を備えた日本旅館が数多く営業していた。団体客が主要都市で満洲旅館協会協定の適用を受ける主要旅館を利用する場合、団体の種類（普通団体、学生団体、教員および軍人団体など）によって割引宿泊料金が定められていたが、関東州内の旅館は満洲各地の旅館より安い料金が設定されていた。

関東州の観光名所といえば各地に散在する日露戦争の戦跡地で、特に旅順は、戦跡巡り観光を望む

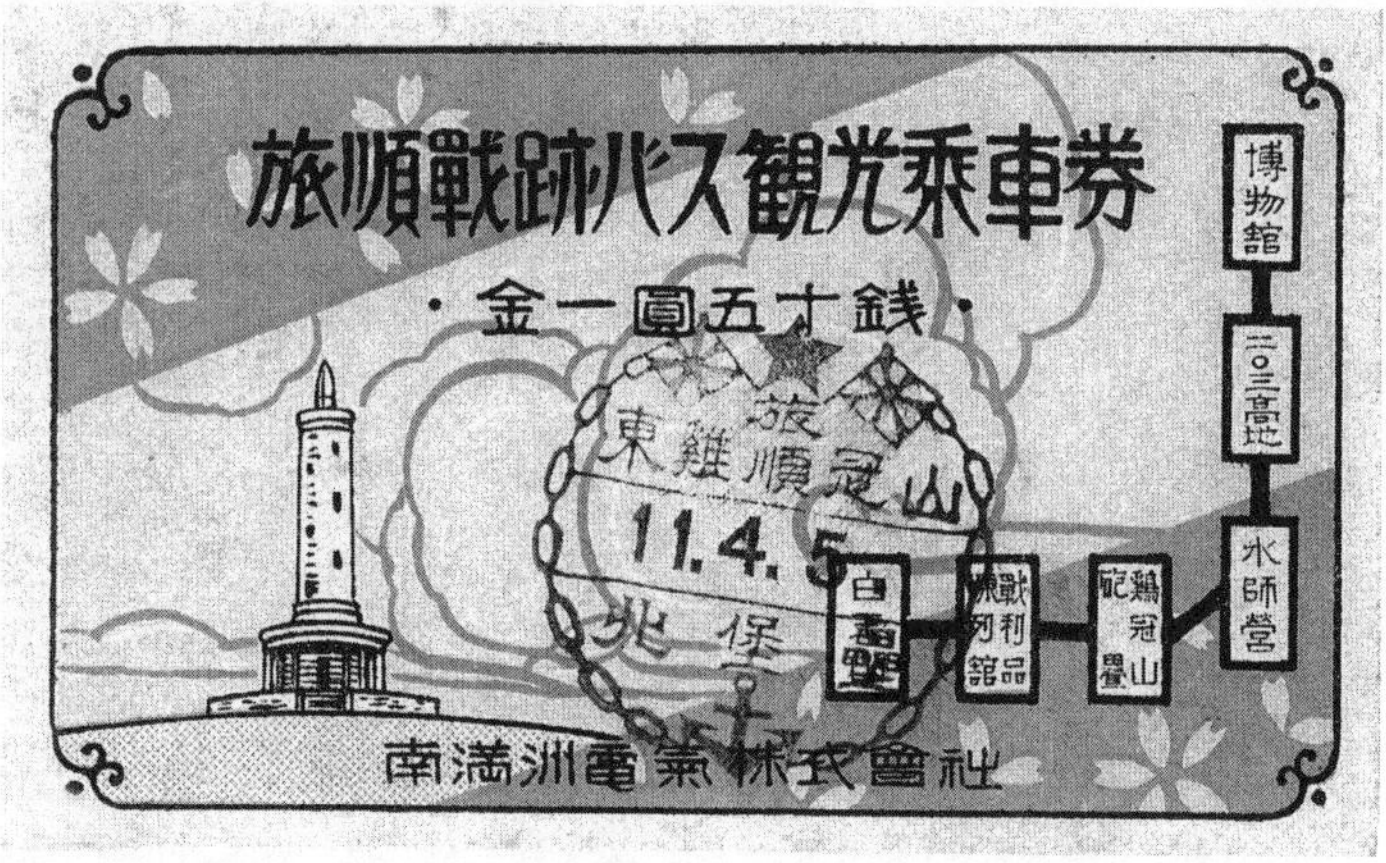


図3-3-3　旅順戦跡を巡る観光バスの乗車券（昭和11年発行）

旅行者向けのサービスが充実していた。大連駅では日曜・祝祭日に旅順駅までの往復割引乗車券を発売し、旅順駅では白玉山表忠塔《はくぎょくさんひょうちゅうとう》の内部入場許可証を駅長が無料で発行しており、戦跡巡りのための馬車や説明ガイドの雇入れの相談にも応じてくれた。駅前に開設されている満洲戦跡保存会の案内事務所でも、案内人による無料の説明を受けることができた。駅前には戦跡巡りの観光バスも頻繁に発着していて、観光ガイド付きで貸し切ることも可能だった。

州内の治安は概ね良好に保たれていた。清朝末期から満洲国建国前後まで満洲各地に跳梁跋扈《ちょうりょうばっこ》し、時には満鉄の旅客列車を襲撃したり鉄道施設を破壊したりしたいわゆる満洲馬賊（232ページ以下参照）の集団も、関東州内ではほとんどその姿を見る恐れはなかった。

なお、大連と旅順およびその近郊はいずれも要塞地帯なので、観光旅行者であっても、写真撮影や模写などは要塞司令官の許可を受ける必要があった。

04

# 関東州の鉄道路線

## 旅順線と大連市電が観光客の足

### ●旅順線

日露戦争の戦跡巡りのハイライトである旅順観光は、大連から列車で往復して日帰りできることから、大連発の早朝一番列車には観光客の姿が多かった。列車の「窓外の山河はすべて往年の血《ち》腥《なまぐさ》き日露の激戦地ならざるはない」（昭和13年〔1938〕版『旅程と費用概算』）とされ、特に龍頭〜旅順間11・3キロは日露戦争時の主戦場となった山岳や村落の真っ只中を走る。旅順開城時に日本の乃《の》木《ぎ》希《まれ》典《すけ》将軍とロシアのステッセル将軍が会見し、その様子が文部省唱歌として日本全国の学校で教えられ

甲 ろ No. 3453
水師營 ヨリ
3 等

| 着驛名 | 運賃 | | 通用 | 月 | 日 |
|---|---|---|---|---|---|
| 旅順 | | 10 | 二 | 1 | 1 |
| 龍頭 | | 10 | 二 | 2 | 2 |
| 長嶺子 | | 25 | 二 | 3 | 3 |
| 營城子 | | 35 | 二 | 4 | 4 |
| 牧城子 | | 45 | 二 | 5 | 5 |
| 夏家河子 | | 55 | 二 | 6 | 6 |
| 革鎭堡 | | 60 | 二 | 7 | 7 |
| 大連 | | 85 | 二 | 8 | 8 |
| 沙河口 | | 80 | 二 | 9 | 9 |
| 周水子 | | 75 | 二 | 10 | 10 |
| 金州 | 1 | 10 | 二 | 11 | 20 |
| | | | | 12 | 30 |

大人　小児　公務　割引

図3-4-1　水師営駅で発行された大連までの3等乗車券

図3-4-2　ロシア様式の旅順駅舎（当時の絵はがきより）。帝政ロシアが建設したようにも思えるが、実は日露戦争後に満鉄が建設した2代目駅舎である

図3-4-3　旅順駅から白玉山上の表忠塔を望む（当時の絵はがきより）

るようになった水師営《すいしえい》の会見場も、この路線の近くにある。昭和6年（1931）には同区間の中間地点に水師営駅が開設されている。

夏家河子《かかし》駅は満鉄が経営する大規模な海水浴場の最寄り駅でもあった。海岸線が長く遠浅で危険が少ないことから、家族連れでの海水浴に適しているとされる。このため、夏は旅順線の列車が夏家河子に到着すると、老若男女の海水浴客がホームにどっと溢れ出た。

終点の旅順駅舎（図3-4-2、図3-4-3、巻頭カラーページ㊳）はネギ坊主型の塔屋が目を引くロシア様式で、その駅舎の向こうに旅順港を見下ろす白玉山と、その頂上にそびえる弾丸型の表忠塔がよく見える。表忠塔は内部から登ることができるが、その入場許可証は民政部または旅順駅で無料交付されていたので、旅順観光は列車の利用が便利だった。

### ◉──金福鉄道（金城線）

金州から城子疃までの102・1キロの路線は起伏が激しい区間を通るため、線内には橋梁《きょうりょう》が多い。終点の城子疃は市街地の道路が州境となっていて、道路を挟んで南側が関東州、北側が満洲と分かれていた。列車は大連から直通しており、金州〜城子疃間の所要時間は約4時間。城子疃からは満鉄直営バスが途中の乗継ぎを経て安東（現・丹東）駅まで定期運行しており、朝の便で城子疃駅近くのバス乗り場を出発すれば夕方までには安東駅に到着できた。

図3-4-4　常盤橋通り（現在の中山路付近）を走る路面電車（奉天鉄道局パンフレット『大連』より）

図3-4-5　大連市内を走る路面電車（当時の絵はがきより）

## 大連の路面電車

大連市内と郊外に路線網を持つ大連の路面電車は、市民の通勤・通学の足となっているだけでなく、海水浴場や貸別荘、満鉄直営のヤマトホテルなどがオープンしている避暑地として欧米人にも人気が高い星ヶ浦（欧米人は「スタービーチ」と呼んでいる）への路線は、観光客の利用も多かった。

国際貿易都市らしく、市電の小さな乗車券には日本語と英語が併記されていた。停留所名は漢字とそれを日本語読みしたローマ字で表記されているが、「沙河口《さかこう》工場前」の「工場前」を「Works」と表記する（「Kojomae」ではない）など、地名の表示に関しては内地の都市交通機関より欧米人向けの配慮がなされていたといえる。

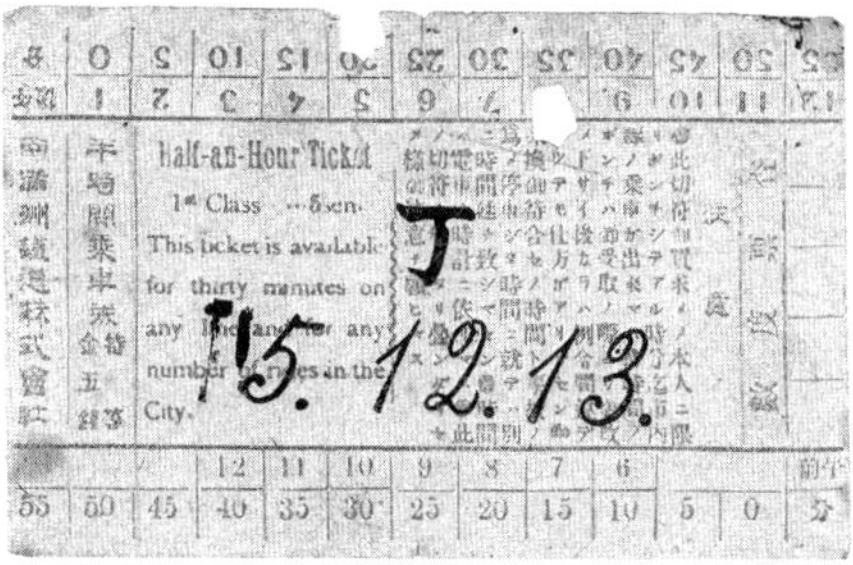

図3-4-6　大連市電の1回30分間乗り放題特等乗車券（大正5年発行）。車掌が穴を開けた場所から、「午後8時20分まで乗車可能」であることがわかる

図3-4-7　時間制限がない大正時代の並等乗車券。券面に捺されたスタンプの「S.M.R Co.」とは南満洲鉄道株式会社の英名「The South Manchuria Railway Co.,Ltd」に由来する略号である

路面電車としては珍しく、大正12年（1923）まで特等と並等の2等級制を採用してい

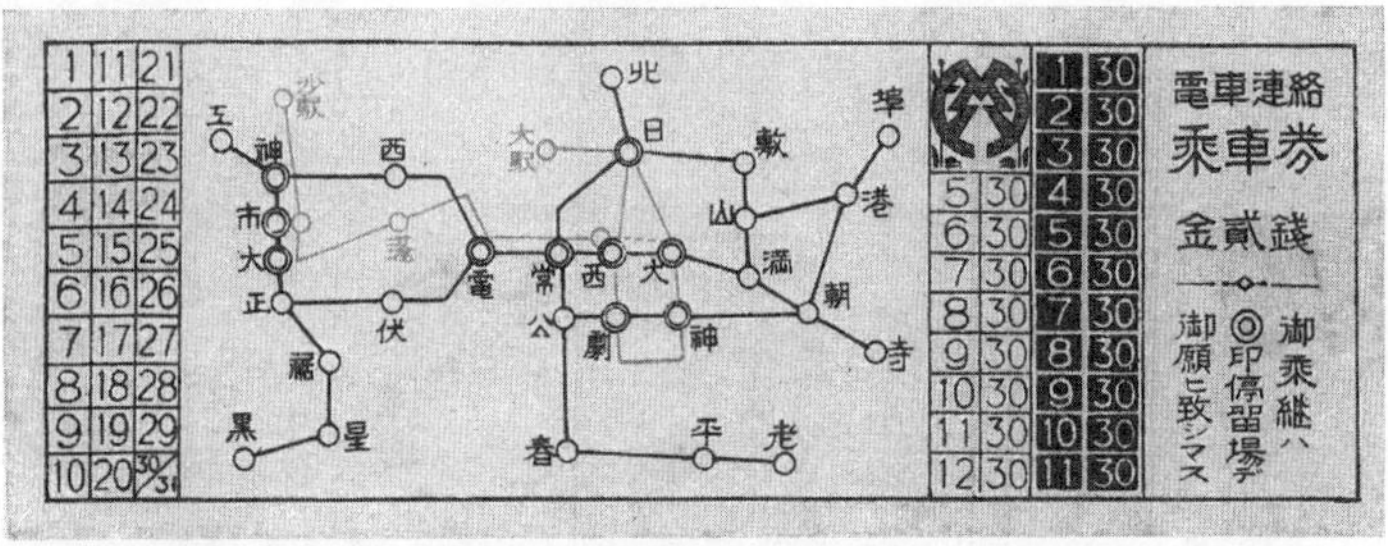


図3-4-8　南満洲電気発行の路線図入り連絡乗車券（昭和初期）。等級や時間制限はなくなっている

た。これは、満鉄グループ会社として人種による乗客の差別はしないものの、いわゆる下級労働者層と見られる人たちとの同乗を快く思わない乗客がいるであろうと想定し、そうした人たちには特等運賃を払わせて自然に同乗を避けさせる目的があった。アジア唯一の列強国として人種差別を否定する建前を国是としつつ、同じ日本国民でも身分や所得や性別によって参政権等が制限を受けた時代の発想らしい。

ところが、市内線の片道乗車券は特等が6銭で並等が4銭と金額差が大きく、乗換券がないため直通路線以外で特等を利用するとさらに値段の差が広がることなどから、実際には並等に乗客が集中した。1回限り有効の普通乗車券を廃止して30分または1時間内乗り放題の時間制乗車券のみを発行した時期もあるが、不正な使い回しが横行するなどの問題も生じた。このため、大連市電の乗車運賃制度は草創期から変遷を重ね、大正13年（1924）からは市内線と市外線の区別もなくなって、ようやく全線片道5銭均一で落ち着いた。

# 第4章

# 満洲の鉄道旅行

特急「あじあ」の出発前（当時の絵はがきより）

# 01　満洲の鉄道事情概観

## 日本とロシアが鉄道権益を奪い合った

満洲の鉄道は、帝国主義時代の欧米や日本など列強各国が中国大陸への影響力を強めていく過程で発達していった。中国大陸全体から見れば鉄道の登場は遅かったが、その後の鉄道網の拡大ぶりは急速で、満洲事変が起こった昭和6年（1931）の段階ですでに全中国の44パーセントに相当する路線が満洲に集中していた。

その後も満洲国統治下でさらに路線延長が進み、第二次世界大戦の終結時における満鉄線の総延長距離は約1万1600キロに達していた。それから4年後の中華人民共和国成立時における同国内の鉄道総延長が2万2000キロ弱だったから、満鉄の鉄道網は当時の全中国の半分以上の路線延長を誇っていたことになり、満洲は「解放前の中国では鉄道が最も集中した地域」（前掲『日本植民地鉄道史論』）と評価されている。

満洲最初の鉄道は、清朝末期の1893年（明治26）に山海関《シャンハイクアン》から万里の長城を越えて延伸してきた。この鉄道は中国最古の鉄道の一つであり、イギリスが資本を投下して建設を後押ししていた。一方、奉天《ほうてん》（現・瀋陽《シェンヤン》）側には日露戦争中に日本軍が軍用の軽便鉄道（新民《しんみん》～奉天間の新奉《しんほう》鉄道）を敷設《ふせつ》しており、これが明治40年（1907）に日本から清国へ売却のうえ標準軌（軌間1435ミリ）へと改

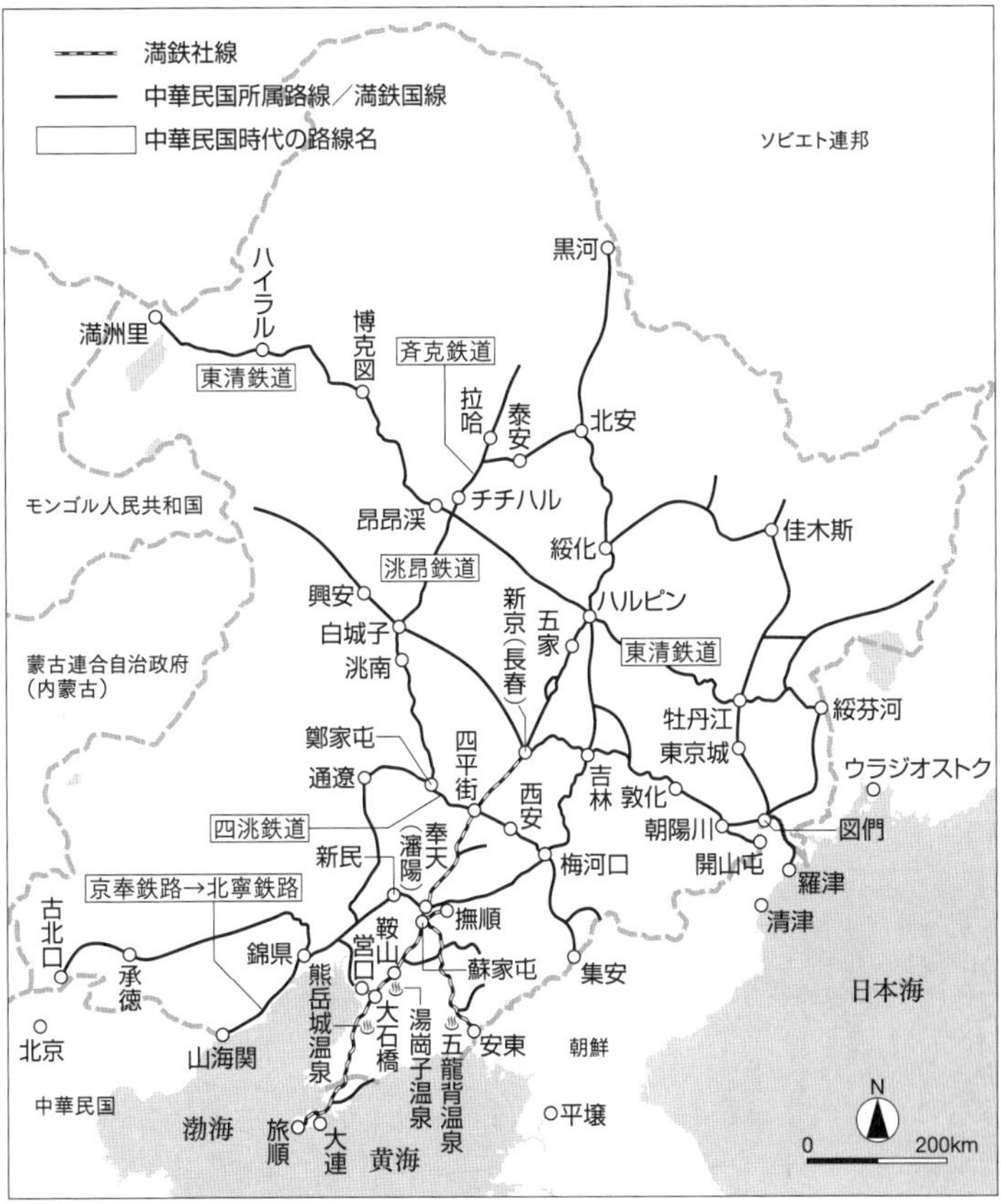


図4-1-1　第二次世界大戦終結前の満洲鉄道路線図

軌されて、北京から奉天までの直通鉄道（京奉《けいほう》鉄道）となった。ただし、同鉄道の買収額が日本側へ完済される昭和2年（1927）までは、日本が借款鉄道として鉄道技師を派遣するなどの権利を有していた。

この路線はその後、中華民国国鉄の管理下で平奉《へいほう》鉄道、北寧《ほくねい》鉄道と順次改称され、満洲国成立後は満洲側が満洲国鉄奉山《ほうざん》線となり、中華民国側は昭和14年（1939）から華北交通の京山《けいざん》線へと変遷。名称や経営主体はしばしば変わったが、北京と奉天とを直結する幹線鉄道としての重要性はいつの時期も同じで、現代でも当時の路線の大部分が中国国鉄の京哈《チンハー》線（北京〜ハルピン間）や瀋山《シェンシャン》線（瀋陽〜山海関間）の一部として幹線機能を果たしている。

南から鉄道で満洲に進出してきたのがイギリスなら、北から路線を拡大してきたのが帝政ロシアだ。シベリア鉄道によって極東への進出を図ってきたロシアは、日清戦争後に、シベリア鉄道から分岐して清国領内である満洲北部をショートカットしてウラジオストクへ至る路線と、その路線から南へ分岐して遼東《リャオトン》半島方面へ至る支線の敷設権を清朝から獲得した（ロシアは日清戦争後の三国干渉によって遼東半島を日本から清国に返還させ、それを自国の租借地としていた）。全長2500キロに及ぶこの鉄道は、1903年（明治36）から正式に営業を開始。満洲里《マンチョウリー》〜ハルピン〜ポグラニーチナヤ（綏芬河《スイフェンホー》）間を本線とし、ハルピン〜旅順《リューシュン》間を南満洲支線とするこの鉄道を運営したのが、中国語での正式名称が「大清東省鉄路」、日本では「東清《とうしん》鉄道」の通称で知られるロシアと清朝の合弁会社である。もっとも、合弁といってもその実質的な運営権はロシアにあり、鉄道本体の他にその附属地の行政権や商工業の営業権なども認められていた。

この東清鉄道の南満洲支線（長春《ちょうしゅん》以南）に関する諸権利が、日露戦争後のポーツマス条約によってロシアから日本へ譲渡された。この鉄道権益を運用する目的で設立されたのが南満洲鉄道株式会社（満鉄）である。明治40年（1907）に営業を開始したこの会社は、鉄道事業のみならずその附属地（満鉄附属地）の行政までを担う特殊な国策会社で、そのモデルはロシアによる東清鉄道だったとされる。そこには、領土そのものを獲得した台湾と異なり（日韓併合による朝鮮の日本領化はポーツマス条約の後なので、この時点での海外領土は台湾のみ）、ロシアから獲得したのはあくまでも第三国（清国）内における鉄道関係の権益なので、日本政府が直接関与するスタイルを避けたという背景があった。

この満鉄が満洲南部の鉄道路線の根幹を成す一方で、北部の東清鉄道は日露戦争後もそのままロシアの権益として存続し続けた。満鉄の営業開始直後に日露間で締結された第一次日露協約の秘密条項では、東清鉄道を中心とする北満洲はロシアが、満鉄を中心とする南満洲は日本が、それぞれ既得権を保持して互いに干渉しないことを定めている。これは、アメリカが満洲の鉄道の共同経営や中立化を提案するなど中国大陸への進出を図っていたことに対する、日露両国の対抗策でもあった。その後、明治42年（1909）には長春駅で満鉄と東清鉄道が連絡運輸を開始。明治44年（1911）には日本からロシアまでの直通切符が発行されるようになり、新橋からモスクワまで1枚の切符で旅行できるようになっている（図4-1-2）。

もっとも、満洲の鉄道は満鉄と東清鉄道のみから成っているわけではない。大連《だいれん》～長春間を結ぶ満

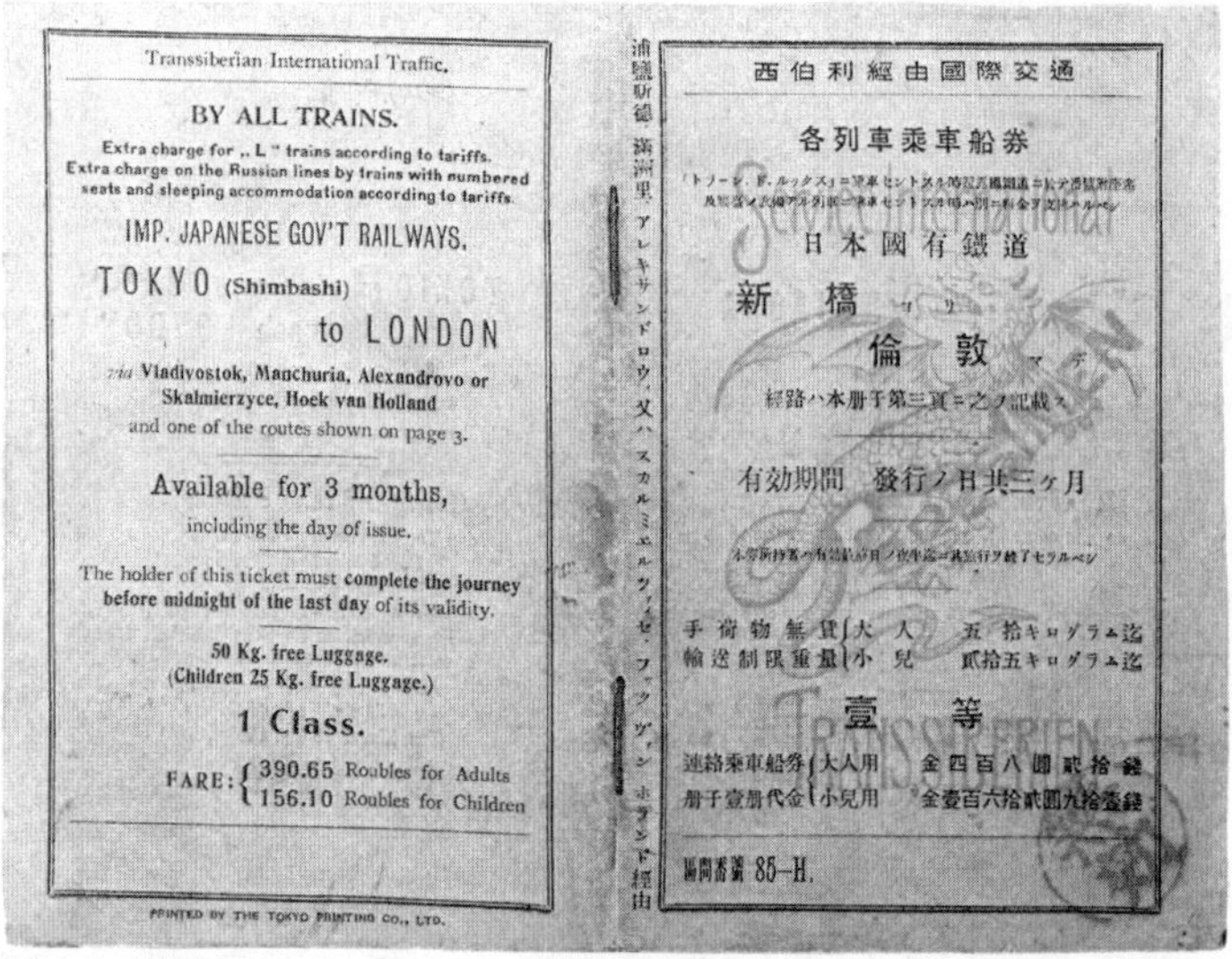

図4-1-2　新橋からロンドンまでのシベリア経由による連絡乗車券（表紙と最終ページ）。経由地としてウラジオストクと満洲里が挙げられていること、帝政ロシア時代の東清鉄道の急行「トラーン・ド・ルックス」（The Luxe Train）の名が見られることから、朝鮮半島や大連経由ではなく福井県の敦賀から船でウラジオストクへ渡り、そこから東清鉄道経由で満洲里の国境を通過してシベリア鉄道へ合流するルートとなっている。新橋駅が東京のターミナルだったのは東京駅開業（大正3年）以前のことなので、この乗車券は明治44年から大正3年までの時期に発行されたと思われる

鉄の本線から分岐する路線の大多数は、ポーツマス条約後に日本と清国、辛亥革命後は中華民国との間で成立した合意に基づいて新たに建設された。

それらの鉄道は中国側が所有こそしているものの、日本側が、建設資金の提供や完成後の満鉄による運営受託といったさまざまな形で関与した。これらの路線は満鉄の物流機能を活性化させることを目的としていることから、満鉄の「培養線」と呼ばれている。その目的には、朝鮮との連絡ルートを強化したり北満洲からの輸送ルートを東清鉄道以外に確保する、という意味も含まれていた。

ところが、その東清鉄道（辛亥革命によって清朝が滅亡した後は、日本では「清」を「支那」に置き換えて「東支《とうし》鉄道」、中国では「大清」を外して単に「東省鉄路」と呼ばれるようになった）は1917年（大正6）に発生したロシア革命によって、大正後期から昭和初期にかけて列車の運行状況にも大きな影響を受けた。

革命後まもなく、東支鉄道は満洲里とポグラニーチナヤの両国境を閉鎖してシベリア鉄道との連絡運輸を自ら中止。本国に新しく成立したソ連政府と東支鉄道とが対立関係に陥り、そこに乗じて中国側が東支鉄道に関する旧ロシアの特殊権益を回収し、主権の回復を図った。また、欧米や日本など列強によるシベリア出兵によって、東支鉄道は数年間にわたり日本を含む列国の共同管理下に置かれている。本国の通貨ルーブルが革命で暴落したため運賃を大幅に引き上げたり、治安の悪化によって輸送量が減少したりといった事情が重なり、一時は経営が悪化した。東支鉄道がまともな輸送機関とみなされなくなったことから、満鉄と接続する長春〜ハルピン間の南部支線の沿線では、前近代的な馬車輸送が復活したほどである。

その後も東支鉄道を巡って、利権を回収したい中国側と既得権を維持したいソ連側との間で激しい外交交渉が繰り広げられた。時には中ソ間の国交が断絶し、武力衝突も発生したが、1929年（昭和4）、中国側に回収されたソ連側の利権が原状回復され、まもなくハルピン〜モスクワ間の急行列車が誕生するなど国際鉄道としての機能が復活している。

この交渉過程で、東支鉄道は中国語で「中東鉄路」と呼称されるようになり、それを受けて日本の旅行ガイドブックなどにも「中東鉄道《ちゅうとう》」と表記されるようになった。現代の日本人が字面を見ると、まるでアラブの鉄道のように錯覚してしまいそうだが、この「中東」は「中国東部」を意味する。同鉄道の英名は「Chinese Eastern Railway」だ。

この中東鉄道経由でシベリア鉄道へ直通できるようになると、日本内地から満洲を経由して鉄道でヨーロッパへ向かうコースが再び注目されるようになる。第一次世界大戦の勃発やロシア革命によって中断していたシベリア鉄道経由の欧亜連絡ルートは、大正末期の日ソ国交回復や欧亜連絡運輸会議などによって昭和2年に復活。満鉄は日本内地から朝鮮、または大連経由でヨーロッパを目指す際の最短ルートの一部となり、ウラジオストクから中東鉄道経由で満洲北部をショートカットするルートも含めると、内地からシベリアへ向かう旅客は三つのルートを選択できるようになった。

ただし、ウラジオストクからの中東鉄道ルートは、昭和10年（1935）に満洲国が同鉄道（満洲国成立後に中国語の呼称が「北満鉄路」へ変更され、日本では北満《ほくまん》鉄道と呼ばれるようになっていた）を買収したことで、欧亜連絡機能が低下した。買収以前はソ連国鉄と同じ広軌（軌間1524ミリ）だったためシベリア鉄道と直通運転できたが、買収時に満鉄と同じ国際標準軌（軌間1435ミリ）に改軌されて直通運転ができなくなってしまったからである。この北満鉄道の売却によって、ソ連は満洲の鉄道から完全に撤退したことになる。

他方、日露戦争後にそのソ連から割譲され、南満洲の大動脈として定着した満鉄は、鉄道収入の約8割を貨物収入が占めてはいたものの、旅客収入も会社創立期から昭和にかけて毎年順調に増えていった。施設改良や車両の更新等により、旅客列車のスピードも年々アップしている。

国際標準軌を採用する満鉄では、狭軌（1067ミリ）を採用している内地の車両を転用することができず、また明治期の日本にそのような車両を自力で製造する技術力はなかった。そのため、当初はアメリカから蒸気機関車や客車を大量に輸入。さらに、イギリスやドイツからも車両を輸入していた。

大正後期になるとようやく、満鉄がそれらの輸入機関車等と同形式の車両を自社工場で製造できるようになる。そして、創業から20年以上を経た昭和2年になって、ついに満鉄が一から独自に設計した急行列車用大型機関車（パシコ形）が営業運転に投入されるに至った。この成功例が、満洲国成立後の昭和9年（1934）に世界最高レベルの超特急「あじあ」（321ページ以下参照）を生み出す源流となったといえよう。

だが、昭和初期になると世界恐慌による不景気の影が満鉄にも忍び寄ってきた。それだけではなく、満洲を実効支配する張作霖《ちょうさくりん》・張学良《ちょうがくりょう》率いる奉天軍閥によって満鉄に併行する路線が建設され、満鉄の貨物輸送がその併行線に奪われるという事情も加わり、満鉄の営業成績は悪化。昭和6年度には創業後初めて、そして満鉄40年の歴史で唯一の赤字を記録している。日本は、満鉄併行線の建設は日露戦争後に日清間で成立していた併行線建設禁止条項に違反すると抗議したが、奉天軍閥はこれを無視。このことは、昭和6年に関東軍が満洲事変を引き起こす一因ともなった。

満洲事変によって奉天軍閥が崩壊すると、それらの併行線を含む満鉄以外の各路線は昭和8年（1

933）に成立した満洲国鉄へと引き継がれ、満洲国鉄はその全路線を同時に満鉄へ運営委託した。これを受けて満鉄は、鉄路総局という運行統括部署を新設。従来からの満鉄所属路線を「社線《しゃせん》」、満洲国鉄からの受託路線を「国線《こくせん》」と分類しつつ、中華民国時代には実現不可能だった全満洲での統合的な列車運行が行われるようになった。満鉄包囲網などと呼ばれて満鉄の営業力低下に一役買っていた併行線が満鉄と同じ事業体に帰属し、併行線問題は劇的に解決したのである。昭和10年にソ連から譲渡された北満鉄道も、この国線の一部に組み込まれている。

その後、昭和11年（1936）には鉄路総局が他の部局も含めた鉄道総局へとさらに改組され、それまでは満鉄線と満洲国鉄線を区別していた市販の時刻表も両者を「鉄道総局線」として同一に扱うようになった。昭和18年（1943）には戦時体制強化のためその鉄道総局も廃止され、その業務は満鉄本社へ継承されている。これにより、国線は完全に満鉄の一部として運行されるようになった。

このように、「満洲の鉄道」は満鉄がすべてではない。鉄道史をていねいに紐解《ひもと》けば、終戦時点での満洲の鉄道路線には満鉄オリジナルではない区間も多かったし、満鉄の管理下にない中国資本の私鉄や株式会社形態の都市交通も存在した。にもかかわらず、21世紀の現代において「満洲の鉄道」イコール満鉄であるかのように両者が同一視されるイメージが広まっているのは、単なる史実誤認というわけではなく、この満洲国成立後の社線・国線一元化が進んだところで満鉄の歴史がストップしてしまった影響もあると思われる。

## 02 満洲の観光事情

### 満鉄沿線を中心に観光地化が進んだ

日露戦争に勝利し、ポーツマス条約によって満鉄とその附属地（満鉄附属地）の権益をロシアから譲り受けて以来、満洲へ足を運ぶ日本人旅行者は徐々に増えていった。「視察旅行」と称して朝鮮や満洲を周遊する団体旅行が明治末期から盛んに実施され、日本政府も内地の学生・生徒が修学旅行で大陸を訪れる際にさまざまな便宜を図った。満鉄や新聞社は、著名な作家を現地へ招待旅行に誘い出し、旅行記を書かせた。そうした見聞が内地へと伝えられ、さらに旅行熱が増幅されていった。

満洲国の建国以前は、日本の権益は満鉄自体と満鉄附属地内に限られていたことから、日本人旅行者の訪問先もその範囲内、つまり満鉄沿線が中心となった。これは、日本人旅行者が満洲を旅行するということは満鉄を利用することとほぼ同義である、ということを意味する。

明治・大正年間に満鉄や内地の鉄道院（後の鉄道省、国鉄。現・JRグループの前身）が編纂・刊行した満洲方面の旅行ガイドブックを開くと、現代の旅行ガイドブックのように地域ごとに章立てして主要都市や観光地を列挙していくのではなく、鉄道路線ごとに章立てをして、各章ではその停車駅もしくは主要駅ごとに駅周辺の見どころや宿泊施設等を列挙するスタイルで編集されている。この方式は昭和以降の『旅程と費用概算』にも受け継がれていて、満洲をはじめとする外地のページは、同じ書籍の内地のページに比べると鉄道路線別案内の性格が強い。これは、内地にもまして、満洲方面では鉄道の利用が観光旅行の大前提となっていて、鉄道沿線から離れた場所は観光対象地として未開発であるケースが多いことを強く示唆しているといえよう。

観光旅行地の性格は朝鮮と似ている。すなわち、満洲における日本の特殊権益を獲得する原因となった日露戦争の戦跡が明治末期から大正年間にかけて各地で観光名所化され、日本人の団体旅行ツアーは聖地巡礼のごとくこれらの史跡を訪ねるものが多い。大正時代から昭和初期にかけての日本人にとって、日露戦争は、総力を挙げて大国ロシアを打ち破った痛快な成功体験であり、年輩者の多くが何らかの形で自らその経験を共有していた。一方、若年者は子供の頃から幾度となくその成功体験談を大人から聞かされ、学校でも繰り返し教えられて育っている。

したがって、遠い満洲まで出かけて日露戦争の戦跡を訪ね歩くことは、単なる物見遊山ではなく大日本帝国の発展の礎を偲ぶ有意義な社会勉強としての性格を持ち合わせていたということができる。満洲国が建国された後は、昭和6年（1931）に勃発した満洲事変の史跡も「新戦跡」として、観光客を迎え入れるようになっている。

戦跡以外では、温泉地のリゾート開発も日本人の手によって進められていた。満鉄本線（現・中国国鉄瀋《シエンター》大線）の沿線に湧く熊岳城《ゆうがくじょう》温泉と湯崗子《とうこうし》温泉、それに満鉄安奉《あんぽう》線（現・中国国鉄瀋丹《シエンタン》線）の安東《あんとう》（現・丹東《タントン》）から近い五龍背《ごりゅうはい》温泉は満洲三大温泉と称され、保養施設が整えられ、満鉄は最寄り駅に急行列車を停車させたり旅館を直営したり割引切符を発売したりして、集客に一役買っていた。これら

図4-2-1　満洲三大温泉の一つ、熊岳城温泉（『日本地理大系 満洲及南洋篇』より）

の温泉は内地のように火山帯にはないため、硫黄や酸性泉のような火山性温泉ではなく、いずれも無色透明のアルカリ泉で肌に優しい泉質が特徴である。

この温泉地を除くと、満鉄その他の鉄道駅を中心とする都市そのものが観光地となっているケースが多いのは、自然探勝型の行楽地も少なくない南隣の朝鮮とは対照的だ。満洲における日本の権益があくまでもロシアから受け継いだ満鉄とその附属地に限られていて、満洲全体が日本の勢力下

図4-2-2「安奉線の幽仙境」とのサブタイトルが付いた五龍背温泉の絵はがきカバー

にあったわけではないからである。満洲国が建国されてもその事情が劇的に変化したわけではなく、都市部から遠く離れた原野や密林、山岳地帯には、馬賊と呼ばれるゲリラ集団が跳梁跋扈《ちょうりょうばっこ》していて、呑気にハイキングを楽しめる環境とは程遠い地方が少なくなかった（満洲の治安については２３２ページ以下を参照）。

それに、満鉄の主要駅がある街そのものが、日本人にとっては異国情緒溢れる観光地でもあった。日露戦争以前からロシア革命の頃までロシアの権益地であったハルピンはその代表例で、昭和以降も街並み全体に強いロシア情緒が感じられた。一方、清王朝時代に首都あるいは副都として重視され続けていた奉天（現・瀋陽）には、中国風の城塞都市としての風情が漂う。日本人が内地の地方都市を凌ぐ近代都市として急速に整備が進んだ満洲国建国後の新京《しんきょう》（現・長春）も含めて、満鉄沿線の主要都市はそれぞれに、内地からの旅行者の目を見張らせる観光的魅力を持っていた。

それらの各都市にはＪＴＢの案内所が開設され、鉄道乗車券の手配、宿泊旅館の斡旋といった旅行サービスが日本語で受けられた。昭和13年（１９３８）４月時点では奉天、四平街《しへいがい》（現・四平《スーピン》）、新京、吉林《きちりん》、図們《ともん》、営口《えいこう》、撫順《ぶじゅん》、鞍山《あんざん》、安東、ハルピン、牡丹江《ぼたんこう》、佳木斯《じゃむす》、チチハル、満洲里《まんちゅり》、錦県《きんけん》（現・錦州《チンチョウ》）、承徳《しょうとく》の各地に案内所があり、その多くは駅前に位置していた。ハルピンと奉天のＪＴＢ案内所は満鉄直営のヤマトホテルの中にオープンしていた。

ヤマトホテルは、満鉄が自ら運営していた純洋風の高級ホテルである。満鉄附属地内の宿泊施設は和室中心の日本旅館が多数を占めるなかで、格式ある洋室を備えた各地のヤマトホテルは、シベリア

図4-2-3　奉天ヤマトホテル（当時の絵はがきより）

図4-2-4　奉天ヤマトホテルの宿泊客用専用荷札（未使用）。「MUKDEN」は奉天の英語名（274ページ参照）。満鉄直営のホテルらしく、乗車予定の列車や寝台番号などを伝えておけば、この荷札をつけてその列車まで荷物を運んでおいてくれた

鉄道を経由してアジアへやって来た欧米人旅行者に好評を博した。外観もルネサンス様式からアール・ヌーヴォー様式など、荘厳な雰囲気を醸し出す建物が多い。ハルピンと奉天以外では、長春（新京）や関東州の大連、旅順《りょじゅん》などで営業している。宿泊しなくとも、館内にあるレストランで食事だけ楽しむこ

ともできた。

食事は、満鉄附属地内であれば日本人居住者が多いので日本料理店に事欠くことはないが、満人街と呼ばれる漢民族や満洲族の居住地域にも日本人在住者がよく利用する中国料理店等があった。ハルピンなど北満洲では白系ロシア人（329ページ参照）が多く在住しているため、ロシア料理店も数多くあった。『旅程と費用概算』の昭和13年度版を開くと、ハルピンのページには「支那料理」店より「露西亜料理」店の方が多く紹介されているし、ロシア料理とは別に「コーカサス料理」という分類まで作られて店名が多数挙げられている（コーカサスはカスピ海の西側に位置するアゼルバイジャン、アルメニア等の地方名）。

図4-2-5　吉林駅で販売されていた駅弁の包装紙。価格が「國幣四角」と印刷されていることから、満洲国幣と日本円と等価になった昭和10年以前（271ページ参照）に販売されたものと思われる

台湾や朝鮮など他の外地の場合と同じく、満洲についても内地の時刻表には駅弁販売駅のマークが付されていないが、現地で発行されている『満洲支那汽車時間表』には、各線の時刻表欄に駅弁販売駅と駅構内に食堂がある駅がマークで示されている。ＪＴＢ満洲支部が奉天で発行した同時刻表の昭

和15年（1940）8月号を開くと、巻末に駅弁の種類と価格表が載っていて、弁当は各駅共通で50銭、寿司も同じく30～40銭、お茶が7銭。さらに、奉天駅の鳥めしが50～60銭、新京駅のサンドイッチが40銭となっている。

この時刻表には構内食堂の営業駅一覧やその定食料金まで掲載されている。その営業駅を路線別に整理したものが図4‐2‐6で、満鉄総局が直営しているケースが約半数を占めていたことがわかる。定食は洋食と和食の2種類がそれぞれ朝食、昼食、夕食に分かれて用意されていた。

図4-2-6　満鉄の構内食堂設置駅一覧
（『満洲支那汽車時間表』昭和15年8月号をもとに作成）

| 路線名 | 構内食堂設置駅（○印は満鉄総局直営店） |
|---|---|
| 連京線 | ○大連、大石橋、遼陽、○奉天、鉄嶺、○開原、昌図、○四平街、公主嶺、○新京 |
| 安奉線 | ○安東 |
| 奉山線 | 大虎山 |
| 奉吉線 | ○吉林 |
| 錦古線 | ○承徳 |
| 京図線 | 蛟河、敦化、○図們 |
| 平斉線 | 鄭家屯、○チチハル |
| 京白線 | 白城子 |
| 京浜線 | 徳恵※、陶頼昭、双城堡、○ハルピン |
| 浜綏線 | 阿城、珠河、亜布洛尼、石頭河子、海林、○牡丹江、○綏芬河 |
| 綏佳線 | ○佳木斯 |
| 浜洲線 | 昂昂渓、扎蘭屯、博克図、ハイラル、○満洲里 |
| 綏寧線 | 東寧 |

※徳恵は本時刻表巻末の構内食堂案内の欄では「窰門」となっている。同駅は昭和14年６月に徳恵へと改称されたので、同欄の「窰門」は修正洩れと思われる

駅弁や構内食堂に比べると利用機会は限られるが、長距離列車に乗れば食堂車も選択肢の一つだ。満洲では特急や急行はもちろん、長距離を走る普通列車の一部にも食堂車が連結されており、各列車で提供される食事の種類もまた前記の『満洲支那汽車時間表』で各線時刻表欄の欄外に記されている。和食と洋食のどちらか、または両方を提供するかどうかを列車ごとに区別しているのは内地の鉄道と同じだが、満洲らしいのは「満食《まんしょく》」、つまり満洲人（実際には満

図4-2-7　主要列車の食堂車営業案内（『満洲支那汽車時間表』昭和15年8月号をもとに作成）

| 営業区間 | 列車番号 | 列車種別・愛称 | 食事種類 |
|---|---|---|---|
| 大連～ハルピン | 11・12 | 特急あじあ | 洋式定食、一品式及び和式定食、及び丼 |
| 大連～新京 | 13・14 | 急行はと | |
| 大連～ハルピン | 15・16 | 急行(列車名なし) | 和定食式及び一品式、丼、洋食一品式 |
| | 17・18 | 急行(列車名なし) | 洋定食式及び一品式、和食丼 |
| 安東～新京 | 1・2 | 急行ひかり | 洋定食式、一品式、和定食及び丼 |
| 安東～北京 | 3・4 | 急行興亜 | 洋食定式及び一品式、和定食及び丼 |
| 安東～新京 | 7・8 | 急行のぞみ | 洋定食品、一式、和定食及び丼 |
| 安東～北京 | 9・10 | 急行大陸 | 洋定食式及び一品、和定食式及び丼 |
| 奉天～北京 | 401・402 | | 洋定食式及び一品式、和定食式、(朝)及び丼 |
| | 403・404 | | 洋・満食一品式 |
| 奉天～承徳 | 411・412 | | 洋食定食式(朝)一品式及びランチ、和定食式(朝)丼及び満食一品 |
| 奉天～吉林 | 501・502 | | 洋食一品式及びランチ、和食丼、満食一品式 |
| 奉天～北安 | 801・802 | | 和定食式(朝)及び丼一品式及びランチ満食一品式 |
| 四平街～チチハル | 805・806 | | 洋・満食式一品 |
| 白城子～阿爾山 | 845・846 | | 弁当、和式丼、カレーライス、うどん、木須干飯、コーヒー、ミルク |
| 新京～羅津 | 201・203 | 急行あさひ | 洋定食式及び一品式、和食丼 |
| ハルピン～黒河 | 301・302 | | 洋食一品式、和食定食式及び丼、満食一品式及びランチ |
| ハルピン～満洲里 | 701・702 | | 洋定食及び一品式、和定食式及び丼 |
| ハルピン～綏芬河 | 901・902 | | 洋食一品式、和定食式、及び丼、満食一品式 |

洲族や漢民族を総称）向けの食事という区分があり、中国料理も楽しめる列車があることだろう。全体としては和洋食を出す食堂車が多いが、中華民国への国際列車や一部の長距離普通列車に「和洋満食」あるいは「洋満食」といった表記が見られる。時刻表の巻末には値段も明記されていて、内地と同じく、総じて洋食の方が和食より高い。満食の値段は省略されている。

旅行中の食事の心配をする必要がないのは、利用時間が短い航空路線を利用する場合だ。満洲では昭和7年（19

32）に設立された満洲航空が国内路線網を年々拡大しており、主要都市間はもとより満ソ国境の満洲里や黒河《こっか》など、辺境の都市にも旅客便が飛んでいた。

　これらの便は、馬賊や匪賊が出没しやすく治安に問題がある地方に点在している都市との交通の便を確保するうえで、時には陸上を走る鉄道より重要な意味を持つこともあった。また、満洲航空の本社がある奉天では、毎週日曜の昼前に観光客向けの奉天遊覧飛行便を運航していた。飛行時間は約10分で料金は大人5円（昭和10年当時）。

図4-2-8　『奉天観光案内』（昭和13年）の裏表紙に掲載されている満洲航空の奉天遊覧飛行の広告

　乗合自動車（バス）の路線網も充実していた。前記の『満洲支那汽車時間表』には、鉄道総局が直営する中・長距離のバス路線が多数掲載されていて、鉄道が及ばない奥地への交通に欠かせない存在となっている路線もあった。

　都市部では市内バスの他に馬車、そして路面電車が旅行

図4-2-9　奉天～撫順間を結ぶ満鉄総局の路線バス（『満洲概観』より）。「總局汽車」と大書されたバス停標が見える。「汽車」は中国語でバスのこと

者の足となった。新京、ハルピン、奉天の主要都市ではバスと並んで路面電車が頻繁に走っていて、観光客も気軽に利用できたのだ。

　少人数の仲間同士での旅行なら、都市部の遊覧にはタクシーや馬車、人力車も選択肢に含まれた。タクシーは4人乗りの大型自動車と「豆タク」と呼ばれる3人乗りの小型車に分かれていて、市内の乗車料金はそれぞれ異なっていた。満洲国が成立した新京では、他の都市に先駆けてメーター運賃制が採用されたので、初めて訪れた観光客も安心して乗車できた。

　馬車は日本人からは「マーチョー」と呼ばれていて、2人乗りから4人乗りまでさまざま。人力車は「ヤンチョー（洋車）」と呼ばれており、駅前広場や大通りに大勢待機していた。奉天の駅前などは人力車夫間の競争が激しく、長距離列車から下車してきた旅客は、駅から出てきたところで「洋車！洋車！」と叫ぶ人力車夫たちに取り囲まれた。車夫はほとんどが満洲人（漢民族を含む）だが、

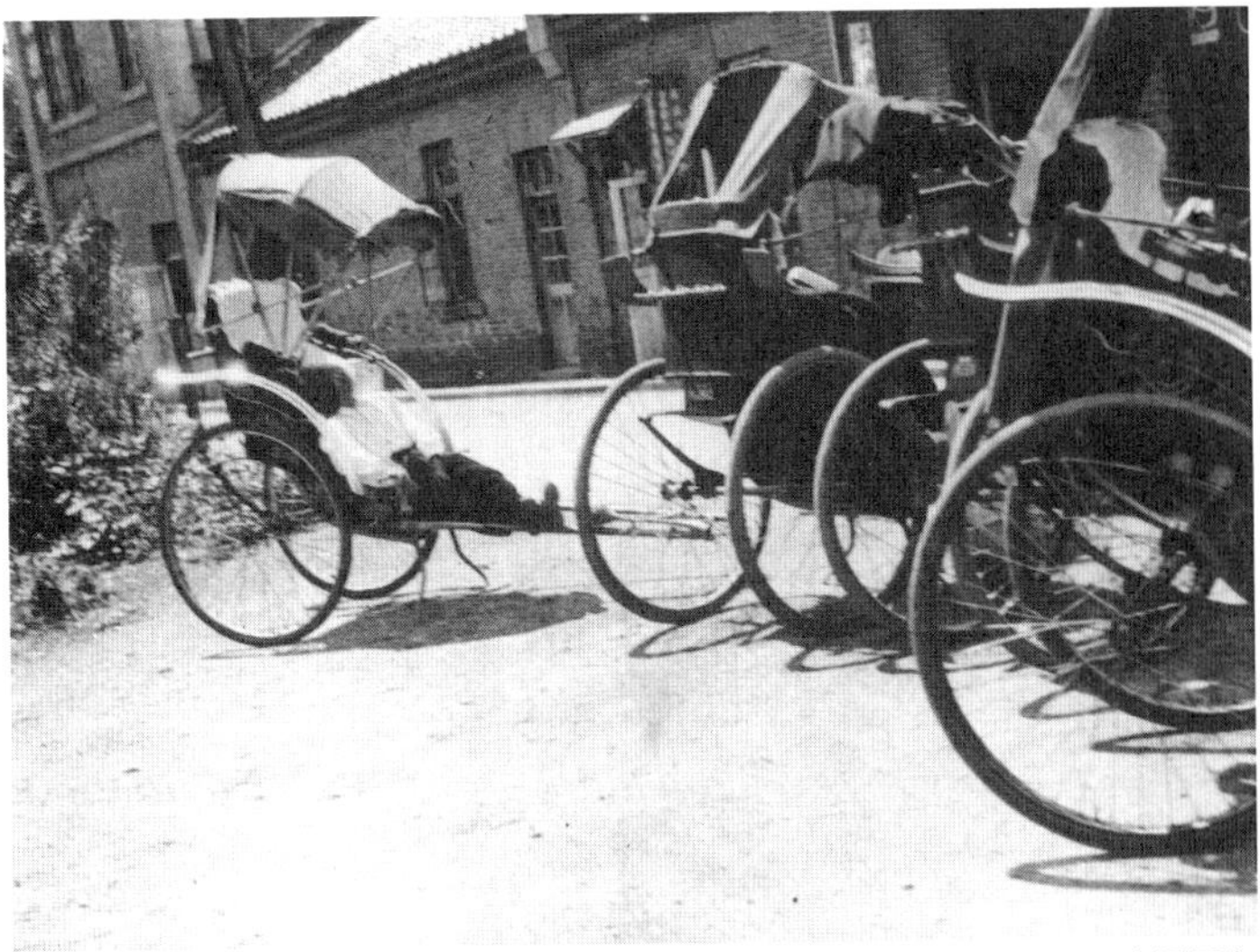

図4-2-10　奉天駅前に並ぶ洋車（人力車）。車夫が日射しをよけて休んでいる（昭和15年頃撮影）

目的地を漢字で紙に書いて見せれば、満洲語や中国語がわからなくても意思疎通に支障が生じることはほとんどなかった。現地在住の日本人は近距離の移動には人力車を、やや遠いところには馬車を利用するというように使い分けていた。料金は大型タクシー、豆タク、馬車、人力車の順でだんだん安くなっていく。

これらの各種交通機関に加えて、奉天や新京では中国大陸初の地下鉄の建設が構想されていた。奉天では、大阪で地下鉄を運行している大阪市電気局（現・大阪市交通局）が具体的な計画立案や実地測量を担っていたが、実現を見ないまま終戦を迎えている。奉天から改称された現代の瀋陽市で地下鉄が営業を開始したのは、それから65年後の2010年（平成22）のことである。

## 03 旅行時の治安について

### 満鉄附属地以外は安全確保に注意

現代の海外旅行ガイドブックには、どの地域向けのものであっても、必ず現地の治安に関する情報や安全対策にページが割かれている。日本と比較しても治安の良さは遜色ないとされる地域であっても、異国を旅する者の最低限の心構えなどが説かれている。

ところが、本書でたびたび引用する昭和初期のガイドブック『旅程と費用概算』には、外地の治安状況に関する記述がほとんどない。確かに、外地といっても台湾、朝鮮、樺太は日本国内であるし、関東州や満鉄附属地も日本の権益地だから外国の感覚はないのかもしれないが、満洲国成立後の満洲のページにまで何も書かれていない。

ただし、昭和13年（1938）版の「北支五省」という章を開くと、「治安關係《かんけい》に就《つい》て」という短い項目がある。北支五省とは中華民国のうち華北（北支、北支那）にある五つの省の総称で、満洲の西南に隣接する地域をいう。ここに治安関係の記述が挿入されているのは、前年（昭和12年）に北京で勃発した盧溝橋事件に端を発する中国全土での日中間の軍事衝突によって、旅行者がその影響を全く意識しないことが不可能であったからではないかと推測できる。

その解説文の中に、北支五省ではなく満洲の昭和13年時点の治安状況を窺わせる一節がある。「鐵《てつ》道《どう》方面も北寧線を始め現在假《かり》營業中の各線は絶對《ぜったい》安全であるが、滿洲事變《まんしゅうじへん》後に於《お》ける滿洲鐵道沿線と同様敗殘《どうようはいざん》兵も散在してゐることであるから、不慮の事故發生《はっせい》は豫測《よそく》し難いと見るべきである」という部分がそれだ。昭和6年（1931）に発生した満洲事変後の満洲の鉄道沿線には敗残兵が散在していた、と断言しているのである。

旅行雑誌『旅』の草創期（大正末期から昭和初期）にも、満洲旅行時の治安に関する不安要素を垣間見せる記事がしばしば掲載されている。ただ、旅行を推奨する団体（日本旅行文化協会。ＪＴＢの前身）が刊行する雑誌なので、「実際に満洲への観光旅行で馬賊の襲撃を受ける確率は、内地の都市部で交通事故や強盗に遭うのと同じくらいの不運でしかない」という趣旨であることが多い。だが、それは裏を返せば、大正末期から昭和初期の日本人の多くが満洲の治安について「馬賊が頻繁に出没する危険なところ」という認識を共有しており、旅行推奨団体がそのイメージを何とか払拭しようと努めていたことの表れでもある。

満洲馬賊とか匪賊《ひぞく》と呼ばれる集団は、その語感から極悪非道な盗賊団のようなイメージがあるが、もともとは清朝末期の混乱で治安が悪化した満洲における民衆の自衛集団であるケースもあった。また、満洲で勢力を拡大しようとした日本やソ連とは、その時々の利害関係によって敵になったり味方になったりしており、日本人を襲うかどうかも社会情勢や集団次第だった。中には勢力を満洲内外に拡大して軍閥へと成長する馬賊もあり、日本の支援を得て満洲最大の軍閥へと成長した張作霖はその代表例といえよう。

図4-3-1　満鉄京浜線（旧・東清鉄道南部支線）五家付近を通過する「あじあ」編成とそれを監視する日本兵。木の上に日の丸が見える（昭和10年撮影。写真提供：髙木宏之）

満洲国が成立する前は、建前上は満洲は中華民国の領土であっても、実際には中央政府ではなくこうした軍閥の勢力下にある地域が多かった。だから、その地域内を走る満鉄という鉄道路線の安全を保護するために、満鉄の線路際には一定間隔ごとに関東軍の兵士が立っていた（ポーツマス条約により、1キロあたり15名までの鉄道守備隊を配置できることになっていた）。満鉄の車内からも、周囲に何もない荒野に夏冬を問わず1人で歩哨として立ち尽くす日本兵の姿を等間隔で見ることができた。

満鉄が創立以来10年おきに刊行していた社史には、「満洲特有ノ列車馬賊」（『南満洲鉄道株式会社十年史』）が旅客列車を襲撃するときの手口や被害状況が詳細に記録されている。それによれば、明治末期の旅客列車は走行中に客車相互を移動することが難しい各客車独立構造になっており、多数の客車が連結されている列車には日本の警察官が数名しか乗っていなかったため、警備が薄い客車内で走行中に乗客を脅迫もしくは殺傷して金品を奪い、飛び降りて逃走する列車強盗が目立っていた。ついには人手が少ない警察官をまず襲撃するケースも生じたため、満鉄では巡査に代えて守備隊の兵士を警務のため同乗させるようになった。それとほぼ同時期に、客車の構造も車両間を移動できるタイプに変わったため警備がしやすくなり、同種の事例は激減した、と記録されている。

図4-3-2　松花江で水運と接続するハルピン市街地の対岸・馬船口駅での旅客の荷物検査。日本兵が立ち会っている（『満洲事変と満鉄』より）

かくして大正から昭和にかけて満洲馬賊による列車襲撃はほぼ消滅するかに思われたが、昭和6年9月に満洲事変が勃発すると状況は一変。昭和13年に軍秘扱いで刊行された『南満洲鉄道株式会社第三次十年史』にはそのうち重大とされる具体例が多数列挙されているが、馬賊の襲撃態様が明治末期の強盗とは様変わりしている。列車の通過前に線路のボルトや犬釘を抜き取ったり、時にはレールごと外して列車を脱線させ、そこへ約150名の馬賊が襲い掛かり列車に向けて猛烈な射撃を浴びせて乗務員や同乗の守備兵を死傷させるとか、客車が通過する最中に線路を爆破して多数の乗客を負傷させるといった、大規模で荒っぽい事案が目立つ。駅員や守備兵が応戦して馬賊を撃退する事例

図4-3-3　昭和6～11年の「匪賊に因る鉄道被害件数」（『南満洲鉄道株式会社第三次十年史』より）

| 年度＼種別 | 駅舎襲撃 | 列車襲撃 | 運転妨害 | 電線被害 | 線路および施設物破壊 | 従事員被害 | | 合計 |
|---|---|---|---|---|---|---|---|---|
| | | | | | | 拉致 | 死傷その他 | |
| 昭和６年度 | 12 | 5 | 25 | 26 | 9 | 3(6) | 7(9) | 87 |
| 昭和７年度 | 38 | 34 | 52 | 70 | 41 | 18(31) | 46(65) | 299 |
| 昭和８年度 | 9 | 6 | 7 | 11 | 2 | 7(8) | 11(13) | 53 |
| 昭和９年度 | 2 | — | 8 | 18 | 2 | 4(5) | 3(4) | 37 |
| 昭和10年度 | — | 2 | 10 | 7 | — | 2(2) | 1(3) | 22 |
| 昭和11年度 | 4 | 3 | 5 | 7 | 4 | 2(3) | 6(13) | 31 |
| 6年間の合計 | 65 | 50 | 107 | 139 | 58 | 36(55) | 74(107) | 529 |

※(　) 内は員数を表す

では、もはや戦場の様相を呈している。

同書に掲載されている「匪賊に因る鐵道被害件数」（図4－3－3）を見ると、満洲事変の翌年（昭和7年）の件数が激増しているのがわかる。満洲事変発生からわずか2ヵ月後に満鉄とシベリア鉄道を経由してパリへ旅行した作家の林芙美子《はやしふみこ》は、「シベリヤの三等車」というエッセイで、奉天通過中の列車内で「満鉄の社員が運行中の列車から引きずりおろされて行方不明になっている」などの物騒な話をたびたび耳にしたとか、長春駅に着いたら剣付鉄砲を携えた日本兵の人波で待合室まで歩いていくのも大変だったとか、物見遊山の旅行者にも物々しい雰囲気が感じられた状況を書き残している。

兵士の同乗による警備強化のほかに、列車を襲撃する馬賊への対策として、一時期は夜間の列車運行を取りやめたり、「先駆列車」を正規の列車の前に走らせたりした。先駆列車については『旅』昭和7年（1932）12月号で詳しく紹介されており、「カムフラーヂュされた先驅《せんく》列車」というキャプション付きの写真まで載っている（近藤義長「生命線を守りて」）。正規の列車の直前を走ることで正規の列車に列車爆破や線路破壊などによる脱線被害が生じないようにするとともに、馬賊による列車襲撃があれば応戦するため重火器類を装備した武装列車である。昭和9年（1934）11月号掲載の旅行記「満洲を覗《のぞ》く」（三島章道）でも、朝鮮北部から図們経由で満洲国入りした筆者が乗る列車の前に「装甲車のガソリンカー」が走っており、「匪賊が出ても一戦を交へられるだけの用意」をして吉林へ向かったと記されている。

ただし、日本兵が列車に同乗したり沿線で警備したりするのは、満鉄や満洲国成立後の満洲国鉄が日本の権益に属するからであり（満洲国鉄は日本の権益そのものではないが、成立と同時に満鉄へ運営を委託している。220ページ参照）、満鉄ではなく中華民国国鉄（実態は張作霖・張学良率いる地方政府が管理する鉄道）として運行している満洲国成立以前の他の路線では、当然ながら日本兵の警備などはない。昭和3年（1928）に夫婦で満洲を旅した歌人の与謝野晶子《よさのあきこ》は、満鉄連長線（現・中国国鉄京哈線）の四平街（現・四平）から中国側所属の四洮《しとう》鉄道に乗り換えて内蒙古へ向かったときの様子を、次のように綴《つづ》っている。

「昨日まで乗つて来た汽車と違ひ、支那の武装した将校や兵士が監視として、また無賃の乗客としても乗込んで居り、それが私達の室に坐を占めて無作法に談笑し間食をする。途中の駅駅にも武装した支那の兵士と巡査とが多勢守備してゐる。乗客は私達四人と外に一人の日本紳士があるばかりで、他はすべて支那人であり、中に少しの満洲人の男女と漢装をした蒙古人の男子とが見受けられる。昨日まで駅員も監視兵も巡査も一切が日本人であつた汽車の乗心地の平安であつたのに比べて、私達の四囲の光景は急変し、知らぬ他人の世界へ追ひ入れられたやうな不安と驚奇とを覚えるのであつた」
(「内蒙古を行く」『鉄幹 晶子全集26』勉誠出版、平成20年)

この四洮鉄道は、奉天方面から長春やハルピンを経由せずにチチハル方面へショートカットできる短絡線ルートの一部を構成している。晶子たちの下車駅でありチチハル方面への接続列車の乗換駅でもある終点の洮南《とうなん》は人口約5万人。決して、満洲の片田舎を細々と走るローカル支線ではなく、広い大陸を横断して主要都市間を結び幹線の一部を成すという性格は満鉄と似ている。にもかかわらず、運営主体が満鉄か中国側かの違いで、汽車旅の雰囲気はこうも変わるのだ。

長春以北の東清鉄道の場合は、さらに独特の状況下に置かれている。同鉄道はロシアの権益であり、中露合弁会社といいつつロシアの警備隊が独占的に列車の警護を担う時期が長く続いた。

ところが、ロシア革命後の混乱によって、大正後期には中国側が鉄道警備権を回復。「中東鉄路護路軍」と命名された地方軍所属の兵士が車内外を警備するようになった。ロシア人車掌が乗客の切符の検査をする傍らで、護路軍の中国人兵士が車内を巡回していたのである。

その後、昭和6年の満洲事変をきっかけに、護路軍は内部対立を起こして崩壊した。すると、守備隊がいなくなった同鉄道は、馬賊の襲撃による列車の運行妨害や鉄道員の殺傷が相次ぐなど、急速に治安が悪くなった。そのため、昭和8年(1933)以降は満洲国治安部が同鉄道の警備も担当することになり、関東軍所属の日本人兵士がロシア権益の同鉄道の治安確保のため列車に同乗するという事態が、昭和10年（1935）の満洲国による同鉄道買収時まで続いている。

こうした違いを持つ路線が同じ駅で接続し、国境を越えることなくただ駅で列車を乗り換えるだけで、旅客は自分たちを守る車内外の兵士や警察官の国籍が切り替わることを実感するというのが、満洲国成立以前の満洲の鉄道旅行の特徴の一つであった。

しかも、奉天、長春（新京）、安東、鞍山など満鉄沿線に設けられている附属地内の主要都市は安全でも、その他の広大な満洲の大半の地域は満洲国の成立前後を問わず治安が安定していない。このため、昭和に入ると、広大な原野に点在する日本人の入植都市へとダイレクトにアクセスできる満洲航空の定期航空便が、陸上を走る鉄道よりも安全な交通手段として重要な意義を持つようになった。

なお、満洲では航空機上からの撮影や写生は厳禁されていた。そのほか、陸上でも鴨緑江鉄橋や図

図4-3-4　満洲航空のパンフレット（昭和14年頃）。満洲の主要都市から地方都市への旅客便が多数設定されている

図4-3-5　新京駅ホームで「あじあ」にカメラを向ける見物客（昭和13年撮影。写真提供：清水昭一）。前年に盧溝橋事件が発生していたが、旅行者が「あじあ」を撮影する程度なら問題はなかったらしい

們鉄橋など朝鮮との国境に架かる鉄橋付近、さらに「特殊地帯」に指定されているソ連国境に近い黒河《こくか》省（現在の黒竜江《ヘイロンチャン》省北部）や日本人、朝鮮人の入植者が多い間島《かんとう》省（現在の吉林《チーリン》省の一部）なども無許可での撮影や写生はできなかった。『旅』の昭和15年（1940）4月号「大陸旅行の心得」（山本三平）に満洲での写真撮影・模写禁止区域が詳しく列挙されているが、昭和10年版の『旅程と費用概算』に比べると、禁止区域が増えている。戦時色が強くなって撮影制限も強化されている様子が窺える。

ただ、この表の記述に厳密に従えば鉄道駅構内での写真撮影もかなりの確率で咎《とが》められる可能性があるものの、一方で、満鉄自慢の特急「あじあ」の乗客が停車駅のホームで記念撮影に興じたり先頭の流線型蒸気機関車の雄姿にカメラを向けたりしても、時期によっては問題になることは少なかった（図4−3−5参照）。

## 04——満洲へのアクセスルート

### 大連ルートと朝鮮ルートが競合

観光客が内地から満洲へ向かうコースは、船で関東州の大連に渡り満鉄に乗り換えて満洲へ入るルートと、朝鮮半島を北上して鴨緑江《おうりょくこう》を渡るルートの二つに大別される。これらはいずれも、満洲を経てさらにシベリア鉄道経由でヨーロッパへ向かう際の欧亜連絡鉄道の一部を形成していた。

大連航路は神戸から門司経由で大連まで３泊４日の航路で、大阪商船会社の５千トン級から８千トン級の大型旅客船が最盛期には10隻、ほぼ毎日往来していた。１隻あたりの船客定員は一等から三等まで併せて約６００～７００名。船内では一等客には洋食が、二・三等客には和食が提供された。大連では昭和９年（１９３４）に登場した特急「あじあ」にスムーズに乗り換えられるように、船の到着時刻に合わせて大連埠頭の船客待合所から大連駅まで無料の連絡バスが運行されていた（１９９ページ参照）。これを利用して「あじあ」に乗れば、その日の夕方には満洲国の首都・新京（現・長春）へ、昭和10年（１９３５）のハルピン延伸以降はその日の夜にハルピンまで到達できるようになった。

朝鮮半島経由のメインルートは、下関から関釜《かんふ》連絡船で釜山《ふさん》へ渡り、京釜《けいふ》本線（現・韓国鉄道京釜《キョンプ》線）・京義《けいぎ》本線（現・韓国鉄道京義《キョンウィ》線、北朝鮮国鉄平釜《ピョンプ》線および平義《ピョンウィ》線）を北上して新義州《しんぎしゅう》で朝鮮から出国し、鴨緑江を渡って安東（現・丹東）から入国するコースだ。釜山からは明治45年（１９１２）から長春行きの鮮満直通急行が運行されており、昭和以降は「ひかり」「のぞみ」（148ページ以下参照）と命名された国際急行が昼夜に分かれて新京まで直通するようになった。

内地で市販されている鉄道省編纂の『汽車時間表』の巻頭には、東京から東海道本線・山陽本線で西へ向かい、神戸や下関で船に乗り換えて大連や釜山へ渡り、満洲方面への直通列車に乗り換えて奉天や長春（新京）、ハルピンまで行くための乗継ぎ時刻表が掲げられている。昭和15年（1940）10月号では大連経由、朝鮮経由、そして敦賀《つるが》・新潟経由（敦賀や新潟から船で朝鮮北部へ渡るコース）の3コースが並列に表記されていて、東京発下関行きの国際特急「富士」で午後3時に東京を出発すれば、翌日夕方に釜山からの「ひかり」に乗り継いで新京へは3日目の夜に到着できた。大連経由の場合は神戸〜大連間の船内で3泊4日を過ごすから、大連からの「あじあ」がいくら速くても、東京から東海道本線を利用する場合はこれに1日を加算して4泊5日かかった。速達性でいえば、朝鮮経由の方に軍配が上がった。

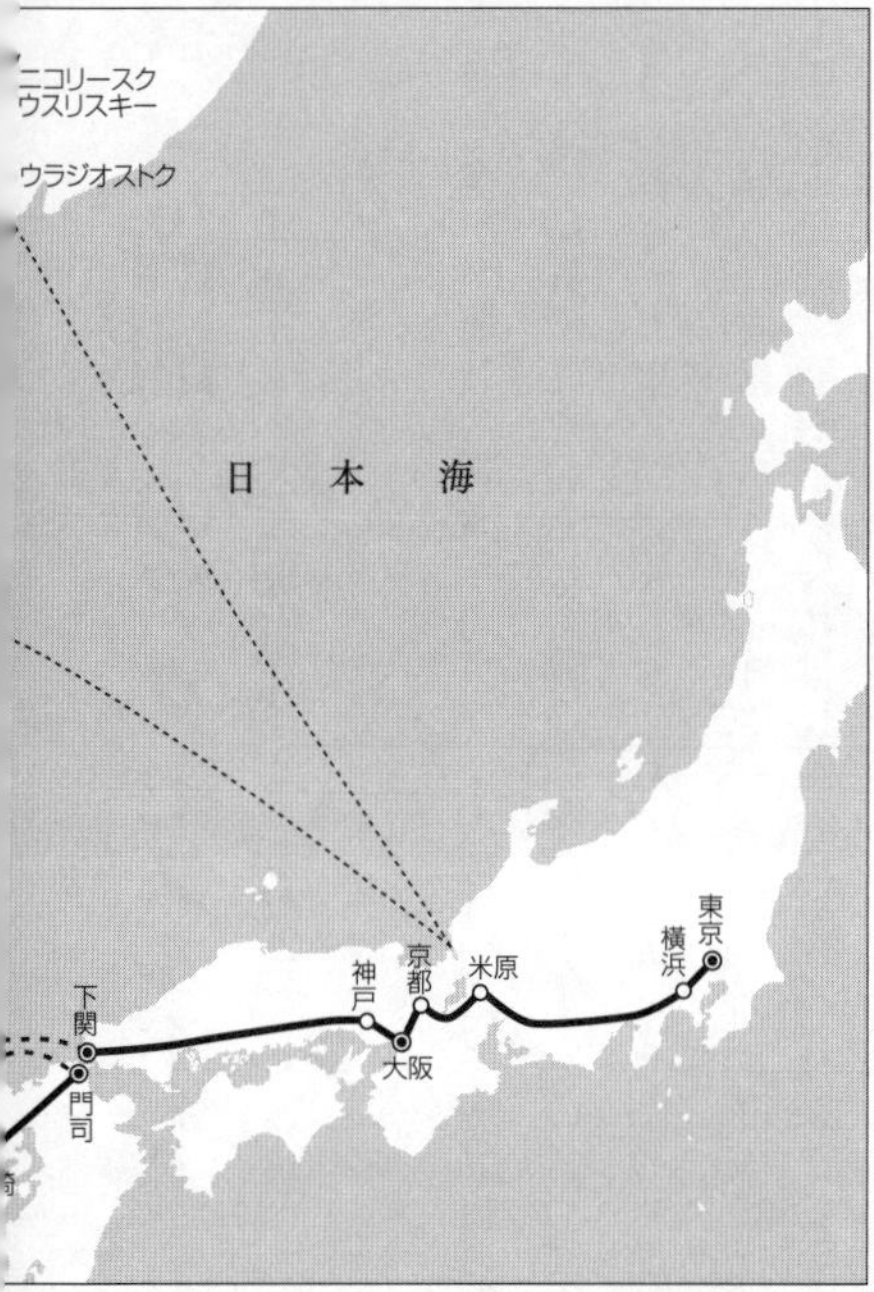

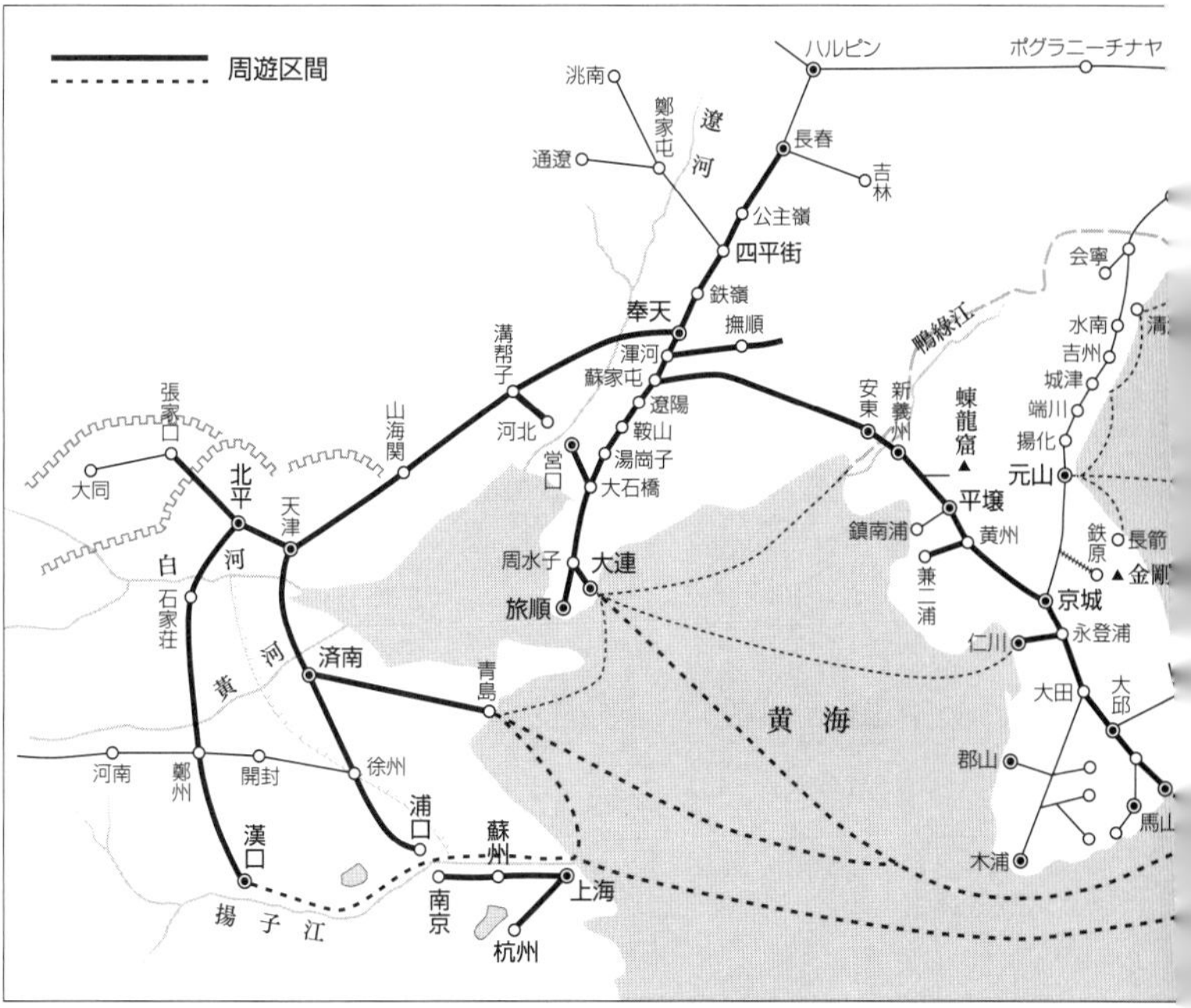


図4-4-1　内地～大陸間のルート（昭和6年版『旅程と費用概算』の「鮮満支交通略図」をもとに作成）

　とはいえ、スピードに劣る大連航路経由も、朝鮮経由に負けず根強い人気を誇っていた。大連港までは広々とした船内でのんびり過ごせるし、満鉄に乗り換える大連は自由貿易港として発展する新しい都会で、日露戦争の激戦地として名高い旅順にも近い。昭和9年以降は満鉄の看板特急「あじあ」も観光客を惹《ひ》き付けた。満鉄自体も本社が大連にあり、草創期から大連集中主義と呼ばれる経営方針を採用し、大連航路経由の貨客の流れを重視していた。

　朝鮮半島を経由する大陸直通コースは、昭和に入ってから伝統的な安東経由に加えて、日本海を船で横断する朝鮮北部経由、いわゆる北鮮《ほくせん》航路が急速に脚光を浴びるようになった。特に、昭和8年（1933）に北部朝鮮の南陽《なんよう》と豆満江《とまんこう》を挟んだ対岸の図們を結ぶ図們橋が開通し、羅津《らしん》〜新京間を直通する国際急行「あさひ」が運行されるようになると、この北鮮コースは満洲国の首都への最短ルートとして重視された。

前記『汽車時間表』の昭和15年10月号の巻頭にある国際連絡時刻欄によれば、上野から朝8時の急行に乗って午後に新潟で下車し、昭和8年（1933）に開設された嶋谷《しまたに》汽船（昭和11年からは北日本汽船と共同出資して設立された日本海汽船が航路を継承）の大型船に乗り換えると、翌々日の早朝6時に羅津へ着く。ここで9時発の急行「あさひ」に乗り継ぐと、昼過ぎに図們の国境を越えて同日中の22時50分に新京に到達できた。上野から2泊3日の行程は、東京から釜山経由で行く場合とほとんど変わらない。この最短ルートは、昭和6年（1931）に水上〜越後湯沢間が開業して上越線が全通し、上野から新潟までの所要時間がそれまでの信越本線経由（高崎、長野、直江津回り）より大幅に短縮されたことで実現したといえる。

福井県の敦賀港には、新潟発着便の開設前から羅津・清津行きの北鮮航路が発着していた。同港から日本海汽船に乗る場合は、船の出港日にあわせて、東京から東海道本線の米原経由で北陸本線の敦賀港まで直通する寝台車が増結された。羅津から「あさひ」に乗り換えるのは新潟経由と同じだが、東京発が夜になる関係で、新京までは3泊4日の行程になった。

この敦賀発着の日本海横断航路では、ソ連のウラジオストクに上陸して、東清鉄道経由でハルピンへ入るというルートを選ぶこともできた。北鮮航路の船が、ウラジオストクまで足を延ばしているの

図4-4-2　シベリア鉄道の東端・ウラジオストク駅（当時の絵はがきより）

だ。ウラジオストクからは昭和10年まで、ハルピン行きの国際列車が2泊3日で直通していた。東清鉄道はロシアからソ連が運営権を引き継いでいたため、軌間がソ連国鉄と同じ広軌（1524ミリ）で直通運転が可能だったからである。

ただし、ソ連は外国なので、このルートを利用する場合はパスポートを用意し、ソ連の通過ビザをあらかじめ取得しなければいけないのが難点だ。しかも、昭和10年に同鉄道が満洲国に買収されると、満鉄や満洲国鉄と同じ国際標準軌（1435ミリ）に改軌されて直通運転ができなくなり、ウラジオストク経由によるハルピン行きルートの意義は薄れた。

とはいえ、欧亜連絡ルートとしての利便性を運賃面から比較してみると、昭和10年以前で最も値段が安いのはこのウラジオストクから東清鉄道を経由するコースである。次いで釜山から朝鮮半島を北上して安東から満鉄に入り、ハルピンで東清鉄道に合流するコース。大連航路はそれよりやや高い。なお、安東経由と大連経由の両方を利用できる共通乗車券を所持して大連航路を利用する場合は、大連に発着する大阪商船の船内で追加料金を支払う必要がある。

値段の高さを気にしないのであれば、昭和以降、定期旅客航空便が内地や関東州、朝鮮、それに中華民国との間に次々と開かれ、旅行時間の大幅な短縮を可能にした。内地からは、大日本航空会社が東京の羽田飛行場から福岡、朝鮮の京城経由で奉天、新京へ直行できる毎日運航の急行便を昭和15年に開設。「日満空の特急便」と呼ばれるこの便は、東京を朝6時に出てその日の午後3時10分に奉天へ、午後4時35分には新京に到達する。東京〜新京間の所要時間は10時間35分。運賃は170円で、朝鮮の安東経由で鉄道と船を利用した場合の三等運賃の約4・5倍に相当する。

朝鮮の京城《けいじょう》（現・ソウル）、関東州の大連、中華民国の北京、天津《てんしん》、張家口《ちょうかこう》などへは、奉天に本社を置く満洲航空が国際便を開設していた。満洲航空の旅客機はアメリカのフォッカー・スーパーユニバーサル機を主力としつつ、日本の中島飛行機AT−2、日本の同盟国であるドイツ製のユンカースJu86など多彩な顔ぶれを誇っていた。特筆すべきは、自社で満航式MT−1型というオリジナル機を開発・製造して定期便に就航させていたことで、航空会社が航空機を自ら製造する例は航空史上、他にほとんど例を見ない。

図4-4-3　満洲航空の航空機。尾翼に満洲国旗が描かれている（『満洲国概覧』より）

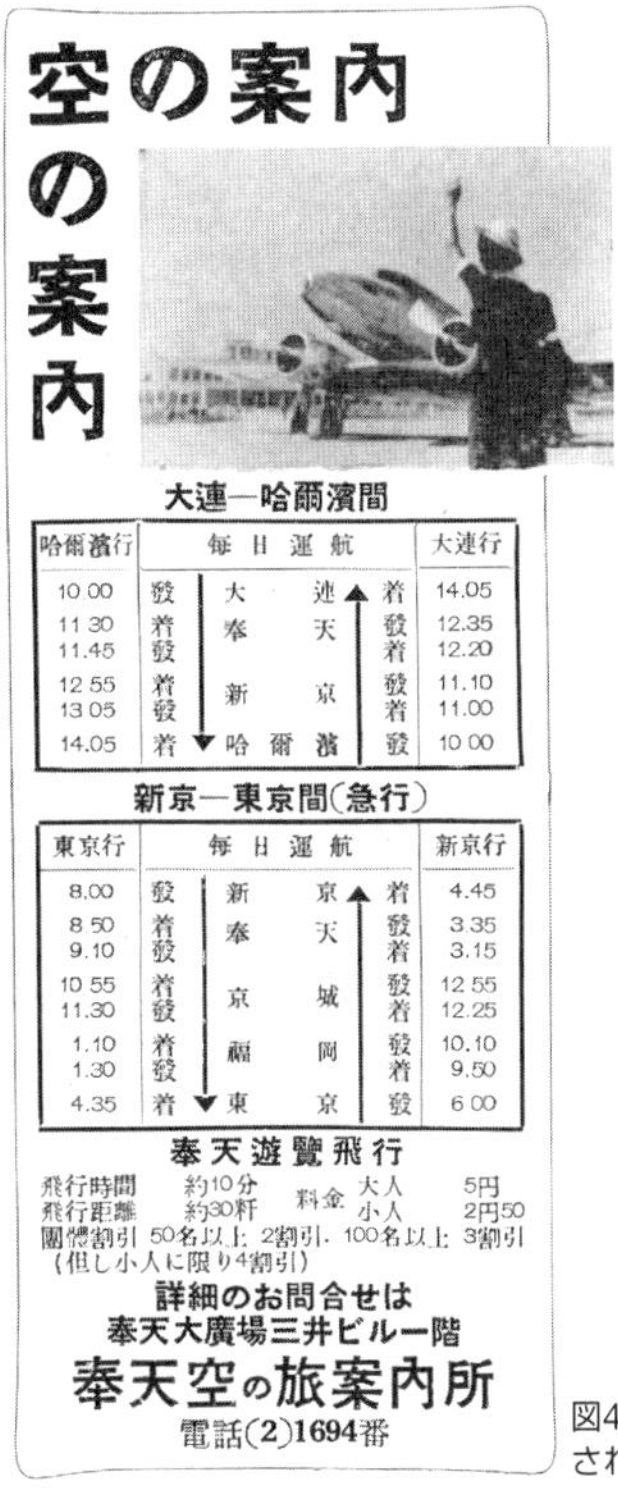

空の案内

大連—哈爾濱間

| 哈爾濱行 | | 每日運航 | | 大連行 |
| --- | --- | --- | --- | --- |
| 10.00 | 發 | 大連 | 着 | 14.05 |
| 11.30<br>11.45 | 着<br>發 | 奉天 | 發<br>着 | 12.35<br>12.20 |
| 12.55<br>13.05 | 着<br>發 | 新京 | 發<br>着 | 11.10<br>11.00 |
| 14.05 | 着 | 哈爾濱 | 發 | 10.00 |

新京—東京間(急行)

| 東京行 | | 每日運航 | | 新京行 |
| --- | --- | --- | --- | --- |
| 8.00 | 發 | 新京 | 着 | 4.45 |
| 8.50<br>9.10 | 着<br>發 | 奉天 | 發<br>着 | 3.35<br>3.15 |
| 10.55<br>11.30 | 着<br>發 | 京城 | 發<br>着 | 12.55<br>12.25 |
| 1.10<br>1.30 | 着<br>發 | 福岡 | 發<br>着 | 10.10<br>9.50 |
| 4.35 | 着 | 東京 | 發 | 6.00 |

奉天遊覽飛行

飛行時間　約10分　料金　大人　5円
飛行距離　約30粁　　　　小人　2円50
團體割引　50名以上 2割引．100名以上 3割引
（但し小人に限り4割引）

詳細のお問合せは
奉天大廣場三井ビル一階
奉天空の旅案内所
電話(2)1694番

図4-4-5　『奉天観光案内』（昭和13年）に掲載されている新京〜東京間の急行便航空ダイヤ

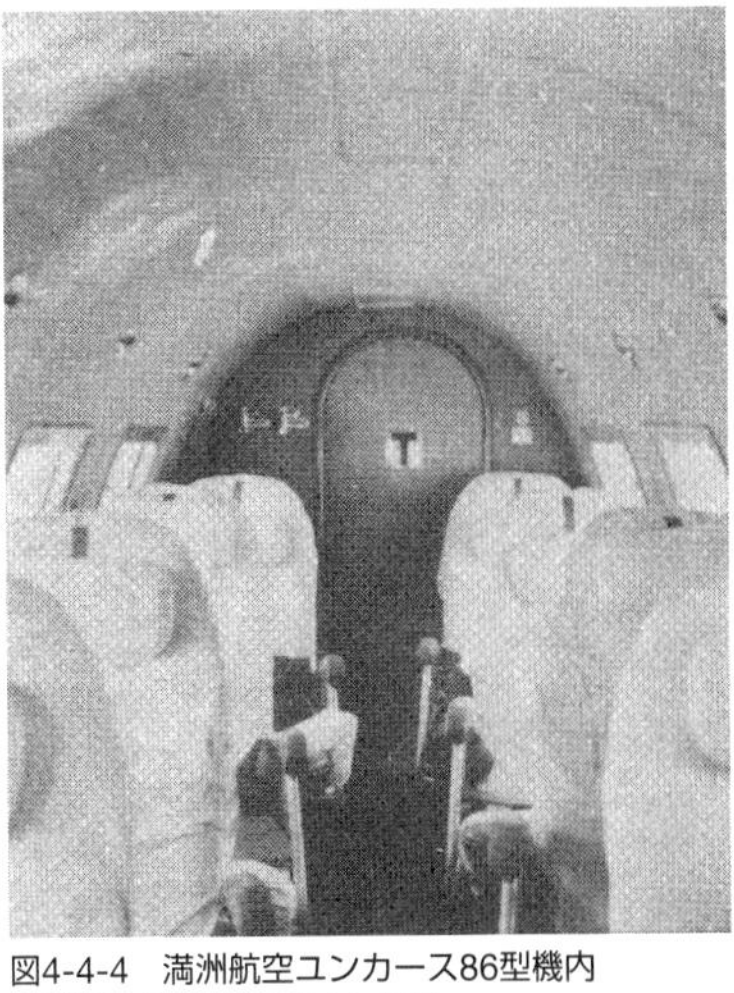

図4-4-4　満洲航空ユンカース86型機内
（満洲航空発行『航空案内』より）

## 05――パスポートがいらない外国・満洲
### 中華民国時代から日本人はパスポート不要

外地という概念には、日本に統治権がなくても、特殊な権益を持つ地域を含むことが少なくない。満洲はその最も代表的な実例といえよう。

ところが、『旅程と費用概算』の昭和13年（1938）版で「鮮・滿・中國旅行」の総合案内ページを開いてみると、税関検査や時差、両替など海外旅行特有の注意事項が並んでいる中に、パスポートやビザ（査証）に関する記述が全くない。代わりに、「旅行證明《しょうめい》に就て」という項目があり、そこでは「現在北支方面へ旅行する場合には『北支旅行身分證明願』、移住せんとする場合には『北支移住身分證明願』が必要である」として、所轄警察署での取得方法の詳細や取得手数料が無料であること、国境や上陸地点ではこの証明書がなければ入境拒絶されることなどが記されている。

ただ、これは北支、つまり万里の長城を隔てて満洲国と接する中華民国北部へ国際列車や旅客船で入国する場合の話で、満洲国へ入国する場面の注意事項ではない。また、記述内容もあくまで特別な旅行証明書が必要だと言っているだけで、それとは別の書類であるパスポートやビザそのもののことではない。なぜ、ここまで詳しいガイドブックにパスポートやビザに関する注意が何も書かれていないのか？

その答えは、同じ『旅程と費用概算』の昭和10年（1935）版の同ページに書かれている。ここには、昭和13年版にはない「旅行券に就て」という項目があり、「朝鮮各地及《および》滿鐵、滿洲國内各鐵道沿線は勿論《もちろん》日中周游經路による中國鐵道沿線並《ならびに》開港地點《ちてん》等の視察旅行には旅券の必要はない」と明言している。日本国民は満洲国はもとより、万里の長城を越えた中華民国内であっても旅券、つまりパスポート不要で旅行できるのだ。この「旅行券に就て」という項目は、昭和10年版以前の『旅程と費用概算』にも記述の変遷はあるものの載っており、なぜ昭和13年版で項目ごと消滅しているのかはわからない。

そもそも、鴨緑江橋梁《きょうりょう》が完成して鮮満直通列車の運転が始まった明治44年（1911）に成立した「国境列車直通運転に関する日清協定」では、国境を通過しようとする朝鮮人のうち「從來清國内ニ居住シタルモノ」は慣例に従い対応するが、「其ノ他ノ朝鮮人」、つまり日韓併合によって日本領となった朝鮮半島などに在住する朝鮮人は、パスポートを持っていない限り国境を通過して清国内を旅行することはできないと定めていた。この条文の存在からは、朝鮮人以外の日本国民は国際列車で朝鮮から清国領満洲に入国する際にパスポートを携帯する義務を負わないという反対解釈が可能になる。

もっとも、日本人の清国入国時のパスポート携帯義務を明文で画期的に免除しているわけではない。したがってこの協定は、多くの日本人がパスポートを持たないまま中国大陸へ渡航している現状を消極的に黙認しているに過ぎない、と読むこともできる。日本では明治以降、外国渡航時のパスポート携帯を免除する正式な例はなかったが、パスポートという身分証明書の重要性が現代ほど強く認識されていなかった大正初期までは、中国大陸への渡航者が増加して日本政府のパスポート発給業務が追い付かなくなると、パスポートなしで中国大陸へと渡航してしまう日本人が大勢いたからだ。パスポートという書類が、外国渡航時に「命の次に大事」と言われる現代ほど重視されていなかった時代背景も影響していたのだろう。

その後、大正6年(1917)になって中華民国政府が訪中外国人にパスポートの携帯を義務付ける通牒《つうちょう》を発したことから、日中間で交渉が行われ、日本国民は中華民国への入国に際してパスポートを携帯しなくてもよいことが正式に認められた。ちなみに翌大正7年(1918)には、日本政府も訪日中国国民のパスポート携帯免除を正式に発表している。

つまり、満洲入りの際にパスポート携帯が免除されるという出入国手続きの大胆な簡略化は、満洲国が成立する15年前から日中間ですでに正式に合意され、実行されていた方策なのだ。昭和7年(1932)に中華民国から分離独立した満洲国は、この日中間の先例を引き継ぐ形で日本国民のパスポート携帯を免除していたのである。

このように、中華民国から満洲国へと為政者は変遷したが、大正から昭和初期にかけての満洲は、観光旅行で訪れようとする日本人にとって、パスポート不要という点で国内同然だったといえる。

とはいえ、完全に日本と同一の国というわけではないから、出入国審査やそれに伴う手続きが一切省略されるわけではない。以下、満洲周辺の地域ごとに、列車での国境通過時の手続き等を紹介する。

## ●──朝鮮との国境通過（安東ほか経由）

朝鮮から鴨緑江を越えて鉄道で入国する場合は、満洲側の安東（現・丹東）または図們、朝鮮側の上三峰《かみさんぽう》（現・三峰《サムボン》）または満浦《まんぽ》の各国境駅で、それぞれ日本側と満洲側（清国、中華民国、満洲国）の共同税関検査を受ける必要がある。前述の通り、大正6年以降は越境に際し日本国民がパスポートを提示する必要はなくなった。国境越えにおける手続きの詳細は123ページ以下を参照。

## ●──中華民国との国境通過（山海関・古北口経由）

満洲の奉天と清王朝の都だった北京（昭和3〜12年は「北平《ベイピン》」と改称）とを結ぶ京奉鉄道（平奉鉄道、北寧鉄道）では、昭和7年の満洲国建国によって山海関《さんかいかん》に国境が成立。以後、鉄道旅客は中華民国側に位置する山海関駅で、満洲国と中華民国の両税関による検査を受けることになった。また、山海関より内陸側を走る満洲国鉄錦古《きんこ》線で承徳方面から北京へ向かう場合は、国境の古北口《こほっこう》駅で山海関の場合と同様の検査を受けることになっている。

山海関駅では車内持込みの手回り品は車内で、託送手荷物は駅ホームの税関検査所でそれぞれ検査を受けるが、手荷物は検査時に旅客本人の立会いがないと駅に留置されてしまう。このため、昭和13年版の『旅程と費用概算』では奉天（現・瀋陽）から中華民国方面へ出国する乗客に対して、「託送品は必ず一旦奉天驛《えき》にて受取り、更に自分の乗車する列車に再託送し、山海關で立會《たちあ》へる様にして置く

図4-5-1　満洲国と中華民国の国境駅になった山海関駅（『満洲事変と満鉄』より）

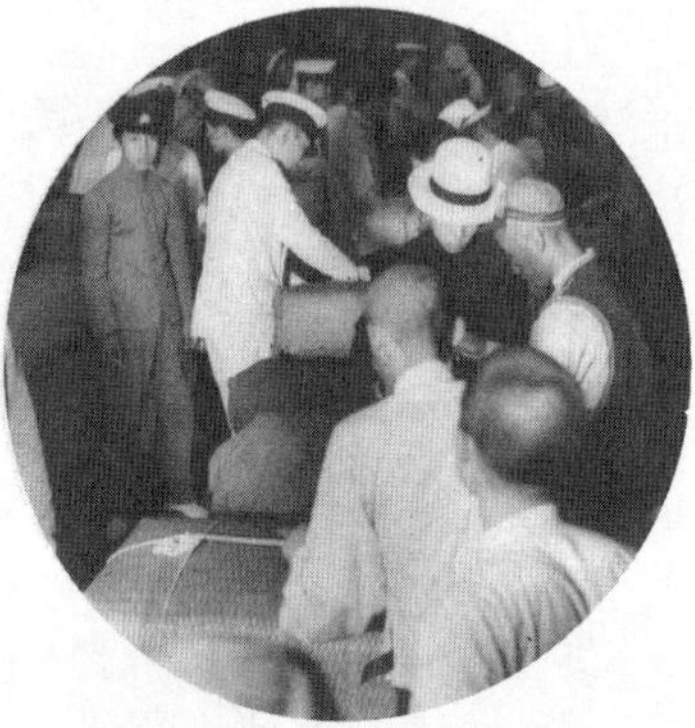

図4-5-2　山海関駅の税関検査
（『満洲概観』より）

べきである」とアドバイスしている。逆に、中華民国側から満洲国へ入国しようとする乗客に対しては、「戰利品青龍刀《せいりゅうとう》・銃彈等と目されるもの」と「支那、外國で發行される雜誌、新聞」の二つが相当厳しくチェックされるから注意すべきと記している。後者については、買い物の包装紙に使用されている古新聞がいわゆる「排日新聞」（日本人や日本の製品を排斥することを主張する新聞）でないかどうか

図4-5-3　山海関駅ホーム上に開設された中国聯銀との交換両替所（『写真集　懐かしの満洲鉄道』より）

まで、検査前に確認しておいた方がよいとのこと。

なお、北支への旅行にはパスポートは不要でも、本項冒頭で既述の通り、居住地所轄警察署が発行する旅行身分証明書の携行を要する。山海関経由で出国する場合、税関検査後に在山海関日本領事館の警察署員が列車内でこの身分証明書の確認検査を実施しており、所持しない者は中華民国への入国が認められない。ただし、軍人または官吏で制服を着用している者は携行が免除される。

このほか、満洲国の建国後に満洲国幣や日本円、朝鮮銀行券などの「円系通貨」と総称される通貨が中華民国側へ大量に流出するようになったことから、山海関では、入国時の両替や出国時の満洲国幣等の持ち出しが制限されるようになった。具体的な制限額は時期により異なるが、所定額以上の満洲国幣等を所持する旅客は、山海関の兌換《だかん》所で超過額分を出発地へ返送する手続きを執る必要がある。昭和15年（1940）8月にJTB満洲支部が発行した『満洲支那汽車時間表』は、北京と天津を除く北支方面への旅行者が山海関の兌換所でこの手続きを行う場合は「1列車遅れることがあるから豫《あらかじ》め注意せられたい」として、手続きに時間がかかることを示唆している（北京、天津行き旅客は両都市内の所定銀行で返送手続きを行うことが認められているため、「1列車遅れる」ほどの時間はかからない）。

## ●―関東州との国境通過（普蘭店経由）

関東州の大連から満鉄を利用して満洲に入境する旅客は、関東州側の起点である大連駅で中華民国（後に満洲国）による税関検査を受けることになっていた（201ページ参照）。禁制品や商品を除き、旅客の携帯用品はほぼ免税となる。託送手荷物がある場合も大連駅手荷物検査所で検査を受け、携帯品に課税されるべき物があるときはここで任意申告をする必要があった。

逆に、大連方面への列車に乗って満洲から出境する場合の税関検査は、関東州との境界線を越えた直後の普蘭店以南の車内で行われた。

大連駅第一ホームには無料両替所があり、両替を要する旅客の便宜が図られていた。ただ、関東州では朝鮮銀行券が主に流通していた（203ページ参照）が、満洲国建国後は満洲国幣も等価で通用するようになったので、満洲国からの出国後にここであえて両替する必要があったとすれば、大連港から船で内地または台湾へ向かうケースだろう。朝鮮銀行券も満洲国幣も内地では通用しないが、関東州や台湾では日本円もそのまま流通しているので、満洲から大連経由で内地や台湾へ向かう場合は、大連駅ホームの無料両替所で手元の国幣を全部日本円に替えてしまうのも賢い方法だった。

## ●―ソ連との国境通過（綏芬河、満洲里経由）

満洲に隣接する外国で唯一、日本人が入国するのにパスポートを要するのがソビエト連邦（ソ連。

現・ロシア）だ。満洲北部では、昭和10年に満洲国へ売却されるまで、ロシアおよびその継承国であるソ連が権益を持っていた東清鉄道がシベリア鉄道と接続していた。北は満洲里で、東はポグラニーチナヤでそれぞれソ連国鉄と連絡運転を実施しており、越境する乗客はソ連大使館または領事館による裏書、つまりビザの発行を受けたパスポートの携帯を必要とした。

ポグラニーチナヤは中国名を綏芬河といい、ロシア語で「国境」を意味する。東清鉄道をソ連が管理していた昭和10年までは、満洲側にあってもこのロシア名が正式駅名だった。在満日本人は略して「ポグラ」と呼ぶことが多かった。国際旅客はこの駅の構内で、満洲側とソ連側の税関検査を受けた。

満洲里ではシベリア鉄道を介してヨーロッパへと向かう旅客も多いことから、駅構内に日本人職員が駐在するＪＴＢの出張所があり、駅構内で行われる通関手続きの代替や手荷物の託送、両替などを日本語で依頼することができた。明治末期に開設されたシベリア鉄道経由の欧亜連絡鉄道ルートは、ロシア革命によって大正時代に一時途絶したが、日ソ間の国交が回復した後の昭和2年（１９２７）に復活。第二次世界大戦の勃発まで、「東京発ロンドン行き」のような乗車券を持つ旅客はこの満洲里で満洲側、ソ連側の両税関検査を受け、ソ連側客車に乗り換えてモスクワを目指した。

なお、もっぱらヨーロッパ諸国への通過目的でソ連に入国する場合は、ソ連での滞在を目的とする場合に比べて関税なしで携帯できる物品の制限が少なかった。一方、書籍や印刷物などの持込みは、通過旅行の場合でもソ連側の税関吏が厳重に検査した。カメラは1台だけなら所持していて構わないが、ソ連出国まで封印が施され、ソ連の国内では官憲の許可がない限り撮影は絶対に許されなかった。

図4-5-4　シベリア鉄道と接続する満洲里駅（『日本地理大系 満洲及南洋篇』より）

ソ連に入ると、列車内の食堂車や各停車駅の売店でもソ連の通貨ルーブルしか使えないことになっていたが、国境の銀行等で日本円などを大量にルーブルへと交換するのは避けた方がよいと言われていた。『旅程と費用概算』には国境でのルーブル両替について何ら注意喚起がないが、ルーブルの公定レートは闇相場での実勢レートよりかなり高く、昭和5年（1930）頃には約5倍の開きがあったからだ。仮にソ連国内で食堂車を一日3食利用すると、公定レートでは日本円で約5円（現代の物価に換算すると約1万5千円）もかかったという。

このため、満洲からソ連へ列車で入国する旅客のうち、所持金に余裕がない三等車の利用者などは、満ソ国境へ向かう列車に乗る前からハルピンなどで大量に食料を買い込むことが多かった。ソ連入国後に列車内でボーイにチップを渡すときも、ルーブルではなく日本円で渡す方が喜ばれたという。

## 06——同じホームで並ぶ列車に時差がある

### 満鉄と東清鉄道は26分違い

満洲と日本内地との間には、昭和11年（1936）まで1時間の時差があり、日本西部標準時を採用していた（内地の中央標準時より1時間遅い。内地が正午のとき、満洲は午前11時）。その満洲を走る満鉄も、明治40年（1907）4月の開業直後は内地と同じ中央標準時を採用していたが、1ヵ月半後の同年5月中旬から西部標準時に切り替えている。時制は昭和4年（1929）7月のダイヤ改正時より、内地に先駆けて午前・午後の12時間制から24時間制へと改められている。したがって、満洲国が建国された頃（昭和7年）の満洲では、鮮満国境を越えると時計の針を1時間進めたり、列車の運行時刻表記が「午後3時」から「15時」に切り替わったりするのに対応する必要があった。

とはいえ、普通なら入国時にそうした切り替えを済ませれば、あとは出国するまで時差を気にする必要はない。ところが明治末期から昭和初期までの満洲では、そうとは言い切れない特殊な場面に遭遇することがあった。

満鉄の列車で長春（後に新京）駅に到着してさらにハルピン方面へ向かう旅客は、降り立ったホームに設置されている時計を見ながら、手元の時計の針を進めなければならなかった、というのがそれだ。同じ満洲を走る鉄道なのに、長春駅で同じホームに向かい合って停車する列車が、それぞれ異な

図4-6-1　大正末期頃の長春駅ホーム（『南満洲鉄道株式会社第二次十年史』より）。左に停車しているのは満鉄の客車で、向かいの右ホームに東支鉄道の広軌列車が発着した。ホーム下への階段を囲む柵や屋根下の鉄骨、後方の窓枠の形状などから、左ページのポスターはこの場所をモデルに描かれたと推測できる

る標準時に従って運行されているからである。

しかも、その時差が30分とか1時間ではなく、26分という、誠に中途半端な数値なのだ。日韓併合以前の朝鮮半島で日本標準時と32分差の京城時間が使用されていた時期があるが（126ページ参照）、国境線を境に切り替わるわけでもないこの満洲北部における26分の時差は、「ハルピン時間」の名で昭和初期まで存在し続けた。大正中期までは23分差だった。

内地で市販されている『汽車時間表』やＪＴＢが発行する『旅程と費用概算』には、「哈爾濱《ハルピン》標準時」などの表記でこの中途半端な時差の存在が明記されている。長春駅のホームに設置されている時計には、満洲標準時を示す黒色の長針と短針のほかに、それより23分あるいは26分進んでいるハルピン時間を示す赤色の長針と短針もあり、ホームを挟んで向かい合う列車がそれぞれ別の標準時によって運行されている状況でも、旅客がそれぞれの現時刻を同時に認識できるように配慮されている（図4-6-2）。

満鉄が明治末期から昭和初期にかけて数年おきに刊行している『南満洲鉄道旅行案内』の大正13年

図4-6-2　満鉄と東支鉄道が同一ホームで接続する場面を描いた大正時代の満鉄のポスター（資料提供：中村俊一朗）。同じ絵を用いている本書のカバーの上部にカラーで描かれている通り、屋根の大時計に長針と短針が黒と赤で２種類あり、同一ホーム上で23分の時差があることを示している

図4-6-3　長春駅全景（『おもいでの南満洲鉄道』より）。向かってホーム左は奉天方面から到着した満鉄の下り列車、右はハルピン方面行きの東支鉄道列車。右の東支鉄道の客車は広軌のため車体が左の満鉄客車より大きいことが、ホーム上の屋根の高さと両客車の屋根の高さの違いからもわかりやすい

（1924）版には、「長春、又哈爾賓《ママ》、満洲里以東、浦《ウラ》鹽《ジオ》間は哈爾賓《ママ》時刻で、支那時刻に二十六分を加へねばならぬ」との記述がある。ここに列挙されている地名は長春より北の鉄道路線を運営する東清鉄道の本線（満洲里〜ハルピン〜ポグラニーチナヤ〔現・綏芬河〕間）と南部線（ハルピン〜長春間）に合致しているが、注目すべきは「浦鹽」、すなわち国境を越えてソ連のウラジオストクまでの区間にハルピン時間が適用されている、との記述だろう。東清鉄道がシベリア鉄道の短絡ルートとしてソ連のウラジオストクへと通じるウスリー鉄道と一体的に機能している現実が、ハルピン時間の適用範囲からも推察できる。

　23分とか26分という中途半端な時差が用いられているのは、ロシアやソ連が自国内での分単位の時差設定を許容していたことに起因するのではないかと考えられる。経度は1時間で15度西へ進むので、本初子午線（経度0度）が通るイギリスのグリニッジから8時間26分東の経

線は東経126・5度。この経線がハルピン市内を縦断しているのだ。『満鉄史余話』（龍溪書舎、昭和61年）に収められている「満鉄標準時について」（渡辺諒）は、日露戦争における日本海海戦でロシアのバルチック艦隊がこのハルピン時間と思われる標準時で戦っていたことを日露両国の戦闘記録の比較から指摘して、ハルピン時間が日露戦争前から満洲を含む極東のロシア勢力圏内で広く通用していたことを示唆している。

　しかも、満鉄から東清鉄道に乗り換える場合、大正7年（1918）までは時間だけでなく日付も変わった。ロシアでは同年2月まで、日本が明治6年（1873）から導入しているグレゴリオ暦（現行の太陽暦）よりも13日遅れのユリウス暦が用いられており、東清鉄道もそれに倣《なら》っていたからである。このため、東清鉄道の乗車券等に記載されている日付は満鉄より13日遅いので、長春駅で満鉄から東清鉄道に乗り換えるときは、時計の針を23分進めつつカレンダーの日付は13日戻すという切り替えが乗客に求められた。

　さらに、満洲で注意すべき時差はハルピン時間だけではない。東清鉄道沿線に近い黒竜江《こくりゅうこう》省の省都・チチハル市内では、ハルピン時間をさらに30分進めたチチハル時間が採用されていた。満鉄などが採用する満洲時間とは56分の時差があったことになる。

『旅程と費用概算』の昭和8年（1933）版に「齊々哈爾《チチハル》市ノ時刻ハ列車發着時刻ニ關係シナイノデ一般旅客ハ之ニヨル必要ハナイ」と記載されている通り、チチハル時間は内城と外城から成る城塞都市であるチチハル市内でのみ用いられているもので、鉄道運行上の標準時としては採用されていない。チチハル周辺は東清鉄道と斉克《さいこく》鉄道・洮昂《とうこう》鉄道（後に満洲国鉄平斉《へいさい》線として両線が一体化）が交差し、かつ東清鉄道の昂昂渓《こうこうけい》駅からチチハルの市街地南部まで約25キロの斉昂《さいこう》軽便鉄道が分岐する鉄道路線の密集地域（３５４ページ以下参照）だが、東清鉄道はハルピン時間で、その他の路線は満洲時間で運行されていた。

前記の昭和8年版『旅程と費用概算』には、「洮昂線デ昂々渓ニ著イタ時ニハ時計ヲ二六分進メル」とか「齊々哈爾行輕便鐵道　時刻ハ中東鐵道時刻デアル」といった記述がある一方で、中東鉄道（旧・東清鉄道）時刻、つまりハルピン時間の適用地域から「齊齊哈爾ニ入ツタ時ニハ、ソノ上ニ三〇分進メル」とも記載している。つまり、チチハルの市街地ではチチハル時間が流れているが、その街への往来に必要な鉄道のうち中東鉄道はそれより30分遅いハルピン時間、その他の鉄道は53分または56分遅い満洲時間で動いている、という複雑なことになっていた。

こうしたハルピン時間やチチハル時間は、満洲国の成立後に満洲時間へと統合された。内地発行の時刻表からはハルピン時間の案内が消え、『旅程と費用概算』の昭和10年版では「從來使用されてゐた哈爾濱時間は廢止され、滿洲時刻に統制されたから、旅客は滿洲內では時差による心配がなくなつた」との一文が挿入されている。チチハルについては過去に時差があったこと自体、本文で触れられていない。

そして、昭和12年（１９３７）1月からは、満洲時間自体も日本の中央標準時に統合され、内地と満洲の時差もなくなった。満鉄にとっては、約30年ぶりの内地時間の再採用であった。

# 07——鉄道旅行者は複数の暦を使い分けよう

## 時刻表の年号を読み解く

満鉄と東清鉄道とを現に乗り継ぐ場面で気を付けるのが時差だとすれば、列車に乗る前、つまり満洲鉄道旅行の計画段階で時刻表を開くときに気を付けなければいけなかったのが暦、特に元号の問題だ。大日本帝国の領土内に暮らす日本人の圧倒的多数は、明治、大正、昭和といった和暦を日々の生活の中で当然のごとく普遍的概念として用いていたが、その常識は、満洲で鉄道を利用するときには通用しなかった。

市販されている『汽車時間表』の各路線時刻表には、必ず、「○年○月○日改正」とか「訂補」のように、その時刻がアップデートされた最近の年月日が掲載されていた。このうち、年を表す数値が一律でないのは、現代でも『JR時刻表』が和暦（「令和」の文字は省略されて数字のみ）、『JTB時刻表』は西暦の下2ケタを用いているので、そのこと自体は珍しくない。

だが、昭和初期までの『汽車時間表』には、大日本帝国内で用いられていない暦に基づく元号が、換算表などがない状態でそのまま掲載されていた。中華民国暦と満洲国暦だ。

昭和9年（1934）12月号を開いてみると、満洲を走る鉄道路線のうち満鉄は「九年十一月一日改正」となっている。満鉄は満洲国という外国を走っていても日本の鉄道会社なので、「昭和9年」

が正式な暦になるのだ。一方、満洲国鉄の路線は同じ11月1日改正でも「康徳元年《こうとく》」と表記されている。建国当初は「大同《だいどう》」だったが、清朝最後の皇帝であり「ラスト・エンペラー」として知られる愛新覚羅溥儀《あいしんかくらふぎ》が執政から皇帝に即位した同年3月1日に「康徳」へと改元され、満洲国滅亡まで使用されている。

この満洲国の路線と直通している中国側路線の一部も時刻表に掲載されており、その暦は同年を「中華民国二十三年」と表示している。辛亥革命によって中華民国が成立した1912年を元年とする暦で、現代でも台湾で公用暦として用いられている。満洲国鉄は満洲国成立前は中華民国の国営、あるいは省単位の公営鉄道だったので、その時代の時刻表では、中華民国暦が満洲北部の非満鉄路線でも使われていた。

外国の暦を何らの注釈もなく載せて、誰もがすぐに頭の中でそれが日本の昭和何年に当たるのかを理解できるわけではないだろうが、中華民国元年は偶然ながら大正元年と一致しているので、大正との換算に慣れている昭和初期の日本人には実は便利な外国暦ともいえる。大正で数えた年数を昭和に直すときは、昭和元年の前の年が大正14年なので14を引く。すると、中華民国23年は大正23年に相当するから、23から14を引いた差が9、つまり昭和9年だとわかるというわけだ。もちろんこれは偶然に過ぎない。

昭和15年（1940）10月号になると、満洲国暦はすべて和暦に置き換わり、誌面から消滅している。満洲国鉄はもともと当初から満鉄に運営委託されていた（国線）が、昭和11年（1936）に満鉄が社線と国線を実質的に経営統合して鉄道総局の一元管理を始めたことで、国線の時刻表に満洲国暦を用いる意義が薄れたのだろう。

さらにこの号では、中華民国内の路線の時刻表にも「昭和十五年」という年号が明記され、中華民国暦の表記も消滅している。これは中華民国内の路線で日本の時刻表に掲載される主要路線が、華北交通という満鉄のグループ会社、または華中鉄道という日中合弁会社の運営下に置かれるようになったことによるものと思われる（華北交通、華中鉄道についての詳細は310ページ以下を参照）。

このように、昭和初期には満洲地方の路線の時刻表上に3種類の暦が混在し、時刻表読者の利便性など考えず、それぞれ自己主張をしている。万国共通の公用暦というものが存在しないことの、ある

図4-7-1 「康徳３年」（＝昭和11年）の日付が入った満洲里駅の記念スタンプ。「C.C.C.P」は「ソビエト社会主義共和国連邦」のキリル文字による略号

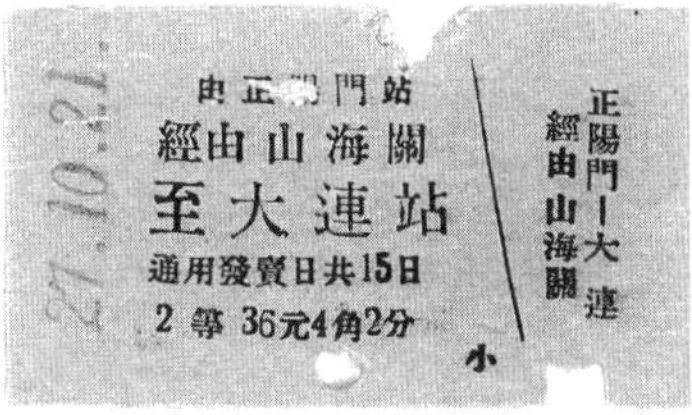


図4-7-2 北京の正陽門から満洲国を経由して関東州の大連までの直通乗車券。発行年月日として刻印されている「27年」とは中華民国暦で、列車が山海関から満洲国に入ると康徳５年になり、大連到着直前で関東州に入ると昭和13年になる。いずれも西暦だと1938年である

図4-7-3　年号の換算表（従前の暦に変更があった年のみ抜粋）

<table>
<tr><th>日本</th><th>西暦</th><th>中国大陸</th><th>満洲</th><th>台湾</th><th>朝鮮</th></tr>
<tr><td>明治26年</td><td>1893年</td><td colspan="4">光緒19年</td></tr>
<tr><td>明治27年</td><td>1894年</td><td colspan="3">光緒20年</td><td>開国503年</td></tr>
<tr><td>明治28年</td><td>1895年</td><td colspan="2">光緒21年</td><td>光緒21年／明治28年</td><td>開国504年</td></tr>
<tr><td>明治29年</td><td>1896年</td><td colspan="2">光緒22年</td><td rowspan="12">昭和20年まで和暦使用</td><td>建陽元年</td></tr>
<tr><td>明治30年</td><td>1897年</td><td colspan="2">光緒23年</td><td>建陽2年／光武元年</td></tr>
<tr><td>明治40年</td><td>1907年</td><td colspan="2">光緒33年</td><td>光武11年／隆熙元年</td></tr>
<tr><td>明治42年</td><td>1909年</td><td colspan="2">宣統元年</td><td>隆熙３年</td></tr>
<tr><td>明治43年</td><td>1910年</td><td colspan="2">宣統2年</td><td>隆熙4年／明治43年</td></tr>
<tr><td>明治45年／大正元年</td><td>1912年</td><td colspan="2">中華民国元年</td><td rowspan="7">昭和20年まで和暦使用</td></tr>
<tr><td>大正5年</td><td>1916年</td><td colspan="2">中華民国5年／洪憲元年※</td></tr>
<tr><td>大正6年</td><td>1917年</td><td colspan="2">中華民国6年</td></tr>
<tr><td>大正15年／昭和元年</td><td>1926年</td><td colspan="2">中華民国15年</td></tr>
<tr><td>昭和7年</td><td>1932年</td><td>中華民国21年</td><td>中華民国21年／大同元年</td></tr>
<tr><td>昭和9年</td><td>1934年</td><td>中華民国23年</td><td>大同3年／康徳元年</td></tr>
<tr><td>昭和20年</td><td>1945年</td><td>中華民国34年</td><td>康徳12年／中華民国34年</td></tr>
</table>

※1915年末～1916年3月に存在した中華帝国（皇帝・袁世凱）が一時、「洪憲」年号を使用

意味当然の帰結ではある。ただ、現代の日本では和暦と西暦の換算を行うのが最も日常的なので、参考までに、西暦を含めたそれらの換算表を上の図4-7-3に掲げた。

それぞれ現地に行けば、わざわざ「昭和」「康徳」「中華民国」の各元号がいちいち表示されているわけではなく、1～2ケタの年数が示されているだけの場合もあった。その場合にその年表示はどの元号を意味するのか、鉄道利用の旅行者はきちんと理解していないと時刻表も正しく読めなかったのである。

## 08 統一通貨がない満洲国以前の両替技術

### 旅行者泣かせの複雑な通貨事情

満洲国が成立した後とそれ以前とで、旅行ガイドブックの記述のうち最も内容に変化があったと言えるのは、おそらく両替に関する案内ページではないだろうか。『旅程と費用概算』の昭和13年（1938）版の「通貨に就て」という項目では、満洲国の通貨事情について「通貨流通の種類は、日本貨幣・朝鮮銀行貨幣・満洲國幣の三種である。滿洲國幣・邦貨は何れも等價に使用出來るから、両替の必要はない」とだけ記し、満洲へは日本円だけ持っていけばほぼ足りると案内している。満洲全土の駅の窓口で切符を買うときも、どちらで直接払ってもよいのだ。現代でも、自国通貨の信用度が低い発展途上国内で米ドルが直接使えるケースがあるが、日本円をそのまま買い物に使えるという国は皆無に等しい。それだけに、日本円や朝鮮銀行券が等価でそのまま使えるという満洲国の通貨事情は、内地から、あるいは隣接する朝鮮半島からの観光客にとっては有難い話だっただろう。

かくも便利な両替事情は、わずか5年前の昭和8年（1933）版の同書からは全く予想もつかない。同年版の記述は満洲国が誕生した1ヵ月後の昭和7年（1932）4月現在の調査結果に基づいていて、できたばかりの満洲国については後から増やしたと思われる折込みページで国家の紹介を行い、具体的な現地旅行事情に関する記述の大半は前年度版をほぼ踏襲している。したがって同年版は、満洲国成立直前にほぼ等しい時期の現地の旅行事情を記しているものと見ることができる。

そこで同年版の「通貨に就いて」を開くと、「北滿哈爾賓《ママ》方面及支那へ旅行して第一に不便を感ずるのは、言語の不通や土地の不案内と云ふよりも寧ろ一般通貨の甚だ複雑な事である」と嘆き、その流通する多くの種類の通貨を紹介しているが、一読したところで全容を理解するのは容易ではない。満洲を含む中華民国全土で通用する便利な通貨がないのだ。満洲国建国後の昭和10年（1935）版同書は、「中國は世界中で一番通貨の複雑な國と云はれて居る」と指摘している。ここでいう「中國」に満洲は入らないが、その沿革を辿れば同じ原因に行きつく。

中国大陸では清朝時代から1935年（昭和10）まで銀本位制、すなわち、通貨が銀と交換できる政策が採られてきた。このため、中央政府の通貨高権（通貨を発行できる権限）に信用が置かれるよりも、むしろ民間の両替商が強い力を持っていた。適量の銀と交換できるかどうかが貨幣の価値を決めるため、民間人には遠い存在である中央銀行よりも各地域の経済ネットワークに長年根付いている両替商の方が、その交換能力があると信用されやすいからだ。その結果、貿易上の通貨として広く流通していたメキシコドルや香港ドルなどの外貨と、「貨幣の種類によつては單に一地方の他適用せぬものもある」（『旅程と費用概算』昭和8年版）という各地方独自の貨幣が昭和初期まで大陸全土に乱立し、中華民国は通貨面に関する限り、近代的な統一国家としての体を成していない有様であった。

中国大陸全体を記述対象とする『旅程と費用概算』では、地域ごとの通用貨幣の紹介は複雑すぎるせいか省略されている。そこで月刊の旅行雑誌『旅』に掲載されている「鮮滿支旅行の栞《しおり》」（昭和6年

図4-8-1　中国大陸で流通する地域別通貨の概要（『旅』昭和6年3月号「鮮満支旅行の栞」をもとに作成）

| 地域 | 通用する通貨の種類 |
| --- | --- |
| 満鉄沿線 | 日本銀行発行貨幣、朝鮮銀行発行貨幣、横浜正金銀行発行の円銀貨及び紙幣 |
| 奉天・洮南地方 | 新市街を離れ支那街の買い物等には奉天省当局の発行する貨幣（俗称「奉天票」） |
| 吉林方面 | 吉林省当局の発行する貨幣（俗称「吉林官帖」） |
| 東支鉄道沿線 | ソ連貨幣（金ルーブル）、哈爾濱大洋（哈大洋）。鉄道以外の勘定には主として哈大洋を使用し、日本人同士では日本貨幣も通用する |
| その他の支那各地 | ①支那貨幣。銀を本位とするいわゆる大洋元にして、北洋銀、湖北銀、広東銀、メキシコドル、香港ドル、日本円銀などの種類がある<br>②このうちもっとも広く流通しているのはメキシコドルで、香港ドルがこれに次ぎ南支一帯、北平・天津方面で通用する<br>③このほか、小洋銀、銅元、票子（紙幣）などの補助貨 |

3月号）が列挙する地方別の通用貨幣を一覧にしたものが図4―8―1である。

この表の貨幣の説明文を読めば、奉天省や吉林省などの省政府レベルで独自に通貨を発行していることがわかるだろう。哈爾濱大洋は、1914年（大正3）に中国銀行と交通銀行のハルピン支店が発行した通貨に由来しており、「哈大洋」などと略称される。ソ連が運営する東清鉄道の乗車券を購入するときは、ルーブル建てで設定されている運賃をこの哈爾濱大洋に換算して支払うのだ。「大洋」とは大洋銭の略で、銀元とも呼ばれ、中国大陸各地で清朝時代に貿易用の貨幣として流入したメキシコドルなどの外貨の形態を真似て独自に作られた、中国での基本貨幣（単位は元）の総称である。

ところが、各地で勝手に作られた大洋銭は製造地によって信用度が異なるため、同じ額面でも、たとえば満洲の各省が発行する大洋銭を同じ中華民国の広東省へ持っていっても、現地の大洋銭と両替するときは同額にならず割り引かれてしまう、ということが起こるのだ。地方で発行された貨幣は、そこから遠く離れるほど価値が正比例して低くなるというケースもある。

しかも、同じ通貨なのに、硬貨と紙幣が等価で通用しなかった（発行する地方政府や銀行の信用度にもよるが、紙幣の方が総じて価値が低い）。さらに、大洋銭の補助通貨にあたる小洋銭（単位は角。額面上は1元＝10角）も、小洋銭の方が品位が劣るという理由で、実際には小洋銭を大洋銭1元に両替するには10角ではなく12角を要した。

以上の概説は『旅』大正13年9月号の「支那旅行とその通貨の話」（荒尾榮次）をもとにしている。これ以上の詳細は同記事に譲るが、満洲を含む中華民国の通貨事情がいかに複雑であるかは、ここまでの説明でも理解してもらえると思う。

その中華民国から分離した満洲国も、当初は銀本位制を引き継いだため、満洲国幣と日本円との両替レートは日々の銀相場によって変動した。この時期の満洲旅行では、日本円（およびこれと等価の朝鮮銀行券）が通用するのは満鉄沿線の鉄道附属地内や日本人同士での取引が主で、日本人以外の満洲人経営の商店では正札に満洲国幣の価格を掲げていたケースが多い。

鉄道利用の場合も、日本の株式会社である満鉄の駅で切符を買うときは日本円か朝鮮銀行券を用いるが、満鉄とは別組織である満洲国鉄の鉄道運賃は満洲国幣建てになっていた。満洲国内の主要な乗換駅には両替店があり、日本円の所持者が駅で乗車券を購入する場合は、必要に応じてその日の銀相場により満洲国幣に両替をしなければならなかった。満洲と合わせて中華民国方面へも足を延ばそうとする旅行者に対して『旅程と費用概算』の昭和10年版は、横浜正金銀行の旅行信用状（129ペー

図4-8-2　満洲国が康徳元年（昭和9年）7月以降に国内流通を中止した通貨一覧
（『満洲国概覧』より作成）

| 紙幣の名称 | 発行機関と券種 |
|---|---|
| 現大洋票 | 東三省官銀号発行の兌換券 |
| | 邊業銀行発行の兌換券 |
| | 遼寧４行号準備庫発行の兌換券 |
| 奉大洋票 | 東三省官銀号発行の滙兌券 |
| 奉小洋票 | 公済平市銭号発行の銅元票 |
| 哈大洋票（有監理官印） | 東三省官銀号発行の哈爾濱大洋票 |
| | 吉林永衡官銀銭号発行の哈爾濱大洋票 |
| | 黒竜江省官銀号発行の哈爾濱大洋票 |
| | 邊業銀行発行の哈爾濱大洋票 |
| 吉林官帖 | 吉林永衡官銀銭号の官帖 |
| 吉小洋票 | 吉林永衡官銀銭号の小洋票 |
| 吉大洋票 | 吉林永衡官銀銭号の大洋票 |
| 江省官帖 | 黒竜江官銀号発行の官帖 |
| 江省四釐債券 | 黒竜江官銀号発行の四釐債券 |
| 江省大洋票 | 黒竜江官銀号発行の大洋票 |

＊上記15種の紙幣以外に営口で過爐銀、安東で鎮平銀などが流通
さらに「私帖」と称する地方流通紙幣があった

ジ参照）かＪＴＢのトラベラーズチェックを携帯するよう勧めている。

だが、昭和9年（１９３４）に世界的な銀の高騰が発生。満洲国や中華民国の通貨と交換して銀を入手し、国外で高く転売することができるようになったことから、中国大陸から銀が大量に流出した。そのため、昭和10年に満洲国幣は銀との交換を停止され、日本円と等価になるよう切り替えられた。中国大陸への観光旅行の草創期から大陸への旅行者を悩ませ続けてきた複雑な両替事情は、これによってようやく解消され、旅行ガイドブックの両替案内も冒頭のような簡潔な記述になったのであった。

## 09 満洲の鉄道旅行とことば

### 中国語、日本語、そしてロシア語

外国旅行の際に誰もが気にする、現地での言葉の問題。いくらパスポートがいらないといっても、満洲が外国である以上、日本人が満洲を旅するときにこの問題から完全に逃れることはできない。だが、その問題の中身は、満鉄の創業時から第二次世界大戦終結までの約40年間で大きく変化している。

満鉄が南満洲の幹線として、ロシア（後にソ連）が運営する東清鉄道が北満洲の幹線として、それぞれ役割分担しながら機能していた明治末期から昭和に入った頃までは、満鉄の利用時および満鉄沿線の附属地では日本語と中国語、東清鉄道の利用時およびその沿線ではロシア語と中国語が一般的に通用した。逆に南満洲でも、満鉄附属地を一歩離れれば中国語が必須だった。特に満洲では、北京や山東地方の訛《なま》りが用いられていることが多かった。大正8年（1919）刊行の『朝鮮満洲支那案内』は、「満鐵沿線と雖《いえど》も鐵道地界外の側路に入込む場合には各《おのおの》其の地方土語を解する者の先導に頼るか、又は相當の案内者を伴ふを可とす」というアドバイスを掲載している。

満鉄は日本の鉄道そのものなので、駅員や乗務員は日本人が務めていたことがほとんどだ。一般に植民地での事業会社は、現地の労働力を低賃金で活用して利益を上げる特性を持っているが、満鉄は

「日本人がトップに限らず各階層にわたり満遍なく配置されていることが最大の特徴」（前掲『日本植民地鉄道史論』）とされている。地方鉄道局には現地の中国人も職員として相当数採用されているとはいえ、基本的には満鉄の列車の利用時に日本語が通じないということはほぼあり得ないと言ってよい。異国の大陸旅行に不可欠の主力交通機関で、日本語が何の心配もなく第一公用語のごとく通用するのは、日本人にとっては心強かったことだろう。もちろん、駅名標や時刻表に用いられる駅名は漢字で記されていたから、実際には日本人だけでなく中国人、朝鮮人のいずれも困ることはなかった。

ただし、駅名の漢字の読み方は、日本語読みと中国語読みが混在している。満鉄が明治40年（1907）の開業直後に定めた社内規則では、初めから日本式に命名された地名のような例外を除き、原則として駅名は中国語読みで呼称するのが正式だった。満鉄が日本語読みの駅名を正式呼称にしたのは昭和14年（1939）に「会社所管線（北鮮線ヲ除ク）駅名称呼」という社告で定めてからだ。日露戦争の古戦場として名高い関東州の旅順でさえ、大正5年（1916）に特例的扱いとして日本語式の「りょじゅん」に改められる前は中国語式の「リュイシュン」が正式呼称だった（同じ関東州の大連も、旅順と同じく日本語読みの「だいれん」が早くから正式呼称となった例外的存在である）。

したがって、満鉄の駅ホームの駅名標には、駅の名称が漢字で大書され、そこに中国語読みのローマ字が表記されている。このローマ字表記は、現在の中華人民共和国で発音記号として採用されている拼音《ピンイン》とは異なる。たとえば、「吉林」は拼音では「Jílín」だが満鉄の表記は「Kirin」、「四平」（昭和16年までは「四平街」）は拼音では「Sìpíng」だが満鉄では「Szeping」といった具合だ。

ただし、奉天（現・瀋陽）はそのまま中国語読みした「フェンティエン」（Fengtien）の他に、満洲語で同地を指す「ムクデン」（Mukden）が英語の名称として使用されていた。駅によっては、駅名標の漢字の横にカタカナで日本語読みが併記されている場合もあった。

この日本語読み、内地の鉄道省と満鉄の社告とで一致しないケースが多々見られる（図4-9-1）。たとえば、満鉄本線（連京線）の梨山駅の読み方は、昭和12年（1937）に鉄道省が編纂した『鉄道停車場一覧』では「りさん」と音読みだが、昭和14年の前掲社告では「ナシヤマ」と訓読みで表記されている。安奉線の四台子駅も、鉄道省は「しだいし」だが満鉄社告は「ヨンダイシ」としている。他にも、鉄道省は「堡」の字を一律に「ほ」と読むのに対して、満鉄社告は「ホウ」「ポ」と音便化や半濁音化したりしている。

梨山については、鉄道現場で用いられる電報略号（電略）の割当ての都合ではないかと考えられる。電略とは、鉄道現場で電報を打つ際に、送受信のスピードアップを図るとともに送受信者間の錯誤を避けるため、単語ごとにカナで1~3文字であらかじめ定められた略語をいう。電報が用いられなくなった現代でも電略はJRの日常業務の中で使用されていて、車掌を「レチ」（「列車長」の略）、運休を「ウヤ」（「運転休み」の略）などと呼んだりする。東京駅は「トウ」、大阪駅は「オサ」である。

満鉄でも使用されていたこの電略、梨山駅の日本語読みが「りさん」だとすると、カナ2文字の略号は通常、「リサ」か「リン」となる。ところが、「リサ」は国線の平斉線《へいせい》・龍山駅《りゅうざん》、「リン」は吉林省の大都市・吉林駅《きちりん》の電略でもある。伝達ミスによる事故を防ぐため、原則として複数の駅に同じ電

図4-9-1　日本語の読み方が資料により異なる満鉄の駅名一覧

| 路線名 | 駅名 | 『鉄道停車場一覧』（昭和12年） | 満鉄社告※（昭和14年） |
|---|---|---|---|
| 連京線 | 三十里堡 | さんじうりほ | サンジュウリホウ |
| | 石河 | せきか | セッカ |
| | 梨山 | りさん | ナシヤマ |
| | 白旗 | はくき | ハッキ |
| | 大石橋 | だいせききやう | ダイセッキョウ |
| | 甘泉舗 | かんせんほ | カンセンポ |
| | 太子河 | たいしか | タイシガ |
| | 平頂堡 | へいちやうほ | ヘイチョウホウ |
| | 馬仲河 | ばちうか | バチュウガ |
| | 十家堡 | じつかほ | ジッカホウ |
| | 郭家店 | くわくかてん | カッカテン |
| 旅順線 | 革鎮堡 | かくちんほ | カクチンポ |
| 安奉線 | 張家堡 | ちやうかほ | チョウカホウ |
| | 四台子 | しだいし | ヨンダイシ |
| | 祁家堡 | きかほ | シカホウ |
| | 石橋子 | せききやうし | セッキョウシ |

※「会社所管線（北鮮線ヲ除ク）駅名称呼」（昭和14年南満洲鉄道社告第190号）のこと

略は用いない。そこで、重要度が高い龍山、吉林の両駅を優先し、簡易駅の梨山駅を「ナシヤマ」、よってその電略は「ナヤ」とすることで満鉄内での重複を回避したのではないだろうか。

四台子駅の場合は、鉄道省のように「しだいし」と読むことで、同じ社線（連京線）の新台子《しんだいし》駅と紛らわしくなってしまうし、電略を同じ「シタ」にするわけにもいかない。そこで、やはり駅の規模が小さい四台子を「ヨンダイシ」（電略は「ヨタ」）と呼ぶことで解決を図った、という推論が成り立つ。

このように、鉄道省のルールは外地駅名の音読みの原則（54ページ、134ページ参照）に忠実であり、満鉄社告はそれによる不都合を回避しているように読み取れる。もともとは外国の地名だから、日本語でどんな読み方をしても地元利用者を困惑させたり由緒ある地名を改竄《かいざん》することにはならないことに鑑みれば、漢字1字の読み方の違いも含めて満鉄社告が正しいと見てよいだろう。

満鉄以外の中国側所属路線の場合は、満鉄とやや様相を異にする。駅員、車掌、それに同乗の警備兵など鉄道関係者は基本的にすべて中国人であり、日本語が万事通用する満鉄のようにはいかない。もちろん、切符や駅名標には漢字が用いられているから、日本人が乗客として利用する分にはほとんど困ることはなかったと思われる。おそらく、中国人が満鉄を利用するときは、日本人と日本語が中心の空間で漢字を頼りに切符を買い、列車に乗ったのだろうが、中華民国国鉄や中国資本の私鉄を日本人が利用する場合は逆の立場になったと考えればよい。

北満洲を走る長春以北の東清鉄道では、駅名標など駅構内の表示は中国語とロシア語の併記になっていた。中国語の漢字を読めば日本人でも駅名標や切符の券面は理解できるが、列車内の車掌やボーイは中国人かロシア人。ロシア人の場合は漢字を見せて筆談というわけにもいかない。

それに、東清鉄道は中露合弁会社という建前ではあったが、実際にはロシア側に経営の実権があった。このため、駅名はロシア語を主体として制定され、中国語表記は単にそのロシア語の発音に漢字を充てたと見られるケースもある（シャルダノーワ→沙爾達諾瓦、クラコフスキー→古拉郭夫斯基など）。

以上の状況は、満洲国が成立して中国側の路線を満洲国鉄が接収した後に変化を見せている。都市部では「日本語話せます」という掲示を店頭に貼り出す商店や公私立の日本語学校が急速に増えるなど、満洲全体で日本語の通用度が年々高まっていった。

鉄道旅行に関しても、満洲国では北京官話（方言）を主とする中国語と並んで日本語が公用語の一つとなったこと、および満洲国鉄はその運営を満鉄に委託したことから、これらの路線でも正式な旅客向け案内に日本語表記が登場するなど、日本語による旅客サービスが行われるようになった。旅行雑誌『旅』の昭和14年8月号には、吉林省にある満洲国鉄京図線《けいと》（現・中国国鉄長図《チャントゥー》線）の小さな駅で中国人の駅長がたどたどしい日本語で道案内をしてくれたとか、錦州《きんしゅう》省（現・遼寧《リャオニン》省）にある満洲国鉄奉山線（現・中国国鉄瀋山線）の錦県（現・錦州）駅ホームで売り子が「タマゴ！　エビ！」と日本語で呼び歩きながら売っていた海老と鶏卵の燻製《くんせい》が美味しかった、といった同誌特派員の報告が出ている（山下一夫「経行楽土三千粁―満洲の生活を探る―」）。

図4-9-2　満洲国鉄京図線営城駅の駅名標（『写真集 懐かしの満洲鉄道』より）。満洲国鉄の各駅で見られた標準タイプの駅名標で、漢字の駅名の右側に小さくカタカナで「インチェン」と書かれている。ローマ字表記も「Yingcheng」であることから、中国語読みが正式呼称であることがわかる

## 10 満洲開拓と欧亜連絡を担う満洲の各路線

### 満鉄は全満洲の鉄道路線の1割強

第二次世界大戦が終結して満洲国が崩壊するまで、満鉄が満洲全土に張り巡らされた鉄道網の中核を成していたことは間違いない。だが、もともと日露戦争後のポーツマス条約で獲得した満鉄の路線は、終戦時の満洲の鉄道全線の1割強に過ぎない。その性質上の違いは満洲国の成立前後で大きく異なるが、ここでは、満洲国成立後の分類をベースに満洲各地の鉄道路線を紹介する。

#### ●満鉄（社線）

日本がロシアから譲り受けて営業を開始した満鉄本来の路線。その中核を成すのは大連～長春（後に新京）間の本線（後に満洲本線、連長線、連京線。現・中国国鉄瀋大線および京哈線）と、鴨緑江を挟んで朝鮮と接続する安東（現・丹東）～蘇家屯間の安奉線（現・中国国鉄瀋丹線）である。

本線はロシア時代は広軌（1524ミリ）だったが、日露戦争中に日本が内地と同じ狭軌（1067ミリ）へと狭めて、内地から車両を持ち込んで使用した。そのまま満鉄として営業開始した翌年（明治41年）に、改めて国際標準軌（1435ミリ）へと線路幅を拡張。一方、安奉線は日露戦争中に軌間762ミリの軍用軽便鉄道として日本が建設した路線で、朝鮮との直通運転を実施するため、こちらも満鉄開業4年後の明治44年（1911）に標準軌へと改軌されている。

開業当初から純粋な日本の鉄道として運営され、駅や列車内では日本語が筆頭言語として通用した。運賃も、明治40年（1907）4月の開業当初は中国大陸で一般的な銀建てだったのを、半年後の同年10月に金建てへ変更。その後、昭和初期までは金と交換できた朝鮮銀行券およびこれと等価の日本円で運賃が設定され、窓口でも朝鮮銀行券や日本円をそのまま乗車券購入の支払いに使用することができた。

本線、安奉線ともに長春（新京）からハルピンを経由してシベリア鉄道へ通じる欧亜国際連絡鉄道の一部を構成している。「はと」や「あじあ」といった満鉄を代表する優等列車やそれらに充当される新型車両は、ほぼ社線のみを走っていた。

戦後の日本では国鉄線に対して私鉄を「会社線」と呼び、国鉄をメイン、私鉄をサブと位置づける鉄道政策を昭和62年（1987）の国鉄分割・民営化（JR発足）まで続けたため、「社線」と「国線」の呼び名から後者が国鉄、前者が地方私鉄のごとく誤解されやすいが、満鉄では「社線」の方がメインのオリジナル幹線である。

## ◉──中華民国所属鉄道→満鉄（国線）

国線とは、満洲国に接収されて満洲国鉄の所属となり、満鉄が経営受託会社として運営した路線のこと。第二次世界大戦終結時に満鉄が運営していた約1万1600キロの路線は、国線だけでその内訳が1万キロを超えていた。

国線の中には、もともと満鉄の培養線（216ページ参照）としての役割を期待されていた路線もあれば、張作霖や張学良率いる奉天軍閥が満鉄包囲網として建設した満鉄の競争相手だった路線もある。さまざまな背景を持つ路線が満鉄の傘下に収まり、それぞれに新たな機能を与えられて満鉄ネットワークの一部となった。

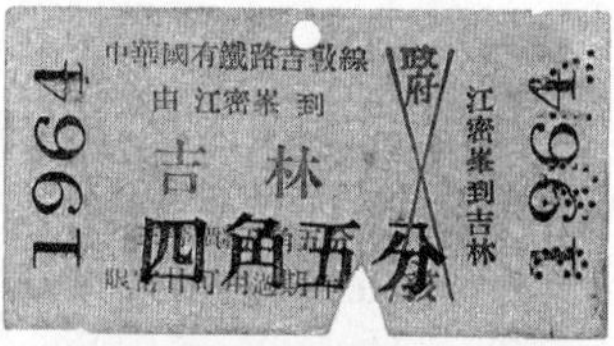

図4-10-1　満洲国成立前の吉敦鉄道（のちの満洲国鉄京図線）江密峰から吉林までの3等乗車券。奉天軍閥の管理下にあるせいか、「中華民國國有鐵路」（P318の図4-11-15参照）ではなく「中華國有鐵路」と表記している

とはいえ、満鉄とは異なる国家に所属していた路線ということもあり、国線化の後も社線とはさまざまな違いがあった。接収からしばらくは、運賃は中華民国式の銀貨建てで計算され続け、満洲国幣が登場すると満洲国幣建てになった。日本円や朝鮮銀行券で計算される社線との直通乗車券の金額は、あらかじめ定めた換算率に基づいて算出した社線の運賃と国線の運賃を合算した満洲国幣で合計になり、一部の大きな駅でしか購入できなかった。『汽車時間表』の昭和9年（1934）12月号では、満鉄線の運賃が「圓錢《えんせん》」、満洲国鉄の運賃は「銀圓《ぎんえん》」と区別されている。昭和10年（1935）になってようやく日本円や朝鮮銀行券と満洲国幣が等価となり、両線の運賃体系も統合され、国線の各駅で日本円や朝鮮銀行券で乗車券が購入できるようになった。

走る車両も独特だ。国線が誕生した直後は、各路線で使用されていた車両を引き継いでそのまま流用していた。中華民国時代はそれらの全路線が統一的な車両を使用していたわけではないので、満鉄受託直後はそれらの各線オリジナル車両が入り乱れ、「恰《あたか》も各種模型機関車展覧会の如き観」（『南満洲鉄道株式会社第四次十年史』龍溪書舍、昭和61年）であったという（図4-10-2）。

中華民国時代の客車内の様子は、満鉄とはだいぶ異なっていた。作家の里見弴《さとみとん》は、昭和5年（1930）1月に志賀直哉《しがなおや》と連れ立って、満鉄連長《れんちょう》線の四平街（現・四平）から北西へ分岐する四洮鉄道に乗車したとき、車内の床は食べかすや痰《たん》で汚れ、座席や窓枠は埃《ほこり》だらけ、窓ガラスは車窓が見えにくくなるほど曇っているなど、満鉄に比べて掃除が行き届いていなかったと『満支一見』（かまくら春秋社、昭和58年）に綴っている。内壁に取り付けられていたはずの真鍮《しんちゅう》製の金具も、盗難にあってあちこち紛失していたという。

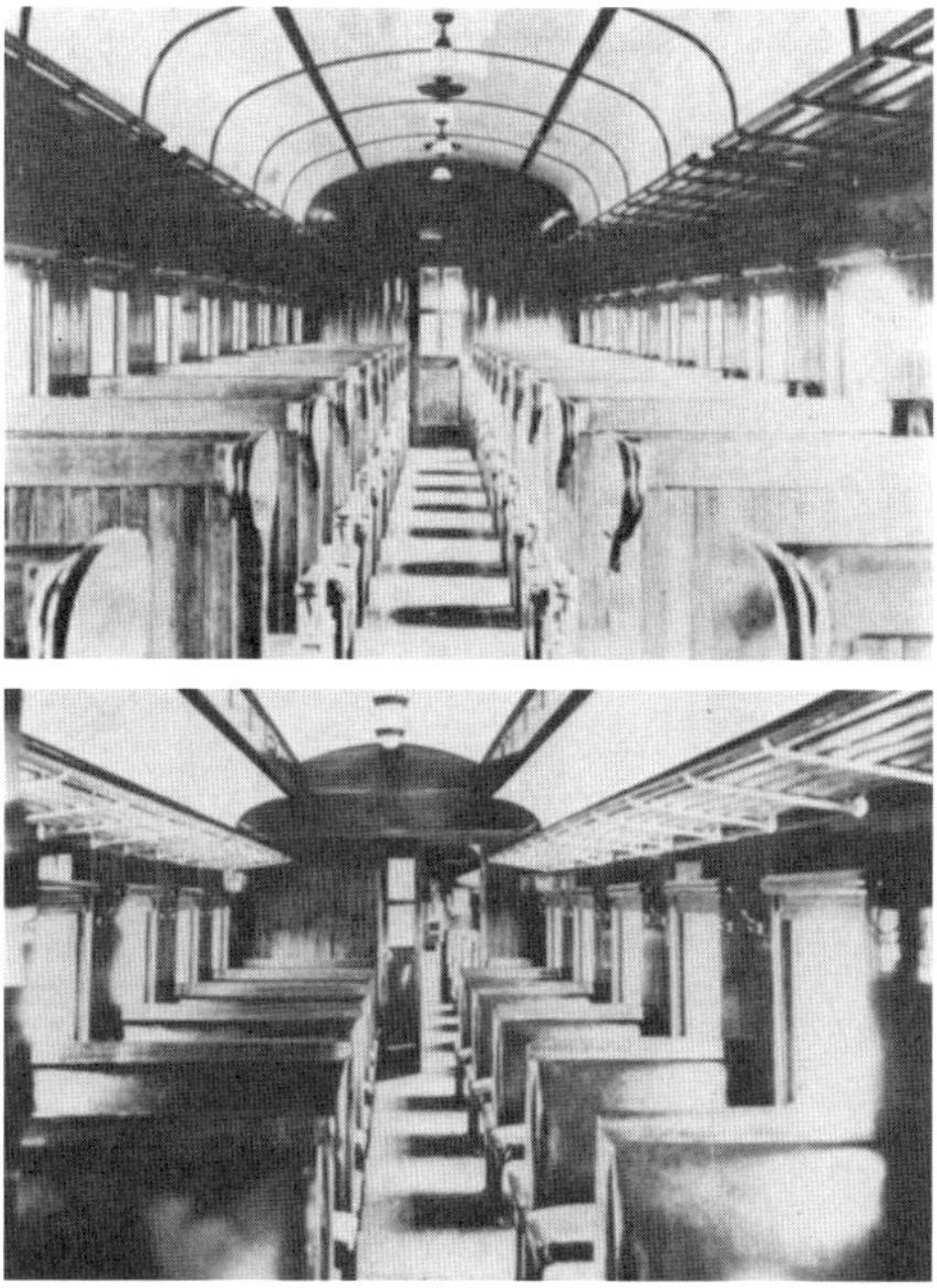
図4-10-2　上は吉敦鉄道の3等車内、下は瀋海鉄道の3等車内（いずれも『南満洲鉄道「あじあ」と客・貨車のすべて』より）。同じ3等車だが、吉敦車両は座席が板張りで肘掛けあり、瀋海車両はレザー張りで肘掛けなし、といった相違点が見られる

一方で、車内では乗客に対してお茶とおしぼりのサービスがあり、特に、お茶は空気が乾燥しているのでよく飲ん

だとも綴っている。その2年前の昭和3年（1928）に夫の与謝野鉄幹《よさのてっかん》と2人で同鉄道を利用した歌人の与謝野晶子も、車内で「ボオイが度度しぼつた手拭を出し、幾度も茶を注いでくれ」たことを旅行記で回想している（『鉄幹　晶子全集26』勉誠出版、平成20年）。

もっとも、晶子が「どんな水を用ひたのかと想像すると気味の悪いことである」とも記している点は、「あの汽車のなかの絞り手拭ばかりはうつかり使へない、支那人はあれで顔を拭いた後、平氣で洟《はな》をかみ、痰をはく」という芥川龍之介《あくたがわりゅうのすけ》から聞いた体験談を思い出して自分も手拭きにのみ使った、という里見の記述と似ている。中華民国鉄道の車内でサービスとして供されるお茶やおしぼりへの衛生上の注意は、日本人旅行者の間で口コミで伝わっていたのかもしれない。

## ●東清鉄道→東支鉄道→中東鉄道→北満鉄道

東清鉄道は、ロシアが満洲進出を目的に設立した中露合弁の鉄道会社である（214ページ以下参照）。日露戦争後のポーツマス条約によって、長春から旅順までの南満洲支線を日本に譲渡。以後、同鉄道はハルピンを中心に満洲里への西部線とポグラニーチナヤ（現・綏芬河）への東部線を合わせた本線と、ハルピン～長春間の南部線から成り、北満洲のロシア（ソ連）権益の中核となった。

ロシアは東清鉄道の路線を自国の国鉄と同じ1524ミリの広軌で建設した。このため、東はウラジオストク方面、西はモスクワへ向かうシベリア鉄道と直通運転を行うことができた。ウラジオストクからモスクワ方面へ向かうには、自国領のみを走るハバロフスク経由よりこの東清鉄道経由の方が距離が短くショートカットできるので、日本からヨーロッパへの国際連絡乗車券の主要コースの一つとなっていた。『汽車時間表』の昭和9年12月号によれば、東京からモスクワへの直通乗車券の運賃は、大連や釜山から満鉄でハルピンへと北上して東清鉄道で満洲里へ向かうコースと、敦賀からウラジオストクへ渡りハバロフスク経由でモスクワを目指すコースを抑えて、ウラジオストクから東清鉄道でハルピンを経由して満洲里へ向かうコースが最も安くなっている。

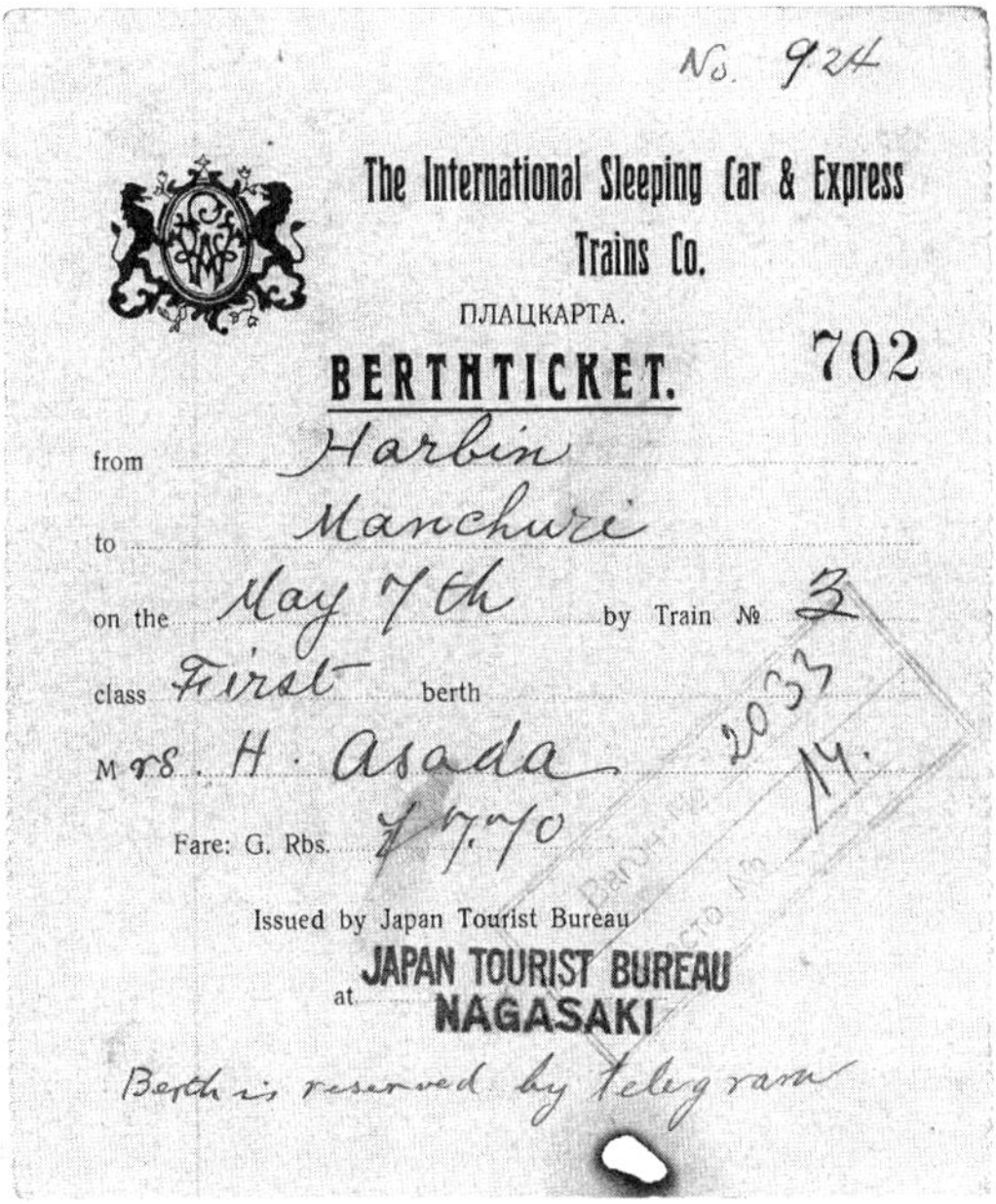
No. 924
The International Sleeping Car & Express Trains Co.
ПЛАЦКАРТА.
BERTHTICKET. 702
from Harbin
to Manchuri
on the May 7th by Train № 3
class First berth
Mrs. H. Asada
Fare: G. Rbs.
Issued by Japan Tourist Bureau
at JAPAN TOURIST BUREAU NAGASAKI
Berth is reserved by telegram

図4-10-3　ハルピンから満洲里までの東支鉄道1等寝台券
（昭和2年、JTB長崎支店発行）

中露合弁の建前だが実際にはロシア（ソ連）の主導権が強かったことから、満洲にありながらヨーロッパ風の性格が随所に感じられ、異国情緒がひときわ強い路線だった。車掌をはじめ乗務員の多くはロシア人だし、運賃はロシア（ソ連）の通貨ルーブル建て、駅の案内表示もロシア語が中心。長春で満鉄から乗り換えるときには23分または26分の時差が生じる（257ページ以下参照）など、運営スタイルからして、同じ国内を走る満鉄や中華民国の鉄道とは一線を画していた。

旅客が乗る客車も別世界だ。満鉄は創業以来、客車内部の設計はアメリカ方式を踏襲しているのに対して、東清鉄道を走る客車は完全なヨーロピアン・タイプ。たとえば、寝台車は満鉄が内地と同じアメリカのオープン・スペース式（寝台と廊下の間をカーテンだけで仕切る開放型寝台車）だが、東清鉄道はヨーロッパで主流のコンパートメント（個室）方式を採用していた。

しかも、東清鉄道は満鉄より線路の幅が広いから、必然的に客車内部も広くなり、乗り心地も安定しやすい。国際標準軌の満鉄車両でさえ、狭軌中心の内地の鉄道省線を見慣れた日本人にはかなり大きく見えるのに、東清鉄道はそれより幅広の広軌車両だから、それはそれは巨大でゆったりとした列車に感じられたことだろう。里見弴は前掲『満支一見』でこの鉄道の印象について、「かねて噂には聞いてゐたが、こゝの一等寝臺といふものには、志賀も私も、ちよいと度膽《どぎも》をぬかれた態《かたち》だ。廣《ひろ》さ、天井の高さ、内地のそれと較べて、かれこれ倍もあるかと思はれるほどで、壁紙なども、重々しく落ちついてゐるし、とても汽車のなかといふ氣はしない」と絶賛し、「これなら、ホテルで寝ないでも満足だ」とまで言い切っている。

このように満洲の中のヨーロッパ式鉄道として異彩を放っていたが、同鉄道に関するソ連の権益が昭和10年（1935）に満洲国へ売却されて経営権が満鉄に移り、国線の一部へと編入。この買収交渉を日本側の担当者として有利に運んだのは、当時在ハルピン総領事館から満洲国外交部に出向中で、後にリトアニアでユダヤ難民6000人に日本通過ビザを発給してナチスの迫害から逃れさせた

図4-10-4　昭和５年頃の長春駅に停車する東支鉄道（東清鉄道）の列車（当時の絵はがきより。資料提供：髙木宏之）。客車はヨーロッパの国際寝台車会社（ワゴン・リ社）製

図4-10-5　停車中の東支鉄道旅客列車（『日本地理大系 満洲及南洋篇』より）。
そばに立つ人と比べると、車体の大きさがわかる

杉原千畝《すぎはらちうね》であった。

こうして満鉄に帰属した同鉄道は、昭和12年（1937）までに、広軌から標準軌へと改軌された。これにより、満鉄や満洲国鉄と相互直通運転ができるようになった一方で、多くの日本人旅客を魅了したヨーロッパ製の広軌客車は走れなくなり、ウラジオストクやシベリア鉄道との直通列車も運転できなくなった。

なお、同鉄道は中国側の政府が清王朝から中華民国政府、そして満洲国へと変化する過程で、日本での呼称が東清鉄道から東支鉄道、中東鉄道、そして北満鉄道へと変遷している。ただし、満洲国を正式に国家承認しなかったソ連は、昭和8年に漢字表記だけは満洲国がつけた「北満鉄路」の使用を認めたものの、満洲国側が英語表記について提起した「Chinese Eastern Railway」から「North Manchuria Railway」への変更は、最後まで正式に認めなかった。ロシア語での路線名も一貫して変えていない。

## ●──京奉鉄道→平奉鉄道→北寧鉄道

東清鉄道と同じように最後は満洲国鉄へ編入されて国線の一部となったが、奉天から山海関を経て北京へ通じる京奉鉄道（北寧鉄道）は、明治時代に満洲への進出を画策したイギリスによって建設され、中国最古の鉄道の一つとして歴史を刻んだ独特の由来を有している（路線の歴史については212ページ以下参照）。

図4-10-6　北寧鉄道路線図

満鉄とは奉天で接続しており、線路もつながっているが、満鉄との連絡運輸を当初からの目的としていたわけではなかったこともあり、奉天では東京駅に似た赤煉瓦《れんが》駅舎で有名な満鉄の奉天駅（現・中国国鉄瀋陽駅）とは別に、独自のターミナル（奉天総站。後に北奉天《きたほうてん》へと改称。1991年に現在の中国国鉄・瀋陽北《シェンヤンベイ》駅が完成して閉鎖）を有している。奉天総站は満鉄奉天駅を中心に広がる満鉄附属地の北東部に位置していて、旧市街に近いため中国人旅客の利用が多かった。

当初は終着駅らしく行き止まり式の構造だった奉天総站は、昭和2年（1927）に移転して満鉄奉天駅と同じく通過式のターミナルに改造されると、旧市街地のさらに東方に開設された中国人資本の奉海《ほうかい》鉄道（奉天〜海龍《かいりゅう》間。吉林からの吉海《きっかい》鉄道と一体化したのが現・中国国鉄瀋吉《シェンチー》線）の瀋陽駅（現・瀋陽東駅）と直結。これにより、京奉鉄道と奉海鉄道を利用すれば、満鉄を利用せずに北支（華北）から吉林を中心とした満洲東部へアクセスできることになり、奉天総站はその乗換駅として満鉄奉天駅とは別の賑わいを見せることとなった。

もっとも、昭和13年（1938）に承徳から古北口経由で中華民国の北京へ通じる満鉄錦古線が開通するまでは、京奉鉄道は万里の長城を挟んで満洲と北支を結ぶ唯一の近代的陸上交通機関であり、北満洲や朝鮮半島と直結する満鉄と奉天で乗り継ぐ旅客は少なくなかった。内地で鉄道省が編纂して市販している『汽車時間表』にも、東京から朝鮮半島を北上し、または大連航路で満洲まで乗り継ぎ、奉天で京奉鉄道に乗り換えて北京や天津を目指すための連絡時刻表が大正14年（1925）の創刊以来、昭和初期までずっと掲載され続けている。

ただ、その重要性ゆえに、満洲や北支の政治的・軍事的情勢の影響を受けやすい。同鉄道の沿線は明治末期から昭和初期にかけて軍閥同士の内戦が頻発し、そのたびに旅客列車の運転に支障が生じた。

とりわけ、昭和6年（1931）に発生した満洲事変は、それまでの同鉄道の運行状況を一変させた。それまで1泊2日の行程で運行されていた奉天〜北平《ほくへい》（北京）間の直通列車の運転が中止され、すべての旅客は山海関駅での乗換えを余儀なくされることとなった。山海関以東は満洲国鉄奉山線となり、中華民国側は依然として北寧鉄路の名で運行を続けた。中華民国としては、自国から勝手に分離・独立した満洲国を正式な国家として承認するわけにはいかず、したがって未承認国家の国有鉄道

平 瀋 特 別 快 車
PEIPING-SHENYANG EXPRESS PASSENGER SERVICE
（東方旅行社發行）
(Issued by ORIENTAL TRAVEL BUREAU)
自正陽門站　至錦縣站
CHENYANGMEN station
to CHINHSIEN station
貳 等
2nd CLASS
國幣 元角分 $ 18.13
自 正 陽 門 站
From CHENYANGMEN station
至 山 海 關 站
to SHANHAIKWAN station
自發行日起七日有效
Available 7 days counting day of issue
發行日期一九三……年……月……日
Date issued ……193……
由北平營業所經售
Sold by B. O. Peiping.
No. A 0001

図4-10-8　東方旅行社北平営業所が発行した正陽門（北京）から錦県までの直通乗車券。「平瀋特別快車」とは「北平～瀋陽間特別急行」を意味する

図4-10-7　奉天～北平（現・北京）間直通列車の乗客に配付されたステッカー

と協調したり自国内への列車乗入れを認めたりするわけにはいかなかったのだ。こうして、3年近くにわたり直通運転は中断された。

　そこで、満洲国側と中華民国側が東方旅行社という民間の合弁会社を共同出資により設立し、この会社が相互直通列車の運行を担い、満洲側と中華民国側はこの直通列車の運行に関して、それぞれ独自に東方旅行社と契約を交わすという形で合意。昭和9年7月、両国の客車が相互に相手国の管轄区間まで乗り入れ、ようやく奉天から北平まで一

日1往復の直通列車が再開したのであった。

この直通列車は、昭和12年2月から2往復に増発。さらに、同年7月に発生した盧溝橋事件以降、北寧鉄道の実質的な運営権が徐々に満鉄を介して日本に移行した。その結果、昭和13年10月から日満支連絡運輸協定に基づいて釜山〜北京間、および新京〜北京間を直通する国際列車が走り始めた。このうち、釜山〜北京間の急行列車は「大陸」と命名され、最後尾に豪華な展望一等寝台車を連結した2泊3日の国際急行として日中連絡ルートの主役となった（159ページ参照）。

これ以外にも奉天〜北京間を直通する普通列車が増発されるようになり、同鉄道は満洲事変の発生から約7年を経て、ようやく従来の一体的運行に回帰していった。昭和14年（1939）に華北交通が発足すると、北京〜山海関間は同社の京山線として終戦まで運行を続けている。

## 路面電車

満洲の路面電車は奉天（現・瀋陽）、ハルピン、そして満洲国の首都となった新京（長春）の各都市で姿を見ることができた。

奉天市内では明治40年以来、日中合弁の瀋陽馬車鉄道という日中合弁の株式会社（略称「馬鉄」）が、満鉄附属地内にある奉天駅前から旧市街の入口である小西門《しょうせいもん》まで馬車鉄道を運行していた。大正6年（1917）当時の運賃は、全区間を通して乗ると中華民国の通貨である小洋銀13銭で、同区間を人力車に乗った場合の相場20銭よりやや安い。

この馬鉄は大正14年に満鉄附属地外で運行を停止して軌道が撤去され、会社自体も解散。その代わりに奉天市が軌間１４３５ミリの路面電車を敷設して運行を始めた。翌大正15年（１９２６）には満鉄附属地内でも日本の大倉組（大倉財閥。帝国ホテルやホテルオークラなどを創設した総合商社）が奉天電車株式会社を設立して電車区間の建設・運営を開始し、馬鉄の運行停止から約10ヵ月の中断期間を経て、再び奉天駅前から旧市街まで路面電車で直通できるようになった。満洲国建国後の昭和12年、交通体系の一元化を目指して奉天交通という株式会社が誕生し、奉天市と奉天電車が共同運行する路面電車はこの新しい国策会社に吸収されている。

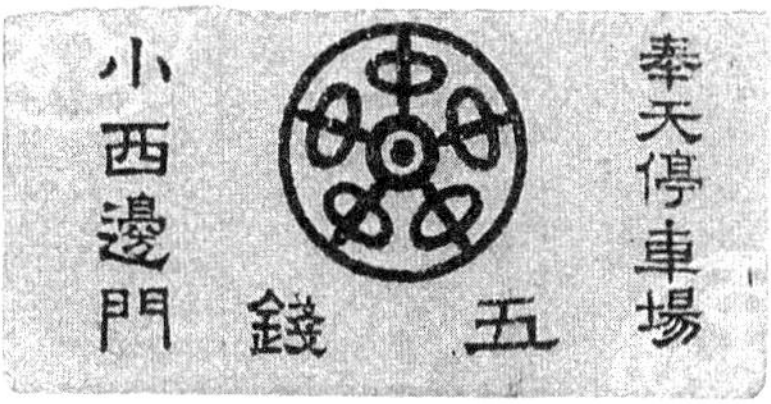

図4-10-9　奉天市（中国側）・奉天電車（日本側）の両区間直通乗車券

図4-10-10　一元経営となった奉天交通の電車乗車券

路面電車の運行区間はかつての馬鉄と多少異なっていて、奉天駅から小西門へは途中でやや北回りの大通りを通過するコースを走っていた。昭和17年末の時点で全長は18・6キロ、奉天駅を含む満鉄附属地内から小西門外まで、昭和13年時点では人力車なら日本円15銭が相場のところ、路面電車全区間を直通乗車した場合の運賃は6銭となっている。

ハルピンでは、昭和2年に市街地を走る軌間1メートルの路面電車が運行を開始し、満

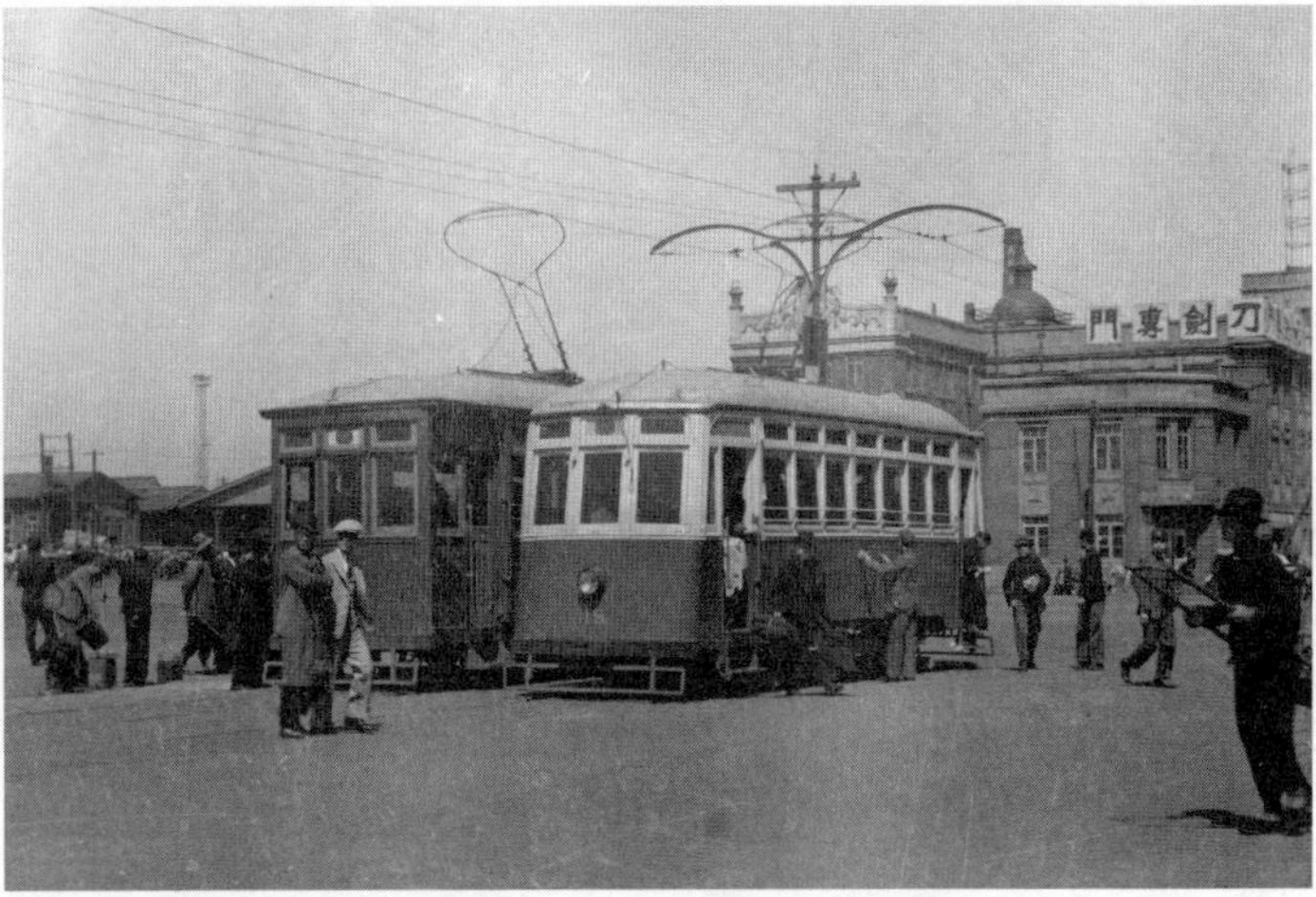

図4-10-11　奉天駅前に停車する奉天交通の路面電車（昭和15年頃撮影）

洲国成立後はハルピン市交通局、さらに哈爾濱交通という株式会社へと所属が変わり、バス部門と一体的な都市交通網を形成した。路線は昭和17年末の時点で全長13・5キロ、ハルピン駅前を中心に四つの運行区域に分けられ、運賃は市内バスと共通で1区あたり満洲国幣4分（昭和13年）。『旅程と費用概算』には市内バスと電車の運賃の記述欄に「金票も国幣も同じ」という注記があるが、この「金票」とは満洲国幣発行以前から関東州および満鉄附属地で主に通用していた朝鮮銀行券のことであり、日本円とは等価なので、朝鮮銀行券で払う場合は4銭となる。

乗車券には日本語と中国語が併記されていたり、満洲国幣ではなく朝鮮銀行券の単位で値段が表記されていることもあった。また、ハルピンの土地柄を反映して、会社が発行している路線図には漢字とキリル文字が併記されていることもあった。これは、

図4-10-12　ハルピンの市街地を走る路面電車（当時の絵はがきより）

図4-10-13　ハルピン市交通局時代の路面電車乗車券

単にロシア人乗客が漢字を読めないのに配慮しているだけではなく、ロシア統治下で発展したハルピン市内の地名は、ロシア語と中国語で全く異なる名称になっているケースが多く、漢字が読めないロシア人に単に中国語（または日本語）で地名を発音しただけでは目的地がわからない、というハルピンならではの理由があった。

図4-10-14　新京交通の電車開通記念乗車券（昭和16年）

満洲国の首都となった新京での路面電車開通は昭和16年（1941）11月、日米開戦のわずか1ヵ月前のことである。昭和17年末の時点で総延長は22・5キロに及び、新京交通という株式会社が運行を担当している。軌間は奉天と同じ1435ミリ。運賃は開業当初は10銭で、終戦直前には20銭に値上げされている。

新京ではもともと、奉天と同じく大阪市などの協力を得て地下鉄を建設する計画が進んでいた。その計画が頓挫したため、代わりに急遽登場したのがこの路面電車なのだ。日米開戦の直前という時期でもあったせいか、真新しい新型車両が揃った華々しい開業ではなく、内地の阪神電気鉄道、玉川電気鉄道（後の東急玉川線）などから中古車両が集められて走り始めるという地味なデビューだった。しかも、都市景観に配慮するという理由でメインストリートを避けたルートになっており、新京市民の生活路線として十分に機能したかどうかは定かでない。

もっとも、そのような地味な路線だったことが逆に幸いしたのか、満洲国時代の路面電車として唯一、この長春市電だけが現代も営業運転を続けている。満洲国時代に投入された古い車両も、21世紀初頭まで実に60年以上も現役車両として走り続けていた。

### ◉――その他の鉄道路線

満洲国成立後は都市交通を除き大半の路線が満洲国鉄に接収されたが、私鉄の存在自体は合法的に認められていた。このため、わずかではあるが、満洲国成立後も満鉄あるいは満洲国鉄に帰属せず、独自に運営されていた地方路線もある。

たとえば、奉天省（現・遼寧省）北部にある満鉄連京《れんきょう》線の開原《かいげん》から分岐する開豊《かいほう》鉄道（現・中国国鉄開源《カイユエン》線）は、全長65・3キロ、軌間1メートルの軽便鉄道で、大正15年（1926）に最初の区間が開業してから徐々に延伸した中国資本の私鉄である。JTB満洲支部が発行した『満洲支那汽車時間表』の昭和15年8月号にも、満洲の最終ページに満鉄とは異なる私鉄として、2路線の時刻が掲載されている。

北満洲を代表する城塞都市・チチハルには、斉昂軽便鉄道という支線が東清鉄道と接続していた。チチハルの市街地が東清鉄道から20キロ以上も離れていた不便を解消するため、満洲で初めて外国資本によらない純粋な中国資本による鉄道として1909年（明治42）に誕生した。軌間1メートルのこの軽便鉄道はその後、黒竜江省の直営から民営に移行したが、昭和に入り、新設された並行する斉《せい》克《こく》鉄道（満鉄平斉線）との競争に敗れる形で昭和11年に廃止された。

ハルピン近郊の三棵樹《さんかじゅ》（現・ハルピン東）からは、天理教開拓団が入植した天理村《てんりむら》まで天理村鉄道という軽便鉄道が建設された。軌間762ミリ、全長わずか15・4キロをガソリンカーが往復する小さな鉄道である。昭和12年の開業当初は村営だったが、昭和13年に株式会社化されている。

こちらも前掲『満洲支那汽車時間表』に時刻表が掲載されているが、運賃欄が空白になっていて誌面からはわからない。同誌は昭和15年7月末に刊行されているが、掲載されている同鉄道の時刻表は「康徳5年11月16日現在」、つまり2年近く前の昭和13年のままになっている。鉄道名も村営時代のままだ。ハルピン郊外とはいえ、よほど情報が届きにくい小さなローカル路線だったのだろうか。

時刻表には載っていないが、巨大な露天掘り炭鉱で知られる撫順《ぶじゅん》には、満鉄が運営する撫順電気鉄道という専用路線があり、その一部で旅客用電車が運行されていた。同鉄道の運輸事務所所管線はおよそ150キロの路線網を撫順市内に有し、貨物輸送と並んで旅客列車を走らせている。

この路線は、『南満洲鉄道株式会社第三次十年史』では「鐵道業」ではなくその次の「鑛業《こうぎょう》」の章で附属施設の一つとして扱われている。すなわち、満鉄としてはあくまでも石炭輸送のついでに便宜的に旅客サービスを実施しているという位置づけなので、満鉄の社員とその家族は運賃無料、中学生以下の子供は満鉄の社員でなくても無料で乗れた。主な乗客は地元の中国人だが、撫順の露天掘りを視察する団体客も利用することがあった。『旅程と費用概算』で撫順のページを開くと、露天掘りが遊覧箇所の一つになっていて、満鉄撫順駅から各炭鉱への交通手段として「電車」が挙げられている。運賃は旅客路線を2区に分け、1区内は特等10銭、並等5銭。電車の貸切も可能で、定員80名の

図4-10-15　撫順炭鉱を走る旅客電車（当時の絵はがきより）

図4-10-16　事務所前駅に停車する撫順炭鉱の旅客電車（『昭和十一年十月 撫順記念写真帖』より）

車両を1両貸切にする場合は特等が1区16円、並等が12円。2区にまたがる場合は特等18円、並等16円と紹介されている。

図4-10-17　観光名所でもあった撫順炭鉱の露天掘り。石炭を運搬する専用線路が谷底まで幾重にも連なっている（『日本地理大系 満洲及南洋篇』より）

# 11――万里の長城を越えた日本の鉄道路線

## 国家主権を超越した異形の鉄道

中国大陸では19世紀半ばから欧米列強が各地に「租界」と呼ばれる治外法権地域を設定し、諸外国の進出によって中国は事実上、半植民地化されている状態だった。また、国内の鉄道はイギリスやアメリカ、ドイツなどの欧米資本で建設された路線や、満鉄や東清鉄道のように鉄道に付随する特殊な権益が存在する路線が登場するなど、外国の干渉を受け続けていた。

昭和12年（１９３７）に盧溝橋事件が勃発し、支那事変と命名された日中間の軍事衝突が中国全土へ拡大していくにしたがって、日本軍が実効支配する地域や鉄道の範囲も万里の長城以南へと広がっていった。それらの地域では、日本の強い影響下で新たな日中合弁の鉄道会社が設立されていった。

こうした中国への諸外国への進出や干渉の中で生まれた、日本と結びつきの強い鉄道路線を以下、紹介する。いずれも、満鉄や満洲国鉄の列車と接続したり内地からの直通切符を利用したり、そうでなくとも現地へ行けば日本語だけで乗車できることから、当時の日本人には、朝鮮や満洲と連なる「外地」の一部を走る日本の鉄道と認識されていた。

## ●山東鉄道

山東鉄道《さんとう》とは、山東省西部の黄河流域に位置する済南《さいなん》から、山東半島で黄海《こうかい》に面している港湾都市・青島《チンタオ》まで、山東省をほぼ東西に横断する394キロの主要線（現・中国国鉄膠済線《チャオチー》）およびその支線、併せて446キロの路線をいう。もともとは、ドイツ帝国が清朝から獲得した鉄道敷設権に基づき1904年（明治37）に開通させ、ドイツ資本の株式会社によって運営されていた。

大正3年（1914）にヨーロッパで第一次世界大戦が勃発すると、日本は日英同盟に基づくイギリスらの参戦要請を根拠に、連合国の一員として参戦。青島など山東省のドイツ租借地の要塞を攻撃するとともに、それらの要塞への軍事輸送に用いられていた山東鉄道を順次接収し、日本軍の管理下に置いたのだ。

翌大正4年（1915）、いわゆる対華21ヵ条要求で、日本は山東鉄道に関するドイツの権益を日本が継承することを求め、中華民国はこれを受諾した。大戦後の大正8年（1919）に締結されたベルサイユ条約も、この日本による山東鉄道を含む山東省の権益継承を正式に承認している。ただし、中華民国はその内容を不服として同条約への署名を拒否したため、山東省の権益を巡る問題は大正中期の日中間の外交問題となり続けた。

ベルサイユ条約締結の翌年、大正9年（1920）に青島守備軍民政部鉄道部が編纂して刊行された『山東鉄道旅行案内』の大正10年（1921）改訂版によれば、青島～済南間に昼夜各1往復ずつ

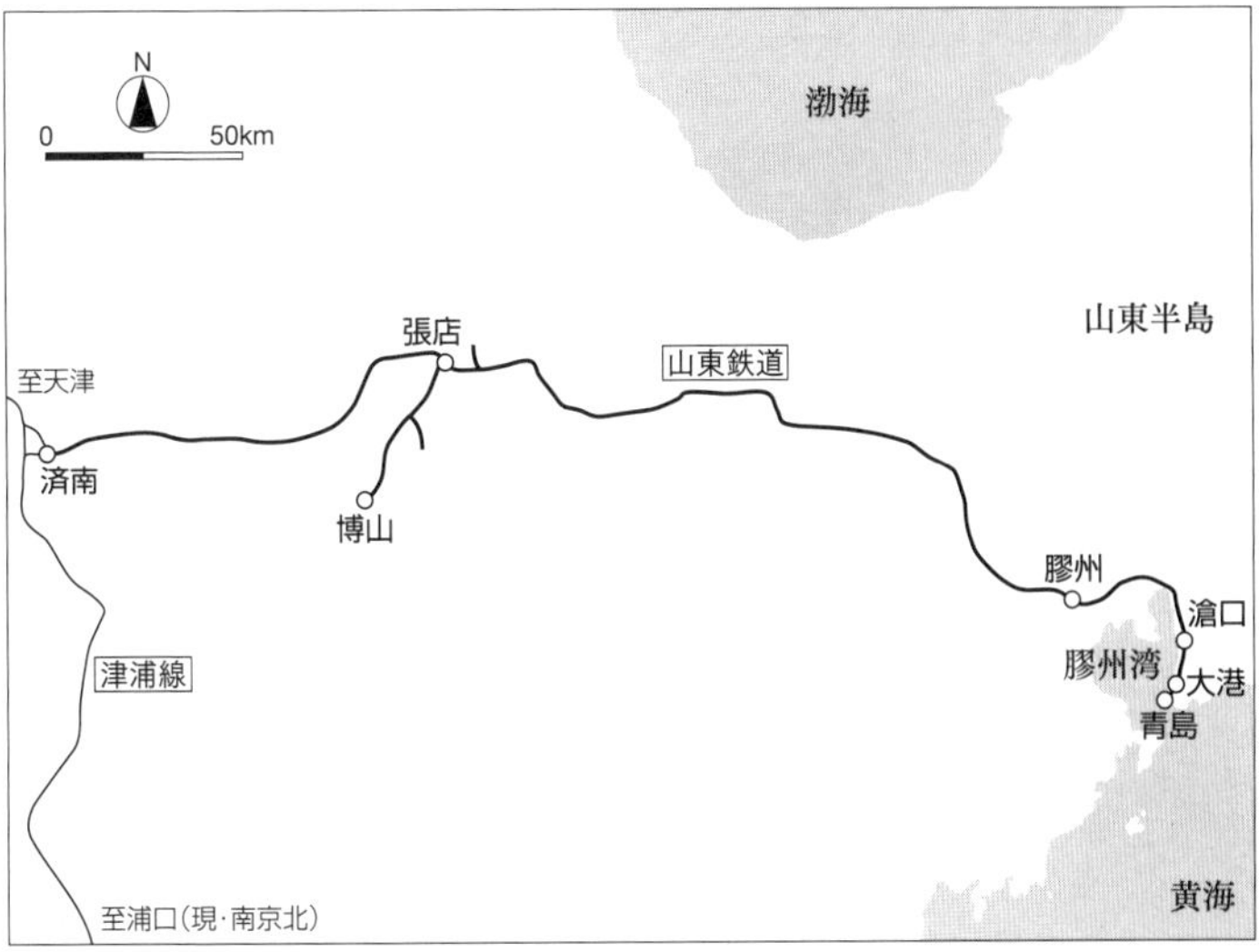

図4-11-1　山東鉄道路線図

の直通旅客列車が、その他に一部区間のみの列車が運行されている。直通列車の所要時間は10時間半から11時間程度で、運賃は一等14円30銭、二等7円20銭、三等4円。夜行列車では一等旅客のみ寝台を使用でき、その場合は寝台料金2円（上段）または3円（下段）が加算される。また、二等乗車券を所持していれば、貨物列車の車掌車に便乗できるサービスがあった。なお、山東鉄道では途中下車駅の制限がないので、旅客は片道切符で逆方向に戻らない限り、何度でも自由に途中下車できた。

山東鉄道の運賃はすべて銀建てだが、駅や車内での乗車券類の販売時は日本の軍票、日本円および横浜正金銀行の銀兌換券しか受け付けない。日本円の場合は、その日の軍司令部の公定相場によって銀建てに換算した額を支払うことになる。中華民国の貨幣は10銭以下の小額分の

図4-11-2　山東鉄道を走る急行列車と食堂車内部
（『山東鉄道旅行案内』より）

支払いに認められていただけだ。
これは山東鉄道に限らず、青島の市街地でも同様だった。そのため、内地や関東州の大連、台湾の基隆《きいるん》、高雄《たかお》などから青島へ船で直接やってきた旅客は、山東鉄道の乗車時に手元の日本円を両替する必要がなかった。逆に、済南方面から日本円を持たずに山東鉄道へ乗ろうとする旅客は、駅構内の両替店でこれらの通貨をあらかじめ入手しておく必要があった。

　内陸側の終点・済南では中華民国国鉄の津浦《チンプー》線（天津〜浦口《プーコウ》（現・南京北《ナンチンベイ》）間。現・中国国鉄京滬《チンフー》線）に乗り換えることができるが、当時、「新駅」と呼ばれる山東鉄道の済南駅と、津浦線の済南駅はやや離れていた。『山東鉄道旅行案内』には、津浦線の発着時刻は遅れがちになるので旅客は注意するように、との記述がある。

　しかも、山東鉄道から津浦線への営業施策上の連絡輸送は行われていないので、旅客は乗換え時に

図4-11-3　山東鉄道の終着駅・済南駅舎（当時の絵はがきより）。
津浦線の済南駅とは別の場所にあった

それぞれの済南駅で次の列車の切符を購入しなければならない。このため、済南駅で乗り換える際は、少なくとも2時間程度の余裕を見ておく必要があった。山東鉄道の済南駅には、駅舎内に済南鉄道ホテルが併設されていた。

済南駅の鉄道ホテルを運営するのは青島にある青島グランドホテル株式会社で、山東鉄道の食堂車も同社が運営していた。食堂車では洋食が供され、日用品や間食類も車内で販売していた。食堂車のメニューにビールが掲げられているのは、いかにもドイツ統治によってビールが普及した青島の鉄道らしい。山東鉄道の主要駅では売店で手軽な飲食物や缶詰は売っていたものの、駅弁を販売している駅はないので、旅行中の食事は駅売店での軽食を購入するか車内の食堂車を利用するしかなかった。

済南からトンネルが一つもない殺風景な大平原を走った列車は、滄口《そうこう》付近から膠州《こうしゅう》湾を間近に眺めつつ、海側の終着駅・青島に到着する。青島では日本内地や関東州、台湾、上海などへの旅客航路と接続している。特に、日本内地の省線との間では、福岡県の門司、または兵庫県の三ノ宮経由の直通切符を発売していた。内地行き汽船が出港する日は、乗船客の便宜を図るため、青島駅から1駅だけ済南寄りの大港駅から大港埠頭まで臨時列車が運行されていた。

他にも日中2ヵ国語での旅客サービスが実施されるなど、日本人にとっては内地から青島経由で黄河下流域の中原へアクセスするうえで便利な鉄道だが、旅客の95パーセントは三等車を利用する中国人だった。旅客総数は年々増え、ドイツ時代の2倍前後にまで達する盛況を呈したものの、大正11年（1922）に開催されたワシントンでの国際軍縮会議（ワシントン会議）で、日本はこの山東鉄道を含む山東省の権益を同年末に中華民国へ返還。日本による山東鉄道の運営は約8年で終わった。

もっとも、その15年後の昭和12年に勃発した盧溝橋事件以降の日中軍事衝突によって、同鉄道は再び日本軍が占領。本項で後述する華北交通が昭和14年（1939）に設立されると、同鉄道は同社の膠済《こうさい》線となり、以後、改めて日本の影響下にある鉄道として第二次世界大戦の終結まで運行されている。津浦《しんぽ》線と膠済線で二つに分かれていた済南駅は、両路線相互の乗換えの利便性を向上させるため、この華北交通時代に統合されている。

### 上海租界の路面電車

中国各地にある租界の中で、最も有名な存在といえるのは上海租界であろう。19世紀半ばのアヘン戦争を契機にイギリスがこの地に治外法権の居留地を租借したのが、中国全体における租界の始まりでもある。以後、列強各国が相次いで上海に自国の租界を設定。それらが合併して、列強の数カ国が共同管理する共同租界が成立した（ただし、フランスだけは合併せず独立のフランス租界を保った）。日本は日清戦争後の明治32年（1899）に上海共同租界が拡張したとき、その構成国に含まれることになった。

上海へは、日本の長崎から定期旅客船が出ていた。昭和以降は大日本航空による東京、大阪、福岡からの航空便も運行されている。安政5年（1859）、ペリー来航の6年後にイギリスの船会社が上海～長崎間に日本初の国外行き定期旅客船を就航させて以来、上海は日本人にとって、長崎から1泊2日でダイレクトにアクセスできる身近な外国となっていた。それも、「長崎県上海市」と宛名書きされた手紙が内地からきちんと上海まで届くとまで言われる、不思議な外国なのだ。ビザどころかパスポートもいらないこの異色の無国籍都市を訪れる日本人は年々増加し、大正4年（1915）以降は、日本人が上海在住外国人数のうちイギリス人を超えてトップになっている。

この混沌とした街に路面電車ができたのは明治41年（1908）のこと。日本が名を連ねる共同租界を走る路面電車は、イギリス資本の上海電車公司（「公司」は中国語で「会社」のこと。通称「英電」）が運行している。英電は、フランス租界を走るフランス資本の電車電灯公司の路線（通称「法電」。「法」は中国語でフランスのこと）と相互乗入れ運転を実施しており、乗車券も両社にまたがって通しで購入できた。法電はさらに租界の南側に接している地域（南市）を走る中国資本の上海華商電車公司

図4-11-4　日本人街が形成されていた上海・虹口地区の呉淞路を走る路面電車（当時の絵はがきより）

（通称「華電」）と相互乗入れを実施しており、英電から路面電車を乗り継げば、共同租界内の中華民国国鉄上海北《シャンハイベイ》駅（現・上海鉄路博物館）からフランス租界の南方にある同国鉄上海南《シャンハイナン》駅まで行くことができる。

大正8年に鉄道院が内地で編纂・刊行した『朝鮮満洲支那案内』によれば、英電の運賃は一等と二等に分かれ、一等は3駅まで3分（小洋銀1角＝10分）、7駅までは6分。二等は1駅1分、3駅まで2分、4駅まで3分、7駅まで4分。この一等・二等の座席区分は昭和に入ると一等と三等という分け方（二等がない）に変わり、運賃も徐々に値上げされている。昭和8年（1933）の『旅程と費用概算』は、「三等ハ主トシテ支那人デ、外人乗客ハ尠《すくな》イ」という市内電車の旅客の実態を記している。

英電が走る共同租界は昭和16年（1941）12

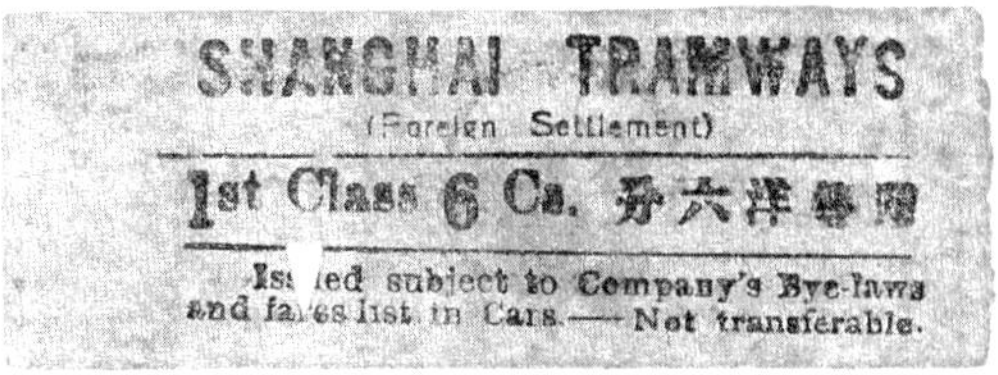


図4-11-5　イギリス資本の英電（上海電車公司／Shanghai Tramways）の乗車券（上）と中国資本の華電（上海華商電車公司）の乗車券（左）

月、日本と英米との間で戦争が始まると同時に日本軍が進駐（フランスでは前年に親ドイツのヴィシー政権が成立していたため、ドイツと同盟関係にある日本軍はフランス租界には進駐しなかった）。イギリス資本の英電は、日本が設立した華中都市自動車という株式会社へ移管されて運行を続けた。昭和18年（1943）、英米は蒋介石率いる重慶国民政府へ、日本も汪兆銘率いる南京国民政府へ、それぞれ租界の権益を返還し、上海の租界は形式上、消滅した。

ただし、同地域はその後も実質的には第二次世界大戦の終結まで日本軍の支配下にあり、華中都市自動車は上海都市交通という株式会社に改組されて、路面電車の運行も引き継がれている。終戦が近づくにつれ、共同租界内の線路の一部が日本軍への資源供出目的で撤去されるなど、運休例が増えていった。

## ◉──天津租界の路面電車

日本が単独の運営権を持つ租界を走る路面電車は、唯一、天津で見ることができた。天津にはイギリスやフランス、ロシア、イタリアなどヨーロッパ諸国が単独の租界を有しており、路面電車は日本を含むそれらのいくつかの租界、および中華民国の実効統治区域を結ぶ役割を担っていた。

運営はベルギー資本の天津電車電灯公司が担い、日本、フランス、ロシア、イタリア、オーストリアの各租界内と天津旧城地区に乗り入れていた。奉天や北京からの主要列車が到着する天津東駅《てんしんひがし》（現・天津駅）前からフランス租界を経由して日本租界まで直通しているので、満洲や北京方面から列車で天津を目指す日本人旅客は、東駅発着の列車を利用すると便利だった。

天津東駅前にある東車站《トンチャージャン》電停（「站」は中国語で「駅」のこと）から北大関《ベイタークアン》行きの路面電車に乗れば、フランス租界を通過した後に日本租界に入る。日本租界では「天津銀座」と呼ばれるメインストリートの旭街《あさひ》を約1・3キロ、ほぼ一直線に駆け抜けて、さらに北側の天津旧城方面へと通じていた。

路面電車の運行ルートは旧城の外縁部を一周する環状線と、旧城地域から天津東駅や税関まで外国租界を通過していく各ルートに大別され、各路線は色分けされて利用者が乗り間違えないように配慮されていた。東車站から北大関へ行く電車の場合、フランス租界と日本租界を経由する路線は青色だが、同じ北大関行きでもイタリア租界とオーストリア租界を経由する路線が赤色になっている。赤色のルートは日本租界を通らないので、日本人旅客は注意を要した。

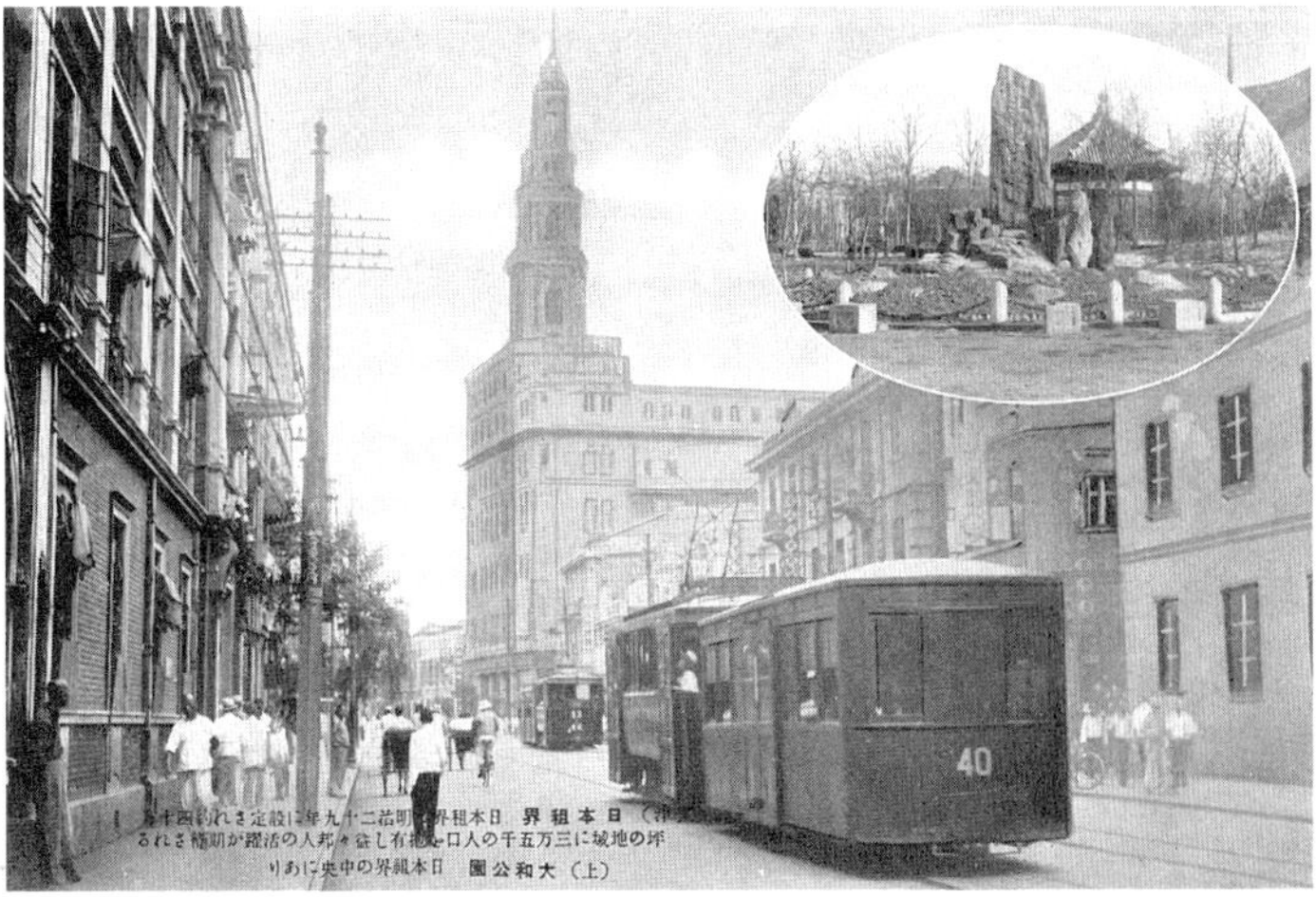

図4-11-6　日本租界の旭街（現・和平路）を走る天津の路面電車（当時の絵はがきより）

図4-11-7　天津の路面電車乗車券。
右下の「火車站」は天津東駅のこと

運賃は大正8年の前掲『朝鮮満洲支那案内』によれば、日本租界を通る路線を含め各路線とも銅貨2分。天津東駅から日本租界まで人力車なら5分～2角、馬車だと5角から中国内外発行の兌換券で1ドルほどかかるから、路面電車はかなり割安な庶民の乗り物といえ、利用客は多かった。

天津の日本租界は上海の共同租界と同じように、昭和18年に中華民国の汪兆銘政権へ返還されている。これによって路面電車も日本の権益地を走ることにはならなくなったが、実際には天津市街は終戦まで日本軍の管理下に置かれた。天津電車電灯公司も日本軍に接収され、天津交通という会社になって路面電車の運行が続けられた。

## 華北交通

華北交通株式会社は、北支と呼ばれる中国華北地方の鉄道やバスの運営を行う日中合弁の特殊法人である。昭和12年7月の盧溝橋事件発生後、華北地域の中華民国国鉄路線を日本軍が順次占領。その後、戦闘により破壊された鉄道施設が復旧すると、軍事輸送のみならず一般旅客輸送も行われるようになった。その運営には日本軍の要請に基づき満鉄（北支事務局）が協力していたが、これを日中合弁の中国特殊法人による運営に移行させるべく、昭和14年4月に発足した。

設立に際しては北支那開発株式会社（日本政府や満鉄、日本の各財閥等が出資した国策会社）が資本金の半分を、残りの半分を満鉄と中華民国臨時政府（昭和12年末に北京で成立した政権）で負担しており、社員にも内地の鉄道省や満鉄から多数の職員が派遣されていることからみても、明らかに日本の強い

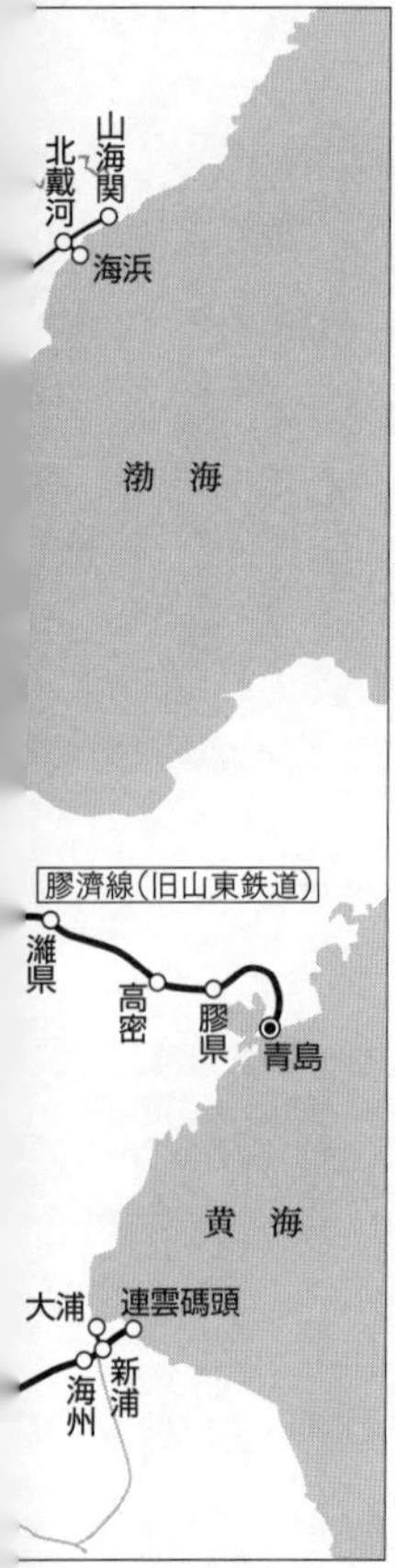

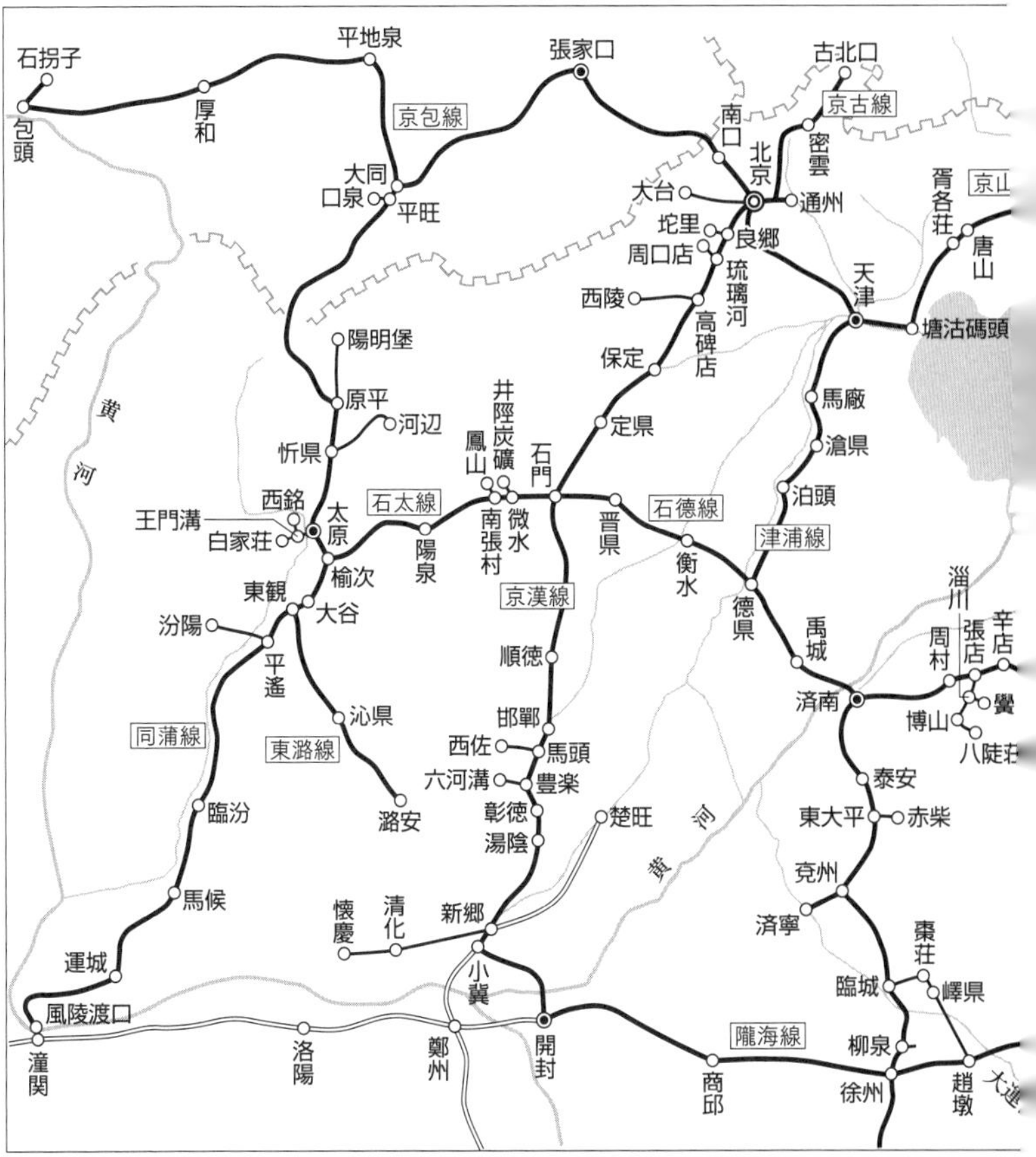


図4-11-8 昭和16年11月時点の華北交通鉄道路線図（『華北交通 昭和十七年版』掲載の「華北交通図」をもとに作成）

図4-11-9　華北交通同蒲線（現・中国国鉄同蒲北線）の旅客列車の車窓から見る万里の長城（『華北交通叢刊15 華北交通』より）

影響下にある会社と言ってよい。ただ、同社に帰属した既存の中華民国国鉄路線の多くは、19世紀後半以来、イギリス、アメリカ、ドイツ、フランス、ベルギー、オランダなどの欧米各国と日本による鉄道利権の産物として建設されており、それらの外国資本による借款は華北地区の鉄道の全借款の9割を占めていた。このため、同社はこれらの外国向け債務を返済しつつ、各国が持つそれらの鉄道権益にも配慮する義務をも設立と同時に引き受けたことになる。

設立初年の昭和14年には4375キロだった同社所属路線の営業キロは、昭和20年（1945）2月末時点で5849キロに拡張している。かつて、第一次世界大戦後に日本が一時運営していた山東鉄道もここに含まれる。

中華民国国鉄時代は海岸部に近接する路線より奥地を走る路線の方が運賃水準が高いなど、各路線間

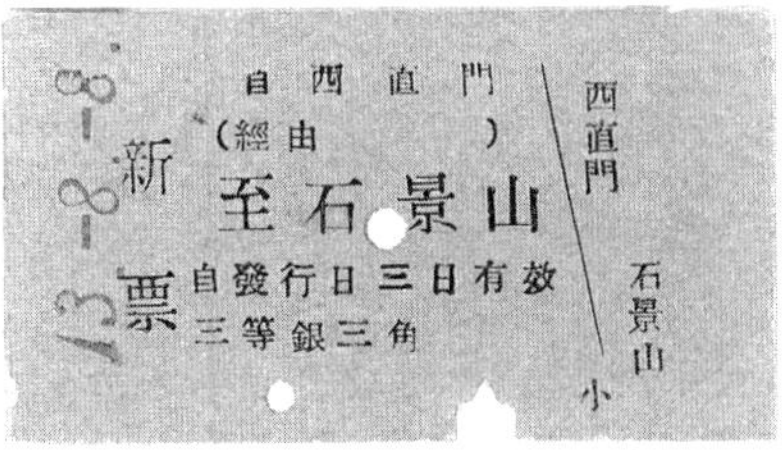


図4-11-10　北京中心部にある西直門から郊外の石景山までの華北交通乗車券（昭和13年発行）

で旅客運賃がバラバラだったが、華北交通は旅客営業を各地で再開するとともにこの運賃率を全線で一元化した。さらに長距離逓減制（58ページ参照）を採用するなど、広域鉄道ネットワークの基礎を形成した。

同社設立前の華北地方の鉄道は貨物収入が鉄道営業収入全体の3分の2を占めており、旅客収入は相対的に少なかった。ところが、旅客営業制度を整備し、客車の増備や旅客列車の増発等により、治安が安定した昭和15年（1940）度を中心に旅客は飛躍的に増え、昭和18年には初めて旅客運賃収入が貨物運賃収入を上回っている。

旅客運賃の値上げは毎年のように行われたが、当時の中国大陸では物価の上昇幅がそれ以上に大きかったため、運賃は「物価指数と比較すれば常に低率に抑制されていた」（『華北交通株式会社社史』華交互助会、昭和59年）。ただ、この低運賃は結果として、市価よりも安く遠隔地に物を運ぶ運送業者の旅客としての利用を増やすこととなり、第二次世界大戦末期の華北交通は「『戦時重要資源』の輸送鉄道ではなく、『利鞘《りざや》稼ぎの物運び旅客』の輸送鉄道となっていた」と評されている（前掲『日本植民地鉄道史論』）。

車内での食堂車営業は、当初は民間の事業者に委ねられていたが、昭和18年に同社が業務を引き継ぎ、昭和20年3月まで営業が続いた。車内販売も民間委託から同社の直属へと変化し、最後は東亜旅行社へ移管されている。

会社設立直前の昭和13年には、前身の満鉄北支事務局が日満支連絡運輸協定に基づいて北京～釜山間、および北京～新京（現・長春）間の国際列車を運行し始め、豪華な展望一等寝台車を最後尾に連結した急行「大陸」（159ページ参照）を登場させている。中支と呼ばれる華中地域の鉄道とも、昭和14年から直通列車を運行。他社線や外国路線との連絡運輸を行う体制が整ったのも同社の草創期である。内地の省線との間で旅客連帯運輸を実施しているので、内地から天津や青島への旅客航路を介して、あるいは急行「大陸」などに乗り朝鮮半島と満洲国を経由して、華北鉄道線内まで直通切符を購入することもできた。

同じ大陸を走る鉄道でありながら、満洲の鉄道と事情を異にした最大の問題は、中華民国内を日本軍が軍事占領して運営されている鉄道であるがゆえの、抗日ゲリラ等による鉄道襲撃の多さである。中国法人とはいえ日本の軍事輸送をも担う華北交通は、線路や橋梁の爆破、列車の脱線工作、通信線の切断などさまざまな運行妨害に悩まされ、治安上の障害はもとより、その対応に追われることが会社の必要経費を膨れ上がらせる大きな要因となっていた。

## ●華中鉄道

華中鉄道株式会社は昭和14年、華北交通とほぼ同時期に設立された日中合弁の株式会社である。中支那振興株式会社という日本の国策会社と、中華民国維新政府（昭和13年春に南京で成立した政権）が共同出資していたが、実質的には日本の国策会社であるという点は、華北交通とほとんど変わりがない。

路線は長江（揚子江）の南部を走る上海～南《なん》京《きん》間の海南《かいなん》線（現・中国国鉄京滬線）や上海～杭《こう》州《しゅう》間の海杭《かいこう》線（現・中国国鉄滬昆《フーコン》線）、長江北側の裕渓口《ゆうけいこう》から盧州《ろしゅう》を経て田家庵《でんかあん》へ至る淮南《わいなん》線（現・中国国鉄淮南《ファイナン》線および田家庵《ティエンチャーアン》線）などの長距離路線と、上海から呉淞砲台湾《ごしょうほうだいわん》まで軽快なガソリンカーが走る呉淞《ごしょう》線（後の中国国鉄淞滬《スンフー》線。現在は廃止）のような短距離路線から成っている。総延長距離は日本軍の管理下で経営受託している路線を含めて約1200キロだが、現実には日中間の軍事衝突で破壊されるなど運休している路線も多く、創業時の開業路線は全体の85パーセントにあたる約1000キロほどに過ぎなかった。華北交通と異なり、終戦までに新規開業した路線はわずかであった。

　浦口《ほこう》から北の天津へ向かう津浦線は、蚌埠《ほうふ》までの区間は華中鉄道が、蚌埠から徐州《じょしゅう》や済南を

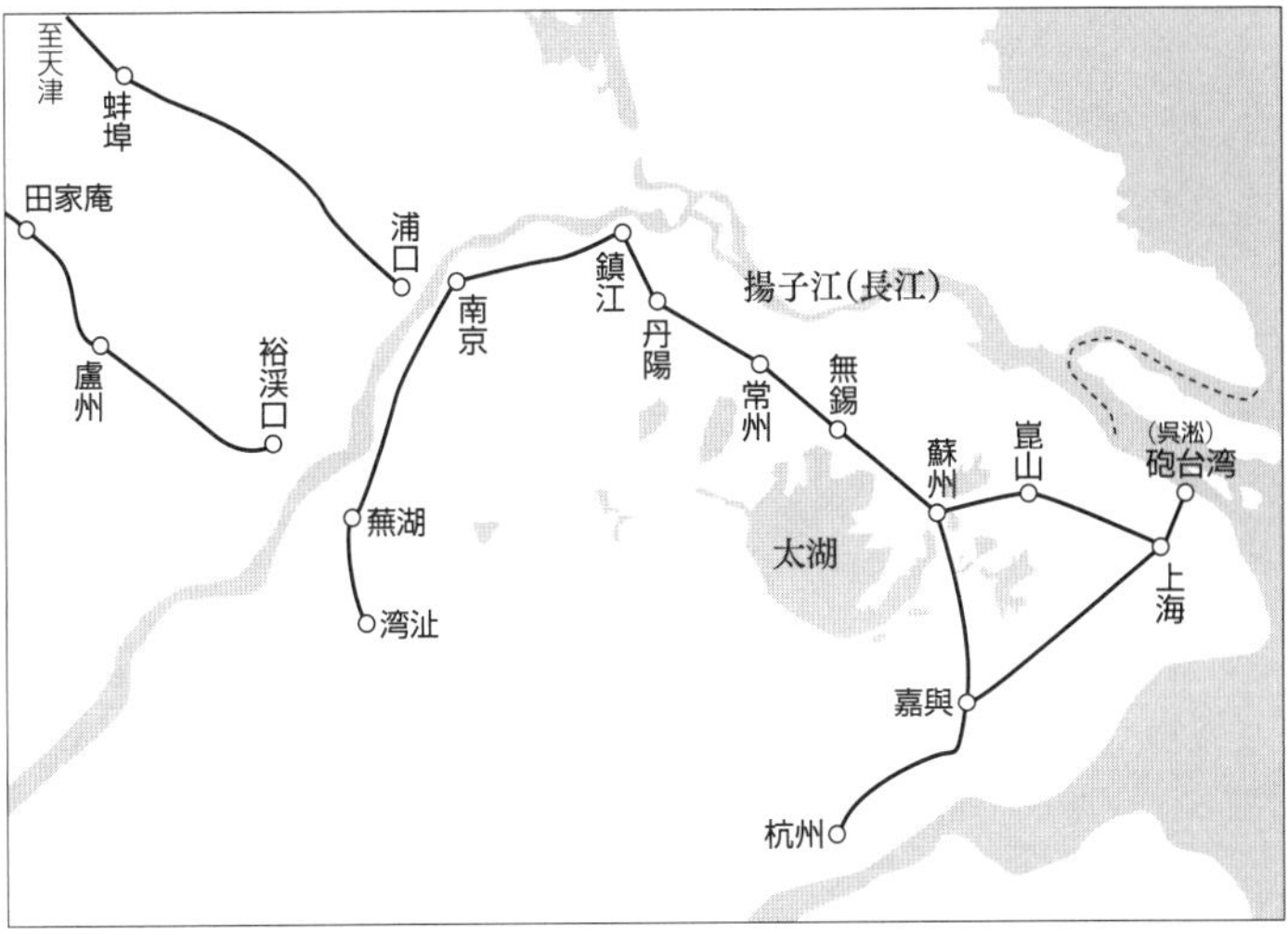


図4-11-11　昭和16年2月時点の華中鉄道路線図
（『華中鉄道沿線案内』掲載の同名図をもとに作成）

経て天津まで続く北部の路線は華北交通が、それぞれ運営していた。浦口から華北交通に直通する夜行列車も運行されていて、昭和15年3月改正ダイヤでの浦口〜北京間の所要時間は1泊2日、34時間となっている。浦口では長江を所要10分で横断する鉄道連絡船（浦口埠頭〜南京埠頭間）が30分ないし1時間ごとに頻発しており、対岸にある南京駅からは上海方面への海南線に乗り継ぐことができた。

海南線には急行列車のほか、「天馬」「飛龍」という愛称を付した特急列車が設定され、食堂車や豪華な一等車を連結して、上海〜南京間を5時間10分（昭和14年6月改正ダイヤ）で結んだ。他方で、短

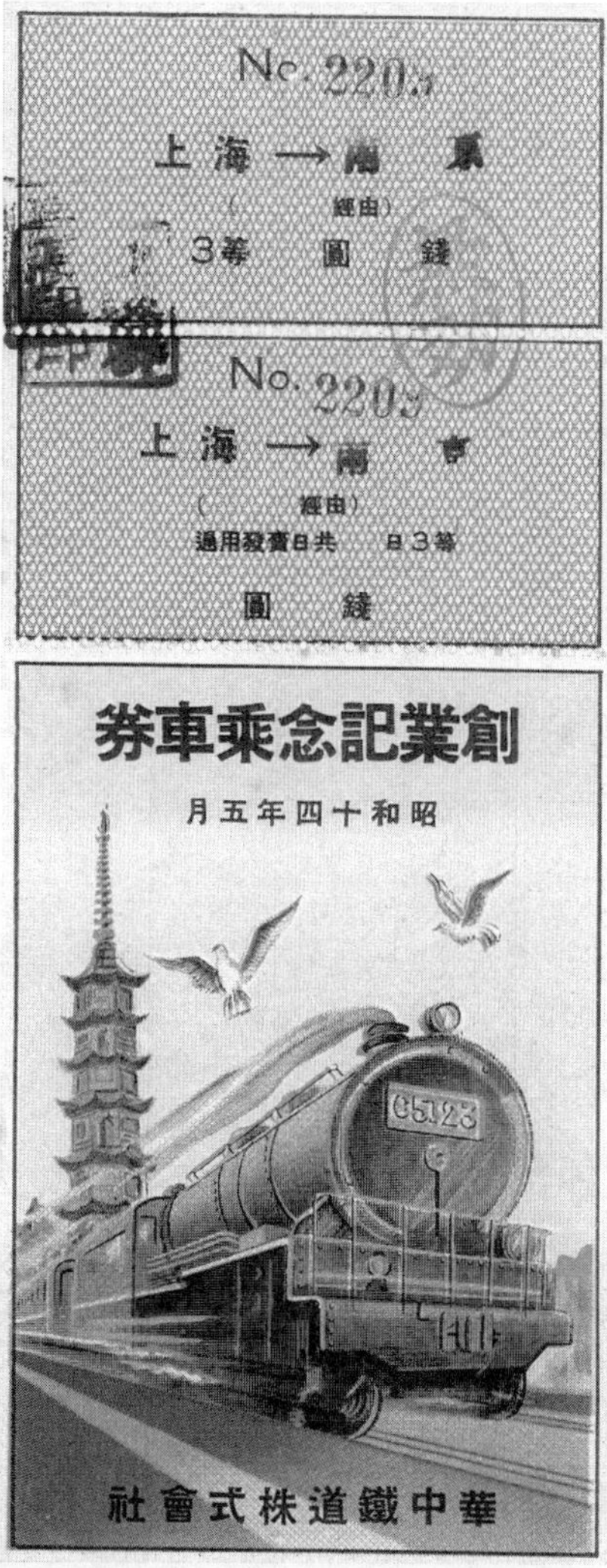

図4-11-12　上海から南京までの華中鉄道創業記念乗車券（昭和14年発行）。日中合弁会社とはいえ、中国大陸の鉄道乗車券なのに和暦が用いられている

図4-11-13　上海駅に停車する「天馬」と1等車内（いずれも『呉楚風物』より）

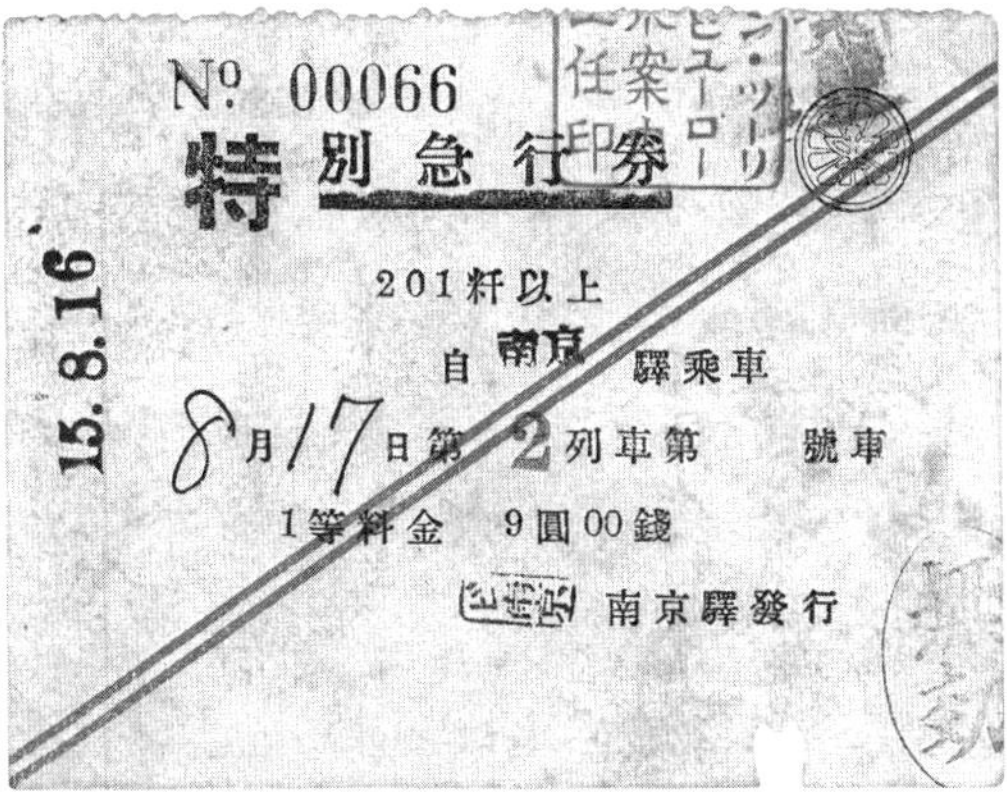


図4-11-14　南京駅発行の華中鉄道1等特急券（昭和15年）。「第2列車」とは南京発上海行きの上り特急「天馬」のこと

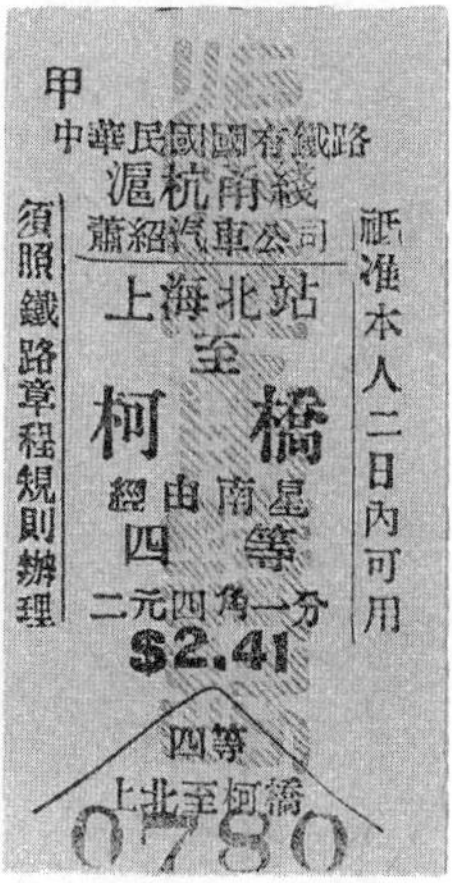

図4-11-15　中華民国国有鉄道時代の上海北発柯橋行き4等乗車券

図4-11-16　華中鉄道の4等車（『内外交通研究』昭和15年4月25日号より）

距離支線には通常の三等車よりさらに格下の「四等車」という低廉な等級の客車が存在し、市販の時刻表にもその存在が明記されていた。昭和15年8月の『満洲支那汽車時間表』によれば、南上《みなみしゃん》海《はい》〜新龍華《しんりゅうか》間の海杭支線3・8キロなどは、客車と貨車が同一編成に連結されている客貨混合列車の客車がすべて四等車となっている。

華中鉄道が運行される日本軍の中支占領区域では、通貨は日本軍が発行している軍票を使用することになっていた。一方で、現地の中国人同士では軍票以外に中華民国政府発行の法定貨幣（法幣）も使用されていることから、華中鉄道や華北交通の路線の主要駅には両替所が設けられ、市販の時刻表でも両替所設置駅が示されていた。

旅客数は年々増大したが、日本の戦局が悪化した昭和19年（1944）になると旅客輸送人員が激減。これは、華北交通と同じく抗日ゲリラ等に

図4-11-17　クリークに沿って走る華中鉄道の列車（『呉楚風物』より）

図4-11-18　海南線の終着駅・南京駅舎（当時の絵はがきより）

よる鉄道襲撃によって、列車の運行ができなくなる事態が増加していったことによる。また、華中鉄道が増備する機関車や客車の大半は日本国内で製造されていたため、第二次世界大戦の進行によって日本国内の工業生産力が悪化し、しかも日本の船舶不足や制海権の縮小によって華中鉄道へ新車両を供給しにくくなっていたこと、蒸気機関車運行用の石炭も不足がちになっていったことなども要因とみられる。

こうしたさまざまな経営上の困難により、終戦直前の昭和20年4月には、華中鉄道は日本軍の管理下に置かれるに至っている。

# 12——満洲の大地を走る名物列車
## 国際色豊かな満洲の急行列車たち

満洲の荒野を疾走する長距離急行は、隣接する関東州や朝鮮、中華民国との間で相互乗入れする国際列車であるケースが多い。朝鮮との連絡運転を行う急行列車（満洲を経由する中華民国との3ヵ国直通列車も含む）は147ページ以下で紹介しているので、ここでは、関東州の大連と満洲とを結ぶ満鉄の代表的な2列車を紹介する。

### ●——特別急行「あじあ」　大陸を象徴する超特急

満洲の鉄道そのものを語るうえで、「あじあ」の存在を抜きにすることはできない。昭和9年（1934）に登場して昭和18年（1943）に運休となるまで、運転期間はわずか8年4ヵ月だけだったにもかかわらず、日本が台湾や朝鮮、満洲など外地で走らせた鉄道全体の象徴と見られるほど、「あじあ」の存在感は突出している。

ひらがなで「あじあ」と表記（中国人向け案内には「亜細亜」と漢字表記）する列車名は、満鉄が満洲や日本国内から新列車の愛称を公募し、寄せられた3万通以上の応募案の中から選定。昭和9年11月のダイヤ改正で、関東州の大連から満洲国の首都・新京（現・長春）まで、連京線（現・中国国鉄瀋大線および京哈線）の大動脈701・4キロを8時間半で疾走する最高時速110キロ、表定時速（移動距離を途中の停車時間等も含めた全所要時間で除した時速）82・5キロの新型特急列車としてデビューした。

従来から同区間を走っていた急行「はと」のそれまでの所要時間は10時間30分。したがって、「あじあ」の登場によって、従来型急行より一気に2時間も短縮される画期的なスピードアップが実現したことになる。当時、内地の鉄道省で快速を誇っていた東京〜神戸間の特急「つばめ」の表定時速が67・1キロだったから、「あじあ」はそれより15キロ以上速い。

同じ昭和9年に世界各地を走っていた鉄道に目を向けても、アメリカの「20世紀急行（20th Century Limited）」や「ブロードウェイ急行」が表定時速80キロ以上で運行されているが、いずれも一部の区間が電気機関車牽引になっている。また、同じアメリカの「ユニオン・パシフィック」号は表定時速144キロ、ドイツの「フリーゲンデル・ハンバーガー」号は同124・7キロと俊足だったが、いずれも2〜3両の短編成で、動力もディーゼル・エレクトリック方式（ディーゼルエンジンで発電機を回して電気を起こし、その電気で電動機を回して推進力を生む動力方式）だから、6両の客車を蒸気機関車が全区間牽引して表定時速80キロ以上のハイスピードで疾走する「あじあ」は、類例のない超高速列車として世界中から注目を集めた。

この高速運転を可能にした要因の一つが、流線型と呼ばれる車両のスタイルだ。「Stream Line」を訳した言葉で、高速運転による空気抵抗を減らすため、先頭の蒸気機関車に外覆を取り付けている。「パシナ」と命名されたブルーの機関車は、将来は最高時速140キロまで出すことを想定して設計

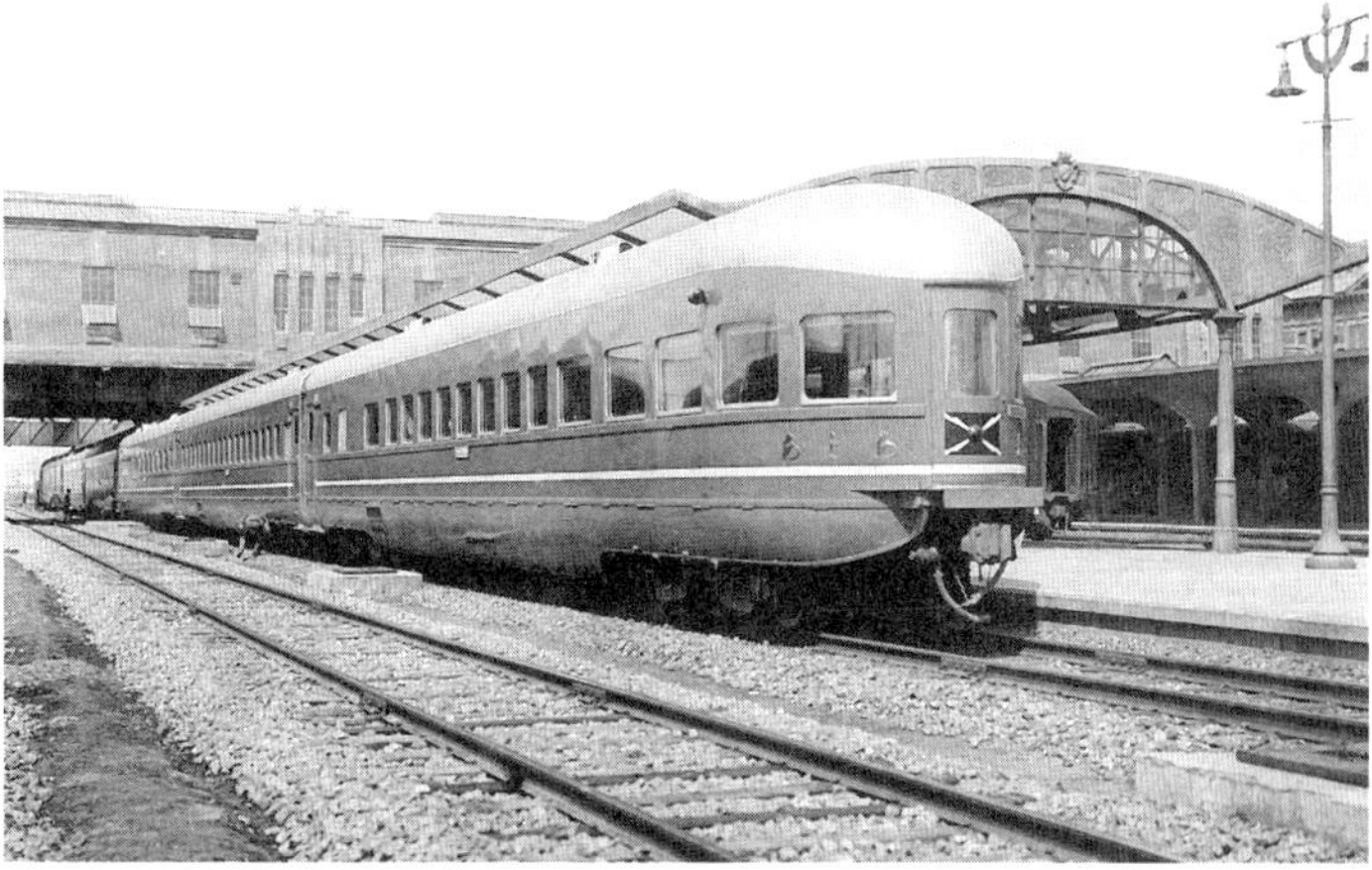

図4-12-1　奉天駅に停車する「あじあ」（当時の絵はがきより）

図4-12-2　「あじあ」を牽引する流線型SL「パシナ」（当時の絵はがきより）

図4-12-3　満鉄が作成した「あじあ」紹介パンフレット

されている。後方に連結される淡緑色の各客車も、風圧除去のため丸みを帯びたスタイルで設計されている。

その客車の最大の特徴は、全車両が空調装置、特に冷房を完備しているところにあるといえよう。また、蒸気機関車の高速運転中に客車の窓を長時間開けておくと車内に煤煙《ばいえん》や砂塵《さじん》が侵入し、窓を閉めれば車内の空気がこもるので、換気が必要となるが、最新の空調装置を備えた「あじあ」ではこの換気の問題もクリアした。

満鉄が「あじあ」登場時に作成した宣伝用パンフレット「流線型特別急行列車『あじあ』」（図4-12-3）によれば、夏は外気35度のときに車内温度は26度、厳寒の冬は18度くらいを常時保つようになっているとのこと。室内冷房機そのものが一般的にもかなり珍しい存在だったこの当時、空調装置を備えた鉄道車両は日本国内はもちろんヨーロッパにもまだなく、アメリカでも食堂車などの特殊車両に登場したばかりで、一列車の全車両に空調装置を備えた「あじあ」は世界でも珍しい存在だっ

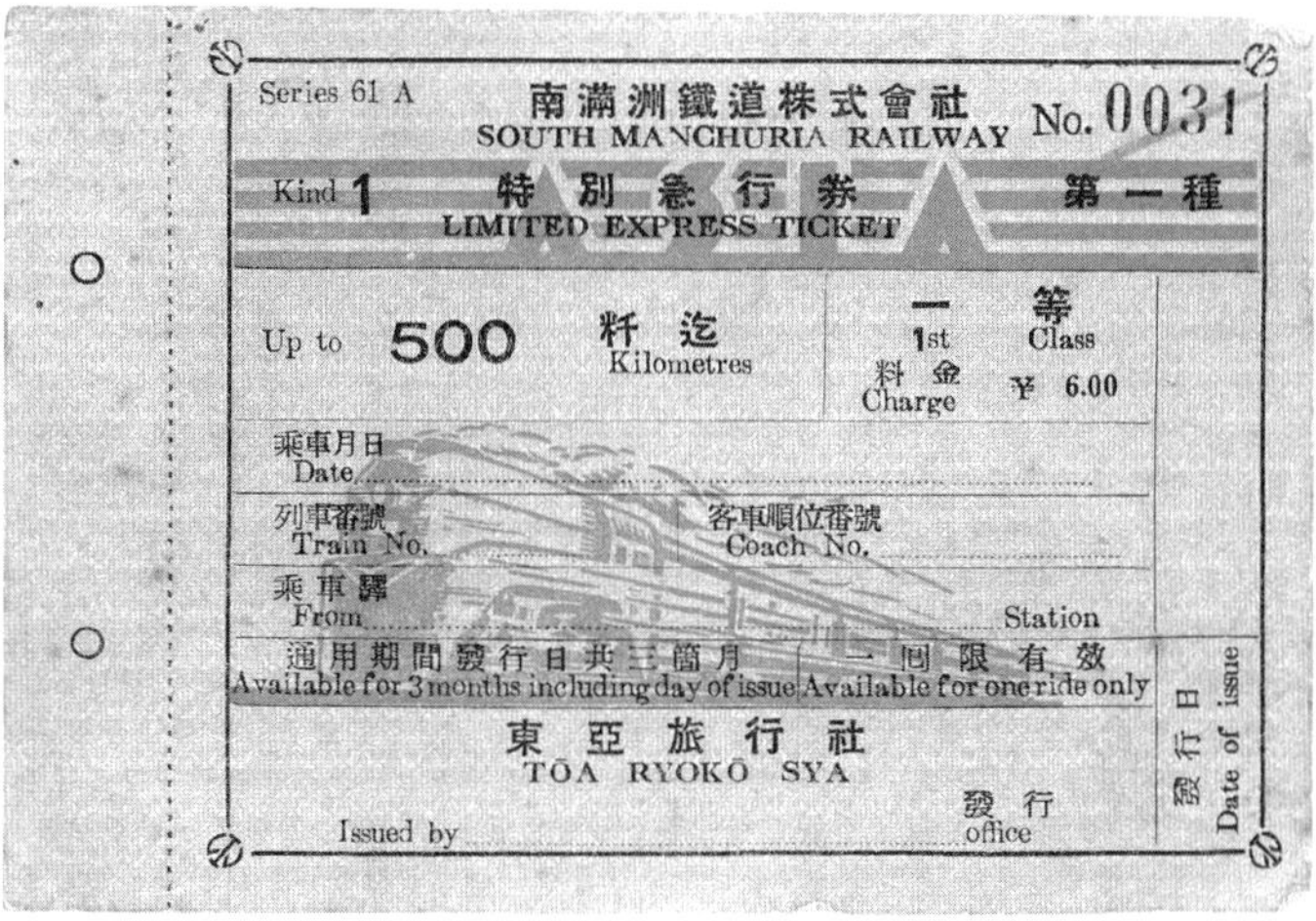


図4-12-4 「あじあ」専用特急券（未使用）

た。

客車6両のうち1両は手荷物郵便車で、1両は食堂車。したがって純粋な客室は三等車2両、二等車1両、そして最後尾の展望一等車（テンイ8形）1両の4両だけ。昭和10年（1935）度に一等車および二等車が増備されて多客時には増結されたが、通常は一列車あたりの定員が288名（参考までに、現在の東海道新幹線一列車あたりの定員は16両編成で1319〜1323名）に過ぎず、しかも厳格な定員制をとっていた。このため、発着駅には1往復しかない当日の「あじあ」の特急券を高値で売るダフ屋が出没したり、入場券だけ買って強引に乗車し、車内で加重金を取られたうえに次の停車駅で強制下車させられる不心得者もいた。「あじあ」だけは満鉄総裁でも特急券を購入しなければ乗車できず、唯一の例外は関東軍司令官だったという。

客車の中でも「あじあ」を象徴する最後尾の展望

一等車は、空調完備のため密閉式の展望室に肘掛け安楽椅子や2人掛けソファーが12名分配置され、その前方に30名分のダブルクッション式の2人用座席が左右に並ぶ。さらに定員2名の特別室も設けられ、やはり安楽椅子やソファーなどが置かれていた。客室内の装飾には満洲産のクルミや日本産のサクラなどを用いて豪華さを演出しており、用材にも満鉄ならではのこだわりが見られた。展望室と座席スペースの間には書棚とテーブルがあり、一等車以外の乗客もここに来て手紙を書いたり読書をすることができた。昭和11年（1936）からは、揺れる車内でも楽しめるようにマグネット式の将棋盤や碁盤が設置されている。

この一等車と二等車の2人用座席は回転式で、ボタンを押すとどちらの方向へも45度回転するので、通路側の乗客も車窓を十分楽しめる。三等車は4人掛けの固定座席だが、満鉄は内地の鉄道省線より幅広の国際標準軌（1435ミリ）なので、通路を挟んで2人ずつ並ぶということは、三等車であっても現在のJRの各新幹線の普通車より横幅はゆったりしていることになる。

これらの各客車に座る乗客が自由に利用していたのが、三等車と二等車との間に挟まれている食堂車だ。2人掛けテーブルと4人掛けテーブルが各6席で、定員は36名。メニューは和食と洋食の定食、およびアラカルト（一品料理）で、満鉄直営のヤマトホテルのコックが調理を担当していた。祝日には懐石コースのような特別メニューが供されることもあった。昭和15年（1940）8月の『満洲支那汽車時間表』によれば、定食の値段は和洋ともに2円で、同じ区間を走る「はと」の食堂車より洋定食は50銭、和定食は70銭高い。当時、そば1杯が15銭くらいで食べられたことからすれば、そ

図4-12-5 「あじあ」最後尾の展望室（当時の絵はがきより）

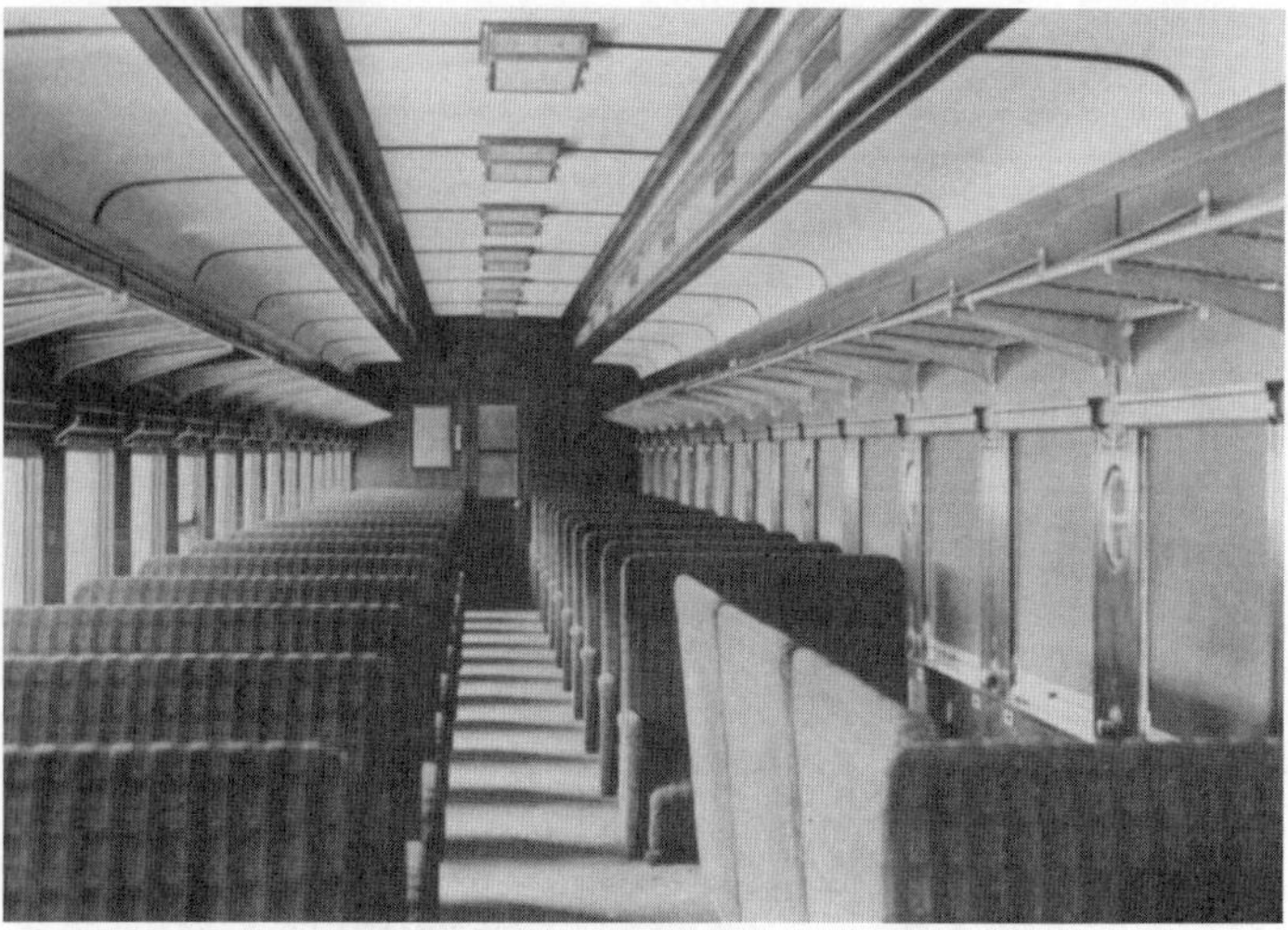

図4-12-6 「あじあ」の2等車。座席が最大45度回転して窓外の景色を楽しめた
(『南満洲鉄道 「あじあ」と客・貨車のすべて』より)

図4-12-7 「あじあ」の3等車。座席は固定式だが、居住性の高さは一般用2等車と大差なかった(『おもいでの南満洲鉄道〈写真集〉』より)

図4-12-8　「あじあ」の食堂車中央で若いロシア人女性が給仕をしている（当時の絵はがきより）

の10倍以上もする「あじあ」食堂車の定食の値段の高さがわかるだろう。

昭和10年3月に新京〜ハルピン間が東清鉄道から満洲国へ売却されると、すぐにソ連式の広軌（1524ミリ）から標準軌へ改軌され、同年9月から「あじあ」はハルピンまで延長運転されるようになった。このとき、「あじあ」食堂車でのみ提供される「あじあカクテル」と命名されたオリジナルカクテルが登場。グリーンとスカーレットの2種類があり、好評を博した。この「あじあカクテル」はレシピが残っていないため、実際にどんな味だったのか再現することができず、現代では〃幻の酒〃となってしまっている。

さらに、白系ロシア人の若い女性がウェイトレスとして食堂車に乗務し、異国情緒を感じさせる「あじあ」ならではの接客風景として人気を集めたのも、同じくハルピン延長時からだ。白系ロシア人とは、ロシア革命によって国外に亡命・脱出した旧帝政ロシアの国民のこと。「白」は革命勢力が標榜する共産主義の赤色に対する意味であって、白色人種かどうかは関係ない。だが実際には、公募によって高倍率の選考をくぐり抜けた10代後半から20代前半の金髪の少女たちが、ヤマトホテルで訓練された日本語や日本流の接客スタイルで給仕を担当していた。

満鉄が技術面、サービス面ともにその叡智を結集して生みだしたこの最新鋭特急は、昭和12年（1937）には『「あじあ」に乗りて』という作品になって国語の国定教科書（小学5年生用）に登場するなど、日本全国にその列車名が知れ渡っていった。だが、荒野を疾走する雄姿と快適な旅の様子が綴られる宣伝的旅行記には見られない運行トラブルも、知る人ぞ知るところであった。

デビュー直後から問題となったのは、高速運転中の振動が大きく、特に最後尾の展望一等車の揺れは乗客がめまいを感じるほど、という評判が立ったことである。満鉄は一等車の座席のクッションを入れ替えたりして対応したが、容易には解決しなかったとみられている。

日本の鉄道技術陣が初めてチャレンジした冷房装置も、走行中に不具合で作動しなくなってしまうトラブルがたびたび発生している。空調完備ゆえに密閉式で窓が開かない「あじあ」の車内は、酷暑の時期に冷房が効かないと蒸し風呂のような状態になり、乗客の苦情が相次いだ。

また、東清鉄道が満鉄に帰属して「あじあ」がハルピンまで延長されるようになると、冬季は零下40度にも達する極寒の地を走る密閉式客車の2重窓の間の湿気が氷結して窓に付着し、外の風景を見ることができなくなってしまう事態も発生した。北満洲の冬の寒さは南満洲よりはるかに厳しく、創業以来30年近く積み重ねた満鉄技術陣の経験でもカバーしきれない問題が大小さまざまあったようだ。

こうして、乗る者、見る者、想像する者それぞれに強烈なインパクトを与えた「あじあ」は、昭和12年に始まった日中間の軍事衝突の拡大によって貨物輸送の需要が拡大し、さらに昭和16年（1941）の日米開戦からしばらくして日本の戦局が悪化し始めると、少人数の旅客を高速輸送する特性や豪華な旅客サービスを売りにする特徴は、次第に時勢に合わなくなった。そして昭和18年2月、突然の運休によりそのまま姿を消したのであった。

第二次世界大戦後、「あじあ」の専用客車や高速蒸気機関車パシナは新中国の国鉄が接収。その行方は長らく不明だったが、日中平和友好条約が締結された2年後の昭和55年（1980）、日本鉄道友好訪中団がかつて奉天と呼ばれた瀋陽郊外で老いさらばえたパシナを発見。その後、複数のパシナが旧満洲各地で確認され、現在は瀋陽の鉄路陳列館に静態保存されている。

一方、豪華さを誇った「あじあ」最後尾の展望一等車（テンイ8形）は、製造された4両のうちの1両が、黒竜江（アムール川）を挟んでロシアと国境を接する中国国鉄北黒線の終点・黒河に長年留置されていた。特別な保存措置などは採られておらず荒廃が激しかったが、2016年（平成28）8月にハルピンから約130キロ東にある尚志《シャンチー》市の旧東清鉄道機関区を利用して開設された一面坡《イーミエンポー》紅色教育基地に移され、「あじあ」の展望車として保存展示されている。車体側面に復元された「あじあ」のひらがなは当時の書体とは別のものであり、「亜細亜」の「亜」の字を図案化して太陽の光芒《こうぼう》を配した最後尾のマークも往時とは趣がやや異なるものの、朽ち果てかけていた客車はきれいに修復され、屋外にある車両展示エリアの一画に鎮座している。紅色教育基地とは中国共産党の歴史などを学ぶ施設であり、施設の性格上、今のところ外国人の見学は難しいようだが、戦後70年以上を経て、「あじあ」の展望車であることを明確にして後世に伝える措置が執られたことは画期的と言えよう。

## ◉――急行「はと」 満鉄初の愛称付き急行

満鉄の大連~長春（新京）間には、「あじあ」以前から昼夜に各1往復ずつ直通急行列車が走っていた。昭和7年（1932）10月、満鉄はこの2往復のうち昼間の急行に「はと」という愛称を付けた。「あじあ」登場の2年前のことである。

昭和9年11月に「あじあ」が登場すると、「はと」は大連および新京の双方を午前中に出発するダイヤを「あじあ」に譲り、正午始発・深夜終着の運行ダイヤとなった。ところが、大連から新京へ向かう「あじあ」は内地からの大連航路に接続していたものの、船旅の宿命として天候等を理由とする大連港延着がしばしばあり、その場合、「あじあ」は船からの乗換え旅客を積み残したまま、待たずに定刻通り出発してしまうことが多かった。このため、「あじあ」登場から1年も経たない昭和10年9月、「はと」の大連出発時刻は「あじあ」の30分後の9時30分に変更され、大連での「あじあ」積み残し客を救済する役割を担うこととなった。

とはいえ、列車の乗り心地は「あじあ」に引けを取らない。激しい振動に悩まされがちな「あじあ」より、「はと」の方が快適だと断言する旅客もいたほどだ。基本編成は「あじあ」より三等車が

図4-12-9　奉天郊外を通過する急行「はと」（昭和13年撮影。写真提供：清水昭一）

図4-12-10 「はと」の展望デッキに立つ
（『満洲国概覧』より）

1両多い計7両（その後、三等車と二等車を増結して10両になった）の客車で、最後尾の展望一等車（テンイ1形）は乗降デッキを兼ねたオープンタイプのバルコニーを備え、「はと」というひらがなと鳩をあしらった図柄のテールマークが展望部分の柵に取り付けられている。密閉式の「あじあ」用客車と異なり、「はと」では走行中に展望デッキに出て涼風を浴びることができたし、デッキチェアを置くスペースもあった。

図4-12-11　急行「はと」最後尾の展望サロン（『満洲事変と満鉄』より）

図4-12-12 「はと」の食堂車（『満洲事変と満鉄』より）。ロシア人女性を採用した「あじあ」と異なり、こちらは白いジャケットに蝶ネクタイ姿の男性ウェイターが給仕を担当している

食堂車では「あじあ」と同じく洋定食と和定食を注文できたが、値段は「あじあ」より安い。特急料金がかかる「あじあ」に比べて「はと」はその半額の急行料金でよいなど、「あじあ」に比べると割安さを感じさせた。それでいて、先頭に立つ蒸気機関車は昭和9年以降、流線型の高速蒸気機関車パシナを「あじあ」と共用することになり、「はと」自身もスピードアップが実現している。

皮肉なことに、「あじあ」が昭和18年2月末で運休になると、密閉式の専用客車が「はと」に流用された。ただし、空調装置はこのときに使用中止になっている。さらに、基本編成を11両にしたり三等車の定員を増やしたりして、「あじあ」運休による「はと」への乗客集中に対応している。戦局の悪化に伴いスピードはダウンし、終戦時のダイヤでは、大連〜新京間の所要時間は大正末期よりも遅い12時間30分にまで落ち込んでいる。

なお、「はと」の名称は戦後、昭和25年（1950）に東海道本線の東京〜大阪間を走る特急列車で復活。東海道新幹線の開業後は山陽本線の特急列車に転じ、昭和50年（1975）の山陽新幹線博多開通時に廃止された。

## 13 満洲を上手に旅するトクトクきっぷ

### 割高な満鉄の旅には割引切符が不可欠

満鉄の普通旅客運賃は、内地の省線の運賃に比べて割高であると言われていた。図4-13-1は満洲国幣と日本円が等価として扱われ、満鉄と省線の運賃の単位が等しくなった後の昭和15年(1940)8月時点での満鉄と省線の運賃、および急行料金を比較したものだが、これに基づいて試しに大連～奉天(現・瀋陽)間396・6キロの片道料金を比較すると、その割高感が実感できるだろう。

この区間の普通運賃は二等が11円12銭、急行料金は二等が1円50銭(「あじあ」号利用の場合は3円)で合計12円62銭(「あじあ」号利用の場合は14円12銭)となる。一方、省線で同一距離(東海道本線の東京～岐阜間と概ね同じ)を利用した場合は二等運賃が9円30銭、急行料金は二等が1円30銭(「つばめ」「かもめ」「さくら」「富士」など特別急行利用の場合は2円50銭)で合計10円60銭(特急利用時は11円80銭)となり、満鉄より省線の方が約2円安いことがわかる。なお、昭和15年4月1日より日本内地、朝鮮、台湾、樺太および関東州を始発とする乗車券や急行券には通行税が別途課せられるようになっているが、大連から奉天へ向かう切符は関東州発なので課税対象となるから、省線の同一距離で運賃比較をしても課税額は同じで差異は生じない。ちなみに、同区間の通行税は1円(「あじあ」または「つばめ」など特急利用時は1円15銭)である。

図4-13-1　満鉄と省線の運賃・急行料金の比較（昭和15年8月時点）

| | 営業キロ（満鉄の区間例） | | 1等 | | 2等 | | 3等 | |
|---|---|---|---|---|---|---|---|---|
| | | | 満鉄 | 省線 | 満鉄 | 省線 | 満鉄 | 省線 |
| 運賃 | 396.6km（大連～奉天間） | | 17円47銭 | 13円95銭 | 11円12銭 | 9円30銭 | 6円16銭 | 4円65銭 |
| | 701.4km（大連～新京間） | | 30円89銭 | 21円 | 19円60銭 | 14円 | 10円89銭 | 7円 |
| | 943.4km（大連～ハルピン間） | | 42円99銭 | 25円80銭 | 26円92銭 | 17円20銭 | 15円25銭 | 8円60銭 |
| | 満鉄急行料金の距離区分 | 省線急行料金の距離区分 | | | | | | |
| 急行料金 | 300kmまで | 400kmまで | 2円 | 2円 | 1円 | 1円30銭 | 50銭 | 65銭 |
| | 500kmまで | 800kmまで | 2円50銭 | 3円 | 1円50銭 | 2円 | 75銭 | 1円 |
| | 800kmまで | | 3円 | | 2円 | | 1円 | |
| | 1300kmまで | 801km以上 | 3円75銭 | 3円75銭 | 2円50銭 | 2円50銭 | 1円25銭 | 1円25銭 |
| | 1301km以上 | | 4円50銭 | | 3円 | | 1円50銭 | |

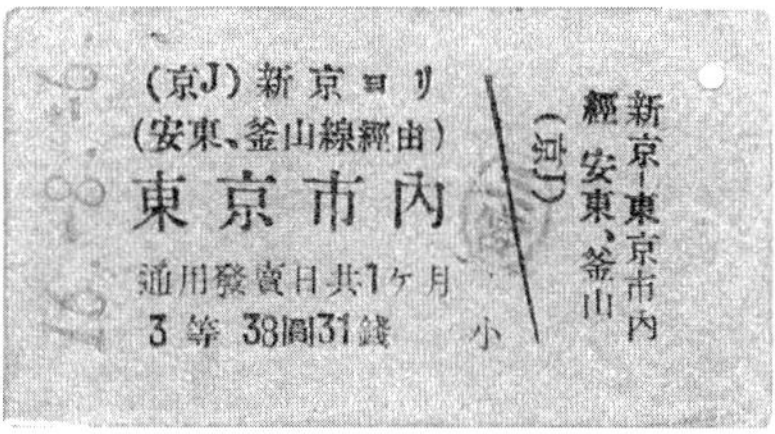

図4-13-2　新京（現・長春）から東京市内までの3等乗車券（昭和16年発行）。朝鮮経由の運賃が3等38円31銭と表示されているが、内地の省線では同一距離の3等乗車券が19円66銭とほぼ半額で買えた

この価格差は、奉天よりさらに遠方の新京（現・長春）やハルピンまで足を延ばすとさらに拡大する。なぜなら、省線の旅客運賃は長距離逓減制を採用しているのに対し、満鉄では創業当初の一時期を除き距離比例制を採っており、長距離を利用したからといって距離あたりの運賃が割安になるわけではないからだ。

このため、内地から満洲を目指す観光旅行客の多くは、往復、周遊など旅行形態に合わせて発売されている割引乗車券を利用している。特に、周遊券の所持者は列車や船の乗換え時に荷物の積み替えサービスを受けられるので、大連での航路と満鉄の相互乗継ぎ時などに多数の荷物を運ばなければならない旅行者には便利である。

なお、満洲方面への割引切符のうち、朝鮮半島を旅行の経由地としている場合は朝鮮と満洲を一体の旅行先として扱っていることが少なくない。それらの一部、および朝鮮発着の満洲方面行き割引切符については168ページ以下で紹介しているので、ここではそれらを除いた、内地あるいは関東州、および満洲内部を発着地とする割引切符を紹介する。

## ●日満往復券

日満往復券は、内地の省線主要駅と、ソ連が運営する東清鉄道（北満鉄道）南部線の双城堡《そうじょうほう》、本線のハルピン、安達《あんだ》、チチハル（東清鉄道上の駅は昂昂渓）、ハイラル、満洲里の各駅との往復時に発売される割引乗車券である。次の3コースが設定されていて、東清鉄道以外の区間と関釜連絡船は2割引、関釜連絡船を除く航路は1割引、③のソ連国鉄ウスリー線（ウラジオストク～ポグラニーチナヤ〔綏芬河《すいふんが》〕間）は三等利用に限り2割引となる。通用期間は3コースとも60日間。いずれも、途中下車は自由にできる。

①朝鮮経由……発駅～下関～釜山～安東～奉天～新京（長春）～着駅間往復

②大連航路経由……発駅～神戸または門司～大連～新京（長春）～着駅間往復
③ウラジオストク経由……発駅～敦賀～ウラジオストク～ポグラニーチナヤ～着駅間往復

このうち③はソ連国内を通過するため、パスポートの携帯を要する。東清鉄道がソ連から満洲国に売却された直後の昭和10年（1935）版『旅程と費用概算』には「舊《きゅう》北滿鐵道」への往復割引切符として掲載されていたが、昭和13年（1938）版では後述の内地満洲往復券に統合される形で姿を消している。

## ●──内地満洲往復券

東清鉄道沿線の主要駅を目的地とする日満往復券に対し、こちらは満鉄沿線を目的地とする往復割引切符である。ただし、内地から満洲へのコースは日満往復券と似ている。

日満往復券の①コースのように省線各駅と満鉄各駅間を朝鮮経由で往復する場合は、全区間にわたり運賃が2割引となる。

同じく②コースのように大連航路を利用する場合は、発売駅が省線主要駅、目的地も満鉄の一部主要駅に限られる。鉄道利用区間が2割引になるのは朝鮮経由と同じだが、大阪商船が運航する大連航路の割引率は1割引にとどまった。

東清鉄道が満鉄の運営下に置かれた後の昭和13年版『旅程と費用概算』では、日満往復券がなくなった代わりに、旧・東清鉄道区間もこの往復券の目的地に含まれている。さらに、日満往復券の③コースによく似た、北日本汽船・日本海汽船による「敦賀または新潟〜清津」経由という北部朝鮮コースが新たに加わっている。

どのコースも通用期間は2ヵ月で、引き返さない限り自由に途中下車できる点は共通している。北部朝鮮コースの場合、船賃も2割引になる点は日満往復券のウラジオストク経由よりサービスアップになっている。

### ●日満周遊券

内地から満洲まで同一コースを単純往復するのではなく、満洲およびソ連沿海州を周遊する割引切符。コースは次の2種類で、逆回りも可能なので実質的には4コースから選択できる。いずれもウラジオストク〜ポグラニーチナヤ間はソ連領内を通過するため、パスポートの携帯を要する。

①発駅〜下関〜釜山〜安東〜奉天〜新京〜ハルピン〜ポグラニーチナヤ〜ウラジオストク〜敦賀〜発駅

②発駅〜門司〜大連〜新京〜ハルピン〜ポグラニーチナヤ〜ウラジオストク〜敦賀〜発駅

運賃の割引率は前述の日満往復券と同じ。切符の通用期間はすべて90日だ。東清鉄道のソ連から満洲国への売却が影響したのか、日満往復券と同じく、昭和13年版の『旅程と費用概算』では紹介記事が削除されている。

## ●日満支連絡運輸往復割引

昭和13年に成立した日満支連絡運輸協定に基づき、満鉄と内地の省線・朝鮮の鮮鉄・台湾の局線の相互間（満鉄を経由してこれらの各線と華北交通とを直通する場合を含む）では連絡乗車券が発売されているので、旅客は国境や連絡船利用時の栈橋等で乗り換えるたびに次の列車の乗車券を購入する必要はない。

このうち、往復切符には運輸機関ごとに設定された割引率が適用される。具体的には、満鉄・鮮鉄・省線（関釜連絡船を含む）および華北交通の各鉄道線は2割引、大阪商船・大連汽船・日本郵船・日本海汽船の各航路は1割引となる。

ただし、鮮鉄京義《けいぎ》本線の平壌《へいじょう》以北（現・北朝鮮国鉄平義《ピョンウィ》線）の各駅から満鉄安奉線内までの往復のように、運輸機関をまたがるとはいえ短距離の区間を利用する場合はこの割引は適用されない。また、満鉄と華北交通相互間の往復切符にも適用されない。

## ●東亜遊覧券

朝鮮、満洲、関東州を周遊する内鮮満周遊券（170ページ参照）の適用範囲を、さらに中華民国にまで拡大したクーポン式広域周遊券である。現代でいえば、ヨーロッパ諸国の鉄道で通用するユーレイルパスに近いだろうか。

昭和6年（1931）9月からJTBが発売を始めたものの、当初は発売2日前に発生した満洲事変の影響もあって売れ行きは低調だった。もっとも、翌年に満洲国が成立して現地の治安が安定の兆しを見せ始めると、広大な中国大陸を便利に旅行できる国際周遊乗車券として利用者は増えていっ

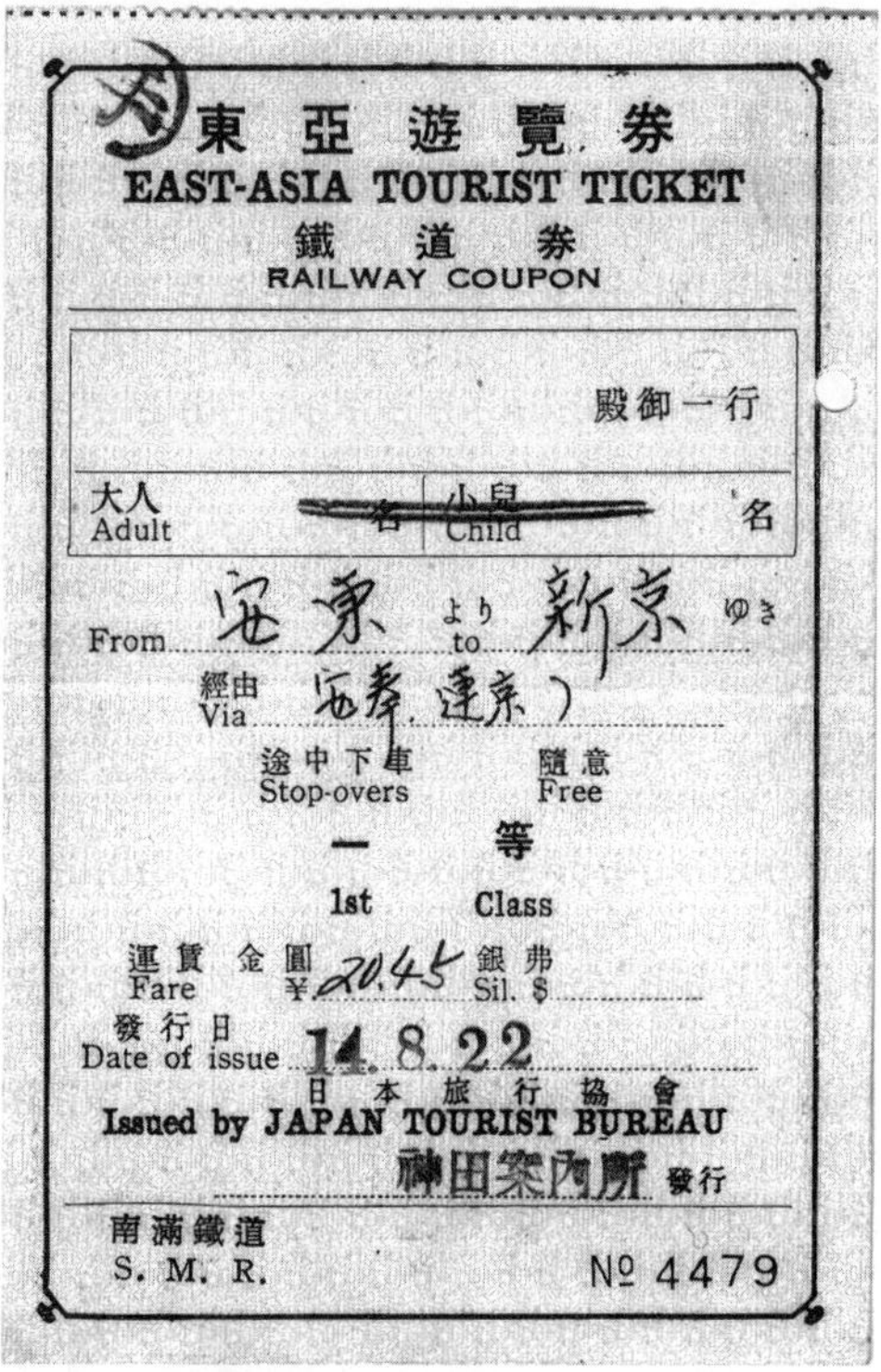


図4-13-3　東亜遊覧券の一部。表紙付きでコース順に綴じられていて、表紙がないものは無効とされた

た。

発行条件は、①省線を利用すること、②中華民国所在の港（関東州の大連港を含む）を利用すること、③出発した駅または港と同一の運輸機関に属する指定の駅または港へ帰着すること、の三つの要件を満たしたコースを、購入前にあらかじめ指定することである。コースは単純往復でも周遊でも構わないが、既存の他の往復割引乗車券や内鮮満周遊券の指定経路と同じコースは発券できない。有効期間は発売日を含めて3ヵ月。途中下車は自由にできる。

発行条件のうち②については、昭和7年（1932）に満洲国が中華民国から分離する形で独立したため、後に「満洲または中国所在の港」と改められている。「中華民国の港」には、イギリスが植民地にしている香港や、各国の租界が乱立する上海なども含まれる。③は「同一の駅または港へ戻れ」という意味ではなく、たとえば日本内地から出発した場合は日本内地の指定駅港であればどこを帰着地としてもよいし、朝鮮発なら朝鮮へ、台湾発なら台湾へ、満洲発なら満洲へ、そして中華民国の港を出発した場合は中華民国のどの港へ戻ってもよいという意味だ。この種の割引切符としては異例の大らかさといえる。

運賃は鉄道（鉄道省直営の関釜連絡船を含む）が2割引、その他の航路は1割引。学校の教職員および学生には学割が適用された。等級は一等・二等・三等に分かれているが、内地の省線は三等車に乗りつつ、異国の地での安全を考慮して満鉄では二等車を利用するというように、運輸機関ごとに別の等級を指定することもできる。要は、指定したコース上のすべての乗車券が連続してあらかじめ発券

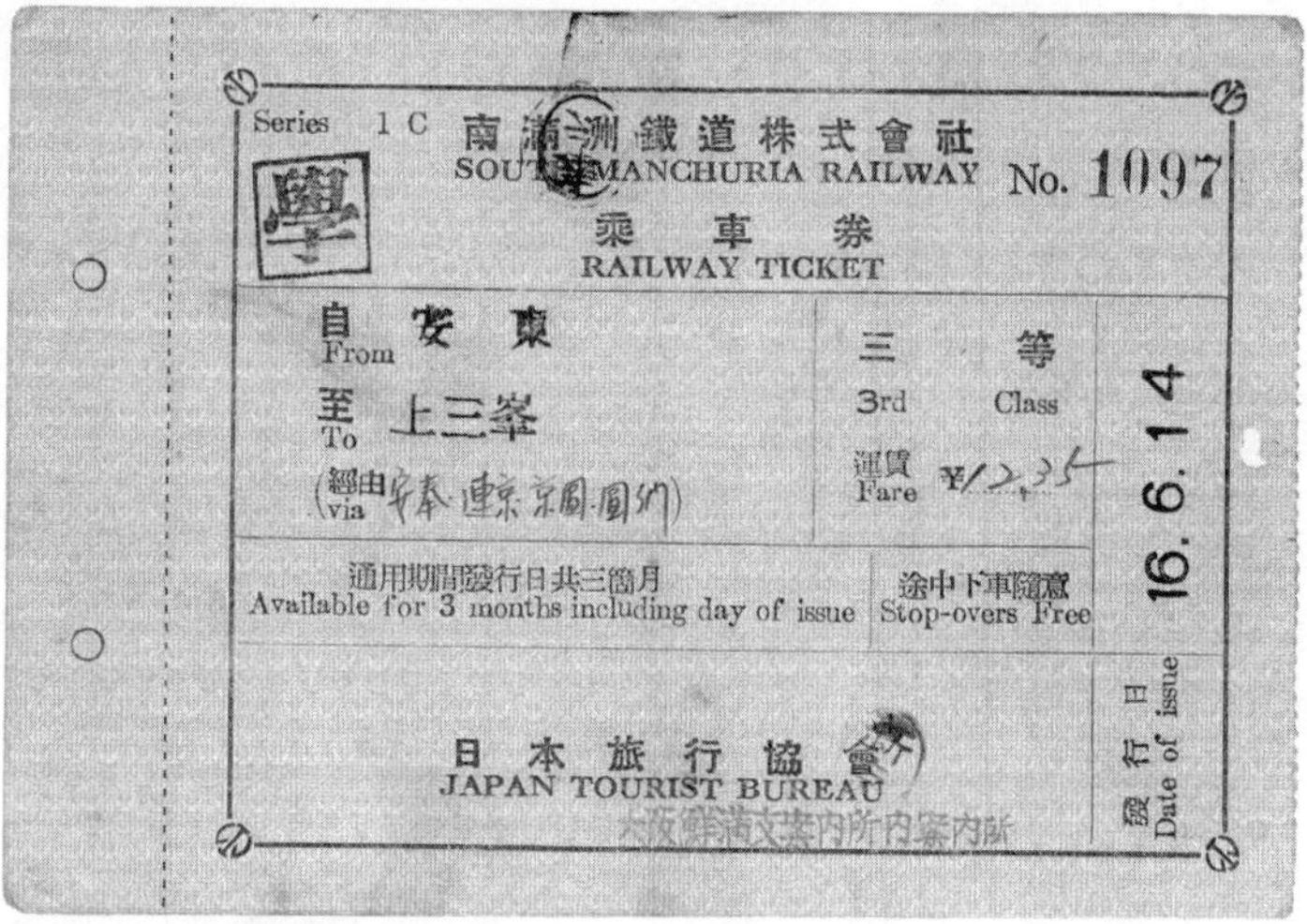


図4-13-4　鮮満国境の安東（現・丹東）から満鉄で奉天・新京を経由して朝鮮北部の南陽経由で上三峰までの学割乗車券（昭和16年発行）。3等の学割運賃が12円35銭と表示されているが、これは正規運賃の3分の2以下である

されていればよかった（急行券や乗船券まで具体的に日付や列車を指定して事前購入する必要はない）。その乗車券の束は表紙を添付して綴《と》じられており、この表紙がついていないと遊覧券全体が無効になってしまうので注意が必要だった。

　適用範囲は内鮮満周遊券に似ているが、発券するＪＴＢとしての取扱い上は、内地や台湾の指定遊覧地方をめぐる普通遊覧券（82ページ以下参照）と同じ遊覧券の仲間に属する。ただ、東亜遊覧券は日本国外を目的地とする性質上、普通遊覧券のように旅行傷害保険切符の無料添付サービスはない。また、満洲国・中華民国ともに日本人はパスポートなしで旅行できる（２４８ページ以下参照）とはいえ、この東亜遊覧券は表紙に所持人の氏名を記入することになっており、記名されている本人以外が使用することはできないことになっていた。

## ●――温泉行き割引

満洲に湧出している温泉地への行楽客向けに、満鉄の主要駅で往復割引乗車券を発売していた。対象は熊岳城温泉（満鉄連長線〔後に連京線。現・中国国鉄瀋大線〕熊岳城駅下車）、湯崗子温泉（満鉄連長線湯崗子駅下車）、五龍背温泉（満鉄安奉線〔現・中国国鉄瀋丹線〕五龍背駅下車）のいわゆる満洲三大温泉、および昭和9年（1934）から満鉄が温泉ホテルを直営するようになった興城《こうじょう》温泉（満鉄奉山線〔現・中国国鉄瀋山線〕興城駅下車後、バス連絡）の4ヵ所で、出発地からの往復運賃が2割引になる。5人以上だと団体扱いで3割引になるが、この場合、有効期間は個人で買うと7日間有効になるところが、なぜか短縮されて4日間有効になる。

また、満洲北部から満鉄を利用して、国境を越えて北部朝鮮の朱乙《しゅおつ》温泉へ往復する旅客に対しても、新京（長春）やハルピンなど北部の主要駅で往復割引乗車券を発売している。

以上の一般個人向け割引乗車券とは別に、学生・教職員向けや団体客向けの大幅な割引制度が設けられていた。団体乗車券の割引率は鮮鉄の場合と基本的に同じで、一定人数以上の団体に認められる世話人無賃扱いの基準も鮮鉄と変わらない。日本の統治下または経営下にある鉄道としては、満鉄は鮮鉄と並んで団体割引制度が最も充実していたといえる。

## 14 満洲の鉄道名所を訪ねる

### 近現代史の現場が鉄道と隣り合わせ

#### 満洲五大停車場に連なる3駅舎

満鉄にとって、駅舎の持つ意味は純粋な鉄道施設であることにとどまらない。なぜなら、ポーツマス条約によって日本が獲得した権益である満鉄附属地は、鉄道事業の便宜を図るための土地というのが建前なので、旅客が乗降する駅を中心に市街化が進行するのは必然であり、駅舎はそうした附属地に成立した都市そのものの玄関という意味を持つからである。しかも、ロシアの東清鉄道から引き継いだ満鉄の駅舎の多くは日露戦争中に破壊されていた。このため、満鉄は創業から10年間で、全102駅の約4分の3にあたる77駅の駅舎を新築している。

その中には、古くから城塞都市として栄え、朝鮮半島へ向かう安奉線（現・中国国鉄瀋丹線）や北京方面への路線が離合集散する交通の要衝でもある奉天（現・瀋陽）、東清鉄道と接続する北満洲の長春、そして撫順炭鉱を間近に控える撫順の3駅も含まれている。この3駅は、いずれもその存在の重要性ゆえに満鉄が特に重視し、関東州にある大連、旅順の両駅を含めて「満洲五大停車場」と称された。

図4-14-1　赤煉瓦の奉天駅舎（当時の絵はがきより）

図4-14-2　新京駅舎（当時の絵はがきより）。満洲五大停車場の中で唯一、現存しない

図4-14-3　昭和9年竣工の撫順駅舎（『昭和十一年十月 撫順記念写真帖』より）

明治43年（1910）に竣工し、100年以上経過した現代でも現役で使用されている奉天駅舎は、4年後の大正3年（1914）に完成した現在の東京駅丸の内口にある赤煉瓦駅舎とよく似ている。設計者は満鉄技師の太田毅で、19世紀のイギリスで流行したクィーン・アン（Queen Anne）様式の影響を受けている。クィーン・アン様式は、日本では東京駅舎を設計した辰野金吾が得意としていた欧風建築様式で、当時の日本では「辰野式」とも呼ばれた。大正14年（1925）に朝鮮の京城（現・ソウル）駅でルネサンス式の赤煉瓦駅舎が竣工すると、奉天駅は東京・京城と並ぶ東洋三大停車場の一つにも数えられるようになった。

撫順駅舎は奉天駅舎と同じ明治43年に竣工した。当時の撫順駅は千金寨《せんきんさい》という地区にあり、大正2年（1913）までは駅名も千金寨だった。新築された駅舎は、殿堂のような重厚感を持つ煉瓦・石材混造の欧風様式であった。ところが、千金寨地区の地下に有望な炭層があることが明らかになったことから、大正末期から昭和初期にかけて、採炭のために街ごと3キロ離れた永安台地区へ移転。このとき撫順駅も移転し、昭和9年（1934）にゼセッション（ウィーン分離派）様式と呼ばれる手法を採り入れた煉瓦造り平屋建ての壮麗な駅舎が建設された。撫順市民には戦後に至るまで長く親しまれたようで、21世紀まで使用され続けた後、改築のため取り壊されそうになったときには、撫順市民の多数が「昔からの街のシンボルだから」という理由で反対。このため、内外ともに改修されて保存されるという経緯を辿っている。

長春駅舎は大正3年に竣工した。ロシア（後にソ連）が運営する東清鉄道との接続駅であり、駅舎寄りのホームに満鉄の列車が停車し、プラットホームを挟んだ反対側が東清鉄道の列車が発着する。壮麗な大型欧風駅舎の完成が奉天や撫順より遅かったのは、東清鉄道と満鉄の乗換えをする旅客のために、駅舎より先にホーム上の待合室を明治41年（1908）に完成させたからだという。後に満洲国の首都の玄関駅ともなったこの駅舎は戦後も長く使用されたが、1992年（平成4）に解体されて高層ビル駅舎に生まれ変わったため、満洲五大停車場の中では唯一、往時の駅舎が現存しない。

### ◉伊藤博文暗殺現場（ハルピン駅）

明治42年（1909）10月26日、ロシアの蔵相との非公式会談のためハルピン駅に到着した枢密院議長の伊藤博文《いとうひろぶみ》（元・韓国統監）は、ロシアが運営する東清鉄道の特別列車からホームに降り立ち、ロシア側の出迎えを受けていたところで発砲を受け、銃弾3発を浴びて絶命した。

このときのホーム上の暗殺地点には、後に「伊藤公遭難地点」を示すはめ込み式のプレートが設置され、大人の腰の高さほどの柵で囲われて、ハルピン駅を訪れた旅行者の誰もが一目でわかるようになった。昭和10年（1935）に東清鉄道がソ連から満洲国へ売却されてハルピン駅の管理権が満鉄へ移った直後には、このホーム上の遭難地点に祭壇を設けて神式の接収報告式が挙行されている。駅舎内には伊藤の銅像も設置されており、初代内閣総理大臣を務めた明治の元勲が凶弾に倒れた悲劇の現場であることを物語っていた。

図4-14-4　ハルピン駅内に設置されている伊藤博文の銅像（当時の絵はがきより）

もっとも、それはあくまでも日本側からの視点であり、戦後の中国では、ハルピン駅が伊藤博文という日本の要人の暗殺現場であったことすら忘れ去られがちであった。紀行作家の宮脇俊三《みやわきしゅんぞう》は昭和62年（1987）にハルピン駅を訪れたとき、同行する現地の国営旅行社の日本語ガイドに事件現場の訪問を急遽《きゅうきょ》リクエストしたところ、「私、そのこと知りません。習ったことありません」と返答されている（『中国火車旅行』角川書店、昭和63年）。

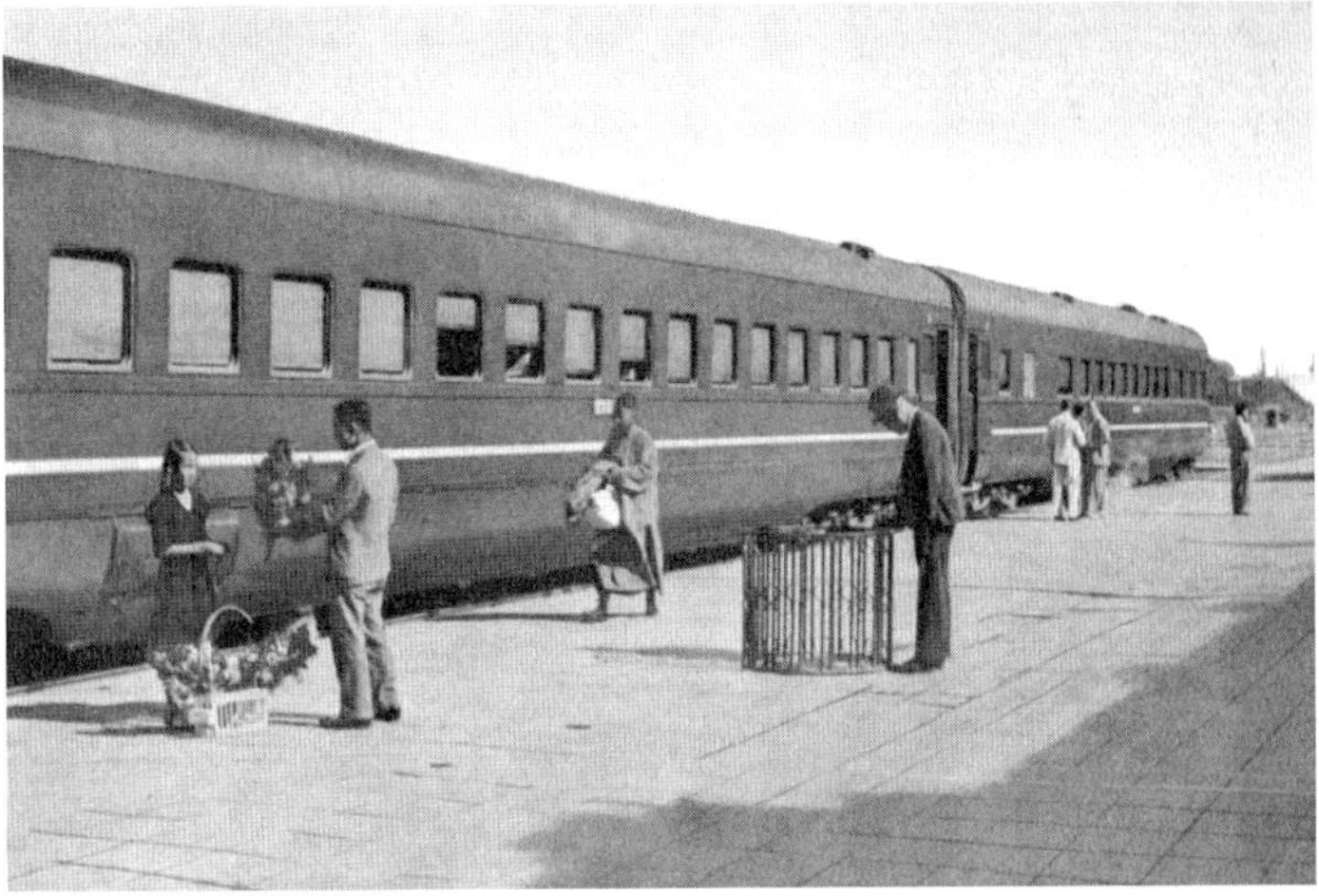

図4-14-5　ハルピン駅ホーム上の伊藤博文遭難地点（柵で囲まれている場所。当時の絵はがきより）

その後、同じような日本人や韓国人の観光客が増えたためだろうか、ハルピン駅1番ホームでは、伊藤が被弾した場所、および暗殺犯とされる安重根《アンジュングン》が伊藤を銃撃した場所に、それぞれ周囲と異なる色と形の礎石がはめ込まれた。2014年（平成26）には、安重根を英雄視する韓国政府の要請に中国側が応える形で、駅舎内の貴賓室を改造して安重根義士記念館が開設。ホーム上の現場礎石も新しくなり、「安重根撃斃伊藤博文事件発生地　1909・10・26」と記された巨大な看板がホームの屋根から吊り下げられて貴賓室からも見えるようになり、事件現場がいっそうわかりやすくなっている。

### ◉──張作霖爆殺現場（奉天）

昭和3年（1928）6月4日早朝、奉天軍閥を率いる張作霖を乗せた特別列車が、奉天付近の皇姑《こうこ》屯《とん》にある満鉄連長線（現・中国国鉄京哈線）との立体交差地点にさしかかった。そのとき、列車が突然爆破されて大破炎上し、張作霖はまもなく死亡した。日本では「満洲某重大事件」の名で呼ばれ、当初は蔣介石率いる国民党軍の犯行とされたが、実際の首謀者は抗日行動を活発化させる張作霖を疎ましく考えていた関東軍の河本大作《こうもとだいさく》大佐だった。張作霖の後継者となった息子の張学良は、父を爆殺したのが日本軍であると知った後はますます抗日活動を激化させていった。

事件現場は赤煉瓦駅舎がそびえ立つ奉天駅の北方約2キロの場所にある。奉天から長春方面行きの列車に乗ると、出発後まもなく、車窓左手から現れた線路が足元の橋梁をくぐって立体交差する。そこが事件現場だ。

事件発生の直後から、メチャメチャに破壊された張作霖の貴賓車や復旧後の現場写真に、張作霖の死を悼む日本語と英語のキャプションを付けた絵はがきが市販されるなど、あたかも観光名所のような扱いがなされた。これは、当時の絵はがきは新聞よりも写真が鮮明で、かつ現代の週刊誌なみの速報性を持つメディアとしての機能を有していたことに由来する。そのため、現代であれば人の不幸を商売にする企画として非難されそうな事故や災害の現場を写した絵はがきが販売されること自体は、特段珍しいことではなかった。事件直後の大破した車両を被写体にした絵はがき（図4-14-7）も、そうした一枚であろう。

ただ、張作霖爆殺現場の場合は、当時は真犯人が日本の軍人であると公表されなかったことも影響しているだろう。もし、日本の犯行であることが公にされていたら、「うらみは深し張作霖氏爆破地

THE EXPRESS TRAIN OF THE SOUTH MANCHURIAN RAILWAY COMPANY RUNNING THROUGH THE SPOT WHERE CHAN TSORIN WAS BOMBED TO DEATH.
(奉天) うらみは深し張作霖氏爆破地点を通過する満鉄急行列車

図4-14-6 「うらみは深し張作霖氏爆破地点を通過する満鉄急行列車」と題した当時の絵はがき

点を通過する満鉄急行列車」のような、どこか他《ひ》人事《とごと》のようなキャプションを入れた絵はがきを民間人が作成・販売することは、さすがに難しかったのではないかと思われる。

図4-14-7 事件直後の現場を写した当時の絵はがき

伊藤博文暗殺現場と同じく、この事件の舞台も戦後は忘れられた存在となり、1990年代半ばまで簡素な石碑が立体交差地点の線路際で砂埃をかぶっているだけだったが、1997年（平成9）に瀋陽市が石碑をもう少し立派なものへと造り替えている。かつての奉天駅である瀋陽駅から瀋陽北駅へ向かう列車の車窓左下にほんの一瞬、その記念碑の姿を目にすることができる。

## ◉——チチハルに混在する二つの同一名称駅

黒竜江省随一の城塞都市として清朝時代から発展してきたチチハルには、市街地に隣接する幹線鉄道のターミナルがない。その代わりに、東清鉄道（この時期は中東鉄道、さらに北満鉄道と名を変えていた）、日本の借款で建設された奉天省営の洮昂《とうこう》鉄道、奉天省や黒竜江省などの出資による斉克鉄道（ともに後の満洲国鉄平斉線。現・中国国鉄平斉線）、そしてチチハル城内へと通じる地元資本の斉昂軽便鉄道と、事業主を異にする路線が、複雑に絡み合うような線形の上にそれぞれ旅客列車を走らせていた。

これらの路線上に設けられた駅が、「チチハル（斉斉哈爾）」という名称、およびチチハル市街への最寄り駅として「昂昂渓《こうこうけい》」という名称をそれぞれ別の場所で同時に使用していた時期があり、現地に慣れない旅行者に混乱をきたすことが多かった。現代の日本でも、JR東日本の浜川崎駅（鶴見線と南武線）のように同一名称の駅が離れた場所にある例が見られるが、昂昂渓の場合は最大で5キロ、チチハルに至っては30キロ以上も離れており、浜川崎のように歩いて乗換えができるような位置関係にはない。昭和8年（1933）版『旅程と費用概算』では、北辺の荒野で旅行者が誤乗や乗り遅れなどの事態に陥らないよう、わざわざ現地の略図を示して事情を解説している。そこで以下、同年版の『旅程と費用概算』と図4-14-8の略図をもとに、現地の乗換え事情を説明しよう。

三つの昂昂渓駅のうち、最も歴史が長く規模が大きいのは東清鉄道の駅である。ややこしいのは、この駅はチチハル市街に最も近い最古の幹線上の停車駅であったことから、別名をチチハル駅というのだ。ところが、近いと言っても現実には20キロ以上離れているため、チチハル市街へ行くには同駅で下車して、約100メートル離れた場所にある斉昂軽便鉄道の同名駅で乗り換える必要がある。この軽便鉄道に約1時間半揺られて辿り着くチチハル市街地にある終着駅の名も、ズバリ、チチハルだった。

一方、満鉄満洲本線（連長線。現・中国国鉄京哈線）の四平街（現・四平）から四洮鉄道（現・中国国鉄平斉線）を北上し、終点の洮南でさらに北へ向かって接続する洮昂鉄道は、昂昂渓という名の駅で線路が尽きていた。この駅は東清

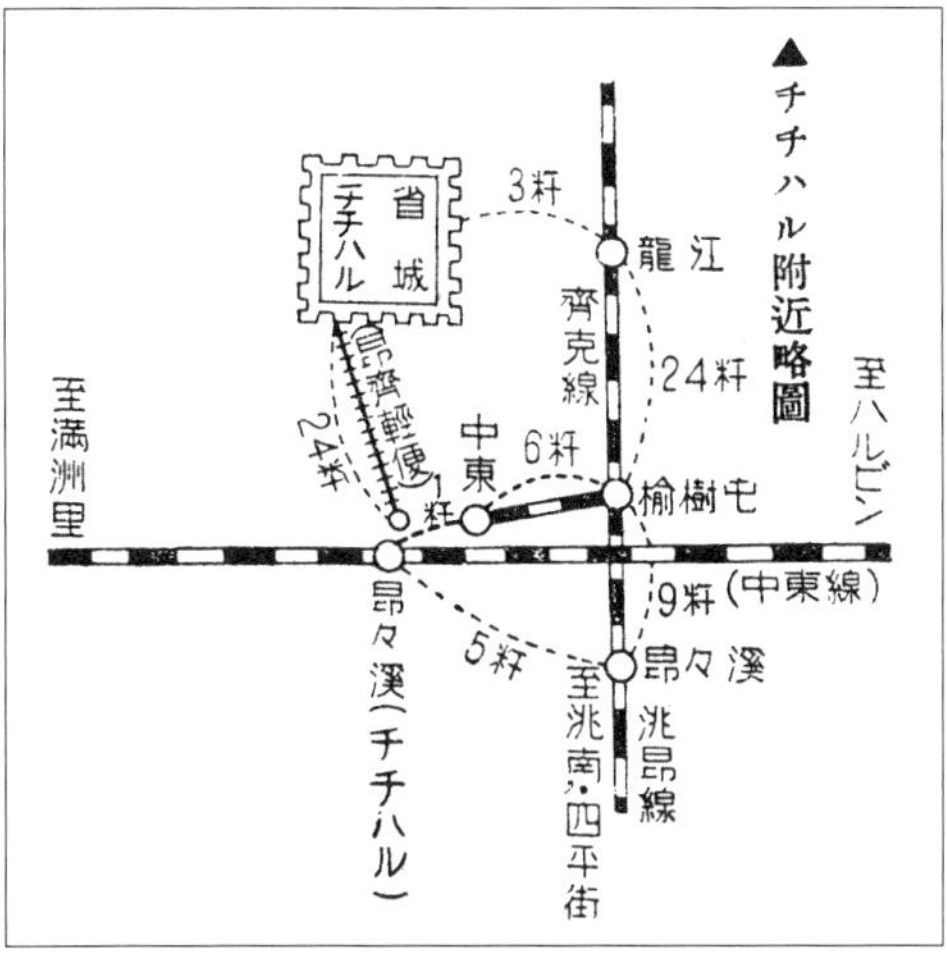


図4-14-8　昭和8年版『旅程と費用概算』の「チチハル附近略図」。「昂昂渓」「チチハル」の地名・駅名が混在している。「龍江」が現在のチチハル駅である

鉄道の昂昂渓駅から約5キロ離れた小さな村にあり、何もない原野の中にポツンと駅舎が建っているだけ。大正15年（1926）の開業当初にこんな辺鄙《へんぴ》な場所を終着駅としたのは、この北方へ線路を延ばしてチチハル市街地へ近づくには東清鉄道と立体交差しなければならず、その時点ではそれが難しかったからである。このため、終着駅としての同駅に降り立った旅客は、駅前から自動車または馬車に乗り換えて東清鉄道の昂昂渓駅まで行き、そこからさらに軽便鉄道で市街地を目指したのだ。

だが、昭和3年に斉克鉄道がこの原野の昂昂渓駅から東清鉄道をまたいで北進すると、同駅はチチハル市街への旅行には全く関係のない駅になった。同駅より30キロ北方の龍江《ロンチャン》という駅が、チチハル市街地から約3キロの最寄り駅となったからである。とはいえ、紛らわしい昂昂渓という駅名はその後も5年近く存続し、同駅が満洲国鉄に帰属した後の昭和8年8月になって、ようやく三間房《さんげんぼう》という現在の駅名に改称された。

その三間房への改称と同じ日に、龍江駅もその名を改めた。新しい駅名は何とチチハル。東清鉄道でチチハルを別称としていた昂昂渓駅よりも市街地に近いこの駅が、21世紀の現代も中国国鉄のチチハル駅となっている駅である。斉昂軽便鉄道の終点もチチハルなので、同鉄道が昭和11年（1936）に廃止されるまで、3年間はチチハルという名の駅が別々に併存していたことになる。東清鉄道の昂昂渓がチチハルの別名で呼ばれていた慣習の存在も考えれば、三つのチチハル駅の区別に混乱させられた旅行者が少なくなかったことは想像に難くない。

さらに状況をややこしくしているのが、斉克鉄道が東清鉄道とクロスした北側の楡樹屯《ゆじゅとん》駅から分岐

図4-14-9　満洲国鉄（旧北満鉄道）濱州線の昂昂渓駅（『おもいでの南満洲鉄道〈写真集〉』より）

図4-14-10　満洲国鉄平斉線の終着・チチハル駅（当時の絵はがきより）

する支線の存在だ。後に満洲国鉄楡樹《ゆじゅ》線となるこの路線は、東清鉄道の昂昂渓駅から約1キロ離れた中東という駅までの5キロに過ぎないミニ・ローカル線で、昭和4年（1929）に開業。東西に走る東清鉄道と南北に走る斉克鉄道の交差地点には乗換駅がないため、両線間の乗換えは、東清鉄道の昂昂渓駅とこの中東駅との間を馬車で移動するのがポピュラーになっていた。洮昂鉄道の昂昂渓駅は、この支線の登場によって東清鉄道との乗換駅としての役割も事実上失ったことになる。

すると今度は、この中東駅が昂昂渓という駅名へと改称された。正確な改称時期ははっきりしないが、『旅程と費用概算』の昭和8年版（原則として、昭和7年〔1932〕4月時点の情報に基づく）ではまだ「中東駅」のまま。その後、昭和8年3月1日に同線が満鉄へ経営委託された時点ではすでに昂昂渓という駅名になっているので、改称時期は昭和7年春から昭和8年2月末までの間と推測できる。そして、洮昂鉄道の昂昂渓駅が三間房駅へと改称するのは同年8月なので、少なくとも5ヵ月半、長ければ1年半近くの間、東清鉄道、洮昂鉄道（満鉄平斉線）、斉昂軽便鉄道、そしてこの斉克鉄道支線（満鉄楡樹線）の4路線に「昂昂渓」という名の駅が四つ、別々に営業していたわけだ。

昭和9年12月、満洲国鉄に帰属して楡樹線となったこの支線の終着駅は、駅名を昂昂渓から東昂昂渓《ひがしこうこうけい》へと変更。その後もなお、東清鉄道と満鉄平斉線（旧・斉克鉄道）との馬車を介した乗換駅としての役割を果たしたが、昭和11年8月、前年に満洲国に買収されて満鉄浜洲《ひんしゅう》線となっていた旧・東清鉄道の昂昂渓駅まで楡樹線が延伸するのと同時に、東昂昂渓駅は廃止された。ほぼ同時期に斉昂軽便鉄道も廃止されたことで、ようやく、昂昂渓という駅は満鉄浜洲線にある1駅だけ、チチハルという駅も満鉄平斉線にある1駅となったのである。

正直言って、現地の略図を見ながら以上の経緯を自分で整理しながら綴っていても、チチハル駅と昂昂渓駅の名称の乱立と変遷を正しく理解することは難しい。利害関係をともにしない別会社の鉄道路線が入り乱れていたことも一因だっただろうが、駅名とは何なのかを深く考えさせてくれる実例ではある。

## ●——柳条湖事件現場（奉天）

昭和6年（1931）9月18日夜、奉天駅の北方約7・8キロ付近の柳条湖《りゅうじょうこ》で、満鉄連長線の線路が爆破された。関東軍はこれを張学良率いる中国東北軍による犯行と発表したが、実際には関東軍自身が中国軍の犯行に見せかけて起こした謀略事件であった。この柳条湖事件を契機に満洲全土で関東軍が展開した軍事行動全体を、当時も今も日本では満洲事変と呼んでいる（現代の中国では、事件発生の日付にちなんで「九一八事変」と呼ばれることが多い）。

事件後、関東軍は事件現場の線路際に「昭和六年九月十八日支那兵線路爆破地点」と漢字で記した標柱を建てている。さらに、昭和13年（1938）には線路からやや離れた空き地を整備して「爆破地點《ちてん》」と台座に刻んだモニュメントを建立。その背後にも「爆破地點」と大書した立看板が設置されており、奉天から北へ向かう列車に乗って車窓右手を見れば誰でも一目で事件現場とわかるようになっていた。昭和13年に満鉄が刊行した『簡易満洲案内記』も、奉天を出た列車の車窓から、線路のそ

図4-14-11　柳条湖の事件現場に関東軍が建てた標柱とモニュメント（資料提供：髙木宏之）。モニュメントの台座と背後に「爆破地點」の文字が見える

ばに「柳條湖爆破記念碑」が立っているのが見えると明記している。

第二次世界大戦に日本が敗れると、これらの記念碑的建造物は現地の中国人たちによって引き倒された。２メートル大のモニュメントは横倒しのまま長年放置されていたが、今は線路際に建てられた「九・一八歴史博物館」の敷地内で、「炸弾碑」という名であえて横倒しのまま展示されている。かつては列車内からも倒れた様子を見ることができたが、１９９０年代後半から博物館の敷地が拡張されていく過程で線路側に高いブロック塀が出現したため、今では列車内からその姿を見ることはほぼ不可能になっている。

# 第5章

# 樺太の鉄道旅行

北緯50度に置かれていた日露国境石標。
左が日本側、右がロシア（ソ連）側の面（『樺太の鉄道旅行案内』より）

## 01 樺太の鉄道事情概観

### 島の東西両海岸沿いを路線が北上

樺太は、日本の領有以前に鉄道が存在しなかった唯一の外地である。また、大正時代から日本国内の基本法制上は内地と同様の扱いを受け、第二次世界大戦の終結直前には完全に内地へ編入されたため、鉄道省が内地の国有鉄道と同様に樺太島内の官営鉄道の運営を担うという特異な変遷を辿った。

樺太の鉄道史は、日露戦争直後の明治39年（1906）、コルサコフ（大泊《おおどまり》）〜ウラジミロフカ（豊原《とよはら》）間に敷設《ふせつ》された軌間600ミリの軍用軽便鉄道から始まった。この軍用路線は翌明治40年（1907）に設置された樺太庁鉄道（庁鉄）に引き継がれ、明治43年（1910）に内地の路線と同じ1067ミリへと改軌されている。その後、この路線は北上して明治44年（1911）には東海岸の栄浜《さかえはま》へ到達し、泊栄線となった（後の東海岸線）。途中の小沼《こぬま》からは、大正11年（1922）までに内陸の川上炭山《かわかみたんざん》へ至る川上線が開通している。

この泊栄線と内地の省線を結んだのが、大正12年（1923）に開設された鉄道省直営の稚泊《ちはく》航路である。昭和に入ると稚内と大泊の双方で桟橋まで鉄道路線が延長され、旅客は桟橋で列車と船を乗り継げるようになっている。

一方、島の西海岸でも本斗《ほんと》〜野田《のだ》間が大正9年（1920）から翌10年（1921）にかけて開業し

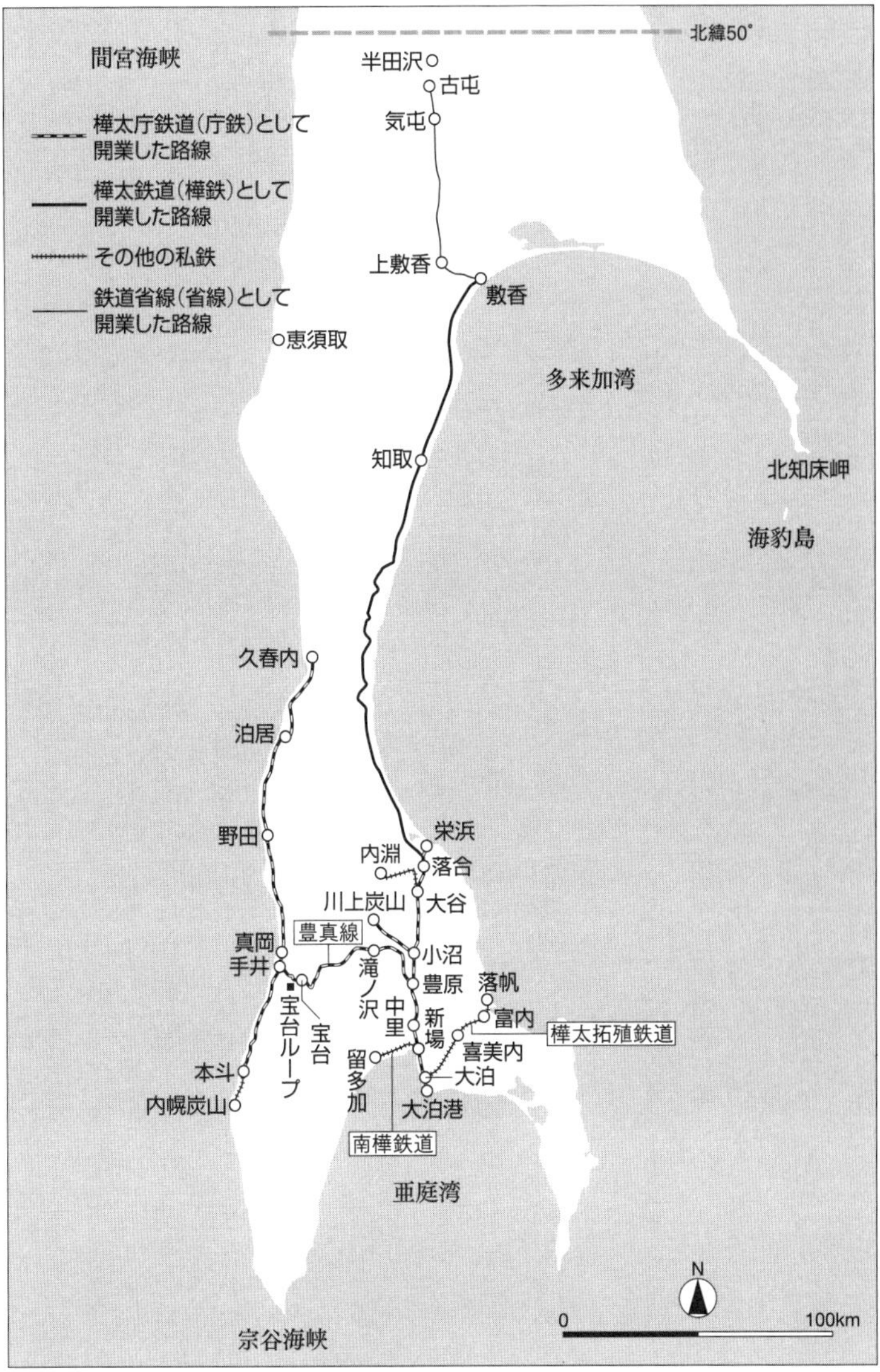


図5-1-1　日本統治時代の樺太鉄道路線図

た。この路線と東海岸の泊栄線は昭和3年（1928）に豊原～手井《てい》間を結んだ豊真《ほうしん》線によって、初めて列車が相互に直通できるようになった。

北緯50度線方面への路線延長は、私鉄によって行われた。南樺太最大の私鉄である樺太鉄道（樺鉄）は昭和2年（1927）に庁鉄東海岸線の落合から知取《しりとり》（昭和16年以降は「しるとる」）まで、さらに北上を続けて昭和11年（1936）には敷香《しくか》（町名の読み方は「しすか」）までの全245・5キロが開業。当初は落合や知取に工場を持つ富士製紙が資本金の55パーセントを担い、残りを王子製紙や樺太工業などが出資するパルプ・製紙工業用の産業鉄道であったが、国境方面への軍事路線としても活用できることから、樺太庁による財政補助を受けた。昭和8年（1933）からは庁鉄との直通運転を実施していたが、昭和16年（1941）に樺太庁が樺鉄を買収したことで大泊港《おおどまりみなと》や豊原と敷香方面との直通列車が増加。このメインルートから外れる形となった落合《おちあい》～栄浜間はローカル支線に転落した。昭和18年（1943）に庁鉄が鉄道省へ移管された後は、旧樺鉄区間やこの栄浜支線も含めて樺《から》太東《ふとう》線と改称されている。

樺鉄と同様にパルプ・製紙資本によって建設された私鉄に、新場《しんば》～留多加《るうたか》間18・6キロの南樺《なんか》鉄道がある。開業は大正15年（1926）と樺鉄より早い。当初は王子製紙が木材輸送のために敷設したが、旅客営業も実施していた。

石炭輸送目的の私鉄や鉱山鉄道も各地にあり、その一部は内地の市販時刻表にも記載されて旅客列車を運行していた。東海岸では大谷《おおたに》～内淵《ないぶち》間の樺太人造石油内淵鉄道（後に帝国燃料興業内淵線）、西

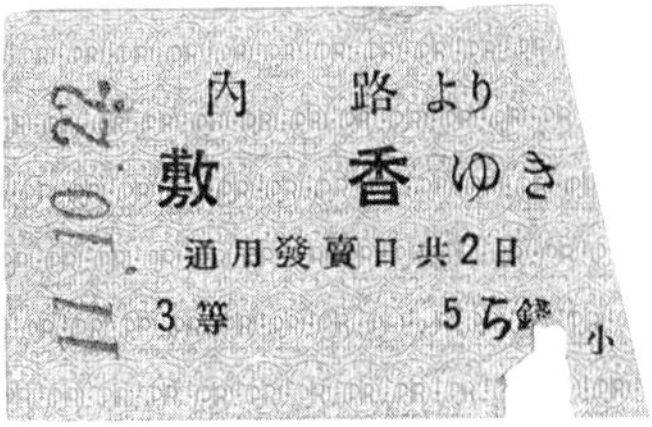


図5-1-2　樺太鉄道（樺鉄）の乗車券（昭和11年）

図5-1-3　樺鉄の車内補充券。落合から敷香までの旅客駅名が列挙されている

海岸では本斗〜内幌《ないほろ》炭山《たんざん》間の内幌炭鉱鉄道（後に南樺太炭鉱鉄道、三菱石炭油化工業会社線、帝国燃料興業内幌線）がそれで、いずれも内地の省線との連帯運輸が行われていた。

このほか、内地発行の時刻表には掲載されていないが、大正13年（1924）から昭和4年（1929）まで、大泊駅（旧・栄町《さかえまち》駅）前から市街地を走り抜けて楠渓町《なんけいちょう》駅前までの3・6キロを軌間762ミリの路面軌道（大泊市街軌道）が運行されていた。軌道と言っても路面〝電車〟ではなくガソリンエンジンを動力とするガソリンカーが導入されていて、真岡《まおか》市内を走る軌道でも活躍した。さらに、大正末期に郊外で木材運搬軌道として開業した樺太拓殖鉄道（大泊軽便鉄道）が、昭和3年から大泊〜喜美《きみ》内《ない》間25・5キロで蒸気機関車と馬車による旅客列車を運行。昭和11年に延伸した喜美内〜富内《とんない》間19・2キロでも一時は旅客営業を実施していた。

東海岸線の北端となった敷香から北の区間は、森林資源の開発とともにソ連に対する軍事行動を前提として建設された。昭和16年に上敷香《かみしくか》、18年に気屯《けとん》、19年（1944）には古屯《ことん》まで延伸したが、上敷香以北の延長開業の事実は軍事機密とされ、市販の時刻表には路線の存在そのものが掲載されていない。ちなみに、上敷香以北の区間は樺太が内地へ編入された後に開業しているため、厳密に言えば「外地の鉄道」であった時期はない。

樺太の鉄道については、「本州はもちろん北海道や台湾に比較しても投資が低く抑えられ、設備は貧弱であった」（服部朗宏「樺太鉄道クロニクル～歴史の彼方に消えた最北の国鉄線～」『旧日本領の鉄道 100年の軌跡』講談社、平成23年）との評価がある。樺太庁が財政難だった草創期には、朝鮮の私鉄から不要品となった線路を調達して利用したこともあった。列車編成全体を一斉に停止させるブレーキ装置の導入やブレーキ方式の統一が遅れ、加速した列車が急カーブで大規模な脱線転覆事故を起こしたこともある。庁鉄やこれと直結する私鉄では、旅客列車は一部の例外を除いて、基本的に貨車と客車が同一編成内に混在する客貨混合列車で運行されており、総じて列車のスピードは遅かった。

客車や機関車は新造車両のほか、軌間が同じということで鉄道省から購入した中古車両も少なくないが、内地の車両がそのまま樺太の各線を走れるわけではない。庁鉄の車両は線路幅こそ内地と共通しているものの、車両の連結器の高さが内地の車両より180ミリ低い（庁鉄は700ミリ、内地は880ミリ）。これは、北海道の鉄道が大正時代まで採用していた旧規格を樺太に持ち込んだことに由来

図5-1-4　樺太庁鉄道（庁鉄）西海岸線北真岡～幌泊間を走る客貨混合列車
（昭和12年。撮影：西尾克三郎）。後方に見えるのは間宮海峡

図5-1-5　庁鉄の2等車内（『樺太の鉄道旅行案内』より）

している。北海道では青函連絡船での車両航送の本格化に伴い、本州と車両を直通させるため連結器の高さが嵩上《かさ》げされたが、北海道と樺太を結ぶ鉄道連絡船は車両を航送しないため、この違いを是正する必要性が低かった。このため、内地の車両を樺太へ持ってきてもそのままでは他の車両と連結できず、樺太独自の客車や貨車が多く走り続ける結果となった。

もっとも、庁鉄と接続して北方へと延びる樺鉄の車両は内地と同じ高さ880ミリを採用していたこと、および昭和18年に庁鉄が鉄道省に移管されたことなどから、昭和19年になってようやく旧庁鉄車両の連結器も内地と同じ規格に嵩上げされている。

また、樺太の列車運行形態の特徴として、特別料金を要する急行列車が運転されていなかったという点が挙げられる。車両・施設を改良したり客貨混合列車を旅客専用として長時間停車の改善を図ることはあっても、停車駅を乗降人員の多い駅に限定してその他の駅を通過することで運転時間を短縮化する快速運転が、急行料金不要であってもほとんど行われていない。夜行列車も第二次世界大戦末期になって大泊港〜敷香間に1往復が設定されただけで、その他の列車はすべて昼行運転だった。

樺太庁の鉄道は基本運賃そのものが割高であるのも、特徴の一つと言わなければならない。大泊港〜豊原間を例にとると、軍用軽便鉄道だった当初は屋根のない無蓋貨車に天幕を張っただけの車両で、駅の表札や切符の裏面には「生命の安全は保障の限りに非ず」と記されていたにもかかわらず、全線乗車すると運賃は1円。当時の内地の官営鉄道の同距離の三等運賃はその半額以下だった。庁鉄発足直後は地帯別運賃制に基づき同区間は三等80銭まで下げられ、明治42年（1909）には運賃計算方法が哩《マイル》あたり計算法に改められた結果、70銭になっている。子供の利用に対する運賃サービスも徐々に手厚くなり、大正3年（1914）には4歳未満の小児だけでなく小中学生の通学生は年齢を問わずすべて無賃扱いとなった。

図5-1-6　庁鉄、省線、台湾の局線の1マイルあたり3等運賃比較表
（『鉄道ピクトリアル』昭和42年5月号〔通巻第196号〕より）

| | 樺太庁鉄道 | 鉄道省線 | 台湾総督府交通局 |
|---|---|---|---|
| 50マイル以下 | 4.0銭 | 2.5銭 | 2.5銭 |
| 50マイル以上 | 3.4銭 | 2.1銭 | |
| 100マイル以上 | 2.8銭 | 1.7銭 | |
| 200マイル以上 | 2.3銭 | 1.4銭 | |
| 300マイル以上 | 2.0銭 | 1.2〜1.0銭 | |

※昭和2年現在の旅客運賃。昭和5年にメートル法が導入されるまで、日本国内の鉄道の距離はマイル（哩）表示だった

だが、第一次世界大戦後の物価上昇の影響を受けて、大正10年に旅客運賃の引上げが行われ、運賃計算法が距離比例制（58ページ参照）から遠距離逓減制に変更された。これにより長距離の運賃は割安になったが、もともと当時の庁鉄自体がそれほど長距離ではないので、その逓減の効果が大きくなるのは昭和に入って路線が拡大した後のことである。昭和2年時点の三等運賃率を内地の鉄道省線、それに同じ外地の台湾総督府交通局の鉄道（局線）と比較した図5-1-6を見れば、近距離区間での庁鉄の運賃率が割高であることが一目瞭然だ。

しかも、昭和初期に開業した樺太最大の私鉄・樺鉄は、この庁鉄の割高運賃よりもさらに高額な旅客運賃を設定していた。したがって、庁鉄から樺鉄へ乗り継いだり直通列車を利用すると、全線で遠距離逓減制が適用されるわけではなく両者の割高な運賃が単純に合算されて、いっそう高額になる。庁鉄による昭和16年の樺鉄買収は、この旅客運賃計算上のデメリットを解消する効果をもたらしている。

## 02 樺太へのアクセスルート
### 冬は困難な宗谷海峡越え

北海道から船で渡らなければならない樺太への旅行者にとって最も便利だったのは、大正12年（1923）に開設された稚内《わっかない》から大泊までの稚泊《ちはく》連絡船である。昭和3年（1928）に稚内港（現・稚内）駅まで、昭和13年（1938）には稚内桟橋まで延伸した宗谷本線の列車と接続し、大泊港では桟橋上に設けられている駅で列車に乗り換えることができた。昭和15年（1940）10月の鉄道省改正ダイヤでは、稚内桟橋を毎日午前8時50分に出港する大泊港行きに、函館発の夜行急行が接続していた。

この急行列車には、青函連絡船を介して上野や大阪から乗り継ぐ客も多かった。上野を午後7時、大阪を午前10時に出発する青森行き急行に乗ると、翌々日の午後4時50分に大泊港へ入港することになる。稚内桟橋～大泊港間の所要時間は8時間。航路開設時から就航している壱岐丸は、その船名から推測できる通り関釜《かんぷ》航路から転用された貨客船だが、冬季の宗谷海峡結氷時にも円滑に航行できるよう、その後に就航した亜庭《あにわ》丸、宗谷丸は砕氷船構造となっている。

稚内からは北日本汽船が、樺太庁による命令航路（45ページ参照）として本斗までの稚斗航路を大正13年（1924）に開設しており、西樺太へ直行するならこちらが便利だった。航海時間は7時間

図5-2-1　大泊港全景。海上に突き出た埠頭の先端に大泊港駅があり、稚泊連絡船が発着する（『日本地理風俗大系第14巻 北海道及樺太』より）

図5-2-2　大泊港駅埠頭出航間際の亜庭丸（当時の絵はがきより。所蔵：京都大学附属図書館）

図5-2-3　大泊港駅の待合室（『樺太郷土写真帖』より）

と稚泊航路より短く、まさに樺太への最短ルートと言える。船車連帯運輸の取扱い対象航路なので、北海道や本州などの省線各駅から本航路を介して、樺太各地の主要駅との間で直通切符の発行を受けられた。本斗では、庁鉄西海岸線（後の樺太西《からふとさい》線）の列車と接続していた。

図5-2-4　昭和2年に稚泊航路に就航した砕氷船・亜庭丸
（『樺太の鉄道旅行案内』より）

図5-2-5　庁鉄西海岸線の要衝・真岡駅。北海道・小樽駅舎をモデルにしたと言われる（『樺太写真帖』より）

北日本汽船は小樽から真岡、野田、泊居《とまりおる》、恵須取《えすとる》の西樺太各港へも、2泊3日かけて順に寄港する連帯航路を開設していた。また、非連帯扱いながら、小樽から栄浜、知取、敷香と西樺太の沿岸を2泊3日のスケジュールで北上する航路も有していた。

市販の時刻表に記載されていない本州からの長距離航路も多数存在した。太平洋側からは大阪〜恵須取間の近海郵船（後に日本郵船）と大阪〜敷香間の川崎汽船が横浜、函館、小樽を経由していた。日本海側からは北日本汽船が富山県の伏木《ふしき》を拠点として滑川《なめりかわ》、魚津、新潟、小樽経由で、また北海郵船が伏木から小樽経由で、さらに本郷伊吉郎氏個人に対する命令に基づく敦賀、伏木、船川（秋田県）、小樽経由で、それぞれ樺太庁による命令航路を樺太各地へ運航していた。

樺太庁とは別に逓信省からの命令航路として、函館・青森からの近海郵船航路があった。途中で小樽に寄港するものの、大泊および真岡、時期によっては本斗、泊居、恵須取の各港へ本州から乗換えなしでアクセスできた。概ね10日に1便の頻度で運航されており、青森から大泊までは1泊2日、恵須取までは4泊5日の長旅となる。連帯航路なので、内地の省線各駅から直通切符を購入できた。

なお、ロシア（後にソ連）と接する北緯50度線は、幅10メートルにわたって原生林を伐採し、国境標が建てられていた。日本側には通常、国境警察隊が駐屯していた。敷香など北部の街から国境まで定期バスが運行され、日ソ間の郵便物の交換などはこの国境で行われていたが、一般旅行者が越境することは難しかった。税関なども設置されていない。昭和13年1月、女優の岡田嘉子《おかだよしこ》が恋人とともに吹雪の中でこの国境を越えてソ連に亡命した事件は、日本中を驚かせた。

## 03 樺太を旅するテクニック

### 日露駅名比較表で駅名確認を

昭和18年（1943）に内地に編入されて名実ともに「外地」ではなくなったことからわかるように、樺太は、外地の中では最も内地に近い存在だった。それは鉄道旅行者にとっても同じことで、内地編入前は鉄道省とは異なる樺太庁鉄道が主体とはいえ、北海道から連絡船で乗り継げば、内地の省線の延長のような感覚で旅ができた。

樺太に渡る旅客は、朝鮮や満洲のように税関検査を受ける必要はない。内地との時差もないので、時計の針を進めたり戻したりする作業も不要だった。日本円がそのまま使えるから、両替の心配もない。ポーツマス条約後も南樺太に残留しているロシア人や先住少数民族の数はわずかで、人口の大半は内地人であるため、言語も他の外地のように領有前から通用していた現地語への配慮という事情がなく、日本語のみですべて事足りた。ホームの駅名標は、基本的に漢字とひらがな（駅によってはさらにローマ字）で表記されていた。

ただ、樺太領有直後は日本式の地名がまだ整備されていなかったため、明治39年（1906）に敷設された樺太初の軍用軽便鉄道は当初、起点がコルサコフ（後の大泊）、終点がウラジミロフカ（後の豊原）とされたのをはじめとして、中間駅にもロシア語の地名をカタカナ表記した駅名を用いた。中間駅が日本式駅名に改称されたのは明治44年（1911）になってからである。

　この日本式の地名・駅名とロシア領時代の地名・駅名との間には、発音の類似性や意味の関連性が全くないケースが少なくない。旅客鉄道網を有する外地の中で唯一、非漢字圏であるロシアから統治権を引き継いだ、樺太ならではの特有事情である。第二次世界大戦後に再びソ連およびその継承国ロシアが南樺太を実効支配したため、21世紀になっても現在と過去の使用例が逆転しただけで、その問題点は変わっていない。

　そこで、376～377ページの図5－3－1に樺太島内の鉄道駅名の日露比較表を掲げたので参考にされたい。現代では、各駅の表示にローマ字表記がほとんどなく、原則としてキリル文字のみが用いられているので、キリル文字も併記した。キリル文字が読めない日本人でも、文字の形などを現地の表示と見比べることで、ロシア名の読み方とその日本統治時代の駅名を同時に理解できるようにしている。漢字で表記する日本名も、北海道に似て独特の読み方をするケースが見られるので、日本式駅名の読み方も本表で確認していただければ幸いである。

　樺太庁所在地の豊原には洋室を持つホテルと和式旅館が混在し、その他の主要都市にも日本旅館が数多く営業していた。特に地方の小都市では駅前に集中していることが多く、『旅程と費用概算』の樺太各都市の案内ページを開くと、所在地が駅から100メートル以内になっている駅前旅館が多数掲載されている。

　市販の『汽車時間表』では、他の外地の鉄道と同じように、内地の省線ページで主要駅に表示され

Ноглики（ノグリキ）へ

……………………北緯50度線……………

| | | | | |
|---|---|---|---|---|
| 古屯 | ことん | Победино | ポベージノ | |
| 気屯 | けとん | Смирных | スミルヌィフ | |
| 亜屯 | あとん | Ельники | エリニキ | |
| 千輪 | ちりん | Кошевой | コーシェボイ | |
| 保恵 | ほえ | Буюклы | ブユークルイ | |
| 初問 | しょとい | Матросово | マトローソボ | |
| 大木 | おおき | Возвращение | ボズブラシェーニエ | |
| — | — | Забайкалец | ザバイカレーエツ | |
| — | — | 353км. | 353km | |
| 上敷香 | かみしくか | Леонидово | レオニードボ | |
| 江須 | えす | Олень | アレーニ | |
| 中敷香 | なかしくか | Ёлочки | ヨーロチキ | (3) |
| | | Вечеранская | ベチェランスカヤ | (3) |
| | | Ясная Поляна | ヤースナヤ・ポリャーナ | (3) |

## 樺太東線（大泊港―古屯）

| | | | | |
|---|---|---|---|---|
| 敷香 | しくか | Поронайск | ポロナイスク | (4) |
| 床佐 | とこさ | — | — | |
| 内路 | ないろ | Гастелло | ガスチェーロ | |
| 泊岸 | とまりきし | Вахрушев | バフルーシェフ | |
| 新問 | にいとい | Новое | ノーボエ | |
| 茂受 | もうけ | — | — | |
| 大鵜取 | おおうとる | Марково | マルコボ | |
| 柵丹 | さくたん | Туманово | トゥマーノボ | |
| 知取 | しるとる | Макаров | マカロフ | |
| 遠古丹 | えんこたん | Поречье | ポレチィエ | |
| 東礼文 | ひがしれぶん | Гребенская | グレベンスカヤ | |
| 幌内保 | ほろないぽ | — | — | |
| 北樫保 | きたかしほ | — | — | |
| 樫保 | かしほ | Заозерное | ザオーゼルノエ | |
| 元泊 | もとどまり | Восточный | ボストーチヌィ | |
| 馬群潭 | まぐんたん | Пугачёво | プカチョボ | |
| 白石沢 | しろいしざわ | Травяная | トラビャナヤ | |
| 蝦毛 | えびけ | Цапко | ツァプコ | |
| 近幌 | ちかほろ | Тихая | チーハヤ | |
| 真縫 | まぬい | Арсентьевка | アルセンチェフカ | |
| 白浦 | しらうら | Взморье | フズモーリエ | |
| 保呂 | ほろ | Дудино | ドゥジノ | |
| 真苫 | まとま | — | — | |
| 小田寒 | おださむ | Фирсово | フィルソボ | |
| 白浜 | しらはま | — | — | |
| 冨浜 | とみはま | — | — | |
| 相浜 | あいはま | Советское | ソビエツコエ | |
| 白鳥湖 | はくちょうこ | — | — | |
| 新栄浜 | しんさかえはま | Ручьи | ルーチィ | |
| 栄浜 | さかえはま | Стародубское | スタロドゥーブスコエ | |
| 落合 | おちあい | Долинск | ドリンスク | |
| 小谷 | こたに | Такое | タコエ | |
| 大谷 | おおたに | Сокол | ソコル | |
| 深雪 | みゆき | Старорусское | スタロルースコエ | |
| 富岡 | とみおか | Березняки | ベレズニャキ | |
| 小沼 | こぬま | Ново-Александровка | ノボ・アレクサンドロフカ | |
| 南小沼 | みなみこぬま | — | — | |
| 豊北 | とよきた | Луговое | ルゴボエ | |
| 北豊原 | きたとよはら | Южно-Сахалинск грузовой | ユジノ・サハリンスク・グルザボイ［ユジノ・サハリンスク貨物駅］ | |
| 豊原 | とよはら | Южно-Сахалинск | ユジノ・サハリンスク | (5) |
| — | — | Пед. Институт | ペド・インスチトゥート | |
| 大沢 | おおさわ | Большая Елань | ボリシャーヤ・エラニ | |
| — | — | Октябрьский | オクチャーブリスキー | |
| — | — | Сити Молл | シチ・モール | |
| 清川 | きよかわ | Хомутово | ホムトボ | |
| 豊南 | とよなみ | Христофоровка | フリストフォロフカ | |
| 中里 | なかさと | Мицулевка | ミツリョフカ | |
| 新場 | しんば | Дачное | ダーチノエ | |
| 貝塚 | かいづか | Соловьевка | ソロビヨフカ | |
| 三ノ沢 | さんのさわ | Третья Падь | トレーチヤ・パーチ | |
| — | — | СНТ Рибник | エスエヌテー ルィブニク | |
| 二ノ沢 | にのさわ | Вторая Падь | フタラヤ・パーチ | |
| 一ノ沢 | いちのさわ | Первая Падь | ペールバヤ・パーチ | |
| 楠渓町 | なんけいちょう | Старый вокзал | スターリィ・バクザール | |
| 大泊 | おおどまり | Корсаков | コルサコフ | |
| 栄町 | さかえまち | — | — | |
| — | — | Пристань | プリスターン | (6) |
| — | — | Пять Углов | ピャーチ・ウグロフ | (6) |
| 大泊港 | おおどまりみなと | — | — | |

樺太人造石油内淵鉄道（大谷より）
内淵（Быков／ブィコフ）へ

川上線（南小沼より）
川上炭山（Синегорск／シネゴルスク）へ

南樺鉄道（新場より）
留多加（Анива／アニワ）へ

［注］
(3)　3駅のどれかが中敷香と同一駅と思われる
(4)　現在は駅が移転してスイッチバックは解消している
(5)　実際の発音は、「ユジュノ・サハリンスク」に近い
(6)　どちらかが「栄町」と同一駅の可能性あり

図5-3-1　日露駅名対照表

昭和20年（1945）当時の樺太の駅名と、2021年（令和3）現在のロシア語の駅名とを対照した日露駅名対照表。戦前には存在したが現在は存在しない駅、逆に、戦後にソ連、ロシアが設置した駅については、存在しない側に「――」を入れてある。ここには、現在乗ることができる路線のみを掲載した。ただし、豊真線は廃止された中間部分も掲載している。

### 樺太西線（本斗―久春内）

| | | | | |
|---|---|---|---|---|
| 久春内 | くしゅんない | Ильинск | イリインスク | |
| 上久春内 | かみくしゅんない | Ильинск-Южный | イリインスク·ユジヌィ | |
| 樺太名寄 | からふとなより | Пензенская | ペンゼンスカヤ | |
| 苫虫 | とまむし | Старомаячная | スタロマヤーチナヤ | |
| — | — | Ост. п. 158км | [158km停留場] | |
| 泊居 | とまりおる | Томари | トマリ | |
| 杜門 | ともん | Урожайная | ウロジャイナヤ | |
| 追手 | おうて | Новоселово | ノボセロボ | |
| — | — | Ост. п. 130км | [130km停留場] | (1) |
| 小岬 | こみさき | — | — | (1) |
| 久良志 | くらし | Байково | バイコボ | |
| 野田 | のだ | Чехов | チェーホフ | |
| 登富津 | とふつ | Красноярская | クラスノヤルスカヤ | |
| 仁多須 | にたす | Слюдянская[102км] | スリュジャンスカヤ[102km] | |
| 小能登呂 | このとろ | Костромская | コストロムスカヤ | |
| — | — | 93км. | 93km | |
| 羽母舞 | はぼまい | Пионеры | ピオネールィ | |
| 藻白帆 | もしらほ | Садовники | サドーブニキ | |
| — | — | 81км. пк6 | [81km第6距離標] | |
| 蘭泊 | らんとまり | Яблочная | ヤーブロチナヤ | |
| 楽磨 | らくま | Минеральная | ミネラーリナヤ | |
| — | — | 73км. пк10 | [73km第10距離標] | |
| 幌泊 | ほろとまり | Симаково | シマコボ | |
| 北真岡 | きたまおか | Холмск-Северный | ホルムスク·セベルヌィ | |
| 真岡 | まおか | Холмск | ホルムスク | |
| 手井 | てい | Холмск-Сортировочный | ホルムスク·ソルチロボチヌィ | |
| 明牛 | あけうし | Серные Источники | セルヌィエ·イストーチニキ | |
| 広地 | ひろち | Правда | プラウダ | (2) |
| 大穂泊 | おほとまり | Зыряновская | ズィリャノフスカヤ | |
| 多蘭泊 | たらんとまり | Калинино | カリーニノ | |
| 知根平 | ちねひら | Светлячк | スベトリャチュキ | |
| 麻内 | あさない | Заветы Ильича | ザベートゥイ·イリーチャ | |
| 阿幸 | おこう | Ясноморский | ヤスノモルスキー | |
| 遠節 | とおぶし | Ловецкая | ロベツカヤ | |
| 本斗 | ほんと | Невельск | ネベリスク | |

［注］
(1)「小岬」と「130km停留場」は、同一の可能性あり
(2) 実際の発音は「プラヴダ」に近い

真久線（未成線）
［現·北部横断線、1971年開通］

内幌炭鉱鉄道
内幌炭山（Шахта／シャフタ）へ

### 豊真線（豊原―手井）

| | | | |
|---|---|---|---|
| — | — | 79км. пк9 | [79km第9距離標] |
| 池ノ端 | いけのはた | Николайчук | ニコライチュク |
| — | — | 77км. пк9 | [77km第9距離標] |
| — | — | Чёртов мост | チュルトフ·モスト |
| 宝台 | たからだい | Камышево | カムウィシェボ |
| 二股 | ふたまた | Чапланово | チャプラノボ |
| 逢坂 | おうさか | Пятиречье | ピャチレーチエ |
| 清水 | しみず | Чистоводное | チストボドノエ |
| 中野 | なかの | Ожидаево | オジダエボ |
| 滝ノ沢 | たきのさわ | Перевал | ペレバール |
| 奥鈴谷 | おくすずや | Новодеревенская | ノボジェレーベンスカヤ |
| — | — | 16км. | 16km |
| — | — | 14км. пк2 | [14km第2距離標] |
| 鈴谷 | すずや | Курская | クールスカヤ |
| 西久保 | にしくぼ | Дальнее I | ダーリニェ I |

ロシア語のカタカナ表記は便宜的なもので、正確な発音とは一致しないものもある。また、ロシア語の正式駅名では、この表に掲載している駅名に続いて「～サハリンスコエ」「～サハリンスク」などの形容詞（「サハリンの」という意味）が後ろに付されているものがかなりある。たとえば、「レオニードボ」（上敷香）は正しくは「レオニードボ・サハリンスコエ」（意訳すれば「樺太上敷香」）だが、現地でも省略されることが多いので、本表でも省略している（ユジノ・サハリンスクは例外）。

図5-3-2　ホーム上でロシアパンを売るロシア人たち
（上下とも『日本地理大系第10巻 北海道・樺太篇』より）

ている駅弁販売のマークが樺太では一切見られない。この時刻表上の外地扱いは、昭和18年の内地編入後も変わらない（ただし、第二次世界大戦の戦況が厳しくなりつつあった時期に、駅弁マークが表示されている駅で実際に弁当を販売していたかどうかは別問題である）。だが、これまた他の外地と同様に、樺太でも各駅付近の弁当業者がオリジナルの駅弁を調製し、駅のホームや待合室などで販売していた。

樺太の鉄道駅の立売りで特徴的な商品と言えば、ロシアパンであろう。庁鉄東海岸線の新場や中里《なかさと》、小沼など一部の駅ホームで、日本の南樺太領有後も北樺太やロシア本土に戻らない残留ロシア人が、「パンに牛乳」「パンパンロシヤパン」「ロスケパン、ロスケパン」などと慣れない日本語でロシアパンや牛乳を売り歩く姿が見られた。「ロスケ」とは漢字で「露助」と書き、現代ではロシア人に対する差別用語と認識されているが、語源は「ロシア人の」を意味する「ルースキー（русский）」というロシア語であり、本来は蔑称的性格が薄いため、樺太ではロシア人自ら「ロシア人の作った本場のロシアパン」という程度の意味で日本人向けに「ロスケパン」とも呼称していたようだ。ロシアパンは、日露戦争後の明治末期からロシア革命が起こった大正中期にかけて日本に広まり、内地では子供たちに人気が高かった。

樺太島内の観光シーズンは清涼な夏季であり、庁鉄ではこの季節に合わせて大泊港、豊原、本斗、真岡の各駅で12日間有効の割引廻遊券（二等・三等が鉄道3割引、自動車線2割引）を発行していた。一般的な学割等のほかに、「移民」として樺太に来た者は三等車に限り片道運賃が無料になる制度が設けられていたのは、いかにも開拓地の鉄道らしい。

割引切符以外の鉄道旅行者向けサービスとしては、海豹島《かいひょうとう》への渡航支援がその一例である。樺鉄（樺太東線）の終着駅である敷香から海沿いに東へ進んだ最果ての北知床岬の沖合に浮かぶ海豹島は、オットセイやウミガラス（ロッペン鳥）の宝庫として知られ、夏には敷香からも定期船が出ていたが、運航回数は月1回程度と極端に少ない。そこで、樺鉄では敷香駅などで、チャーター船の便宜を図る観光客からの申込みを受け付けていた。

明治8年（1875）に樺太・千島交換条約が締結されるまで日露混住の地とされていた時期の樺太は、日本人とロシア人との間で紛争が絶えず治安は良くなかった。だが、ポーツマス条約によって日本が領有した後はロシア人の大半が樺太から退去したため、そのような治安上の問題は解消された。

# 04——樺太の鉄道名所ガイド

## 雄大なループ線が自慢の最北鉄道

### 雄大なループ線で峠を越える豊真線

樺太庁所在地の豊原から西海岸の真岡まで樺太南部を横断する豊真線は、樺太山脈で東西に隔てられていた鉄道を直結する唯一の路線で、樺太きっての山岳鉄道として知られていた。

豊原を出て北方へ向かう東海岸線から分岐した列車は、約10キロ先で山岳区間に入り、「恰《あたか》も箱根を旅するかの」（『樺太の鉄道旅行案内』樺太庁鉄道事務所、昭和3年）ごとく奥鈴谷《おくすずや》からの一区間13・4キロで8つのトンネルを次々とくぐり抜けて樺太最高地点、標高407メートルの滝ノ沢に到達する。『樺太の鉄道旅行案内』はこの駅からの眺望を「西は直ちに中央山脈の高嶺に迫られ東は遙かに鈴谷の平原を俯瞰《ふかん》し其雄大なる眺望は言語に絶する」、「仰ぎ見れば中央山脈の高嶺は鬱蒼たる密林に蔽《おお》はれ、直ちに西方に迫り來り俯瞰すれば東方鈴谷平原は山巓《さんてん》を掠《かす》めて雲煙模糊《うんえんもこ》として霞み、遠く俗塵《ぞくじん》を去り心身共に清めらるゝを覺ゆる」と絶賛している。

ここから列車はしばらく下り勾配を快走し、二股から次の峠越えが始まる。宝台《たからだい》を出てトンネルを二つ通過した先に、豊真線最大の鉄道名所というべき宝台ループ線が待っている。ループ線の総延長

図5-4-1　樺太最高地点・滝ノ沢駅（『樺太の鉄道旅行案内』より）

図5-4-2　宝台のループ線（『樺太郷土写真帖』より）

図5-4-3　豊真線下り列車で宝台ループ線の上段鉄橋を通過。眼下に真岡方面の線路を見下ろす（昭和12年。撮影：西尾克三郎）

図5-4-4　池ノ端駅ホームに立つ名所案内。宝台ループ線についての解説が書かれている（昭和12年。撮影：西尾克三郎）

は1643メートル、高低差36メートルで、交差部分が陸橋となりトンネル通過後に上部を走る線路と下部を走る線路が再会する点が、内地の省線に見られるループ線と異なる特徴とされる。

下部の線路を橋梁《きょうりょう》でまたいで列車が通過する螺《ら》旋《せん》状の景観は樺太有数の観光名所でもあり、樺太の旅行ガイドブックや現地で販売されている土産用の絵はがきにこのループ線の写真が頻出している。池ノ端駅のホームに建てられている名所案内標には、手井貯水池と並んでこのループ線が旅行者向けの名所として紹介されている。

図5-4-5　豊真線下り列車より、たった今通過した宝台ループ線の
上段鉄橋を見上げる（昭和12年。撮影：西尾克三郎）

## 北緯50度線に近い日本最北端の駅

日本が権益として運営していた満洲の鉄道を別にすれば、大日本帝国の領土内を走る鉄道としては樺太の鉄道が日本最北であった。そして、鉱山鉄道などの専用線を除き、樺太の鉄道路線で最も北に位置しているのは、樺太東線の終着駅・古屯であった。ソ連（現・ロシア）と接する北緯50度線からは、わずかに17キロしか離れていない。

といっても、内地で市販されている『汽車時間表』などにその名はない。敷香からスイッチバックする形で北上する樺太東線は、ソ連に対する軍事上の必要性に基づいて建設が進められた路線であり、昭和18年（1943）に上敷香から気屯まで、翌19年（1944）に古屯まで開業したものの、上敷香から北の区間が運輸営業を実施している事実は軍事秘密とされていたからである。「運輸営業」は行われていたとしても、現実にこの区間を一般旅客が自由に乗車できたかどうかも判然としない。

このため、時刻表上の記載から読み取れる日本最北端の駅は、敷香から21・7キロ北の庁鉄敷香線終着駅・上敷香となっている。東亜旅行社が発行する鉄道省編纂の『汽車時間表』昭和17年（1942）11月号によれば、敷香から一日5本の列車がこの最果ての駅まで運行されている。

もっとも、国境付近が常にそのような軍事的緊張下にあったわけではない。敷香や気屯からは国境への定期バスが運行されていたし、敷香はもちろん上敷香や気屯にも旅館が営業していた。気屯から国境へ向かう途中の半田沢でも、駅逓所で宿泊することができた。気屯から半田沢へ向かう途中、幌《ほろ》見峠《みとうげ》の付近は道路上からの眺めが良いとされていた。敷香～気屯間のバスは一日3往復、片道所要3時間50分。気屯～国境間のバスは一日1往復、片道所要1時間半。他に、敷香から国境まで直通するバスもあった。

図5-4-6　樺鉄の終点・敷香駅舎（『目でみる樺太時代Ｉ』より）

図5-4-7　日ソ国境方面の幌見峠を望む展望台より（『目でみる樺太時代Ｉ』より）

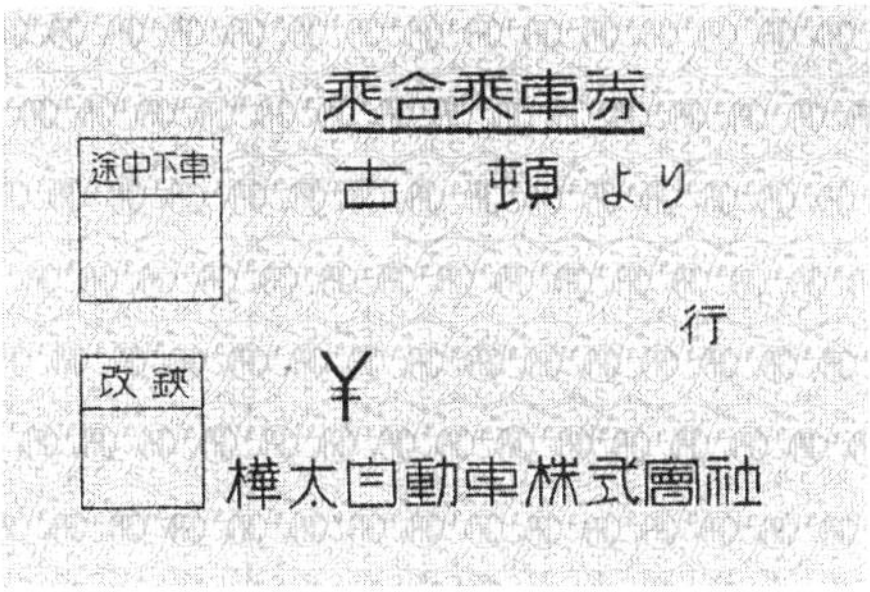


図5-4-8　国境に近い古屯発の乗合バス乗車券（未使用）

## 「モダーン列車」の愛称を持つ快速列車

樺太の鉄道は昭和初期まで、運行される列車は原則として旅客と貨物の混合列車が主体だった。貨物列車と一体化した旅客列車は、駅に到着するたびに車両の入換作業が行われたり貨物や荷物の積み下ろし作業などで停車時間が長くなり、その結果として列車のスピードが遅くなる。施設の貧弱さも手伝って、大泊港〜豊原間の41・6キロ（創業当初は約46キロ）に軍用軽便鉄道時代は6時間、庁鉄開業当初は4時間も要し、短絡線の開通により創業時より距離が短くなってもやはり約2時間半かかっていた。運転頻度も低く、都市交通としての利便性は必ずしも高くなかった。

だが、稚泊連絡船との連絡整備や豊原、大泊など主要都市の発展が進んだことから、庁鉄は昭和6年（1931）、この区間でフリークエントサービス（列車の運行頻度を高めて旅客が乗りやすくするサービス）を開始。このとき、運転速度を高める快速列車として登場したのが「モダーン列車」である。

新車ではなく既存の三等車の改造客車ではあるが、座り心地の悪かった従来のクロスシートを現代の都市部の通勤電車のようにテレンプ張りのロングシートに改めるとともに、庁鉄の車両としては初めて車内に吊り革を設置して、立ち客への配慮を図った。三等車だけの短編成、かつ貨物列車と分離された旅客専用列車として大泊港〜豊原間を1時間あまりで結ぶこの快速列車は旅客から好評をもって迎えられ、その後、改造車両が増備されている。

この「モダーン列車」は正式な列車名ではないので、内地発行の時刻表などにその名は見られない

図5-4-9　昭和10年日本車輌製の庁鉄ガソリン動車。ホームに
駅弁の立売姿が見える（『樺太庁施政三十年史』より）

図5-4-10　豊原駅のプラットホーム『樺太の鉄道旅行案内』より）

図5-4-11　南樺太の玄関・大泊駅（当時の絵はがきより）

が、現地発行の樺太日日新聞などではダイヤ改正のニュース記事に「モダン列車」の見出しが躍っている。また、車内のロングシートはパラレルシートとも呼ばれ、樺太では珍しい存在のためか、「パラレル列車」という異名も付けられていたという。

図5-4-12　豊原駅の記念スタンプ。樺太神社やスキーヤーが描かれている

図5-4-13　大泊駅の記念スタンプ。デザインに用いられている「依仁親王武功記念碑」は大泊町内に建立された日露戦争の顕彰碑

第6章

# 南洋群島の鉄道旅行

サイパンの南洋興発製糖工場に並ぶサトウキビ運搬列車（当時の絵はがきより）

# 01——知られざる南洋群島の鉄道

## 産業鉄道が散在する未知の島々

南洋群島は、日本の外地の中で唯一、旅客の利用を営業上の主目的としない産業鉄道のみが存在した地域である。

南洋庁が刊行していた『南洋群島要覧』の昭和10年（1935）版には「交通通信」の章に「鐵道《てつどう》及諸車」という項目があり、「南洋群島には一般公衆の用に供する軌道及鐵道の敷設《ふせつ》なし。特殊の輸送目的を以《もっ》て建設せられたる所謂《いわゆる》専用鐵道としては『アンガウル』島燐鑛采掘《りんこうさいくつ》事業用のもの官設延長十二哩、『サイパン』、『テニアン』兩島《りょうとう》に於《お》ける南洋興發《こうはつ》株式會社製糖原料運搬用のもの私設延長九十三哩あり」と記述されている。ただし、日米開戦後の昭和17年（1942）版になると、産業用鉄道関係の記述は軍事機密に属するためか、「交通」の章から「鐵道及諸車」という項目そのものが削除されている。

この昭和10年版に名前が挙がっている南洋興発株式会社が昭和15年（1940）に刊行した『伸びゆく南興　南洋開拓と南洋興発株式会社の現況』は、「當社《とうしゃ》は甘蔗《かんしょ》運搬用としてサイパン、テニアン、ロタ三島に夫々《それぞれ》鐵道を敷設し、その他ポナペ、ペリリユウにも燐礦運搬用の鐵道を敷設してゐる」と記している（「甘蔗」とはサトウキビのこと）。もっとも、こちらも続けて「鐵道哩數は當局の達により

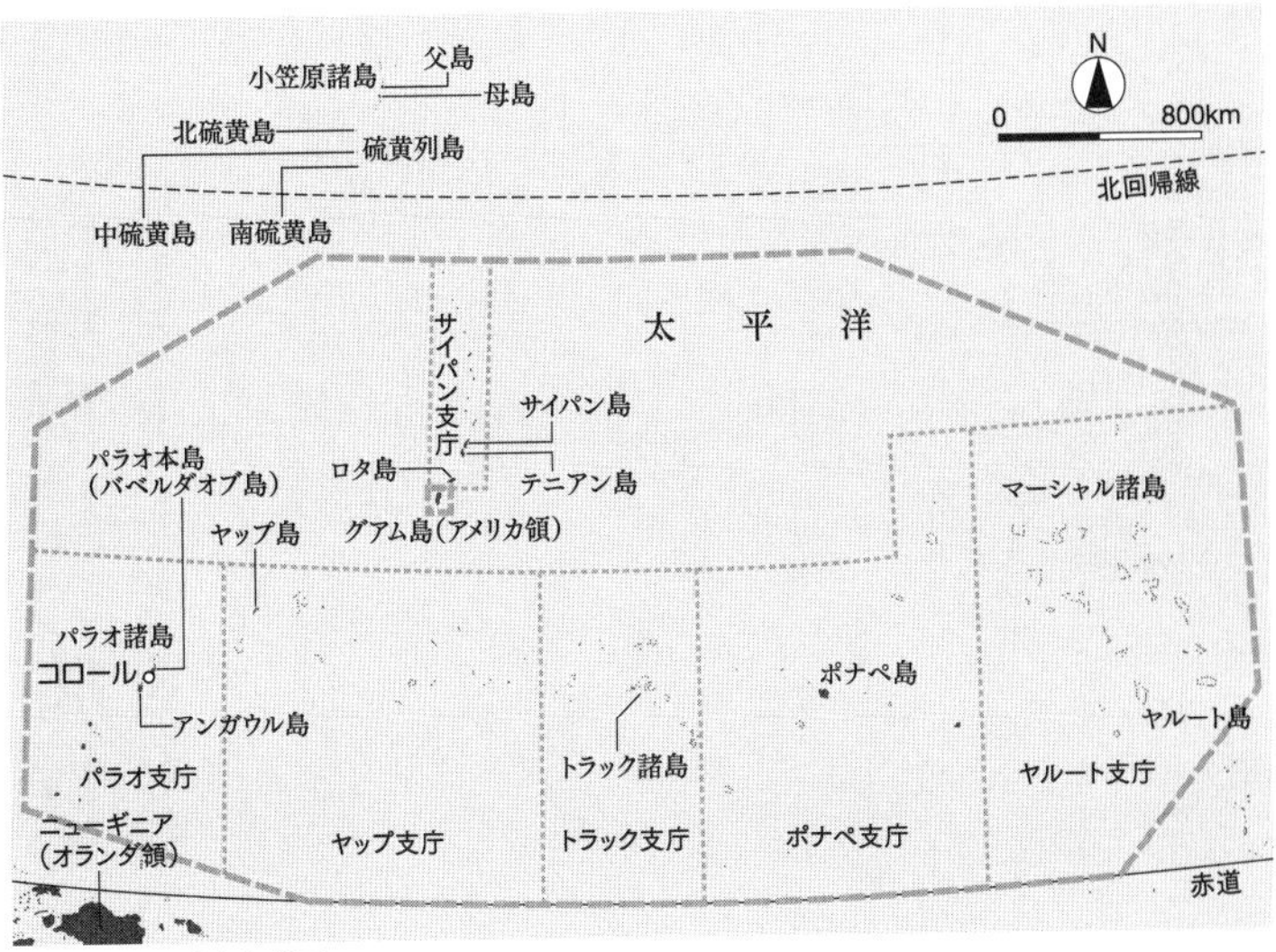

図6-1　南洋群島全体図

省略す」との注記が付されており、その概要すらわからない。

　南洋群島の鉄道に関する日本統治時代の総合的・体系的な記録がないため、このように、南洋群島に関する複数の資料に分散する鉄道関係の小さな記述を拾い集めていくと、現在のアメリカ領連邦自治区北マリアナ諸島のサイパン、テニアン、ロタの3島、パラオ共和国のアンガウル、ペリリューの両島、そしてミクロネシア連邦のポンペイ（ポナペは日本統治時代の呼称）島に、それぞれ産業鉄道が存在していたことが読み取れる。だが、実際には日本統治時代の鉄道の遺跡が今も見られる島がこの他にもあり、南洋群島全域における産業鉄道の全貌を正確に把握することは難しいのが実情である。

## 02 南洋群島の旅行案内

### 観光ガイドブックに記述なし

本書でたびたび引用する戦前の国内総合旅行案内書『旅程と費用概算』は、日本統治下の外地で唯一、南洋群島だけを取り上げていない。

旅行パンフレット類が全くなかったわけではないし、南洋庁の『南洋群島要覧』は288ページのうちわずか3ページではあるが「古蹟《こせき》名勝」という項目を設けて、スペインやドイツ帝国など欧米各国が支配していた時期の植民地史跡や地元民族の伝統建造物などを紹介している（当然ながら、現在は観光資源となっている第二次世界大戦時の戦跡は、当時は存在しない）。海外研究所という団体の所長が昭和14年（1939）に刊行した『南洋群島案内』には、「旅館はサイパン。《ママ》テニアン、ロタ、パラオ、トラック、ポナペ、ヤルートの各島何《いず》れも整備した邦人旅館があつて宿泊には不自由しない」、宿泊料は「一日三圓《えん》、四圓、五圓と分れてゐるが普通三圓位」などと記されている。同書の巻末にはサイパン、ロタ、パラオにある邦人旅館の広告も多数掲載されている。

だが、同書も含めて、当時の旅行者向け書籍や記述には、一時的な観光旅行ではなく移住の案内が目につく。観光旅行向きの『旅程と費用概算』が一切取り上げていないことと合わせて考えると、日本統治時代の南洋群島への渡航は、気軽な物見遊山客よりも人生を賭けて移住しようとする人の方が多かったことが窺《うかが》える。

## 出入域の手続き

日本に主権があるわけではなく委任統治領という存在だったとはいえ、内地の旅行と違いはない。したがって、日本国民はパスポート不要で自由に渡航できた。ただし、内地からの渡航者は上陸後10日以内に、その島の所轄支庁へ居住届を提出しなければならなかった。また、内地からの船便を運航する日本郵船は、昭和5年（1930）に発行した乗船パンフレット『裏南洋航路』の中で、「（パスポートはいらないが）彼地上陸後の爲《た》め戸籍謄本を用意して置く方が御便利です」と記している。

## アクセス

内地からは、日本郵船による命令航路（45ページ参照）が開設されていた。鉄道省編纂の『汽車時間表』昭和9年（1934）12月号によれば、春日丸と近江丸の2隻が東廻線と東西連絡線を担当し、神戸・門司（復路は門司の代わりに大阪へ寄港）・横浜からサイパン・パラオ・トラック（現・チューク）・ポナペ・クサイ（現・コスラエ）・ヤルート（現・ジャルート）の各島へ片道3週間以上かけて往復。両路線とも2ヵ月に1便程度の頻度で内地を出港していた。

さらに、天城丸と筑後丸の2隻が半月に1便の頻度で、神戸・門司・横浜から小笠原を経由してサイパン・テニアン・ロタへ（サイパン線）。横浜丸と山城丸の2隻も、1ヵ月に2便前後の頻度で横浜

図6-2　横浜を出港する近江丸（『南洋興発株式会社開拓記念写真帖』より）

からサイパンとテニアンへ直行した後、進路を西へ転じてパラオ・アンガウルを経てオランダ領セレベス島（現・インドネシア領スラウェシ島）のメナード（マナド）やアメリカ領フィリピン南部のダバオまでそれぞれ往復していた（西廻線）。横浜〜サイパン間は１２６３海里（２３３９キロ）で、三等客室の運賃が29円、５日間の船旅である。

内地からはその後、飛行艇による航空路線も開設された。鉄道省編纂の『時間表』昭和15年（１９４０）10月号によれば、大日本航空が横浜〜サイパン〜パラオを週2往復していた。横浜を朝6時に飛び立ちサイパンへは9時間後（内地と時差あり。３９６ページ参照）の午後4時到着、パラオへは翌朝6時発、午後3時着とあり、航空運賃は横浜からサイパンまで２３５円、パラオまでは３７５円だった。

外国との航路は前述の命令航路西廻線の他に、サイパンから近傍にあるアメリカ植民地のグァム島へ、またパラオからは外南洋のニューギニア島およびティモール島へ、いずれも年10便程度の定期航路が開設されていた。さらに、南太平洋のニューカレドニアやトンガ、フィジーなどへの航路も存在していた（前掲『南洋群島案内』）。

## ●──通貨と両替

日本統治の開始後は内地と同様に南洋群島全域で日本円が通用するようになったため、両替の必要はなかった。前掲『裏南洋航路』には、「渡航者は金百圓以上所持する事をお勧《すす》め致します」との渡航者向け案内文が掲載されている。

また、ヤップ島の一部では島民の旧来の伝統に従い、石や貝殻、俵で造ったものが貨幣の代用として交換価値を持つケースがあった。

## ●──地域内の交通

南洋群島相互間の交通として、南洋貿易が命令航路を就航させていた。『南洋群島案内』によれば、昭和14年の時点で「群島内離島間航路」はマリアナ群島線が年19回、ヤップ・パラオ離島線が年4回、ポナペ離島線は年3回、マーシャル群島線は年7回運航となっている。

同書はまた、「環礁内航路」はパラオ、トラック、ポナペ、ヤップの4地域内の各島間を、少なくとも3日に1便以上の頻度で運航しているとも記している。ただ、これらの近距離間の島々は沿岸の海上が平穏なのでカヌーで往来するのが便利である、といった記述も各書籍に見られる。

### 旅行中の言語

各群島または同一群島内の主要島ごとに固有の言語が異なり、〝南洋語〟のような共通言語がもともと存在しない、これは施政上の不便が大きいことから、日本は各地に学校を設けて、日本語を共通語とすべくその普及を図った。さらに内地からの移住者が年々増えていることもあり、昭和13年（1938）には「今日全群島の大部分は邦語を以つて少なくも日用の些事《さじ》を語り得る様なりつゝある」（三平將晴『南洋群島移住案内』大日本海外青年会、昭和13年）。また、1881年（明治14）から30年余りドイツの領有を経験し、さらにその前はスペインの統治下にあったことから、日本統治時代にはドイツ語やスペイン語を解したりローマ字を読み書きできる島民もいた。

### 時差

南洋群島では、内地の中央標準時とは異なる独自の標準時が設定されていた。内地の中央標準時はヤップやパラオの「南洋群島西部標準時」と同じであり、トラックやサイパンはそれより1時間早い東経150度線を基準とする「南洋群島中部標準時」を、ヤルートやポナペでは内地より2時間早い東経165度線を基準とする「南洋群島東部標準時」を採用していた。

なお、この時差地域の区分は現在とやや異なっている。日本標準時と同じだったヤップは戦後、日本より1時間早くなり、ジャルート（旧ヤルート）は日本との時差が3時間へと広がっている。

## 気候と服装

概ね7～9月頃が雨季、1～3月頃が乾季となるものの、内地のような四季の区別はなく、ほぼ1年を通じて温暖な気温が続く。赤道に接する熱帯圏内に位置しているが、各島とも海風に吹かれ、昼夜の寒暖差も少ないので、どの島でも1年中夏服だけで快適に過ごせる。

## 旅行費用の割引

内地からの開拓移住の便宜を図るため、南洋庁から開墾地の貸下げを受けて家族で移住する場合は、内地からの日本郵船の三等船賃が半額に割り引かれる制度があった。この割引船賃を利用したにもかかわらず指定日までに目的地へ移住しなかったり、移住後1年以内に移住先を退去したり、移住の主旨に反して他の職業に従事したときは、日本郵船から割引相当の残額を追徴されることになっていた。

命令航路の運航を担う日本郵船では、南洋群島内の離島間航路に限り、一～三等の各等に加えて、甲板客というさらに下の等級運賃を設定していた。三等客以上には船内で提供される食事が付かない代わりに船賃は三等の半額程度だが、この格安運賃は南洋群島の各島民のみに適用され、内地人は利用できなかった。台湾で高砂族にのみ乗車を認めた蕃人専用車（78ページ以下参照）や、華中鉄道が地元の中国人にのみ乗車を認めた四等車（318ページ参照）と似た存在といえる。

乗船客の民族区分や渡航目的を問わない割引乗船券としては、「裏南洋・比島回遊券」があった。これは、ダバオやメナードで相互連絡する日本郵船の南洋群島西廻線（394ページ参照）とオーストラリア航路を利用してサイパンやパラオなど南洋群島各地、フィリピン各地、および上海、香港など中国大陸の寄港地を巡る壮大な周遊券で、一等用は397円、三等用は117円、有効期間は4ヵ月（昭和7年4月現在）。横浜から西廻線でダバオまで三等の片道切符が61円だから、ダバオまで単純往復するよりこの回遊券を利用して上海経由で内地に戻った方が安くなる。また、この回遊券所持者には、大阪・神戸・門司・横浜の各寄港地で接続する鉄道乗車券が無料で発行された。

## ●――モデルルート

「裏南洋・比島回遊券」の有効期間が4ヵ月とかなりの長期にわたることが示しているように、当時の南洋群島各地を船で巡る旅は、現代の世界一周クルーズにも匹敵するほどの長期旅行と捉えられるのが一般的であった。それが、南洋群島の観光情報が他の外地に比べて不足していた一因であったことは否めない。

それでも、日本郵船が昭和7年（1932）に発行したパンフレット『日本郵船裏南洋航路改正運賃表（昭和七年四月現在）』には、「裏南洋諸島の早廻り船旅」という次のような囲み記事が掲載されており、同社のサイパン線（394ページ参照）自体を、南洋群島を巡るモデルルートの一種と見ることができる。

「裏南洋を僅《わず》か半月餘《あま》りで周游出來る船旅を御案內申上げます。當社の裏南洋航路は東廻線、西廻線、東西連絡線、サイパン線の四線に分れてをりますが、東廻線、西廻線、東西連絡線等に依る周游は、三卅《さんじゅう》日乃至四十日を要し、到底短期旅程の見學には不向であります。併《しか》しサイパン線によられる時は、僅かに十七日間でサイパン、テニアン島各寄港地に於て、夫々《それぞれ》異つた土着島民の風俗に接し、又次ぎ〳〵に物珍しい南洋風光を觀る事が出來まして、短期の裏南洋巡游には洵《まこと》に便利で御座います。」

## 03——サイパン、テニアン、ロタの鉄道

### 旅客列車も走った南洋群島の代表的鉄道

#### 海岸線を走ったサイパンの旅客列車

南洋群島に散在する産業鉄道の中で、最も島民に身近な存在であり、かつ規模が大きかったのは、南洋興発が運行するサイパン島のサトウキビ運搬鉄道であった。

南洋興発株式会社、通称「南興」は大正10年（1921）に設立され、サイパンでのサトウキビ栽培に成功した後は他の島々でも水産業や鉱業、拓殖移民事業などさまざまな事業を展開する南洋群島最大の総合会社に成長。「北の満鉄、南の南興」とまで称され、創業者として辣腕を揮《ふる》った松江春次《まつえはるじ》は後年、「シュガー・キング（砂糖王）」と呼ばれた。日本統治時代に建立された松江の銅像は、第二次世界大戦時のサイパン島の激戦でも破壊されず、今なおサイパン島の中心街付近で多くの日本人観光客を見下ろすように立っている。

明治中期にアメリカで製糖技術を学び、台湾で製糖業に携わっていた松江は、「製糖業に於ては農場の甘蔗を集積して工場に運搬する鐵道が極めて重要な地位に在る」（松江春次『南洋開拓拾年誌』南洋興発、昭和7年）と考え、創業直後から、サイパン島南西部のチャランカ（現・チャランカノア）を起点

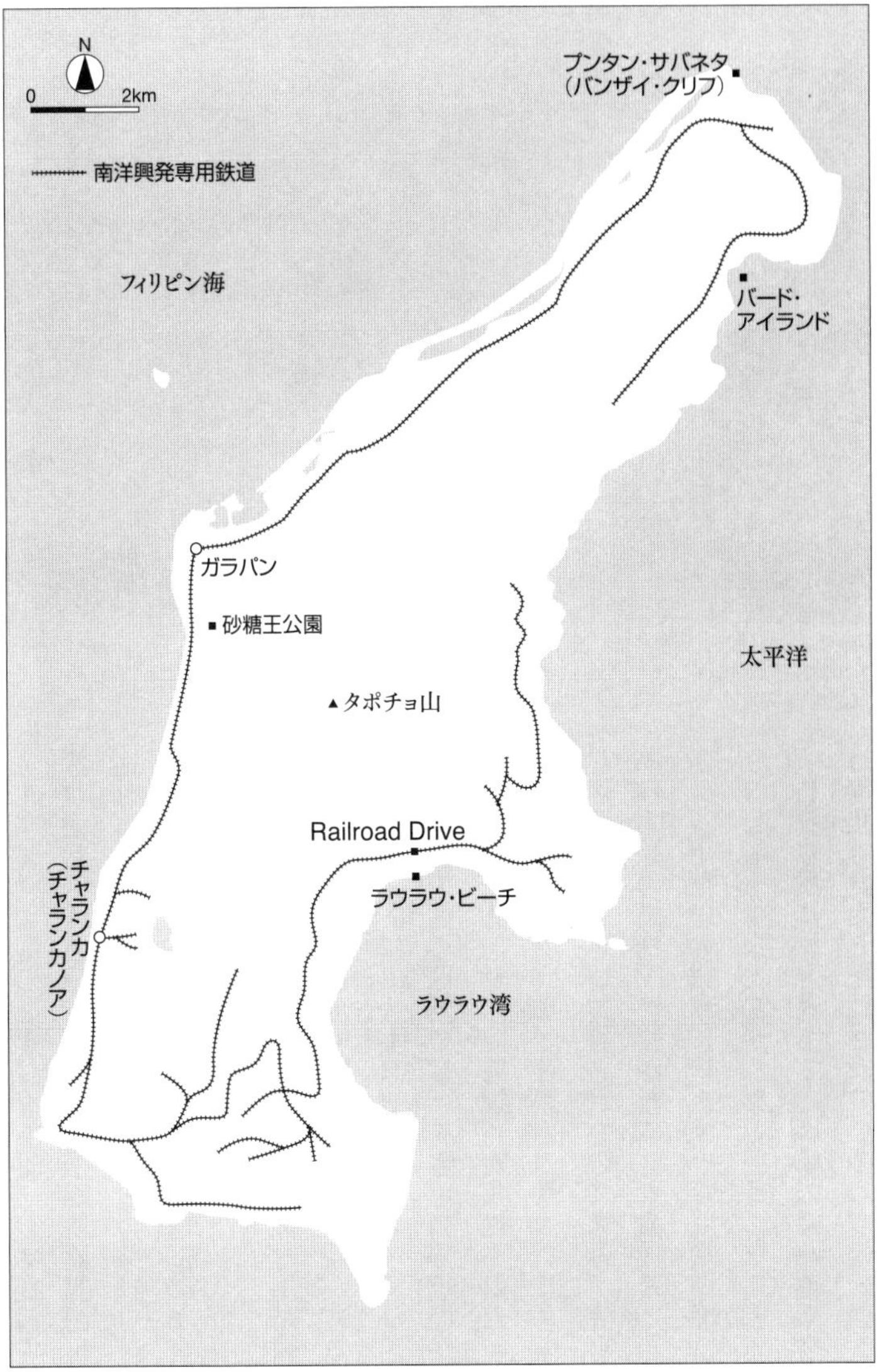


図6-3-1　日本統治時代のサイパン島専用鉄道路線図

図6-3-2 サイパン島南東部・ラウラウ付近の切通しを走る南洋興発のドイツ製蒸気機関車（『戦火に消えし先人の証し』より）

として南北に延びる軌間762ミリの路線を建設。山岳区間の難工事や海岸沿線の建設認可の遅れなどに悩まされながら順次その路線を拡大させて、長径約20キロの細長い島内に80キロ以上の軽便鉄道路線を張り巡らせた。

その大半はサトウキビ運搬列車の専用路線だったが、製糖工場と砂糖の積出し埠頭があるチャランカとその8キロほど北にある繁華街・ガラパンとの間の区間では、旅客用の停車場が設置され、旅客向けの定時運行が実施された時期もあった。サトウキビ運搬用の長大な貨車編成に1両だけ客車が連結されたのである。客車内には木製の長椅子が置かれていて満員のことが多く、走行中の貨車に飛び乗ったり飛び降りたりした者も少なくなかったという。

自動車輸送が発達すると客車の定時運転営業は廃止されたと記録されているが、その後も客車は連結され、利用者によっては無賃で乗れるサービスも行われていたようだ。とりわけ、ガラパンの学校に通うチャランカの子供たちにとっては重宝されたようで、戦後に刊行された引揚者の回顧録などには、この区間の汽車通学の思い出話がしばしば見受けられる。海岸線に沿って走るチャランカ〜ガラパン間の客車からは、エメラルドグリーンに輝くフィリピン海の穏やかな車窓が楽しめたことであろう。

さらに、日本製やドイツ製の蒸気機関車が投入された南興のサトウキビ列車は、軽便鉄道とはいえ、初めて本格的な鉄道を目にしたチャモロ人などサイパン古来の島民を驚かせ、好評を博した。松江は『南洋開拓拾年誌』の中で、「就中《なかんづく》彼らを最も喜ばせたものは此の汽車であつた」と回想して、大正末年の鉄道運行開始当初における島民と汽車とのエピソードをいくつか書き記している。

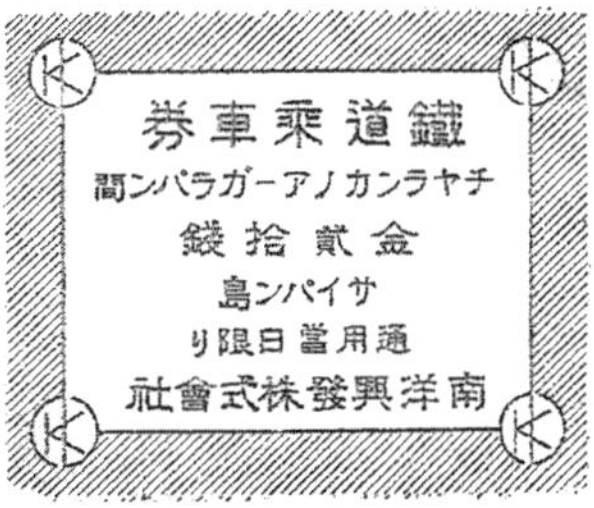

図6-3-3　ガラパン駅で昭和5年に発行されたチャランカノアまでの片道乗車券

「當時の島民は今よりも更に純朴で、初めて當社の汽車がチャランカとガラパンの間を走り出した頃には、みんな線路の両側に堵列《とれつ》して汽車が通る度に最敬禮《さいけいれい》をした」

「間もなく島民の酋長《しゅうちょう》から、一同が汽車に乗り度《た》がつて居るから乗せて貰《もら》へまいかと頼まれたので、日を極《き》めて乗せて遣《や》ることにしたが、當日は島民の老若男女百數十名が盛装を凝《こら》して集り、其の中にはチヤモロ人が多かつた……（中略）……。此の時はガラパンとチヤランカの間を往復して遣つ

図6-3-4　手すりを取り付けて木製ベンチを置いた簡素な客車（サイパン島）。屋根なしと屋根付きの車両がある。台車部分に南洋興発の社紋が見える（『南洋踏査記念写真帖 昭和11年夏』より）

たのであるが、汽車がチヤランカに着いても本當にせずこんなに早くチヤランカに着ける筈《はず》がないから嘘《うそ》だと言つて承知しない」

「島民の屈強な若者十數名から、機關車と綱引がして見たいと云ふ申込を受けたのである。之には私も少々僻易《へきえき》したのであるが、丁寧に承諾して、機關車と綱引きと云ふ珍しいことを遣つて見たのであるが、勿論《もちろん》何人懸《かか》つても機關車には勝てないのであつて……(以下略)」

## テニアン、ロタのサトウキビ運搬鉄道

南興はサイパン島に続き、その南に位置するテニアン島やロタ島でも製糖業を展開し、サトウキビ畑の中に鉄道を敷設した。

テニアンは全島が平坦でサイパンよりもサトウキビ栽培に適しており、鉄道建設に際しても大規模な盛土や切通しは一切必要なかった。昭和5年(1930)、テニアン町(現在のサン・ホセ)の港付近に製糖工場が建設され、それと同時に総延長約32キロのサトウキビ運搬鉄道も完成。運行開始時に蒸気機関車4両と5トン貨車300両が投入されたほか、背もたれもない簡素な腰掛けベンチを並べた無蓋貨車が1両連結され、住民は無賃で乗車できた。サイパンのように旅客用の停車場はないため、利用者はサトウキビの集積場やテニアン村の操車場外での停車位置などで路上から直接乗降したという。

ロタ島では、ソンソンの南興製糖工場が昭和11年(1936)に操業を開始し、島内に総延長約45

キロのサトウキビ運搬鉄道が建設された。ところが、ロタ島では土質がサトウキビ栽培に適さないことが明らかとなり、昭和14年（1939）には製糖工場が操業中止となっている。

## 今に伝わる南興軽便鉄道の面影

日本統治時代にマリアナ諸島の各島を覆ったサトウキビ畑は、現在では全く見られない。南興とともに、サイパンやテニアンでの製糖産業も

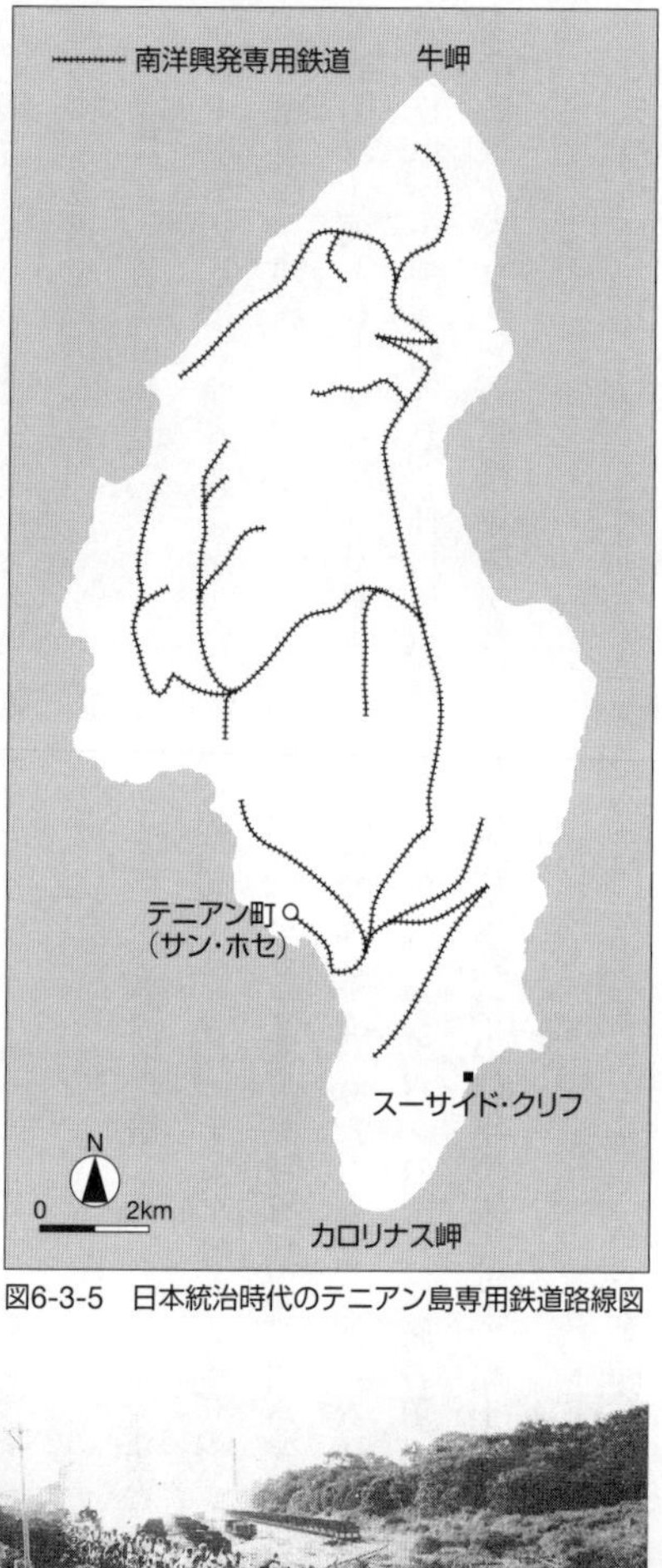


図6-3-5　日本統治時代のテニアン島専用鉄道路線図

図6-3-6　テニアン島の南洋興発専用鉄道。いっせいに各農場へ出向くための臨時旅客列車（『南洋興発株式会社開拓記念写真帖』より）

図6-3-7　『南洋踏査記念写真帖 昭和13年夏』に見られるテニアン島の専用鉄道のスナップ。屋根が張られた客車の車内（右上）と出発前の様子（右下）、そしてスイッチバックを上っていく列車（左）

図6-3-8　テニアンのサトウキビ列車。最後尾の蒸気機関車の前に屋根がない無蓋貨車が1両だけ連結されていて、乗客が並んで座っている（資料提供：竹内滋）

完全に消滅してしまったのである。もちろん、サトウキビ運搬鉄道も第二次世界大戦の激戦のさなかで破壊され、姿を消した。

サイパンでは、日本時代に建立された松江春次の銅像周辺が砂糖王公園（シュガー・キング・パーク）として整備され、その一角に当時の蒸気機関車と客車の台車が保存されている（巻頭カラーページ㊾）。南部のラウラウ方面では、密林の中を切り通した線路跡が「Railroad Drive」という名の道路に転用され（巻頭カラーページ㊀）、沿道の林に入れば当時の線路が折れ曲がったまま放置されている。

テニアンには保存車両はないが、サン・ホセ市街地に当時の鉄道橋脚が残っている。また、線路やコンクリート製の鉄道施設の遺構がジャングルの中に埋もれていて、ハイキング客などが訪れることもある。

ロタにはドイツ製の蒸気機関車が2両残っている。ソンソン村の製糖工場跡と、ロタ空港の北側の森の中を貫く細道の脇に静態保存されている。

# 04――パラオの鉄道
## 全容不明の鉱石運搬鉄道

### ドイツ統治時代に生まれた鉱業線

南洋庁が置かれたパラオの産業鉄道は、第一次世界大戦以前にこの地を統治していたドイツによって導入された。それが、前掲『南洋群島要覧』に記されている、アンガウル島に12マイル（約20キロ）の路線を持つ燐鉱採掘用鉄道である。

1909年（明治42）、ドイツはアンガウル島で燐鉱脈の採掘事業を開始。港から鉱石を積み出すための桟橋や鉱石運搬用の鉄道が整備され、蒸気機関車や無蓋貨車が導入された。日本の委任統治領となってからは南洋庁が採鉱所を引き継いだ。昭和12年（1937）以降は南洋拓殖（南拓）という国策会社の運営下に置かれている。

ペリリュー島の燐鉱運搬鉄道も、ドイツ統治時代以来の燐鉱採掘権に由来している。南洋庁の採掘権を南洋興発が買い受けて昭和10年に燐鉱工場を竣工させ、直ちに操業を開始。だが、昭和15年（1940）に採鉱が終了し、翌昭和16年（1941）には採鉱所が廃止されて南興は撤退した。

このほか、パラオ本島（バベルダオブ島）でボーキサイトが産出したことから、昭和12年（193

図6-4-1　ドイツ統治時代の採鉱所の記録写真（パラオ国立博物館）。
鉱石運搬鉄道の車両や線路が写っている

図6-4-2　南洋拓殖が運行するパラオ・アンガウル燐鉱採掘所の専用列車。
作業員らしき男たちが便乗している（『南洋群島写真帖』より）

図6-4-3　パラオ・アンガウル島燐鉱（当時の絵はがきより）。左端に蒸気機関車が写っている

7）に三井鉱山と南拓が共同で南洋アルミニウム鉱業という会社を設立し、専用鉄道を走らせて採掘に当たっていた。

## その他の路線は詳細不明

この他、パラオ以外でも南興がポナペに燐礦運搬用の鉄道を敷設しているとの記録が残っている。また、当時の写真を見ると、たとえばパラオ本島にあった南拓鳳梨株式会社の缶詰工場の写真には、線路のようなものが写っている（「鳳梨」とはパイナップルのこと）。

だが、それらがどのような鉄道であったのか、現時点では詳細不明と言わざるを得ない。南洋群島各地の産業実績について、戦時色が濃くなりつつあった昭和15年頃から詳細なデータが公表されなくなってしまったことや、現地で鉄道関係の遺構が確認されていないことが理由として挙げられる。その分析

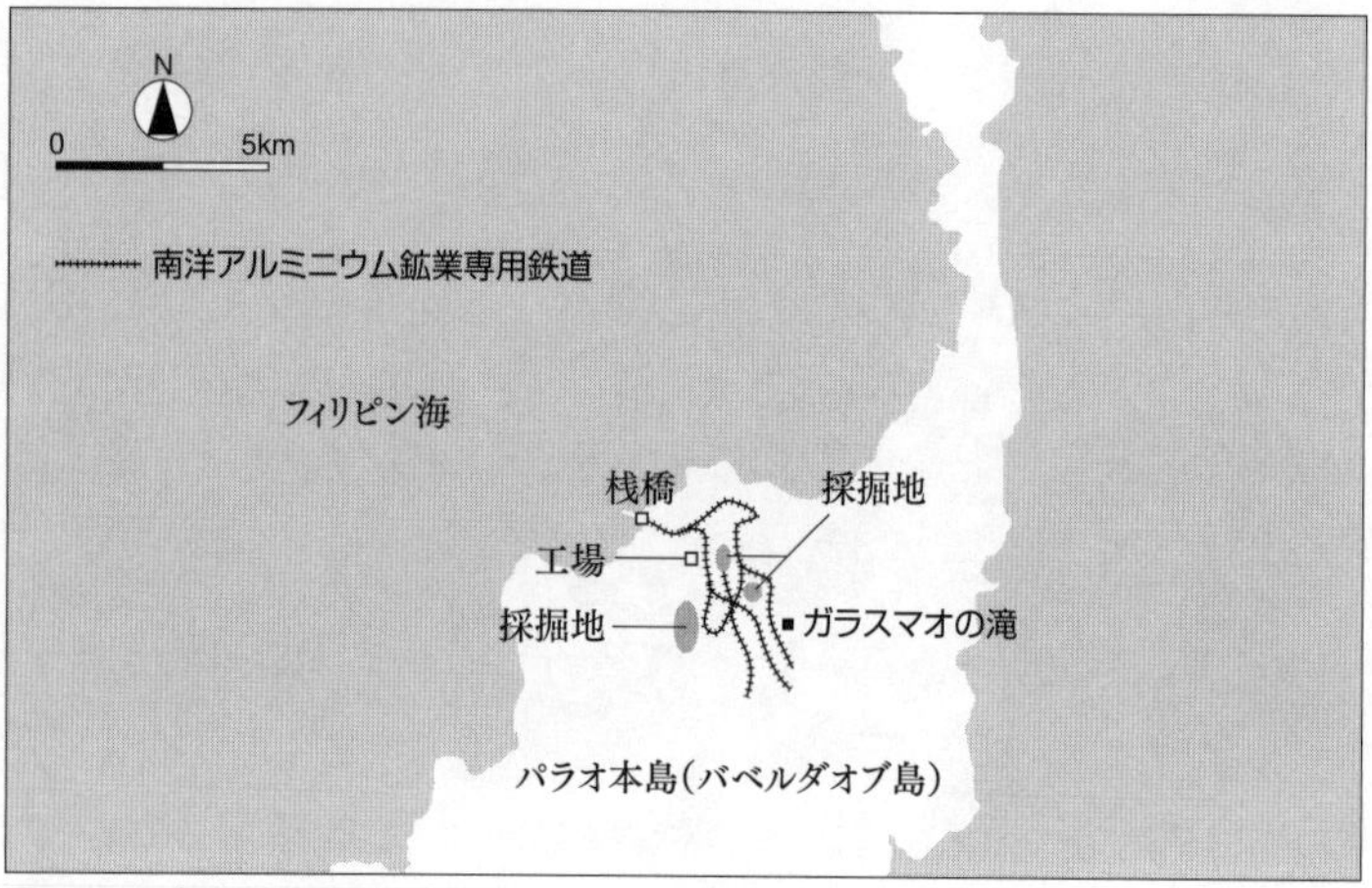

図6-4-4　パラオ本島北部の南洋アルミニウム鉱業専用鉄道路線図

は今後の研究や調査に委ねたい。

## ボーキサイト専用線跡をモノレールが走る

現在、遺構がはっきり確認できる鉱業運搬鉄道は、バベルダオブ島の南洋アルミニウム鉱業専用線跡のみである。同島では2ヵ所に採掘地があったが、そのうち、昭和15年に操業開始したガラスマオ地区の路線の一部が、観光客向けのハイキングコースとして整備されている。ジャングルの中に複線化されていた当時の線路や車輪の一部などが、そのまま放置されている(巻頭カラーページ⑥⓪)。

この廃線跡のハイキングコースに沿って、2011年(平成23)から観光客向けのモノレール列車が不定期運行されている(巻頭カラーページ⑥②)。農作業用のモノレールに座席を付けただけの簡素な乗り物だが、おそらく、令和の世で旧南洋群島を走る唯一の現役〝鉄道〟であろう。

# 主要参考文献一覧（刊行年順）

※①発行年の表記は、当該書籍刊行当時の刊行地の公用暦に従った。和暦以外を公用暦とする外国で刊行された書籍の場合は、相当する和暦をカッコで付記した（元号のない4ケタは西暦。「檀紀」は戦後の韓国で一時使用された元号、それ以外の元号については266ページ参照）。

※②定期刊行物は省略した（本文中に引用したものを参照）。


『Views of the Chinese Eastern Railway』Chinese Eastern Railway Company, 1903（明治36年）

統監府鉄道管理局（編）『韓国鉄道線路案内』統監府鉄道管理局、明治41年

南満洲鉄道（編）『南満洲鉄道案内』南満洲鉄道、明治42年

台湾総督府鉄道部（編）『台湾鉄道史 上』台湾総督府鉄道部、明治43年

台湾総督府鉄道部（編）『台湾鉄道史 中』台湾総督府鉄道部、明治44年

台湾総督府鉄道部（編）『台湾鉄道史 下』台湾総督府鉄道部、明治44年

朝鮮総督府鉄道局（編）『朝鮮鉄道線路案内』朝鮮総督府鉄道局、明治44年

富成一二『天津案内』中東石印局、大正2年

鉄道院監督局（編）『支那之鉄道』鉄道院監督局、大正4年

南満洲鉄道（編）『南満洲鉄道旅行案内』南満洲鉄道、大正6年

大蔵省（編）『東清鉄道（今村駐露財務官報告）』大蔵省、大正7年

鉄道院（編）『朝鮮満洲支那案内』鉄道院、大正8年

南満洲鉄道（編）『南満洲鉄道株式会社十年史』南満洲鉄道、大正8年

青島守備軍民政部・鉄道部（編）『山東鉄道旅行案内』青島守備軍民政部・鉄道部、大正10年

高橋源太郎『青島案内』高橋源太郎、大正10年
南満洲鉄道京城管理局（編）『大正十年度 統計年報』南満洲鉄道京城管理局、大正11年
南満洲鉄道（編）『南満洲鉄道旅行案内』南満洲鉄道、大正13年
台湾総督府鉄道部（編）『台湾鉄道旅行案内』台湾総督府鉄道部、大正13年
南満洲鉄道（編）『南満洲鉄道株式会社二十年略史』南満洲鉄道、昭和2年
台湾総督府交通局鉄道部（編）『台湾鉄道旅行案内』台湾総督府交通局鉄道部、昭和2年
南満洲鉄道東亜経済調査局（編）『満洲読本 昭和二年版』南満洲鉄道東亜経済調査局、昭和2年
朝鮮総督府鉄道局（編）『朝鮮之風光』朝鮮総督府鉄道局、昭和2年
南満洲鉄道（編）『南満洲鉄道株式会社第二次十年史』南満洲鉄道、昭和3年
朝鮮総督府鉄道局（編）『大正十五・昭和元年度年報』朝鮮総督府鉄道局、昭和3年
樺太庁鉄道事務所（編）『樺太の鉄道旅行案内』樺太庁鉄道事務所、昭和3年
大畠与吉『満蒙の鉄道網』大阪屋号書店、昭和3年
糸乗紫雲『樺太案内旅行記』福田精舎、昭和4年
朝鮮総督府鉄道局（編）『朝鮮鉄道史 第一巻』朝鮮総督府鉄道局、昭和4年
朝鮮総督府鉄道局（編）『釜山案内』朝鮮総督府鉄道局、昭和4年
朝鮮総督府鉄道局（編）『京城案内』朝鮮総督府鉄道局、昭和4年
朝鮮総督府鉄道局（編）『平壌案内』朝鮮総督府鉄道局、昭和4年
朝鮮総督府鉄道局（編）『朝鮮旅行案内記』朝鮮総督府鉄道局、昭和4年
朝鮮総督府鉄道局（編）『昭和三年度年報』朝鮮総督府鉄道局、昭和5年
台湾総督府交通局鉄道部（編）『台湾鉄道旅行案内』台湾総督府交通局鉄道部、昭和5年
小西栄三郎（編）『最新朝鮮・満洲・支那案内』聖山閣、昭和5年
仲摩照久（編）『世界地理風俗大系第一巻 満洲』新光社、昭和5年
改造社（編）『日本地理大系 満洲及南洋篇』改造社、昭和5年
改造社（編）『日本地理大系第十巻 北海道・樺太篇』改造社、昭和5年
改造社（編）『日本地理大系第十一巻 台湾篇』改造社、昭和5年

改造社（編）『日本地理大系第十二巻 朝鮮篇』改造社、昭和5年
仲摩照久（編）『日本地理風俗大系第十四巻 北海道及び樺太篇』新光社、昭和5年
仲摩照久（編）『日本地理風俗大系第十六巻 朝鮮地方（上）』新光社、昭和5年
仲摩照久（編）『日本地理風俗大系第十七巻 朝鮮地方（下）』新光社、昭和5年
仲摩照久（編）『日本地理風俗大系第十五巻 台湾篇』新光社、昭和6年
ジャパン・ツーリスト・ビューロー（編）『旅程と費用概算』博文館、昭和6年
松江春次『南洋開拓拾年誌』南洋興発、昭和7年
南洋興発（編）『南洋興発株式会社開拓記念写真帖１９３２』細川写真館、昭和7年
ジャパン・ツーリスト・ビューロー（編）『旅程と費用概算』博文館、昭和8年
山崎鋆一郎『台湾の風光』新高堂書店、昭和9年
朝鮮総督府鉄道局（編）『朝鮮旅行案内記』朝鮮総督府鉄道局、昭和9年
鉄路総局（編）『鉄路総局概要』鉄咯総局、大同3年（昭和9年）
国務院総務庁情報処（編）『満洲国概覧』国務院総務庁情報処、康徳元年（昭和9年）
世良泰一（編）『樺太郷土写真帖』樺太郷土写真会、昭和9年
南満洲鉄道総務部資料課（編）『満洲事変と満鉄』南満洲鉄道、昭和9年
南洋庁（編）『昭和十年版 南洋群島要覧』南洋庁、昭和10年
台湾総督府警務局理蕃課（編）『台湾蕃界展望』理蕃之友発行所、昭和10年
ジャパン・ツーリスト・ビューロー（編）『旅程と費用概算』博文館、昭和10年
台湾総督府交通局鉄道部（編）『台湾鉄道旅行案内』台湾総督府交通局鉄道部、昭和10年
東京府小笠原支庁（編）『南洋群島産業視察概要』東京府、昭和10年
朝鮮総督府鉄道局（編）『昭和十年度年報 第二・三編』朝鮮総督府鉄道局、昭和11年
樺太庁（編）『樺太庁施政三十年史』樺太庁、昭和11年
樺太庁（編）『樺太写真帖』樺太庁、昭和11年
昭康社奉天営業所（編）『昭和十一年十月 撫順記念写真帖』昭康社奉天営業所、昭和11年
南洋派遣学徒研究団（編）『南洋踏査記念写真帳 昭和11年夏』学徒至誠会、昭和11年
南満洲鉄道（編）『満洲概観』南満洲鉄道、昭和12年
南満洲鉄道撫順炭礦（編）『炭礦読本 昭和十一年度版』南満洲鉄道撫順炭礦、昭和12年

台湾総督府交通局鉄道部（編）『昭和十二年二月 鉄道要覧』台湾総督府交通局鉄道部、昭和12年
鉄道省運輸局（編）『支那之鉄道』鉄道省運輸局、昭和12年
鉄道省（編）『鉄道停車場一覧』川口印刷所出版部、昭和12年
朝鮮総督府鉄道局（編）『半島の近影』朝鮮総督府鉄道局、昭和12年
内藤英雄『"Taiwan" a unique colonial record』国際日本協会、昭和12年
南満洲鉄道株式会社総裁室弘報課（編）『南満洲鉄道株式会社三十年略史』南満洲鉄道、昭和12年
ジャパン・ツーリスト・ビューロー（編）『旅程と費用概算』博文館、昭和13年
台湾総督府交通局鉄道部（編）『昭和十三年三月 鉄道要覧』台湾総督府交通局鉄道部、昭和13年
南満洲鉄道（編）『南満洲鉄道株式会社第三次十年史』南満洲鉄道、昭和13年
南満洲鉄道（編）『簡易満洲案内記 昭和十三年版』南満洲鉄道、昭和13年
交通部大臣官房資料科（編）『康徳三年 交通部要覧』交通部大臣官房資料科、康徳5年（昭和13年）
安部明義（編）『台湾地名研究』蕃語研究会、昭和13年
南洋群島文化協会・南洋協会南洋群島支部（編）『南洋群島写真帖』南洋群島文化協会／南洋協会南洋群島支部、昭和13年
三平將晴『南洋群島移住案内』大日本海外青年会、昭和13年
大宜味朝徳『南洋群島案内』海外研究所、昭和14年
台湾総督府交通局鉄道部（編）『風光台湾』台湾総督府交通局鉄道部、昭和14年
渡部慶之進『台湾鉄道読本』春秋社、昭和14年
今井晴夫（編）『朝鮮之観光』朝鮮之観光社、昭和14年
金剛山電気鉄道（編）『金剛山電気鉄道株式会社廿年史』金剛山電気鉄道、昭和14年
南満洲鉄道撫順炭礦（編）『炭礦読本（昭和十四年度版）』南満洲鉄道撫順炭礦、昭和14年
加藤新吉（編著）『蒙疆路』華北交通、昭和14年
満洲帝国政府特設満洲事情案内所（編）『満洲戦蹟巡礼』三省堂、昭和14年
南洋派遣学徒研究団（編）『南洋踏査記念写真帳 昭和13年夏』学徒至誠会、昭和14年
奉天交通（編）『奉天観光案内』奉天交通、康徳6年（昭和14年）
満鉄鉄道総局営業局旅客課（編）『満洲』満鉄鉄道総局営業局旅客課、昭和14年
ジャパン・ツーリスト・ビューロー（編）『旅程と費用概算』ジャパン・ツーリスト・ビューロー、昭和14年
満鉄社員会（編）『満鉄駅名称呼索引』満鉄社員会、昭和15年
南洋興発（編）『伸びゆく南興 南洋開拓と南洋興発株式会社の現況』南洋興発、昭和15年

台湾総督府交通局鉄道部（編）『台湾鉄道旅行案内』台湾総督府交通局鉄道部、昭和15年
華北交通（編）『華北交通叢刊15　華北交通』華北交通、昭和15年
ジャパン・ツーリスト・ビューロー（編）『旅程と費用概算』ジャパン・ツーリスト・ビューロー、昭和15年
南洋興発（編）『南洋興発株式会社二十週年』南洋興発、昭和16年
美濃部正好『華中鉄道沿線案内』華中鉄道、昭和16年
奉天市公署『奉天市要覧』奉天市長官房文書科、康徳8年（昭和16年）
華北交通（編）『華北交通 昭和十七年度版』華北交通、昭和16年
ジャパン・ツーリスト・ビューロー満洲支部（編）『満支旅行年鑑』博文館、昭和16年
満洲国通信社（編）『康徳十年版 満洲国現勢』満洲国通信社、康徳9年（昭和17年）
奉天市公署（編）『奉天市要覧』奉天市長官房文書科、康徳9年（昭和17年）
台湾総督府交通局鉄道部（編）『台湾鉄道旅行案内』東亜旅行社台湾支部、昭和17年
華中鉄道（編）『呉楚風物』華中鉄道、昭和17年
鉄道省（編）『樺太陸運調査報告』鉄道省、昭和18年
華中鉄道（編）『華中鉄道と中支那』華中鉄道東京支社、昭和18年
倉持博『満鉄要覧』南満洲鉄道、昭和18年
運輸通信省鉄道総局業務局／鉄道軌道統制会（編）『地方鉄道及軌道一覧』鉄道総局統制会、昭和19年
朝日新聞社（編）『南方の拠点・台湾写真報道』朝日新聞社、昭和19年
交通部大臣官房資料科（編）『康徳十年 交通部要覧』交通部大臣官房資料科、康徳11年（昭和19年）
上海市政研究会（編）『上海の文化』華中鉄道総裁室弘報室、昭和19年
京城電気（編）『京城電気株式会社六十年沿革史』京城電気、檀紀4291年（昭和33年）
満史会（編）『満州開発四十年史 上巻』満州開発四十年史刊行会、昭和39年
夏目漱石『漱石全集 第十三巻 日記及断片』岩波書店、昭和41年
市原善積他（編）『おもいでの南満洲鉄道〈写真集〉』誠文堂新光社、昭和45年
市原善積他（編）『南満洲鉄道の車両〈形式図集〉』誠文堂新光社、昭和45年
市原善積他（編）『南満洲鉄道「あじあ」と客・貨車のすべて』誠文堂新光社、昭和46年

鮮交会（編）『朝鮮交通回顧録 工作・電気編』鮮交会、昭和46年
鮮交会（編）『朝鮮交通回顧録 工務・港湾編』鮮交会、昭和48年
日本国有鉄道広島鉄道管理局（編）『関釜連絡船史』日本国有鉄道広島鉄道管理局、昭和54年
藤川宥二（監修）『写真集 さらば奉天』国書刊行会、昭和54年
戸島健太郎／国書刊行会（編）『写真集 懐かしの満洲鉄道』国書刊行会、昭和55年
横浜税関百二十年史編纂委員会（編）『横浜税関百二十年史』横浜税関、昭和56年
里見弴『満支一見』かまくら春秋社、昭和58年
華北交通社史編集委員会（編）『華北交通株式会社社史』華交互助会、昭和59年
佐藤多津（編）『戦火に消えし先人の証し』ＮＴＣ南洋群島写真刊行委員会、昭和59年
武村次郎『南興史 南洋興発株式会社興亡の記録』南興会、昭和59年
朝鮮総督府警務局（編）『朝鮮の治安状況 昭和2年版』不二出版、昭和59年
朝鮮総督府警務局（編）『朝鮮の治安状況 昭和5年版』不二出版、昭和59年
鮮交会（編）『朝鮮交通史』三信図書、昭和61年
満鉄会（編）『南満洲鉄道株式会社第四次十年史』龍溪書舎、昭和61年
満鉄会（編）『満鉄史余話』龍溪書舎、昭和61年
国書刊行会（編）『目でみる樺太時代Ⅰ』国書刊行会、昭和61年
国書刊行会（編）『目でみる樺太時代Ⅱ』国書刊行会、昭和61年
李圭憲（編）『写真で見る近代韓国（上）山河と風物』書文堂、１９８６年（昭和61年）
南満洲鉄道株式会社総裁室弘報課（編）『思い出の写真帖 満洲概観 上』国書刊行会、昭和62年
南満洲鉄道株式会社総裁室弘報課（編）『思い出の写真帖 満洲概観 下』国書刊行会、昭和62年
宮脇俊三『中国火車旅行』角川書店、昭和63年
宮脇俊三『失われた鉄道を求めて』文藝春秋、平成元年
越沢明『哈爾浜の都市計画』総和社、平成元年
南満洲鉄道（編）『満洲鉄道建設誌』龍溪書舎、平成3年
宮脇俊三『韓国・サハリン鉄道紀行』文藝春秋、平成3年
馬場久孝『南満洲鐵道株式會社鐵道要覧』馬場久孝、平成3年
大塚茂『撫順慕情』国書刊行会、平成4年
夏目金之助『漱石全集 第十二巻』岩波書店、平成6年
朝鮮総督府『朝鮮総督府帝国議会説明資料 第10巻』不二出版、平成6年

『ATLAS of Sakhalin Region Part I』Cp BKΦ, 1994（平成6年）
高橋泰隆『日本植民地鉄道史論』日本経済評論社、平成7年
小堀佑太郎（編）『写真集 懐かしの上海 新装版』国書刊行会、平成7年
徳田耕一『サハリン――鉄路１０００キロを行く――』ＪＴＢ日本交通公社出版事業局、平成7年
中国鉄道出版社／中国地図出版社／鉄道部運輸局（編）『中国鉄道交通地図集』中国鉄道出版社／中国地図出版社、１９９５年（平成7年）
白幡洋三郎『旅行ノススメ』中公新書、平成8年
徳田耕一『台湾の鉄道 麗しの島の浪漫鉄路』ＪＴＢ 日本交通公社出版事業局、平成8年
河西明／新井一仁『朝鮮総督府鉄道局で生きた車両たち １特急列車「あかつき」』河西明／新井一仁、平成8年
河西明／新井一仁『朝鮮総督府鉄道局で生きた車両たち ２直流３０００Ｖ電機「デロイ」と「デロニ」』河西明／新井一仁、平成8年
日本車両鉄道同好部／鉄道史資料保存会（編）『日車の車輌史 写真集―昭和30年から１００周年まで』鉄道史資料保存会、平成9年
大江志乃夫『日本植民地探訪』新潮選書、平成10年
中島廣／山田俊英『韓国の鉄道 １００年を迎える隣国の鉄道大百科』ＪＴＢ、平成10年
上海図書館（編）『老上海風情録（二）交通攬勝巻』上海文化出版社、１９９８年（平成10年）
「旅順探訪」刊行会（編）『旅順探訪』近代消防社、平成11年
高成鳳『植民地鉄道と民衆生活 朝鮮・台湾・中国東北』法政大学出版局、平成11年
河西明／新井一仁『朝鮮総督府鉄道局で生きた車両たち ４客車の変遷』河西明／新井一仁、平成11年
鉄道車両技術検定団（編）『韓国鉄道車両１００年史』鉄道車両技術検定団、１９９９年（平成11年）
日本車両鉄道同好部／鉄道史資料保存会（編）『日車の車輌史 図面集―戦後産業車両／輸出車両編』鉄道史資料保存会、平成11年
白善燁『若き将軍の朝鮮戦争』草思社、平成12年
竹島紀元『竹島紀元作品集 鉄路に魅せられて』心交社、平成12年
西澤泰彦『図説 満鉄「満洲」の巨人』河出書房新社、平成12年
河西明／新井一仁『朝鮮総督府鉄道局で生きた車両たち ５蒸気機関車（標準軌）の全容』河西明／新井一仁、平成12年
高山拡志『旧国鉄・ＪＲ鉄道線廃止停車場一覧 附：旧植民地鉄道停車場一覧〔補訂第2版〕』高山拡志、平成12年
蔡焜燦『台湾人と日本精神 日本人よ胸を張りなさい』日本教文社、平成12年

「上海租界志」編纂委員会（編）『上海租界志』上海社会科学院出版社、２００１年（平成13年）
佐藤一一『日本民間航空通史』国書刊行会、平成15年
山室信一『キメラ――満洲国の肖像 増補版』中公新書、平成16年
鄭大均『在日・強制連行の神話』文春新書、平成16年
与謝野寛／与謝野晶子『鉄幹 晶子全集16』勉誠出版、平成16年
酒井直行／牧野洋（編）『外地鉄道古写真帖』新人物往来社、平成17年
中島廣／山田俊英『韓国鉄道の旅 ＫＴＸで拓く新しい韓国の旅』ＪＴＢパブリッシング、平成17年
大里浩秋／孫安石（編著）『中国における日本租界――重慶・漢口・杭州・上海』御茶の水書房、平成18年
鄭大均／古田博司（編）『韓国・北朝鮮の嘘を見破る 近現代史の争点30』文春新書、平成18年
高成鳳『植民地の鉄道』日本経済評論社、平成18年
西尾克三郎『ライカ鉄道写真全集Ⅶ』エリエイ プレス・アイゼンバーン、平成18年
満鉄会（編）『財団法人 満鐵會六十年の歩み』満鉄会、平成18年
国分隼人『将軍様の鉄道 北朝鮮鉄道事情』新潮社、平成19年
満鉄会（編）『満鉄四十年史』吉川弘文館、平成19年
与謝野寛／与謝野晶子『鉄幹 晶子全集26』勉誠出版、平成20年
鄭在貞（三橋広夫・訳）『帝国日本の植民地支配と韓国鉄道――１８９２～１９４５』明石書店、平成20年
小島英俊『文豪たちの大陸横断鉄道』新潮新書、平成20年
曽我誉旨生『時刻表世界史 時代を読み解く陸海空１４３路線』社会評論社、平成20年
榎本泰子『上海』中公新書、平成21年
今尾恵介／原武史（監修）『日本鉄道旅行地図帳 歴史編成 満洲樺太』新潮社、平成21年
今尾恵介／原武史（監修）『日本鉄道旅行地図帳 歴史編成 朝鮮台湾』新潮社、平成21年
雷穆森（O.D.Rasmussen）（許逸凡／趙地・訳）『天津租界史：插図本』天津人民出版社、２００９年（平成21年）
片倉佳史『台湾鉄路と日本人 線路に刻まれた日本の軌跡』交通新聞社新書、平成22年
市原善積『満鉄特急あじあ号』原書房、平成22年
佐野眞一他『上海時間旅行――蘇る〝オールド上海〟の記憶』山川出版社、平成22年
平塚柾緒（太平洋戦争研究会・編）『図説 写真で見る満州全史』河出書房新社、平成22年
西尾克三郎『ライカ鉄道写真全集Ⅷ』エリエイ プレス・アイゼンバーン、平成22年

髙木宏之『写真に見る満洲鉄道』光人社、平成22年
片倉佳史『台湾鉄道の旅』ＪＴＢパブリッシング、平成23年
阿部真之／岡田健太郎『中国鉄道大全 中国鉄道10万km徹底ガイド』旅行人、平成23年
小牟田哲彦（監修）『旧日本領の鉄道１００年の軌跡』講談社、平成23年
戴震宇『一看就懂鐵道百科』遠足文化事業、中華民国１００年（平成23年）
天野博之『満鉄特急「あじあ」の誕生 開発前夜から終焉までの全貌』原書房、平成24年
麻田雅文『中東鉄道経営史』名古屋大学出版会、平成24年
髙木宏之『満洲鉄道発達史』潮書房光人社、平成24年
出久根達郎『むかしの汽車旅』河出文庫、平成24年
片倉佳史『台湾に残る日本鉄道遺産 今も息づく日本統治時代の遺構』交通新聞社新書、平成24年
髙木宏之『満洲鉄道写真集』潮書房光人社、平成25年
前間孝則『満州航空の全貌１９３２～１９４５：大陸を翔けた双貌の翼』草思社、平成25年
中華地図学社（編）『中国鉄路地図冊』中華地図学社、２０１３年（平成25年）
中国鉄道出版社（編）『全国鉄路貨運里程示意図冊』中国鉄道出版社、２０１３年（平成25年）
小竹直人『中朝鉄路写真紀行 日本が国境に架けた7本の鉄道橋』マガジンハウス、平成26年
片倉佳史『古写真が語る台湾 日本統治時代の50年 １８９５―１９４５』祥伝社、平成27年
喜多由浩『満洲文化物語――ユートピアを目指した日本人』集広舎、平成29年
小牟田哲彦『旅行ガイドブックから読み解く 明治・大正・昭和 日本人のアジア観光』草思社、令和元年
細馬宏通『絵はがきの時代 増補新版』青土社、令和２年

著者略歴
**小牟田 哲彦**（こむた・てつひこ）
昭和50年、東京生まれ。早稲田大学法学部卒業、筑波大学大学院ビジネス科学研究科企業科学専攻博士後期課程単位取得退学。日本及び東アジアの近現代交通史や鉄道に関する研究・文芸活動を専門とする。
平成７年、日本国内のJR線約２万キロを全線完乗。世界70ヵ国余りにおける鉄道乗車距離の総延長は８万キロを超える。
平成28年、本書の旧版にあたる『大日本帝国の海外鉄道』で第41回交通図書賞奨励賞受賞。ほかに『鉄道と国家──「我田引鉄」の近現代史』（講談社現代新書）、『旅行ガイドブックから読み解く 明治・大正・昭和　日本人のアジア観光』（草思社）、『宮脇俊三の紀行文学を読む』（中央公論新社）など著書多数。
日本文藝家協会会員。

[改訂新版]

# 大日本帝国の海外鉄道

発行日　2021年12月20日　初版第1刷発行

著　　者　小牟田哲彦

発 行 者　久保田榮一

発 行 所　株式会社　育鵬社
〒105-0023　東京都港区芝浦1-1-1　浜松町ビルディング
電話 03-6368-8899（編集）　www.ikuhosha.co.jp

株式会社　扶桑社
〒105-8070　東京都港区芝浦1-1-1　浜松町ビルディング
電話 03-6368-8891（郵便室）　www.fusosha.co.jp

発　　売　株式会社　扶桑社
〒105-8070　東京都港区芝浦1-1-1　浜松町ビルディング
（電話番号は同上）

装丁・DTP制作　板谷成雄

印刷・製本　サンケイ総合印刷株式会社


ISBN 978-4-594-08962-7

本書のご感想を育鵬社宛にお手紙、Eメールでお寄せください。
Eメールアドレス　info@ikuhosha.co.jp